KB231509

실전 C 프로그래밍

나중채 · 김도년 · 김영갑 · 박천수 · 박태순
양효식 · 임필옥 · 장문정 · 장 윤 · 한동일 공저

21세기사

머리말

안녕하세요? 독자 여러분. C 프로그래밍의 세계에 발을 디딘 것을 환영합니다. 이 책은 컴퓨터, 소프트웨어, 전산 전공 입문자를 위한 C 프로그래밍 학습서입니다.

C 프로그래밍이란

C 프로그래밍이란 말 그대로 C 언어로 컴퓨터가 이해할 수 있는 프로그램을 작성하는 것입니다. 프로그래밍은 글쓰기에 비유를 할 수 있는데, C 언어는 한국어, 영어 같이 생각을 표현하기 위한 수단이고, 컴퓨터 프로그램은 작성된 글에 해당됩니다. C 프로그래밍을 잘 하려면 '표현하기'와 '사고하기' 능력이 필요합니다. 여러분이 어떤 주제에 대해 글을 쓰는 상황을 생각해봅시다. 우선 어떤 내용을 어떻게 논리를 구성하여 서술할지에 대한 추상적인 내용을 머릿속에 그려야할 것입니다. 이것이 '사고하기'입니다. 이 후에는 머릿속에 있는 추상적인 내용을 글로 표현할 줄 알아야 합니다. 여기에는 어휘, 문법, 문장 구사력 등이 포함되겠지요. 바로 '표현하기'입니다. C 프로그래밍도 마찬가지로, C 언어 문법에 대해 알아야 하고, 프로그램의 논리(logic)를 구성할 줄 알아야 합니다. 이 책에서는 **C 언어 문법(표현하기)과 기초 수준의 프로그램 논리 구성(사고하기)에 대해서 다룹니다.**

C 프로그래밍 학습 방법

C 프로그래밍을 효과적으로 익히려면 어떤 학습 방법이 필요할까요? 아마도 이 책의 독자는 C 언어는커녕 프로그래밍 자체를 처음 접하는 경우가 대부분 일 거라 생각합니다. **처음 접하는 낯선 개념을 익히기 위한 가장 좋은 방법은 많이 접하고 따라하는 것입니다.** 어린 아이가 언어를 배울 때, 처음에 아무 것도 모른 채 어른이 하는 것을 그대로 따라합니다. 따라하다 보면 익숙해지고 나중에 그것이 무엇을 뜻하는지 알게 됩니다. 프로그래밍 언어도 마찬가지입니다. 처음 나오는 개념을 글로 된 설명만으로 완전히 이해할 수 없습니다. 귀찮더라도 의미를 생각하면서 예제 코드를 그대로 작성하거나 모방을 하여 기본적인 코드를 숙지해야 해야 합니다. 즉, **구체적인 사례를 통해서 개념을 익히고, 이 후 해당 규칙을 이해하는 귀납적 학습입니다.**

하지만 계속 어린 아이가 언어를 배우듯이 프로그래밍 언어를 공부할 수는 없습니다. 우리가 어린 아이처럼 몇 년에 걸쳐 C 언어의 기초만 배우고 있을 수는 없을 테니까요. 여러분이 어린 아이와 다른 점은 이미 프로그래밍 언어에 대해 많은 것을 알고 있다는 것입니다. "응? 프로그래밍을 처음 배우는데 무슨 소리지?"라는 생각이 들 텐데, C 언어라는 것은 어느 날 갑자기 하늘에서 뚝 떨어진 것이 아니라, 이미 우리가 알고 있는 많은 개념들을 적용하여 만든 것입니다. 따라서 여러분은 어린 아이가 말을 배우는 시간보다 훨씬 빨리 C 언어를 습득할 수 있습니다. 또 이 책에서 다루는 내용의 반 이상은 기본 문법의 조합이나 응용에 대한 것들입니다. 이러한 내용을 학습할 때는 **기본 문법 규칙을 잘 이해하고 이를 구체적인 사례에 적용하고 응용하는 연역적 학습 방법이 필요합니다.**

요약하자면, **'익숙해지기'** + **'이해하기'** 입니다. 어느 하나만 가지고는 C 프로그래밍을 효과적으로 습득할 수 없습니다. 초반에 익숙해지기가 필요하고 이후에 이해하기가 필요하다고 했지만, 이 두 요소는 C 프로그래밍을 배우는 내내 상호 보완이 필요합니다. 거창하게 얘기했지만, 사실 이 두 요소는 다른 내용을 학습할 때도 필요한 당연한 학습 전략입니다. 이렇게 강조하는 이유는 어느 한쪽 학습 방법만 사용해서 나중에 낭패를 보는 경우가 많기 때문입니다.

코드를 직접 작성해보고 실행시켜 보길 권장하는 이유는 익숙해지기 이외에 또 있습니다. 프로그래밍을 하다 보면 무수히 많은 오류를 접하게 됩니다. **개념을 정확히 이해하기 위해서는 정상적인 상황뿐만 아니라 다양한 오류 상황을 인지하고 이해하는 것이 반드시 필요하고, 오류의 해결책을 찾는 과정에서 많은 것을 배우게 됩니다.** 어떤 게임의 규칙을 배울 때도 정상적인 경우뿐만 아니라 비정상적인 경우에 대해서도 같이 다루면, 해당 규칙을 더 정확히 빠르게 이해할 수 있는 것과 동일한 이치입니다. 이 책에서는 어려운 문법일수록 비정상적인 경우를 많이 제시하였지만, 모든 경우를 다 다룰 수는 없습니다. 이러한 부분은 여러분이 얼마나 직접 경험하느냐에 따라 달려있습니다.

프로그래밍 공부는 사고 체계를 익히는 연습과정입니다. C 언어 문법을 모두 안다고 해서 프로그래밍을 잘 한다고 말 할 수 없습니다. 프로그래밍을 잘 하기 위해서는 결국 사고하기를 잘 해야 합니다. 이 책을 통해 어느 정도 프로그래밍 기초를 갖춘 후에는 자료구조, 알고리즘 등을 통해 고차원적인 사고하기에 대해 학습하길 권장합니다.

이 책의 구성 및 내용

이 책은 C 언어 문법을 익히고 기본적인 프로그래밍 논리 구성 방법을 배우는 C 프로그래밍 입문자를 위한 학습서지만, 필요시 쉽게 원하는 내용을 찾아 볼 수 있도록 주제별로 구성하였고, 최대한 쉬운 내용에서 어려운 내용 순으로 배치하였습니다. 또, 각 주제에 해당하는 단원에서 다루기 어려운 내용은 책 후반부에 하나의 단원(13장)으로 묶었고, 해당 주제와 관련된 내용을 쉽게 찾아볼 수 있도록 관련 주제의 위치를 표시하였습니다. 따라서 C 프로그래밍을 처음 배운다면 순서대로 학습하길 권장합니다.

문법 설명 부분에서는 단순히 문법적 표현뿐만 아니라 개념을 이해시키기 위해 많은 공을 들였습니다. 이 책에는 잘못 사용된 문법에 대한 내용이 많은데, 이는 문법 자체를 설명하기 보다는 개념을 설명하기 위함입니다. 또한 실질적인 프로그래밍 능력을 기를 수 있도록 많은 예제 코드와 문제를 포함시켰고, 각 단원의 마지막에는 실전 프로그래밍 문제를 다수 수록하여 응용 능력을 기를 수 있도록 하였습니다.

최대한 많은 내용을 포함시키려 했지만, 입문자나 중급자에게 불필요하다고 생각되는 내용은 과감히 제외하였습니다. 컴퓨터 프로그램은 결국 컴퓨터에서 동작합니다. 따라서 고급 프로그래머가 되기 위해서는 프로그램의 내부 동작 원리나 컴퓨터 시스템에 대한 이해(예를 들면, 컴퓨터 내부에서 정수나 부동 소수가 표현되는 방식, 메모리 구조 등)가 필요합니다. 하지만, 이러한 부분은 처음 프로그래밍을 공부하는 입문자에게는 프로그래밍 공부를 질리게 만들고 방해하는 원인이기도 하여 제외하였습니다.

마치며...

C 프로그래밍!! 결코 쉽지는 않습니다. 하지만 열의를 가지고 이 책의 내용을 학습하고 연습하다보면 여러분은 분명히 어느 순간 프로그래밍이 무엇인지 깨닫게 되고, 더 나아가 프로그래밍의 재미를 느끼게 될 것이라 확신합니다. 부디 이 책이 여러분의 C 프로그래밍 학습의 좋은 동반자가 되길 기원합니다.

저자 일동

목 차

C 프로그래밍 시작하기

CHAPTER 01

C 프로그래밍 시작하기

학 습 목 표

- 프로그램과 프로그래밍에 대해 이해한다.
- 실제 C 프로그램을 작성해본다.
- C 프로그램의 기본적인 형태를 이해한다.
- 입출력의 기초에 대해 학습한다.

　　C 언어는 소프트웨어 개발에 사용되는 프로그래밍 언어로, 1970년대에 개발되어 지금까지도 많이 사용되고 있다. 이 단원에서는 C 프로그래밍을 위한 기초적인 배경 지식에 대해 소개하고, C 프로그래밍에 대한 맛보기로 간단한 C 프로그램을 작성해 본다. 또한 프로그램의 동작을 확인하기 위한 기초 입출력 방법에 대해 알아본다.

1.1　프로그래밍 개요

| 프로그램과 프로그래밍

　　'**프로그래밍(programming)**'이란 컴퓨터 프로그램(program)을 개발하는 행위를 말한다. 사전적인 용어 설명을 참고하면 프로그램이란 용어는 원래 운동회의 순서나 음악회의 연주곡목 순서 등을 미리 짜 놓은 것을 의미하였는데 1920년대 이후 라디오가 개발되면서 방송 시간표를 일컫는 용어로 널리 사용되고 있다. 컴퓨터에서는 1946년 과학 잡지 네이처(Nature)지에 게재된 기사에서 처음으로 사용되었다. '**컴퓨터 프로그램**'이란 컴퓨터가 수행해야 하는 일의 순서와 방법을 나타내는데, 순서에 따라 한 번에 하나씩 실행되는 명령어로 구성되어 있다. 또한 컴퓨터 입장에서 보면 다양한 응용에서 사용자 데이터를 조작할 수 있도록 방법을 제시하는 특수한 데이터를 프로그램이라고 할 수 있다. 컴퓨터와 같은 하드웨어(hardware)와 대비되는 용어로 프로그램을 '**소프트웨어(software)**'라고도 한다.

구체적으로, PC에서 사용하는 메모장, 계산기, 웹브라우저 모두 컴퓨터 프로그램이고, 스마트 폰에서 실행시키는 어플도 프로그램이다. 프로그램은 실행 가능한 파일 형태로 존재한다. 예를 들어, windows 폴더 아래에 "notepad.exe"라는 파일이 있는데, 이 파일이 메모장 프로그램의 실행 파일이다(그림 1.1). 이 파일에 메모장 프로그램이 수행해야 할 명령어들이 담겨 있는데, 아래 그림에서는 그 크기가 '241KB'이다.

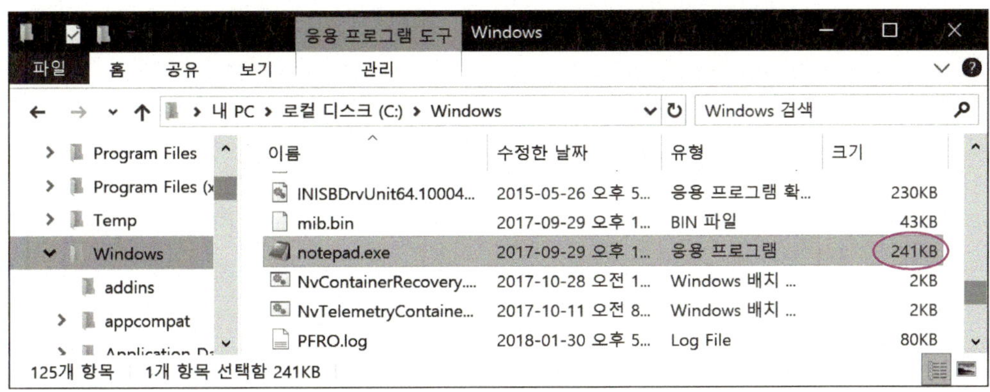

[그림 1.1] 메모장 프로그램의 실행 파일

| 프로그래밍 언어와 C 언어

프로그램을 개발하기 위해서는 프로그래밍 언어를 사용하는데, 각 국가별로 다양한 종류의 언어가 사용되는 것처럼 프로그래밍 언어들도 다양한 종류의 언어가 사용된다. 프로그래밍 언어는 단계별로 기계어, 어셈블리어, 고급 언어로 분류할 수 있다.

'기계어'는 기계(컴퓨터)가 이해할 수 있는 언어로, 0과 1의 이진 코드로 된 명령어들로 구성되어 있다. 기계의 종류가 다르면 사용되는 명령어도 다르다. [그림 1.2]는 메모장 프로그램의 내용으로, 이러한 기계어 코드를 사람이 직접 작성하는 건 거의 불가능하다.

```
Address    0  1  2  3  4  5  6  7  8  9  a  b  c  d  e  f  Dump
00000000  4d 5a 90 00 03 00 00 00 04 00 00 00 ff ff 00 00  MZ..........    .
00000010  b8 00 00 00 00 00 00 00 40 00 00 00 00 00 00 00  ?......@.......
00000020  00 00 00 00 00 00 00 00 00 00 00 00 00 00 00 00  ................
00000030  00 00 00 00 00 00 00 00 00 00 00 00 f8 00 00 00  ..........?..
00000040  0e 1f ba 0e 00 b4 09 cd 21 b8 01 4c cd 21 54 68  ..?.???L?Th Ð
00000050  69 73 20 70 72 6f 67 72 61 6d 20 63 61 6e 6e 6f  is program canno
00000060  74 20 62 65 20 72 75 6e 20 69 6e 20 44 4f 53 20  t be run in DOS 
00000070  6d 6f 64 65 2e 0d 0d 0a 24 00 00 00 00 00 00 00  mode....$.......
00000080  3f 97 c7 a3 7b f6 a9 f0 7b f6 a9 f0 7b f6 a9 f0  ?튃?聚?聚?聚? æ Ð
```

[그림 1.2] 메모장 프로그램의 내용(기계어 코드)

'**어셈블리어**'는 0과 1로 구성된 기계어의 명령어를 사람이 이해할 수 있는 단어로 일대일로 대응시킨 언어이다. 어셈블리어는 기계어의 명령어 체계를 그대로 따르기 때문에, 형태도 매우 단순하고 기계어처럼 기계의 종류마다 명령어도 다르다. 따라서 어셈블리어를 사용하여 고차원적인 프로그램을 개발하는 것은 매우 어렵고, 하드웨어 제어 등 한정된 분야에서 사용한다. [그림 1.3]은 어셈블리어 코드의 예를 보여준다.

```
.text:08048555        mov      edx, [ebp+var_C]
.text:08048558        xor      edx, large gs:14h
.text:0804855F        jz       short loc_8048566
.text:08048561        call     ___stack_chk_fail
```

[그림 1.3] 어셈블리어 코드의 일부분

'**고급 언어**'는 사람의 사고 체계에 적합하게 만들어 사람이 쉽게 사용할 수 있는 언어이다. 이 책에서 공부하게 될 C 언어를 비롯하여, C++, C#, Java, Python, Fortran 등 다양한 고급 언어가 개발되어 있다. 이러한 언어들은 프로그래머가 쉽게 코딩을 할 수 있고 다른 프로그래머가 작성한 코드를 쉽게 이해할 수 있는 장점이 있다. 예를 들어, [그림 1.4]는 "Hello World!" 라는 문장을 출력하는 프로그램에 대한 C 와 Java 코드이다. 아직 구체적인 문법을 배우지 않아 정확한 내용은 잘 모르겠지만, 앞서 본 기계어나 어셈블리어 코드보다는 훨씬 친숙하게 느껴질 것이다. 하지만, 고급 언어로 작성된 코드는 컴퓨터가 직접 이해하는 것이 불가능하여 코드들을 컴퓨터가 이해할 수 있는 형태로 변환하는 작업이 필요하다.

C 언어	Java 언어

<pre>#include<stdio.h>
 	
int main()
{
  printf("Hello World!\n");
  return 0;
}</pre>
	<pre>public class Test
	{
	    public static void Main(String[] args)
	    {
	        System.out.println("Hello World!");
	    }
	}</pre>

[그림 1.4] C 와 Java 로 작성된 코드

'**C 언어**'는 1970년대에 개발된 고수준의 프로그래밍 언어로, 지금까지 가장 많이 사용되어 온 프로그래밍 언어 중 하나이다. C 언어는 C++, JAVA, C#, Python 등 현재 널리 사용되고 있는 고수준 언어들에 많은 영향을 주었는데, 다음과 같은 특징이 있다.

◆ C 언어는 이식성이 높다. 하드웨어의 특성에 영향을 거의 받지 않아, 다른 종류의 컴

퓨터 시스템에서 작성된 C 프로그램을 약간만 수정하거나 때에 따라서는 전혀 수정 없이 실행 가능하다.

◆ C 언어는 구조화된 프로그래밍 언어로, 함수 단위로 모듈화된 설계에 따라 구조화 프로그래밍이 가능하다.

◆ C 언어는 하드웨어의 미세한 조정이 가능하여, 시스템 환경에 맞추어 프로그램을 작성할 수 있다.

◆ C 언어는 고급 및 저급 수준의 특징을 동시에 포함하고 있어, 다양한 어플리케이션(응용 프로그램) 개발뿐만 아니라, 운영체제 설계와 같은 시스템 프로그래밍이 가능하다.

◆ C 언어의 경우 저급 수준의 특징을 가지다 보니 타 고급 언어에 비해서 프로그램 이해가 상대적으로 어려운 단점도 존재한다.

| 컴퓨터 시스템

컴퓨터 프로그램은 결국 컴퓨터에서 동작하므로, 프로그래밍을 잘 하기 위해서는 컴퓨터 시스템과 운영체제 등 컴퓨터에 대해 잘 아는 것도 중요하다. 여기서는 이 책에서 다루는 내용을 이해하기 위해 필요한 최소한의 내용만 간략히 소개한다.

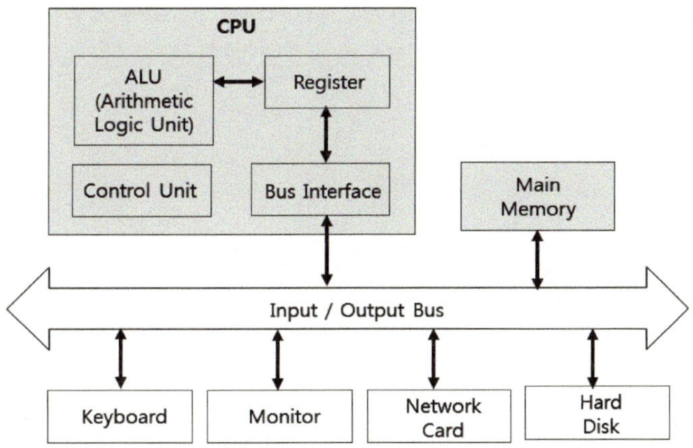

[그림 1.5] 컴퓨터 내부 구조의 개념도

[그림 1.5]는 컴퓨터의 구조를 나타내는 개념도로, CPU, 메모리, 입출력 장치 등으로 구성된다.

• CPU: 중앙 처리 장치로 컴퓨터의 뇌에 해당한다. 프로그램의 수행되는 연산은 기본적으로 CPU에서 처리된다.

• 메모리: CPU에서 처리하는 데이터를 저장하는 공간으로, 프로그램 실행을 위해서는 프

로그램의 실행 코드와 데이터가 메모리에 저장되어 있어야 한다. 또, 프로그램 실행 도중 생성되는 임시 데이터도 메모리에 저장된다. 메모리의 각 저장 공간은 숫자로 된 주소를 가지고 있어서, 주소만 알면 해당 공간으로 접근 가능하다. 어떤 주소에 있는 메모리를 찾아갈 때 처음 주소부터 차례로 읽어보고 원하는 주소를 찾아가는 것이 아니라 주소만 입력하면 바로 찾아갈 수 있다고 해서 RAM(Random Access Memory)이라고도 부른다.

- 하드 디스크: 파일을 저장하고 있는 장치이다. 프로그램 실행에 필요한 실행 파일과 데이터 파일도 여기에 저장되어 있다. 다만, 디스크의 파일에 저장된 데이터는 직접 사용할 수 없고, 필요시 파일의 데이터를 메모리로 올려야(load) 사용할 수 있다.
- 입출력 장치: 키보드, 모니터 등 데이터 입출력을 담당하는 장치이다. 일반적으로, 입력 장치로는 키보드가 사용되고 출력 장치로는 모니터가 사용된다.

컴퓨터는 여러 개의 스위치로 구성된 된 것으로 볼 수 있다. 스위치는 켜거나 끌 수 있는데, 켠 상태를 1, 끈 상태를 0으로 표현한다. 따라서 컴퓨터에서 처리되는 정보는 기본적으로 0과 1로 구성된 이진수로 표현할 수 있는데, 한 자리 이진수로 표현되는 정보 단위를 '**비트(bit)**'라고 하고, 8개의 비트를 묶은 정보 단위를 '**바이트(byte)**'라고 한다. 즉, '1 바이트 = 8 비트'이다. 한 비트는 0과 1, 두 가지 상태만 표현할 수 있고, 한 바이트는 8자리 이진수를 나타내는 단위이므로 2^8 = 256개의 상태를 표현할 수 있다.

| 소프트웨어 개발 과정

큰 소프트웨어를 개발하는 설계자들은 [그림 1.6]의 소프트웨어 개발 단계를 따른다. 먼저 고객의 요구사항을 분석한 후 프로그램을 설계 한다. 프로그램을 읽기 쉽고 바꾸기 쉽게 설계하지 않으면 나중에 프로그램을 개선하거나 추가하기가 어려워지게 된다. 보통 수 명에서 수십 명의 프로그래머가 구현 작업에 참여하게 되고 구현 도중에 역할 분담이나 담당 설계자가 바뀌는 경우가 빈번하게 발생한다. 따라서 설계자 이외의 다른 프로그래머가 읽고 이해하기 쉽도록 구현하는 것이 필요하다. 추후 테스트 및 디버깅 과정에서 본인이 설계한 코드를 몇 개월 뒤에 다시 이해해야 할 필요가 생기기 때문에 이러한 경우를 대비해서라도 이해하기 쉽게 구현해야 한다.

[그림 1.6] 소프트웨어 개발 단계

테스트의 경우 개발사 내부에서 진행하는 알파 테스트(alpha test), 프로그램을 정식으로 배포하기 전에 사용자들로 하여금 테스트에 참여시키는 베타 테스트(beta test)로 이루어진다. 알파 테스트의 경우 치명적인 오류들을 해결하고 시장에서 통할 수 있을지 검증하는 등의 회사 내부 검증을 목적으로 한다. 알파 테스트가 완성되면 비공개 베타 테스트(Closed Beta Test), 베타 테스트의 순서로 테스트 작업을 진행하게 된다. 비공개 베타 테스트와 구분하기 위해서 최종 단계의 베타 테스트를 오픈 베타 테스트라고 이야기하기도 한다. 일반적으로 비공개 베타 테스트는 미리 정해진 전문가 집단을 대상으로 한다.

1.2 C 프로그램 작성하기

이 절에서는 C 프로그램의 실행파일이 만들어 지는 과정에 대해 학습하고, 실제 프로그램 개발 도구를 이용하여 C 프로그램을 작성하는 방법에 대해 소개한다.

| C 프로그램 작성 과정

C 프로그램을 만들기 위해서는 [그림 1.7]에서 보듯이 몇 가지 단계가 필요하다. 생소한 용어들이 많이 등장하는데, 앞으로 계속 사용하는 용어이니 숙지하도록 하자.

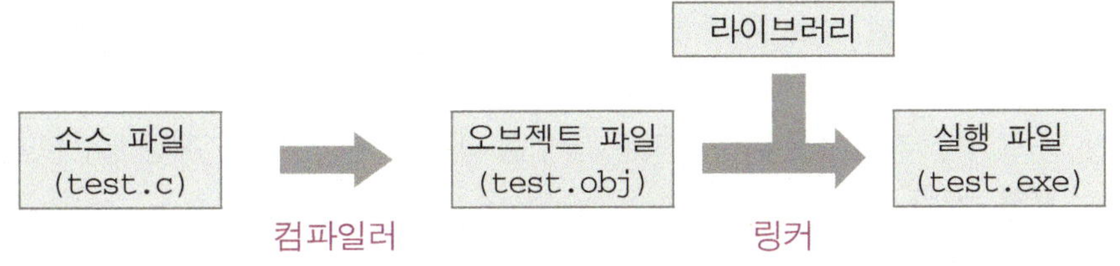

[그림 1.7] C 프로그램 작성 과정

C 프로그램 작성의 첫 단계는 '**소스 코드(source code)**' 작성이다. 소스 코드는 컴퓨터가 수행해야할 일의 순서와 방법을 C 언어에서 규정한 규칙(문법이라 부름)에 맞추어 명세한 것으로, 소스 코드를 저장한 파일을 '소스 파일'이라 부른다. 소스 파일은 사람이 볼 수 있는 텍스트(text) 파일 형태로 작성되는데, 보통 파일 확장자로 .c 를 붙여 C 언어 소스 파일임을 나타낸다.

소스 코드는 사람은 이해할 수 있지만 컴퓨터는 이해하지 못한다. 그래서 작성된 소스 코드를 컴퓨터가 이해할 수 있는 기계어 코드로 변환하는 과정이 필요하다. 이를 '**컴파일(compile)**'이라 부른다. 이 변환 과정은 '**컴파일러(compiler)**'라고 부르는 컴퓨터 프로그램을 이용하여 자동으로 수행된다. 컴파일러는 컴파일 과정에서 문법에 맞지 않는 부분이 있으면 알려주는데, 이러한 문법 오류를 '컴파일 오류(compile error)'라고 한다. 변환된 기계어 코드는 **오브젝트 코드(object code)** 또는 목적 코드 라 부른다. 오브젝트 코드를 담고 있는 오브젝트 파일의 확장자는 주로 .obj 가 사용된다. 오브젝트 코드는 기계어로 구성되어 있지만, 아직 실행을 할 수 없다.

여러 고급 프로그래밍 언어들은 프로그래머의 설계를 돕기 위해서 프로그램 작성 시 널리 사용되는 기능들을 미리 구현하여 '**라이브러리(Library)**' 형태로 프로그래머에게 제공한다. 예를 들어 C 라이브러리의 경우 키보드 입력, 화면 출력, 다양한 종류의 수학적인 도구들을 함수(function)의 형태로 제공한다. '**링커(linker)**'라는 프로그램은 우리가 만든 오브젝트 코드, 라이브러리와 관련된 오브젝트 코드, 프로그램 실행과 관련된 표준 코드를 결합하여 실행 파일을 만든다. Windows 시스템의 실행 파일에는 보통 .exe가 확장자로 붙는다.

| Visual Studio를 이용하여 C 프로그램 작성하기

앞서 설명한 C 프로그램 작성 과정을 Windows에서 동작하는 Microsoft사의 'Visual Studio'라는 프로그램을 이용하여 실제로 수행해보자. Visual Studio는 단순히 컴파일뿐만 아니라 프로그램 개발에 관련된 모든 작업을 처리하는 환경을 제공해주는데, 이러한 프로그램을 '**통합 개발 환경**'(**IDE**: Integrated Development Environment)이라고 한다. Visual Studio에는 다양한 메뉴가 있는 것을 볼 수 있는데, 여기서는 기본적인 몇 가지 기능만 사용한다. 또한, Visual Studio에서는 C 언어뿐만 아니라, C++, C# 등 다른 프로그래밍 언어도 사용 가능하다.

Visual Studio는 여러 버전이 있는데, 여기서는 Visual Studio 홈페이지에서 무료로 다운받아 설치하여 사용할 수 'Visual Studio Community 2017 (이하 VS 2017)'을 사용하여 설명한다. 버전에 따라 과정이 조금 다를 수 있지만, 대동소이하다.

1. 프로젝트 생성

Visual Studio로 프로그램을 만들기 위해서는 우선 '프로젝트'라는 것을 생성해야 한다. 프로젝트는 Visual Studio에서 사용하는 하나의 프로그램 개발 단위로, 프로젝트가 무엇인지 아직 정확히 몰라도 되니, 신경 쓰지 말고 다음 과정을 따라 하자.

(1) VS 2017 실행 후, 메뉴에서 ❶ [파일] ➜ ❷ [새로 만들기] ➜ ❸ [프로젝트]를 클릭하면 '새 프로젝트' 창이 뜬다. (해당 메뉴 옆에 단축키가 있다.)

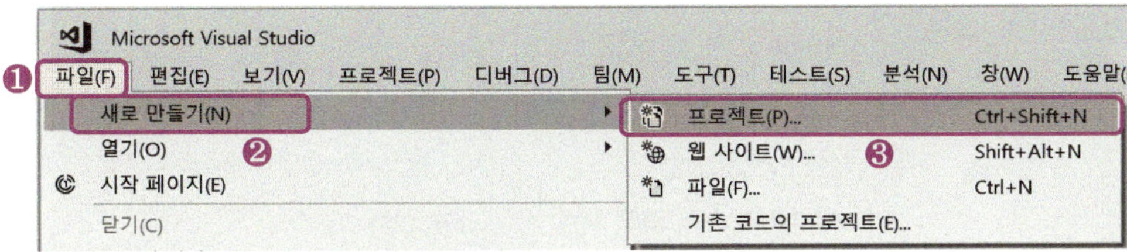

[그림 1.8] 프로젝트 생성 (1) - 메뉴 선택

(2) '새 프로젝트' 창에서 ❶ [Visual C++] 선택 ➜ ❷ 가운데에서 [빈 프로젝트] 선택 ➜ ❸ 아래쪽에 프로젝트의 이름 입력 및 위치 지정 ➜ ❹ [확인] 버튼을 클릭하면, 빈 프로젝트가 생성된다.

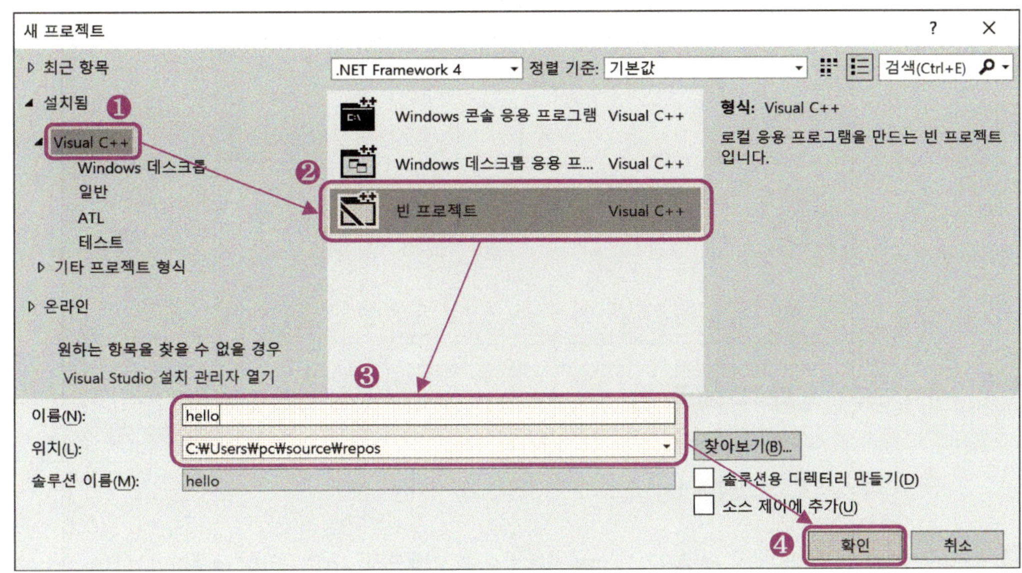

[그림 1.9] 프로젝트 생성 (2) - 기본 설정

2. 소스 코드 작성

프로젝트를 생성한 후에는 C 소스 파일을 생성하고 소스 코드를 작성해야 한다.

(1) 왼쪽 솔루션 탐색기에서 ❶ [소스 파일] 마우스 우 클릭 ➜ ❷ [추가] ➜ ❸ [새 항목]을 클릭하면 '새 항목 추가' 창이 뜬다.

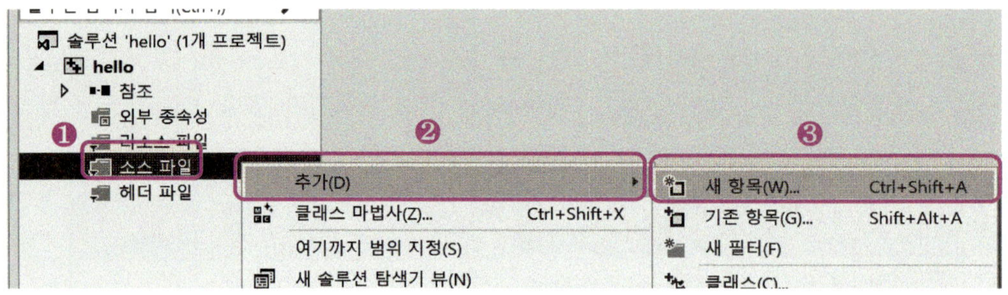

[그림 1.10] 소스 코드 작성 (1) - 메뉴 선택

(2) '새 항목 추가' 창의 왼쪽에서 ❶ [Visual C++] 선택 ➜ ❷ 가운데에서 [C++ 파일] 선택 ➜ ❸ 아래쪽에 이름 입력 및 위치 지정 ➜ ❹ [확인] 버튼을 클릭하면 소스 파일이 생성된다.

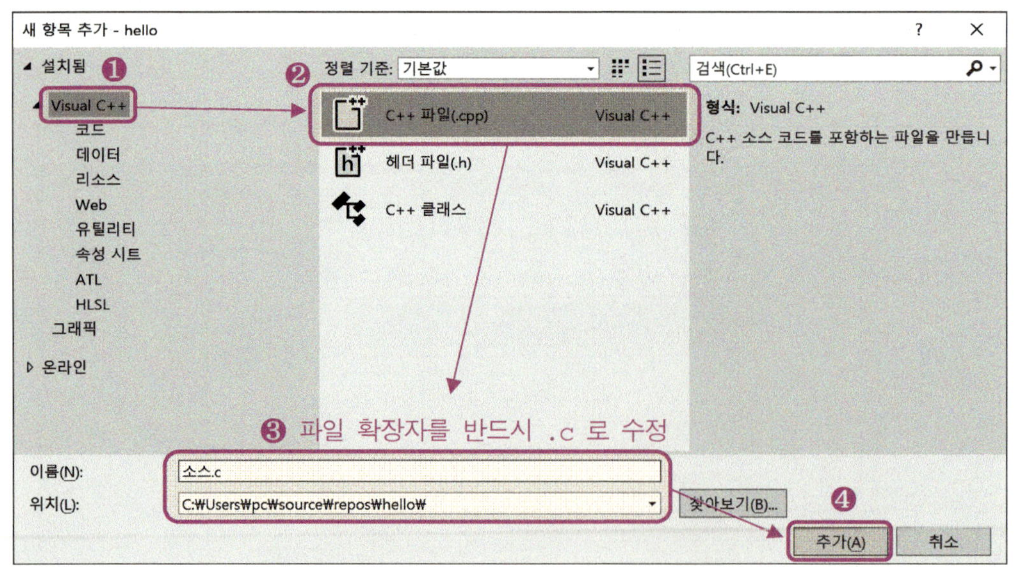

[그림 1.11] 소스 코드 작성 (2) - 기본 설정

주의 ▶ ❸에서 파일 이름의 기본 확장자가 **.cpp**인데, 이를 '반드시 **.c**로 변경'해주어야 한다. cpp는 C++ 언어의 소스 코드 확장자로, 파일 확장자가 .cpp이면 Visual Studio는 C 언어의 소스 코드가 아닌 C++ 언어의 소스 코드로 인식한다.

(3) 소스 파일 창에 C 언어 코드를 작성한다. 아래 그림과 동일하게 코드를 작성해보자.

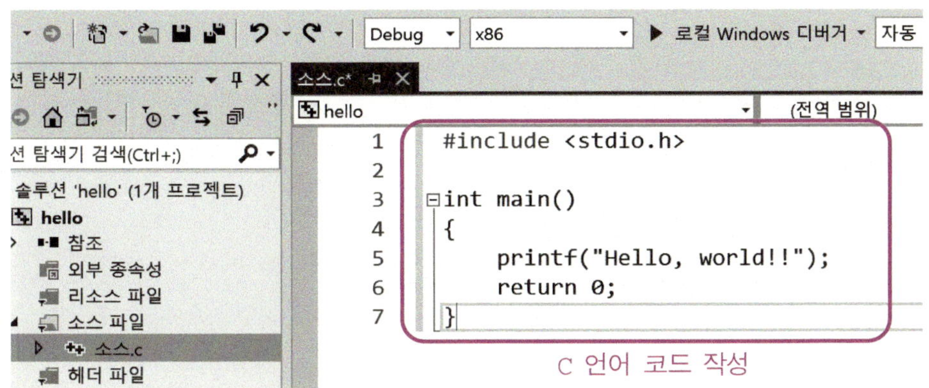

[그림 1.12] 소스 코드 작성 (3) - 코드 작성

3. 프로그램 빌드(실행 파일 생성)

소스 코드를 컴파일하여 실행 파일을 생성해보자. Visual Studio에서는 소스 코드를 컴파일하고 라이브러리와 링크시켜 실행 파일을 생성하는 것을 '빌드'라고 한다.

(1) 메뉴에서 ❶ [빌드] ➜ ❷ [솔루션 빌드]를 클릭하면 빌드가 수행된다. 이는 매우 빈번히 사용되는 기능이니, 단축키를 외워두고 사용하길 권장한다. 단축키는 해당 메뉴 옆에서 확인할 수 있다. 아래 그림에서 단축키는 [F7]인데, 환경 설정에 따라 다를 수 있다.

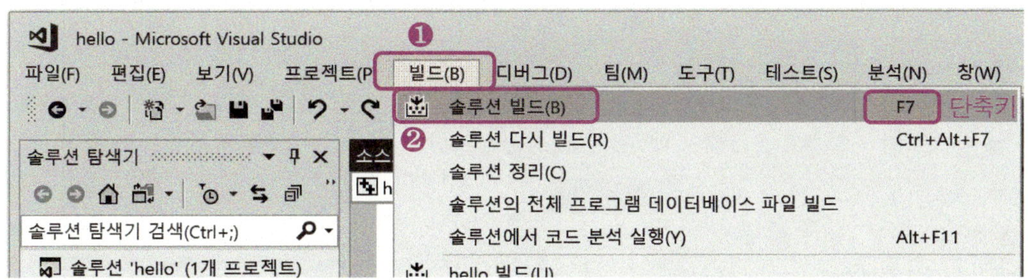

[그림 1.13] 프로그램 빌드 (1) - 메뉴 선택

(2) [솔루션 빌드]를 수행하면, 아래 쪽 '출력' 창에서 빌드 결과를 확인할 수 있다. (보통 '출력' 창은 소스 코드 창 아래에 위치하나, 역시 환경 설정에 따라 다른 위치에 나타날 수도 있다.) 컴파일 및 빌드 과정에서 발생하는 오류도 이 창에서 확인할 수 있다. 여러분이 지금까지 잘 따라했다면, 아래 그림처럼 아무 문제없이 빌드를 성공할 것이다.

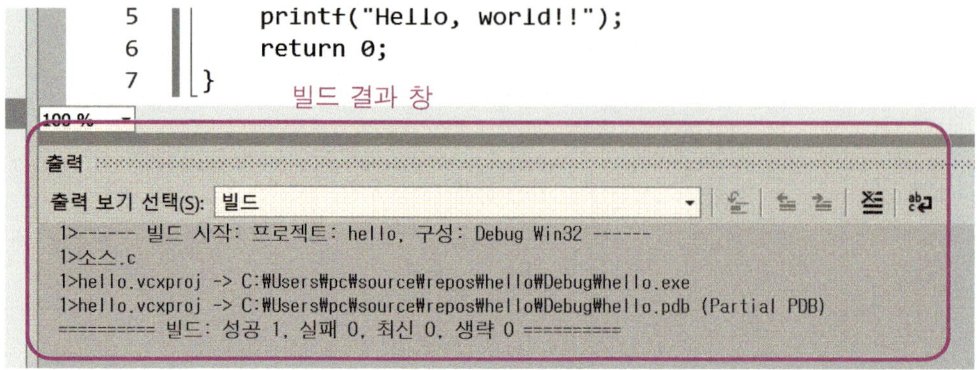

[그림 1.14] 프로그램 빌드 (1) - 결과 확인

4. 프로그램 실행

생성된 프로그램은 두 가지 방법으로 실행할 수 있다. 하나는 Visual Studio 내부의 기능을 이용하는 것이고, 다른 하나는 생성된 실행 파일을 직접 실행시키는 것이다. 여기서는 프로그램 개발 과정에서는 주로 사용하는 전자의 방법에 대해서 설명한다. 후자는 Windows의 응용 프로그램을 실행시키는 일반적인 방법으로 Visual Studio와 무관한데, 이에 대해서는 다음 소절에서 소개한다.

(1) 메뉴에서 ❶ [디버그] ➔ ❷ [디버그하지 않고 시작]을 클릭하면 프로그램이 실행된다. 이 기능 역시 매우 빈번히 사용되는 기능이니, 단축키를 외워두고 사용하자.

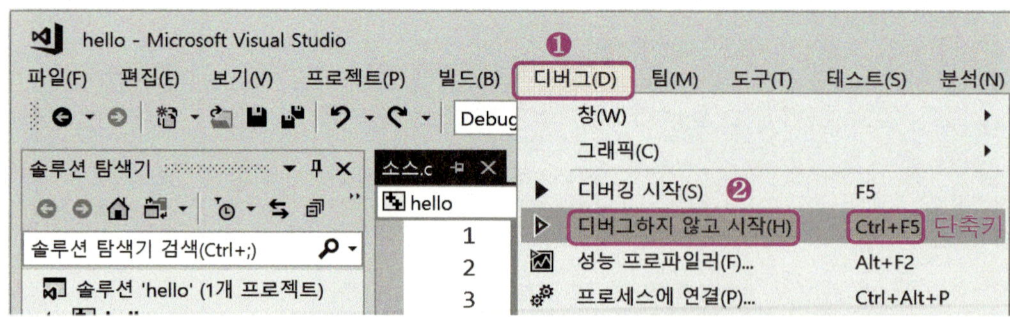

[그림 1.15] 프로그램 실행 (1) - 메뉴 선택

(2) 프로그램이 실행되면 [그림 1.16]과 같은 창이 나타나는데, 이를 '콘솔(console) 창'이라고 부른다. (만약, 창이 나타났다 바로 사라지면 (3)번 항목을 참조하자.)

화면에 "Hello, world!!"라는 문구가 출력되는데, 이것이 앞서 작성한 C 언어 코드에서 우리가 컴퓨터에게 시킨 작업이다. 이 후에 출력되는 "계속하려면 아무 키나 누르십시오..."는 Visual Studio에서 출력해주는 안내문으로 우리가 작성한 프로그램과는 아무 관계가 없다.

[그림 1.16] 프로그램 실행 (2) - 실행 결과(콘솔 창)

(3) 만약, 콘솔 창이 나타났다 바로 사라지면, 다음과 같이 설정을 변경하자. 메뉴의 [프로젝트] ➔ [속성]을 클릭하면 '속성 페이지' 창이 나타난다. '속성 페이지'의 왼쪽에서 ❶ [구성 속성 - 링커 - 시스템] 선택 ➔ ❷ 오른쪽 창의 [하위 시스템]의 맨 오른쪽 선택 버튼(∨)을 클릭 ➔ ❸ [콘솔(/SUBSYSTEM:CONSOLE)] 선택 ➔ ❹ [확인] 버튼 클릭하면 콘솔 창이 바로 사지지지 않도록 설정이 변경 된다.

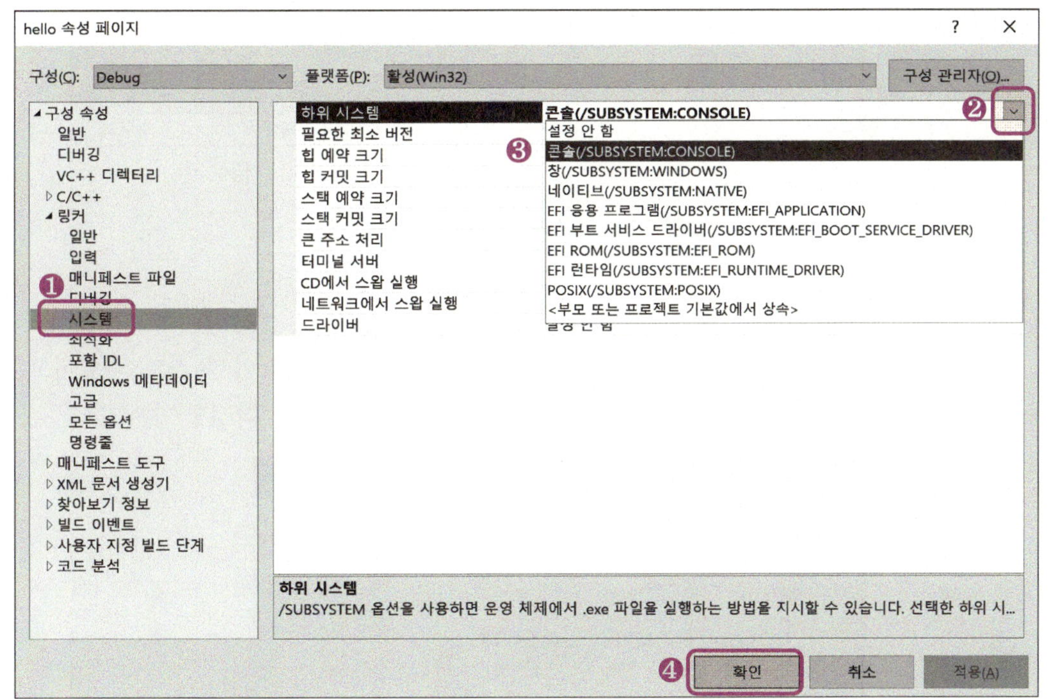

[그림 1.17] 프로그램 실행 (3) - 콘솔 창이 사라지지 않도록 설정

| VS 2017로 만든 프로그램의 소스 파일과 실행 파일

앞서 VS 2017을 이용하여 소스 코드도 작성하고 실행 파일을 만들어 프로그램 실행도 해보았다. 소스 파일과 실행 파일은 어디에 있을까? 1단계 프로젝트 생성 시 프로젝트의 위치를 지정하는데(그림 1.9의 ❸), 소스 파일과 실행 파일을 포함하여 이 프로젝트와 관련된 파일은 여기서 지정한 폴더 위치에 존재한다. (이 소절의 내용 역시 Visual Studio 버전이나 환경 설정에 따라 조금씩 다를 수 있다.)

소스 파일이 있는 폴더를 여는 가장 간단한 방법은 [그림 1.18]의 왼쪽에서처럼 VS 2017의 ❶ 소스 파일창의 탭 우 클릭 ➜ ❷ [상위 폴더 열기] 메뉴를 선택하면, 오른쪽 그림처럼 Windows 탐색기 창이 열리고, "소스.c" 파일이 보일 것이다.

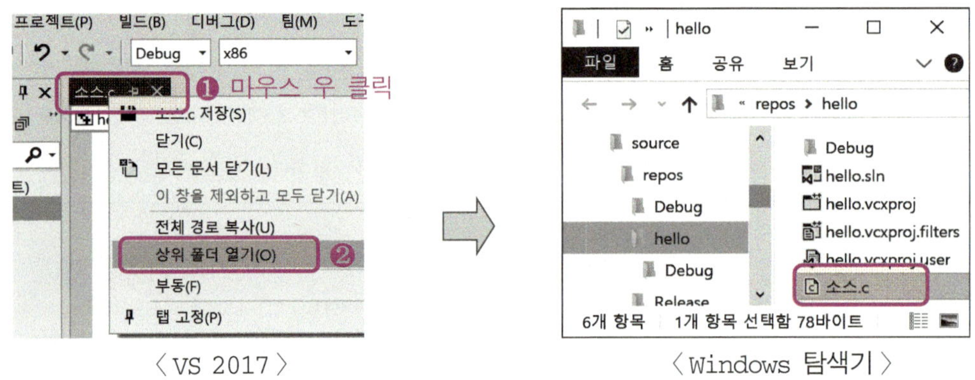

[그림 1.18] 소스 파일 폴더 열기

소스 파일을 '메모장' 프로그램을 이용하여 열어 보면, [그림 1.19]에서처럼 작성했던 소스 코드의 내용을 확인할 수 있다. 즉, 소스 파일의 포맷은 일반적인 텍스트 파일이고, VS 2017을 이용하는 것보다는 불편하지만 메모장으로도 소스 코드를 작성할 수 있다.

```
#include <stdio.h>

int main()
{
        printf("Hello, world!!");
        return 0;
}
```

[그림 1.19] 메모장으로 열어 본 소스 파일의 내용

이번에는 실행 파일을 찾아보자. 실행 파일의 위치는 [그림 1.14]의 빌드 결과 창에서 확인할 수 있다. 탐색기에서 해당 폴더로 이동하면 실행 파일 "hello.exe"와 소스 파일 "소스.c"의 목적 파일인 "소스.obj"가 생성되어 있음을 확인할 수 있다.

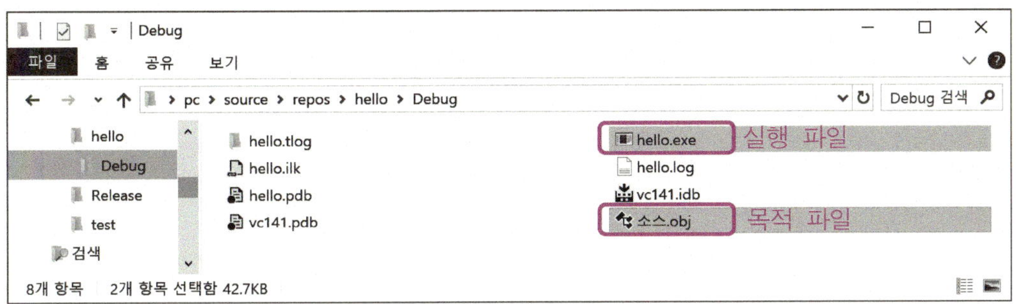

[그림 1.20] 실행 파일과 목적 파일

실행 파일을 더블 클릭하여 실행시키면 화면에 "Hello, world!!"를 출력한다. 다만 창이 금방 사라져 확인할 수 없다. 명령 프롬프트(command prompt) 환경에서 작성한 프로그램을 실행시켜 결과를 눈으로 확인해 보자. (명령 프롬프트는 텍스트 기반으로 동작하는데, 여기서는 이에 대해 어느 정도 알고 있다는 가정 하에 설명한다. 명령 프롬프트는 이 책의 범위를 벗어나므로 따로 설명하지는 않는다. 웹(web)에 관련 자료가 많으니 참고하기 바란다.)

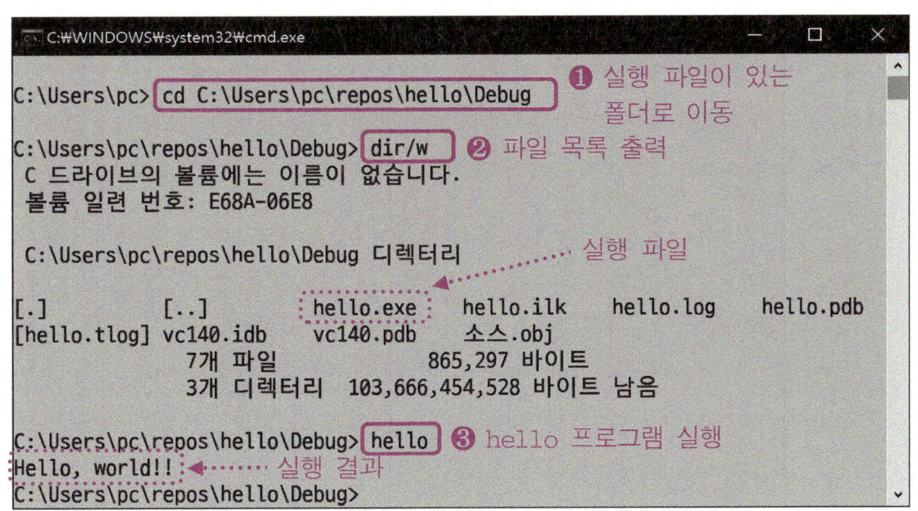

[그림 1.21] 명령 프롬프트 환경에서 hello 프로그램 실행하기

(1) 윈도우에서 명령 프롬프트(command prompt)를 실행시키면, 프로그램 작성하기 4단계에서 본 콘솔 창이 나타난다. [그림 1.21]과 같이 ❶ "cd" 명령어를 이용하여 실행 파일이 있는 폴더로 이동 ➜ ❷ "dir" 명령어를 입력하고 [Enter] 키를 누르면, 폴더에 있는 파일 목록이 나타는데, 실행 파일 "hello.exe"가 있는 지 확인하자.

(2) [그림 1.21]-❸과 같이 실행 파일의 이름 "hello"를 입력하고 [Enter] 키를 누르면, 우리가 작성한 프로그램이 실행되어 화면에 "Hello, world!!"가 출력되는 것을 확인할 수 있다. VS 2017에서와 달리 "계속하려면 아무 키나 누르십시오..."라는 안내문이 출력되지 않는다.

여기서 우리는 Visual Studio는 소스 파일을 작성하고 실행 파일을 만들어 주는 도구일뿐, 생성된 프로그램은 메모장이나 계산기 프로그램처럼 Visual Studio와는 독립적으로 실행되는 것을 확인할 수 있다.

1.3 첫 프로그램 분석

앞서 작성한 C 언어 코드의 내용을 살펴보자. 여러분이 C 언어를 처음 접하는 경우라면 코드 설명에서 사용한 용어 등이 아직 낯설 텐데 걱정하지 말자. 공부를 하면서 하나씩 알게 될 것이다. 맨 처음 C 언어를 공부할 때는 '아 이렇게 쓰면 이런 결과가 나오는 구나' 하고 자연스럽게 받아들이고, 초반에는 코드의 형태와 용어에 익숙해지도록 하자. [프로그램 1-1]의 왼쪽에 적힌 1~7까지의 수는 설명의 편의를 위해 붙인 라인 번호로 소스 코드에 포함되는 내용은 아니다.

프로그램 1-1 첫 C 프로그램의 코드

```
1: #include <stdio.h>
2:
3: int main()
4: {
5:     printf("Hello, world!!");
6:     return 0;
7: }
```

[실행결과]

```
Hello, world!!
```

- **#include <stdio.h>** ⇨ 'stdio.h'라는 헤더 파일의 내용을 포함하라(include)는 의미이다. 라인 5의 printf() 함수를 사용하기 위해 필요하다.
- **int main()** ⇨ main() 함수의 헤더 부분으로 함수의 형태를 나타낸다. main() 함수는 프로그램의 시작 지점을 나타내는 함수로 모든 C 프로그램에는 main() 함수가 오직 하나 존재해야 한다.
- **중괄호 쌍 {...}** ⇨ main() 함수의 시작과 끝을 나타낸다.
- **printf("...");** ⇨ 화면에 "Hello, world!!"를 출력(print)하라는 의미의 문장(statement)으로 세미콜론(;)으로 끝난다. 세미콜론은 C 언어에서 모든 문장의 끝에 사용되는데, 문장 끝에 세미콜론이 없으면 컴파일 오류가 발생한다.
- **return 0;** ⇨ 함수를 종료하면서 0을 반환하라는 의미이다. 역시 마지막에 세미콜론을 붙인다.

| 들여쓰기와 주석

위 프로그램에서 중괄호 내부에 있는 두 개의 라인은 다른 라인보다 일정간격 오른쪽으로 **들여쓰기(indentation)**를 했다. 이는 이 두 라인이 main() 함수에 속해있다는 것을 알아보기 쉽게 표시하기 위한 것으로, 보통 [tab] 키나 [space] 키를 사용하여 들여쓰기를 한다. 들여쓰기는 **코드의 가독성**(코드가 얼마나 알아보고 읽기 쉬운가에 대한 정도)을 높이기 위한 수단으로 사용된다. 들여쓰기는 문법적으로는 아무 의미를 가지지 않아, 들여쓰기를 전혀 하지 않아도 오류 없이 컴파일되고 프로그램도 잘 수행된다. 심지어 [프로그램 1-1]의 라인 3~7을 하나의 라인에 모두 적어도 잘 동작한다.

두 라인이 main() 함수에 속해있다는 것을 나타내기 위한 문법적 장치는 **중괄호 쌍**이다. 한 쌍의 중괄호로 둘러싸인 부분을 블록(block)이라 하고 보통 다음 두 가지 형태를 사용한다. C 언어에서는 관습적으로 왼쪽 형태를 많이 사용한다.

```
int main()                          int main() {
{                                       ...
    ...            또는                 }
}
```

프로그램을 작성할 때, 일반적으로 **프로그램에 대한 설명을 코드에 추가**하는데, 이를 **주석(comment)**이라고 한다. 주석도 사람이 프로그램을 이해하기 위한 수단으로 사용하며 실제 프로그램에는 아무런 영향을 미치지 못한다. 다음은 앞서 작성한 코드에 주석까지 추가한 최종 프로그램이다.

프로그램 1-2	첫 C 프로그램(주석 포함)

```
 1: /* 나의 첫 C 프로그램
 2:    Hello world program */
 3:
 4: #include <stdio.h>                    // 헤더 파일 포함
 5:
 6: int main()                            // main() 함수 (프로그램 시작 지점)
 7: {                                     // main() 함수의 시작
 8:    printf("Hello, world!!");          // 화면에 "..."의 내용을 출력
 9:    return 0;                          // 0을 반환
10: }                                     // main() 함수의 끝
```

C 언어에서는 다음 두 가지 방식으로 주석을 달 수 있다. (대부분의 프로그래밍용 편집기에서는 주석을 알아보기 쉽도록 다른 색으로 표시한다.)

❖ **/* … */**

/* 은 주석의 시작을 나타내고, */ 은 주석의 끝을 나타낸다. 라인이 바뀌는 것과 관계없이 이 부분에 포함된 모든 내용은 주석으로 처리된다. 위 프로그램의 라인 1~2가 이 방식으로 작성된 주석이다. 보통 주석이 길 때 사용한다.

❖ **// …**

라인 별로 주석을 따로 작성할 때는 //을 사용하면 편리하다. // 가 나타나는 이 후부터 해당 라인 끝까지의 내용이 주석으로 처리된다. 라인이 바뀌면 주석이 끝나는 걸로 간주된다. 위 프로그램의 라인 4~10이 이 방식으로 작성된 주석이다. 보통 간단한 주석을 작성할 때 선호된다.

주석은 주로 코드에 대한 설명을 적기 위한 수단으로 사용되지만, 프로그램 작성 도중 일정 부분의 코드를 임시로 무효화시키고자 할 때, 해당 코드를 삭제하는 대신 주석으로 처리하기도 한다.

들여쓰기와 주석은 프로그램의 동작과는 아무 관계가 없다보니, C 언어를 처음 배우는 경우 이를 무시하는 경우가 종종 있는데, **들여쓰기와 주석은 선택이 아니라 필수이다.** C 언어를 공부하는 초반에 작성하는 프로그램의 소스 코드는 매우 짧아 들여쓰기를 하지 않아도, 주석이 없어도 이해하는데 무리가 없다. 하지만, 작은 프로그램 작성할 때부터 습관을 들이지 않으면, 나중에 큰 프로그램을 작성할 때도 소홀히 하게 된다는 점을 명심하고, 처음부터 좋은 코딩 습관을 가지도록 노력하자.

| 오류의 종류와 디버깅(debugging)

　보통 프로그램을 작성하면 무수히 많은 오류를 포함하고 있고, 정상적으로 동작하는 프로그램을 만들기 위해 이러한 오류를 수정하는 과정을 거치게 된다. 프로그램에 존재하는 오류를 버그(bug)라고 하고, 오류를 고치는 행위를 디버깅(debugging)이라고 한다. 오류의 종류는 크게 컴파일 오류와 런타임 오류(실행 오류) 두 가지로 분류된다.

　'컴파일 오류(compile error)'는 문법적 오류이다. 즉, 문법에 맞지 않게 코드를 작성하여 발생하는 오류이다. 예를 들어, 아래와 같이 세미콜론을 누락하거나, 'return'의 철자가 틀린 것은 모두 문법 오류에 해당한다. 컴파일러는 컴파일 과정에서 문법에 맞지 않는 부분을 발견하면 아래와 같이 어떤 오류가 발생했는지 프로그램 작성자에게 알려준다. 프로그래머는 오류 내용을 참고하여 코드에서 잘못된 부분을 수정하면 된다. [부록]에 VS 2017에서 컴파일 오류를 수정하는 약간의 요령을 소개하였다.

```
#include <stdio.h>
int main()
{
    printf("Hello, world!!")        ⇨ 세미콜론 누락(문법 오류)
    retrn 0;                        ⇨ return 철자 틀림(문법 오류)
}
```

[컴파일 결과] VS 2017의 출력 내용 일부
구문 오류: ';'이(가) 'retrn' 식별자 앞에 없습니다.
'retrn': 선언되지 않은 식별자입니다.

　컴파일러는 소스 코드를 정해진 문법 규칙에 따라 해석하고 기계어로 번역(컴파일)하는데, 문법 규칙에 맞지 않은 부분을 만나면 기계어로 번역할 수가 없다. 따라서 컴파일 오류가 있으면, 프로그램의 실행 파일이 만들어지지 않는다.

VS 2017에서 현재 코드에 컴파일 오류가 있는 경우, 프로그램을 실행 시키면 이전에 오류 없이 빌드 되었던 프로그램이 실행된다. 특히, VS 2017에서 프로그램을 실행시키기 위해 [Ctrl+F5]를 누르면, 소스 코드가 변경된 경우 빌드를 다시 한 후 새로 빌드 된 프로그램이 실행된다. 그런데, 만약 현재 코드에 오류가 있으면, 현재 코드가 아닌 오류 없이 빌드 되었던 이전 프로그램이 실행된다. 따라서 **빌드를 먼저 수행하여 오류가 없는 지 확인한 후에 프로그램을 실행 시키는 것을 권장**한다.

컴파일러는 오류는 아니지만 오류의 가능성이 있는 부분을 경고로 알려주기도 하는데, 이를 **컴파일 경고(complie warning)**라고 한다. 컴파일 경고는 문법적으로 틀리지는 않아 기계어로 번역하는데 문제는 없지만, 잘못될 가능성이 있거나 권장되지 않는 방법으로 작성한 부분에 대한 경고이다. 따라서 경고를 해결하지 않아도 실행 파일은 잘 만들어진다. 게다가 많은 경우 컴파일 경고가 발생해도 프로그램 실행에 아무 문제없어 컴파일 경고를 무시하기 쉬운데, 경고도 오류의 잠재적 원인이 될 수 있으니 꼭 확인하고 경고를 없애도록 하자.

앞으로 프로그램을 작성하면서 다양한 컴파일 오류와 경고 메시지를 접하게 될 텐데, 그냥 지나치지 말고 어떤 내용인지 확인하도록 하자. 만약 오류나 경고 내용이 잘 이해가 되지 않는다면, 도움말이나 웹 검색을 통해 내용을 꼭 확인하자. 그래야 나중에 유사한 오류나 경고를 만났을 때, 내용을 빨리 파악하고 수정할 수 있다.

'런타임 오류(runtime error)'는 논리적 오류로 프로그램을 실행시킨 결과가 의도와 다르거나 프로그램이 비정상적으로 종료되는 경우이다. 문법을 잘못 이해하고 적용해서 오류가 발생할 수도 있고, 프로그램의 논리 구조에 문제가 있어 오류가 발생할 수도 있다. 예를 들어, 화면에 "Hello, world!!"를 출력해야 하는데, 아래와 같이 코드를 작성했다면 문제없이 컴파일되고 실행도 될 것이다. 하지만 화면에 출력되는 결과가 우리의 의도와는 다른 잘못된 프로그램이다.

```c
#include <stdio.h>
int main()
{
    printf("Jello, world!!");   ⇨ Hello를 Jello로 잘못 출력
    return 0;
}
```

위 예의 오류는 매우 간단해서 쉽게 발견하고 수정할 수 있고, 런타임 오류의 축에도 끼지 못하는 단순한 오류지만, 대부분의 런타임 오류는 컴파일 오류에 비해 어디서, 왜 발생하는지 알기가 어렵고, 해결하기도 훨씬 어렵다. 보통 프로그램을 작성하는 대부분의 시간을 런타임 오류를 찾고 수정하는 작업에 소비하게 되는데, 런타임 오류를 얼마나 빨리 파악하고 수정하는 지가 곧 프로그래머의 실력이기도 하다. 그래서 보통 '디버깅'이라고 하면 바로 이 **런타임 오류를 해결**하는 것을 지칭한다.

컴파일 오류는 컴파일러가 검사해주고 오류 내용까지 알려주기 때문에, 문법만 제대로 알고 있으면 컴파일 오류는 금방 해결할 수 있다. 하지만 런타임 오류는 빌드가 성공한 뒤 실행과정에서 발생하기 때문에 컴파일러가 직접적으로 알려주지 않는다. 다만, VS 2017을 포함한 대부분의 개발 도구에서는 런타임 오류를 찾고 해결하는데 도움이 되는 부가 기능을 제공한다. [부록]에서 VS 2017의 디버깅 도구 활용법과 디버깅을 위한 약간의 요령을 소개하였는데, 이 부분은 C 프로그래밍을 어느 정도 학습한 후(적어도 6장까지) 보길 권장한다.

1.4　출력 기초

프로그램이 동작하는 과정을 확인하는 가장 기본적인 방법은 화면에 값을 출력해 보는 것이다. 앞서 본 프로그램에서 화면에 출력하기 위해 사용한 printf() 함수는 보통 C 언어를 배울 때 가장 처음 접하는 출력 함수로 3장에서 이에 대해 자세히 다룬다. 본 절에서는 2장 학습에 필요한 printf() 함수의 기초 내용을 소개한다.

| 화면에 내용 출력하기

printf() 함수는 큰따옴표 사이에 있는 내용을 출력한다. [프로그램 1-2]의 라인 8의 내용을 다음과 같이 바꿔가면서 실행해보자. 각 라인에서 사용된 요소를 구별하기 위해 괄호, 큰따옴표, 세미콜론 사이에 공백을 추가했다. 실행 시켜보면 알겠지만, 큰따옴표 밖의 공백은 출력에 전혀 영향을 주지 않고, 내부의 공백만 출력에 영향을 준다.

```
printf (  "Hello,      world!!"  ) ;
printf (      "  I'm a student."      )   ;
printf (  "100"  ) ;
printf (  "!@#$"  ) ;
```

다음은 printf() 함수를 여러 번 사용한 예이다. main() 함수 내에 여러 개의 문장이 있는데, C 언어에서는 기본적으로 **위에서부터 순차적으로 문장을 수행**한다. 따라서 "한국대학교", "신입생", "홍길동"이 화면에 차례로 출력된다. 큰따옴표 안에 공백이 없으므로 출력 결과에도 공백이 없다.

```
int main() {
    printf("한국대학교");
    printf("신입생");
    printf("홍길동");
    return 0;
}
```

순차실행

[실행결과]

한국대학교신입생홍길동

위 코드의 실행결과에서 한 가지 주목할 부분은 3개의 단어를 각각 따로 출력하였지만, 3개의 줄에 출력되지 않고 하나의 줄에 공백 없이 연달아 출력이 된다는 점이다. 즉, 위 프로그램에서 printf로 시작하는 3개의 라인은 다음과 같이 하나의 printf() 함수로 작성하는 것과 완전히 동일한 의미를 가진다.

```
printf("한국대학교");
printf("신입생");            =      printf("한국대학교신입생홍길동");
printf("홍길동");
```

그러면 3개의 단어를 한 줄에 하나씩 출력하려면 어떻게 해야 할까? **줄을 바꾸기 위해서는 개행 문자 '\n'**을 사용해야 한다. 개행 문자는 역슬래쉬 \ 와 영문자 n을 붙인 것으로, \ 는 특수 문자를 나타내기 위해 사용하는 문자이고 영문자 n은 개행(newline)을 의미한다. 두 개의 문자로 구성이 되어 있지만 하나처럼 취급된다. 다음은 개행 문자를 이용하여 3개의 단어를 한 줄에 하나씩 출력하는 프로그램이다. (앞으로 특별한 경우가 아니면 코드에서 '#include <stdio.h>'가 포함된 라인 1~2는 생략한다.)

프로그램 1-3　개행 문자 출력

```
1: #include <stdio.h>     // 앞으로 첫 두 라인은 생략
2:
3: int main() {
4:     printf("한국대학교\n");    // 개행 문자 출력
5:     printf("신입생\n");
6:     printf("홍길동\n");
7:     return 0;
8: }
```

[실행결과]

```
한국대학교
신입생
홍길동
```

　개행 문자는 출력하고자 하는 문자열의 중간에서도 사용될 수 있다. 위 프로그램의 printf로 시작하는 세 문장은 다음과 같이 하나의 printf() 함수로 작성 가능하다.

```
printf("한국대학교\n");
printf("신입생\n");      =    printf("한국대학교\n신입생\n홍길동\n");
printf("홍길동\n");
```

| 정수 값 출력

프로그램 1-4　정수 값 출력

```
3: int main()
4: {
5:     printf("%d + %d", 10, 20);
6:     return 0;
7: }
```

[실행결과]

```
10 + 20
```

　위 프로그램은 조금 더 복잡한 예를 보여준다. 큰따옴표 내의 **'%d'** 는 해당 위치에 정수를 출력하라는 의미의 특수 기호로 **서식 지정자**라고 부른다. 해당 위치에 출력할 값은 큰따옴표로 둘러싸인 출력 내용 다음에 쓴다. 하나의 printf() 함수에 여러 개의 서식 지정자가 삽입될 수 있으며, 왼쪽 서식 지정자부터 출력 내용 다음에 나타나는 값과 차례로 대응되고, 값이 여러 개인 경우 쉼표로 구분한다. 위 예에서 첫 번째 '%d'는 첫 번째 정수인 10과 짝을 이루고, 두 번째 '%d'는 두 번째 정수인 20과 짝을 이루어 출력된다.

```
printf("%d + %d", 10, 20);
```

[예제 1.1] 다음 프로그램의 결과를 예측해보고 프로그램을 작성하여 결과를 확인해보자.

```c
int main()
{
    printf("100");
    printf("\n");
    printf("%d", 100);
    printf("\n");
    return 0;
}
```

[실행결과]

```
100
100
```

```c
int main()
{
    printf("100+200");
    printf("\n");
    printf("%d", 100+200);
    printf("\n");
    return 0;
}
```

[실행결과]

```
100+200
300
```

| 변수에 저장된 값 출력

다음은 printf를 사용하여 변수의 값을 출력하는 예이다. 변수는 값을 저장하기 위한 저장 공간으로 변수에 저장된 값은 변할 수 있다. 다음 설명을 포함해 변수에 대해서는 2장에서 자세히 다룰 것이고, 여기서는 의미만 간략히 설명한다. (설명이 아직 이해가 되지 않아도 무방하다. 다만, 예제 코드를 반복적으로 연습하여 코드의 형태를 기억하자.)

프로그램 1-5 변수 값 출력

```c
 3: int main() {
 4:    int c;                // 변수 c 선언
 5:
 6:    c = 10 + 20;          // c 에 10+20 의 결과, 즉 30 저장
 7:
 8:    printf("c=10+20 출력:");    // "..." 내용 출력
 9:    printf("%d", c);            // 변수 c에 저장된 값 출력
10:    return 0;
11: }
```

[실행결과]

```
c=10+20 출력:30
```

- **int c;** ⇨ 변수 c를 사용하겠다고 선언하는 문장으로 int 는 변수 c에 저장되는 값이 정수(integer)임을 의미한다.
- **c = 10 + 20;** ⇨ 변수 c에 10+20의 결과 값인 30을 저장(대입)하라는 의미의 문장이다.
- **printf("%d", c);** ⇨ '변수 c의 값'을 화면에 출력하라는 의미이다. '%d' 는 정수를 출력하라는 의미의 printf의 서식 지정자이고, 해당 위치에 "…" 다음에 나오는 변수인 c에 저장되어 있는 값을 출력한다.

printf("%d", c);

위 코드의 첫 번째 printf에서 사용된 c와 두 번째 printf에서 사용된 c는 전혀 다른 의미를 가진다는 점에 주의하자. 큰따옴표 "…" 안의 c 는 단순히 화면에 출력되는 내용이 문자 c라는 것을 의미하고, 큰따옴표 "…" 밖의 c 는 변수를 의미한다. 또, 다음과 같이 하나의 printf() 함수 안에서 정수 값과 변수를 동시에 출력하는 것도 가능하다. 왼쪽에 출력되는 30은 변수 c에 저장된 값이고, 오른쪽에 출력되는 10은 printf 문 마지막에 주어진 정수 값 10이다.

printf("%d %d", c, 10); ⇨ 변수 c와 정수 값 10을 동시에 출력

1.5　입력 기초

대부분의 프로그램은 사용자로부터 값을 입력받아 처리한다. 예를 들어, 간단한 계산기 프로그램만 해도, 계산하고자 하는 값들과 연산자를 프로그램에 입력해주어야 한다. 사용자로부터 값을 입력받는 가장 기본적인 수단은 키보드를 이용하는 것으로, C 언어에서는 scanf() 함수를 이용하여 처리할 수 있다. **scanf() 함수는 printf() 함수와 짝을 이루는 입력 함수로 큰따옴표 "…" 안에 있는 서식 지정자에 따라 값을 입력 받는다.** 여기서는 정수 값을 입력받는 경우만 고려하고, 자세한 내용은 3장에서 다룬다.

VS 2017에서는 보안상의 이유로 scanf() 함수를 사용하면 컴파일 오류가 발생하고(설정에 따라 오류가 발생하지 않을 수도 있음), scanf_s() 함수를 사용하라는 메시지가 출력된다. 이 오류를 비활성화하고 scanf() 함수를 사용할 수 있게 하려면, 소스 코드에 다음 문장을 추가하면 된다.

```
#include <stdio.h>              // 헤더 파일 포함
#pragma warning(disable:4996)   ⇨ scanf() 보안 오류를 비활성화하는 문장
...
```

다음 프로그램은 키보드로 정수를 하나 입력받아, 입력 받은 정수를 그대로 화면에 출력하는 프로그램이다. 프로그램을 실행하면, 화면에 "정수를 입력하시오: "를 출력한 후 프로그램은 키보드로 값이 입력되길 기다린다. 아무 정수나 입력하고 [Enter] 키를 치면, 나머지 부분이 실행되고 프로그램은 종료된다.

프로그램 1-6 사용자로부터 정수 입력 받기

```
 3: int main()
 4: {
 5:     int a;                   // 변수 a 선언
 6:
 7:     printf("정수를 입력하시오: ");   // 안내문 출력
 8:     scanf("%d", &a);              // 정수 값 입력 받아 변수 a에 저장
 9:     printf("입력된 값: %d", a);    // 변수 a의 값 출력
10:     return 0;
11: }
```

[실행결과]

```
정수를 입력하시오: 15↵    ⇨ 굵게 밑줄 친 15 는 키보드 입력을 의미하고
입력된 값: 15              ↵ 는 [Enter] 키 입력을 의미한다. (이 후 동일)
```

라인 8의 **"scanf("%d", &a);"**가 키보드로부터 정수 값을 입력받아 변수 a에 저장하는 문장이다. 큰따옴표 안의 '%d' 는 입력되는 값을 정수로 해석하라는 의미의 서식 지정자이고, 입력받은 값을 "…" 다음에 나오는 변수 a에 저장한다. 이 때, printf() 함수에서와 달리, **변수 a 앞에 & 기호를 붙인다**는 점에 유의하자. 기호 &가 무슨 의미인지, 왜

&를 붙여야 하는 지, 언제 &를 안 붙이는 지에 대해서는 9장에서 학습할 것이다. 당분간 scanf() 함수에서는 무조건 사용되는 변수에 반드시 & 기호를 붙인다고 생각하자.

```
scanf("%d", &a );
```
& 기호를 변수 **a** 앞에 반드시 붙여야 함

하나의 printf() 함수로 여러 변수의 값을 출력할 수 있듯이, 하나의 scanf() 함수에서도 서식 지정자를 여러 개 사용하여 정수를 여러 개 입력받을 수 있다. 다음 scanf() 함수에서 첫 번째로 입력되는 정수가 변수 a에 저장되고, 두 번째로 입력되는 정수가 변수 b에 저장된다. 변수 a와 b 모두 앞에 & 기호를 붙인다.

```
scanf("%d%d", &a, &b );
```
⇨ 두 개의 정수 입력 받기

scanf() 함수의 "..." 안에 '%d'와 같은 서식 지정자 이외의 다른 내용을 넣지 않도록 주의하자. 예를 들어, 아래와 같이 출력할 내용과 혼합하여 사용하거나, 공백, 쉼표, 개행 문자 등을 쓰지 않도록 하자. 참고로, 이 문장은 문법적으로는 정상적인 문장으로, 특별한 목적을 위해 scanf() 함수의 "..." 안에 있는 공백, 쉼표 등을 넣기도 한다. (자세한 내용은 3장에서 다룬다.)

```
scanf("정수를 입력하시오: %d", &a );     ⇨ 잘못된 사용
scanf("%d,%d\n", &a, &b );           ⇨ 잘못된 사용 (특별한 목적이 없으면)
```

[예제 1.2] 변수와 printf, scanf를 여러 번 사용하여 아래 실행결과처럼 학번과 나이를 각각 입력받아 화면에 출력하는 프로그램을 작성해보자.

[실행결과]

```
학번 입력: 1601111↵
입력 학번: 1601111
나이 입력: 20↵
입력 나이: 20
```

도움말 ▶ 앞으로 이와 같이 프로그램을 작성하는 예제가 많이 나오는데, 가능하면 답안을 보지 말고 먼저 코드를 작성해 본 후, 본인의 코드와 답안 코드를 비교해보도록 하자.

프로그램 1-7 예제 1.2 답안 코드

```c
 3: int main()
 4: {
 5:    int id;                    // 변수 id 선언
 6:    int age;                   // 변수 age 선언
 7:
 8:    printf("학번 입력: ");         // 안내문 출력
 9:    scanf("%d", &id);             // 값 입력
10:    printf("입력 학번: %d\n", id); // 입력된 값 출력
11:
12:    printf("나이 입력: ");         // 안내문 출력
13:    scanf("%d", &age);            // 값 입력
14:    printf("입력 나이: %d\n", age);   // 입력된 값 출력
15:
16:    return 0;
17: }
```

[예제 1.3] 학번과 나이를 scanf() 함수를 한 번만 사용하여 입력 받아 다음과 같은 실행결과가 나오도록 프로그램을 수정해 보자.

[실행결과]

```
학번과 나이 입력: 1601111 20↵
입력 학번과 나이: 1601111 20
```

프로그램 1-8 예제 1.3 답안 코드

```c
 3: int main()
 4: {
 5:    int id;                    // 변수 id 선언
 6:    int age;                   // 변수 age 선언
 7:
 8:    printf("학번과 나이 입력: ");                 // 안내문 출력
 9:    scanf("%d%d", &id, &age);                    // 값 입력
10:    printf("입력 학번과 나이: %d %d\n", id, age);   // 출력
11:
12:    return 0;
13: }
```

| 단원요약 |

1　컴퓨터 프로그램이란 컴퓨터가 해야 할 일의 순서와 방법을 명세한 것이고, 프로그래밍이란 컴퓨터 프로그램을 개발하는 행위이다.

2　프로그래밍 언어란 프로그램을 개발하기 위해 사용하는 언어로, 기계어, 어셈블리어, 고급 언어로 분류할 수 있다.

3　컴퓨터 시스템은 CPU, 메모리, 입출력 장치 등으로 구성되고, 프로그램 실행에 필요한 데이터는 메모리에 저장되고, 프로그램에서 수행되는 연산은 CPU에서 처리된다.

4　소스 코드는 컴퓨터가 수행해야할 일의 순서와 방법을 규정한 텍스트 파일로, 사람은 이해할 수 있지만 컴퓨터는 이해하지 못한다.

5　컴파일은 사람이 작성한 소스 코드를 컴퓨터가 이해할 수 있는 기계어로 변환하는 행위이고, 컴파일러는 컴파일을 수행해 주는 컴퓨터 프로그램이다.

6　오브젝트 코드는 소스 코드에서 변환된 기계어 코드를 의미하고, 링커는 오브젝트 코드에 라이브러리 코드, 프로그램 실행과 관련된 표준 코드를 붙여 실행 파일을 만든다.

7　모든 C 프로그램에는 main() 함수가 오직 하나 존재해야 한다.

8　C 언어의 문장은 세미콜론(;)으로 끝난다.

9　들여쓰기와 주석은 코드의 가독성을 높이기 위한 수단으로 프로그램의 의미에 아무 영향을 미치지 못하지만, 프로그래밍에서 필수적인 요소이다.

10　C 언어 코드는 기본적으로 위에서부터 순차적으로 수행된다.

11　printf()는 값을 화면에 출력하고, scanf()는 사용자로부터 값을 입력받는 함수로, 서식 지정자라 부르는 기호를 사용한다.

12　개행 문자 \n 은 줄 바꿈을 의미하는 특수 문자이다.

| 실습문제 |

[문제 1] 다음과 같이 숫자 2로 이루어진 사각형 모양을 출력하는 프로그램을 작성하시오.
- 가운데 빈 부분은 공백을 출력한다.

실행 예시

```
222222
2    2
2    2
222222
```

[문제 2] 문자 A로 이루어진 삼각형 모양을 출력하는 프로그램을 작성하시오.
- 공백을 적절히 출력하여 비슷한 모양이 나오도록 한다.

실행 예시

```
   A
  A A
 A   A
A A A A
```

[문제 3] scanf를 이용하여 사용자에게 숫자 2~9중 하나의 값을 입력 받고, 입력 받은 값으로 이루어진 사각형을 출력하라.
- 실행 예시에서 밑줄 친 굵은 글씨는 사용자가 입력하는 값이고, ↵는 [Enter] 키 입력을 의미
  (이하 실습문제에서 동일하게 적용)

실행 예시 1

```
정수 입력 : 5↵

555555
5    5
5    5
555555
```

실행 예시 2

```
정수 입력 : 7↵

777777
7    7
7    7
777777
```

[문제 4] 다음과 같이 생일을 출력하는 프로그램을 작성하시오. (생일 날짜는 고정)

실행 예시

생일은 3월 5일입니다.

[문제 5] 사용자로부터 생일에 해당하는 월과 일을 정수로 입력 받은 후, 다음과 같이 출력해
주는 프로그램을 작성하시오.

실행 예시 1

```
생일 입력
입력 월: 3↵
입력 일: 5↵
생일은 3월 5일 입니다.
```

실행 예시 2

```
생일 입력
입력 월: 6↵
입력 일: 12↵
생일은 6월 12일 입니다.
```


[문제 6] 예시와 같이 생일의 월과 일을 동시에 입력받고, 생일을 출력해주는 프로그램을 작
성하시오.

• 하나의 scanf를 사용하여 프로그램을 작성할 것

실행 예시 1

```
생일 입력
입력 월 일: 3 15↵
생일은 3월 15일 입니다.
```

실행 예시 2

```
생일 입력
입력 월 일: 11 2↵
생일은 11월 2일 입니다.
```

변수와 자료형

변수와 자료형

- 변수와 자료형이란 무엇인지 이해한다.
- 변수를 선언하고 사용할 수 있다.
- 기본 자료형(정수, 부동소수, 문자)에 대해 이해한다.
- 상수의 개념에 대해 이해한다.

요리에서 사용하는 프라이팬이나 조리용 그릇처럼 프로그래밍에도 정수와 실수, 문자 등의 자료 값을 중간 중간에 저장할 공간이 필요하다. 이 저장 공간을 변수(variables)라 부르는데, 변수에는 고유한 이름이 붙여지며, 물리적으로 기억장치인 메모리에 위치한다. 변수를 사용하기 위해서는 변수의 형태(모양과 크기)를 나타내는 자료형이 명시되어야 한다. 이 단원에서는 변수와 기본 자료형에 대해 학습한다. 이 단원에서 다루는 변수와 자료형에 대한 기본적인 문법은 그렇게 어렵지 않다. 하지만 변수와 자료형은 C 언어에서 매우 중요한 요소이니, 개념을 충분히 이해할 수 있도록 하자.

2.1 변수와 자료형 개요

```c
int main() {
    int c;              // int 형 변수 c 선언

    c = 10 + 20;        // 변수 c 에 값 저장(대입)

    printf("c=10+20 출력:");     // "…" 내용 출력
    printf("%d", c);             // 변수 c의 값 출력
    return 0;
}
```

[실행결과]

```
c=10+20 출력:30
```

　위 코드는 1장에서 봤던 변수를 사용하는 프로그램이다. 변수(variables)란 값을 저장하기 위한 기억 장소로, 사용하기 전에 반드시 선언을 해야 한다. 변수 선언이란 컴파일러에게 프로그램에서 사용할 저장 공간인 변수를 알리는 역할이며, 변수가 선언되면 컴퓨터의 메모리(memory)에 해당 변수를 위한 공간이 확보된다. 두 번째 줄의 **"int c;"**가 변수 c에 대한 선언문으로, **"int** 라는 **자료형**으로 표현되는 값을 저장하기 위해 **c** 라는 이름의 **변수**를 사용하겠다고 선언"하는 문장이다. 간단히, 'int 형 변수 c 선언'이라고 표현한다. int는 정수(integer)를 표현하는 자료형으로, 변수 c에 저장되는 값은 정수라는 것을 뜻한다.

　변수라는 용어는 수학에서 접해왔기 때문에 어떤 개념인지 익숙하다(물론 프로그래밍의 변수와 수학의 변수는 완전히 동일하지는 않지만, 기본 개념은 유사하다.) 그런데 자료형이란 대체 무엇일까? C 언어의 변수를 음식을 담는 그릇에 비유해보자. 그릇에는 밥을 담기 위한 밥그릇, 국을 담기 위한 국그릇, 반찬을 담기 위한 접시, 물을 담는 컵 등 다양한 형태의 그릇이 있다. 또, 그릇끼리 혼동되지 않게 그릇에 이름표를 붙여놓았다고 하자. 그릇의 형태는 자료형, 그릇의 이름은 변수 이름, 그릇에 담긴 내용물은 변수에 저장된 값에 해당한다. 즉, 자료형(data type)이란 (변수에 저장되는) 자료 값의 형태를 의미한다.

　그릇의 기본적인 형태가 국그릇, 접시, 컵 등으로 정해져 있듯이, C 언어에서 사용하는 기본적인 자료형도 정해져 있다. 기본적인 자료형을 살펴보면, **정수를 나타내는 자료형 'int', 실수를 나타내는 자료형 'double', 문자를 나타내는 'char'** 등이 있다. 기본 자료형을 나타내는 위 단어들은 C 언어에서 미리 정해 놓은 것으로 프로그래머가 마음대로 바꿀 수 없다. C 언어의 자료형은 기본 자료형 외에도 유도 자료형(배열, 포인터), 사용자 정의 자료형(구조체, 공용체, 열거형) 등이 있는데, 이들에 대해서는 나중에 학습한다.

　자료형은 왜 필요할까? 우리가 음식을 담을 때, 음식의 목적 및 용도에 따라 다른 형태의 그릇에 담듯이, C 언어에서도 값의 용도 및 목적에 따라 다른 자료형을 사용한다. C 언어에서 자료형은 컴퓨터 내부에서 값이 저장되고 처리되는 방식을 결정짓는 매우 중요한 요소로 C 언어 문법 전반에 걸쳐 영향을 미친다. 자료형은 대부분의 C 언어 책에서 초반에 소개할 만큼 가장 기본적인 주제이지만, C 언어에서 발생하는 복잡한 문법적 내용은 모두 자료형으로부터 기인한다고 해도 과언이 아니다. **"자료형은 C 언어 문법에서 매우 중요한 요소이니 C 언어를 공부하는 내내 주의를 기울이도록 하자."**

상수(constants)는 변하지 않는 수로, 변할 수 있는 변수와 대비되는 개념이다. 위 프로그램의 10, 20처럼 특정 값은 변할 수 없기 때문에 상수이다. 또, 변수처럼 상수에 이름을 부여하는 것도 가능한데, 이에 대해서는 15장에서 학습한다. 이름이 부여된 상수와 구별하기 위해 10, 20과 같이 데이터 값으로 표현되는 상수를 **리터럴(literal)**이라고 하는데, 이 책에서는 특별한 경우가 아니면 구별 없이 상수라고 표현한다. 상수도 값을 표현하는 수단이므로, 자료형의 영향을 받는다.

2.2 변수 선언과 사용

| 변수 선언

변수를 선언하기 위해서는 자료형을 앞에 명시한 후 사용할 변수의 이름을 적는다. 변수 선언문도 하나의 문장으로 마지막에 세미콜론으로 끝나야 한다.

[변수 선언 형식]

```
자료형 이름 ─┐              ┌─ 마지막에 세미콜론
          int   c ;
              └─ 변수 이름
```

C 언어 학습 시 초반에 자주 보게 되는 변수 선언의 기본적인 예를 몇 가지 더 살펴보자. 아래 예에서 int, char, float, double 은 **자료형 이름으로 C 언어에서 미리 정해놓은 단어**이고, num, ch, x, d1 은 모두 **변수 이름으로 프로그램 작성자가 지은 단어**이다. (int, char, float, double에 대해서는 다음 절에서 학습한다.)

```
int num;          ⇨ int 형 변수 num 선언
char ch;          ⇨ char 형 변수 ch 선언
float x;          ⇨ float 형 변수 x 선언
double y;         ⇨ double 형 변수 y 선언
```

  자료형이 동일한 변수들은 하나의 문장으로 묶어서 한꺼번에 선언할 수도 있다. 아래 예
에서 왼쪽의 선언문은 오른쪽과 같이 두 개의 문장으로 줄여서 쓸 수 있다.

```
int a;
double b;              ⟺      int a, c;
int c;                        double b, d;
double d;
```

  하지만, 다음과 같이 다른 자료형의 변수를 하나의 문장으로 선언하는 것은 허용되지 않
는다. (개념적으로 크게 중요한 내용은 아니니, 암기하려 하지 말고 연습을 통해서 자연스
럽게 형태를 익힐 수 있도록 하자.)

```
int a, double b;      ⇨ 불가능
double d, int c;      ⇨ 불가능
```

| 변수 값 저장 및 참조

  선언된 **변수에 값을 저장하기 위해서는** 대입 연산자인 **'='를 사용**한다. 기호 '=' 왼쪽
에 값이 저장될 변수를 적고, 오른쪽에 저장할 값을 적는다.

```
c = 10 + 20 ;      ⇨ 왼쪽의 변수 c 에 오른쪽 식의 결과 값을 저장(대입)
                      즉, c ← 10 + 20 의 의미
```

  수학에서 기호 '='는 양변이 같다는 의미로 사용되지만, C 언어에서 기호 '='는 **왼쪽
변수에 오른쪽 수식의 값을 대입(저장)하라**는 의미로 전혀 다르다는 점에 주의하자. (참고
로, C 언어에서 양변이 같다는 의미는 등호를 두 개 써서 '==' 로 표현하는데, 이는 4장
에서 학습한다.) 따라서 C 언어에서 **대입 연산자 '='의 왼쪽에는 하나의 변수만 위치할
수 있다.** 다음은 수학적으로 가능한 표현이지만, C 언어에서는 잘못된 표현이다. 그 이유
는 대입의 의미를 생각해보면 쉽게 알 수 있다.

```
〈 수학 수식에서의 의미 〉
12 = 5 + 7      ⇨ 12와 5+7은 같다
a + b = 10      ⇨ a+b 의 값은 10이다.

〈 C 언어에서의 의미 〉
12 = 5 + 7;      ⇨ 12에 5 + 7의 값을 저장하라 (불가능)
a + b = 10;      ⇨ a+b 에 10을 저장하라 (불가능)
```

변수에 새로운 값을 대입하면 이전의 값은 사라진다. 아래 예에서 변수 age에 20의 값을 대입하고, 이후에 age에 21을 대입하면 이전에 저장된 20은 사라지고 새로운 값 21이 age에 저장된다.

```
age = 20;        ⇨ 변수 age에 정수 20 대입 (저장)
age = 21;        ⇨ 변수 age에 정수 21 대입 (저장)
                   이전에 저장한 값 20 은 사라짐
```

변수에 저장된 값을 참조하기 위해서는 역시 변수 이름을 사용한다. 다음은 변수 c에 저장된 값을 화면에 출력하는 문장으로, 여기서 c 는 변수에 저장된 값을 의미한다.

```
printf("%d", c);    ⇨ 변수 c 에 저장된 값을 화면에 출력
```

다음은 대입문에서 변수의 값을 참조한 예들이다.

```
c = a ;          ⇨ 변수 c 에 변수 a의 값을 대입
c = a + 10;      ⇨ 변수 c 에 변수 a의 값에 10을 더한 결과를 대입
c = a + b;       ⇨ 변수 c 에 변수 a의 값과 변수 b의 값을 더한 결과를 대입
```

앞서 설명한 바와 같이, 변수에 값을 대입하는 경우나 변수에 저장된 값을 참조하는 경우 모두 변수 이름을 사용한다. 반대로 얘기하면, 문장에서 변수의 의미는 "저장 공간 자체"와 변수에 "저장된 값"으로 나눌 수 있다. 위 문장들에서 c는 변수 c의 공간을 의미하고, a와 b는 변수에 저장된 값을 의미한다. 이를 구분하는 것은 변수의 위치이다. 대입 연산자 '='의 **왼쪽에 위치한 변수**는 저장 공간 자체의 사용을 의미하고, 대입 연산자 '='의 **오른쪽에 위치한 변수**는 저장 값의 사용을 의미한다. (조금 어려운 용어로 왼쪽은 l-value, 오른쪽은 r-value라고 한다.) 따라서 다음 두 문장은 완전히 다른 의미의 문장이다.

```
a = b;       ⇨ 변수 a에 변수 b의 값 대입 (a ← b)
b = a;       ⇨ 변수 b에 변수 a의 값 대입 (b ← a)
```

또, 다음과 같이 수학적으로 보면 말이 안 되는 문장이 C 언어에서는 가능하고 실제로 자주 사용 된다. a+10의 결과를 변수 a에 저장하라는 의미로, 왼쪽의 a는 변수 a의 저장 공간 자체를 의미하고, 오른쪽의 a는 변수 a에 저장된 값을 의미한다.

```
a = a + 10;     ⇨ 변수 a에 변수 a의 값 + 10의 결과를 대입 (a ← a + 10)
```

[예제 2.1] 두 개의 int형 변수 id와 credits을 선언하고 값을 대입한 후, 변수에 저장된 값을 다음과 같이 화면에 출력하는 프로그램을 작성해보자.

[실행결과]

```
학번 : 20160120
신청학점 : 18
```

프로그램 2-1　변수 선언 및 사용

```c
 3: int main()
 4: {
 5:     int id, credits;           // 변수 id와 credits 선언
 6:
 7:     id = 20160120;             // 변수 id에 값 대입(저장)
 8:     credits = 18;              // 변수 credits에 값 대입
 9:
10:     printf("학번 : %d\n", id);            // 변수 id 값 출력(참조)
11:     printf("신청학점 : %d\n", credits);  // 변수 credits의 값 출력
12:
13:     return 0;
14: }
```

| 변수 초기화

　다음 코드를 실행시키면 어떤 결과가 나올지 예상할 수 있는가? 아마 어떤 결과가 나올지 알 수 없을 것이다. 그 이유는 변수 num에 어떤 값이 저장되어 있는 지 알 수 없기 때문인데, C 언어에서는 변수를 선언만 하고 값을 대입하지 않으면 변수에는 임의의 값이 저장되어 있다. 이를 **쓰레기 값(garbage value)**이라 부르며, 컴파일러 종류 및 설정에 따라 오류가 발생하거나 변수에 저장된 쓰레기 값이 화면에 출력된다.

```c
int num;            ⇨ num에는 현재 쓰레기 값이 저장되어 있음

printf("%d", num);  ⇨ 오류 발생 또는 쓰레기 값 출력
```

[VS 2017 컴파일 결과]
초기화되지 않은 'num' 지역 변수를 사용했습니다.

변수를 선언한 후에는 적절한 값을 대입해서 사용해야 하는데, 다음과 같이 변수 선언과 동시에 그 변수의 값을 지정할 수도 있다. 이를 **변수 초기화(initialization)**라고 한다.

        int num = 123;   ⇨ 선언과 동시에 123으로 초기화

여러 개의 변수를 선언과 동시에 초기화 하는 것도 가능하고, 일부 변수만 초기화하는 것도 가능하다.

        int **a = 123**, **b = 456**, c;   ⇨ a와 b만 초기화

초기화에는 값뿐만 아니라, 변수, 수식을 사용할 수도 있다. 다만, 초기화에 사용되는 변수는 해당 변수보다 먼저 선언 및 초기화가 되어 있어야 한다. (논리적으로 생각하면 당연하다.)

        int a = 10, b = 20;   ⇨ (가능) a는 10, b는 20으로 초기화됨

        int a = 10, b **= a+20;** ⇨ (가능) a는 10, b는 30으로 초기화됨

        int a = **b**, **b** = 10 ;   ⇨ (불가능) b의 선언 및 초기화가 a선언 보다
                                         뒤에 있어 a를 초기화 할 수 없음

        int **a**, b = **a** + 2;   ⇨ (불가능) a가 초기화 되어 있지 않아
                                           b를 초기화 할 수 없음

[예제 2.2] 각 과목 점수를 위한 3개의 변수를 선언과 동시에 초기화 하고, 이들의 합을 출력하는 프로그램을 작성해보자.

[실행결과]

```
수학 : 99
국어 : 90
과학 : 94
총점 : 283
```

프로그램 2-2　변수 초기화 및 사용

```c
 3: int main()
 4: {
 5:    int math = 99;        // int형 변수 math 선언 후 99로 초기화
 6:    int korean = 90;      // 변수 선언 및 초기화
 7:    int science = 94;     // 변수 선언 및 초기화
 8:
 9:    // 더하기 기호인 +를 사용하여 총합을 변수 total에 저장
10:    int total = math + korean + science;
11:
12:    printf("수학 : %d\n", math);       // 변수 값 출력
13:    printf("국어 : %d\n", korean);     // 변수 값 출력
14:    printf("과학 : %d\n", science);    // 변수 값 출력
15:    printf("총점 : %d\n", total);      // 변수 값 출력
16:
17:    return 0;
18: }
```

▎ 키워드와 식별자

변수 선언에서 사용한 'int', 'float', 'double', 'char'는 자료형 이름으로 C 언어에서 미리 정해 놓은 단어이다. 이렇게 C 언어에서 **의미나 사용 목적이 미리 정해진 단어들**이 있는데, 이를 키워드(keyword) 또는 예약어(reserved word)라고 한다. 키워드는 프로그래머가 마음대로 바꿀 수 없고, 지정된 목적 이외에 다른 용도로 사용할 수 없다. 자료형 이름 이외에도 여러 키워드가 있는데, 앞으로 하나하나 배우게 될 것이다.

반면, 변수 이름은 프로그래머가 원하는 대로 지어서 사용하면 된다. 변수 이름처럼 프로그래머가 지어서 사용하는 이름을 식별자(identifier)라고 한다. 프로그래머가 마음대로 만들 수는 있지만, 다음 규칙을 따라야 한다.

1. 영어 대문자 A~Z, 소문자 a~z, 숫자 0~9, 밑줄 '_'로 구성된다.
2. 첫 문자에 숫자는 사용될 수 없다.
3. 대문자와 소문자는 서로 구별된다. 즉, 다른 문자로 취급된다.
4. 키워드는 식별자로 사용될 수 없다.
5. 이미 사용된 식별자를 동시에 사용할 수 없다.

```
[식별자로 사용 가능한 단어의 예]
ace        hello      num01      C_program      num_of_fail
Ace        N1234      num_01     _num47         __xyz__
```

```
[식별자로 사용 불가능한 단어의 예]
num-01     num.a      ⇨ 밑줄이 아닌 특수 문자는 사용할 수 없음
3card      999        ⇨ 첫 문자에 숫자 사용할 수 없음
int        char       ⇨ 키워드는 사용할 수 없음
```

규칙에 맞지 않은 식별자를 사용하면 컴파일 오류가 발생한다. 위 규칙을 암기하기 보다는 코딩 연습을 통해서 자연스럽게 익힐 수 있도록 하자.

2.3 정수 자료형

| 정수 자료형 종류

이 절에서는 정수 자료형(정수형)에 대해 학습한다. 컴퓨터에서 처리되는 데이터의 가장 기본 형태는 정수(integer)로, **정수를 나타내는 가장 기본적인 자료형은 'int'**이다. 이 외에 'short', 'long', 'long long'도 정수를 나타내는 자료형이다. 이 자료형이 정수형이라는 것을 명확히 표현하기 위해 'int'를 뒤에 붙이기도 한다. 예를 들어, 자료형 'short'과 'short int'는 동일한 자료형이다. 여러분이 C 언어를 처음 학습한다면, 일단 정수 자료형은 'int'라는 것만 알고 있으면 되고, 이 후에 설명하는 자세한 내용은 C 언어에 어느 정도 익숙해진 다음에 학습해도 무방하다.

위 자료형 모두 정수를 나타내지만 자료형의 크기(즉, 각 자료형으로 선언되는 변수에 할당되는 메모리의 크기)는 다르다. 단어의 의미에서 알 수 있듯이 위 4개의 자료형의 크기는 short ≤ int ≤ long ≤ long long 순이다. (자료형의 크기가 같을 수도 있다.) 자료형의 크기는 시스템, 컴파일러에 따라 다를 수 있는데, 정확한 **자료형의 크기는 다음과 같이 sizeof 연산자를 이용**하여 확인할 수 있다. sizeof 연산자는 자료형의 크기를 바이트 단위로 알려준다.

```
/* 자료형의 크기 */
printf("short : %d\n", sizeof(short) );
printf("int : %d\n", sizeof(int) );
printf("long : %d\n", sizeof(long) );
printf("long long : %d\n", sizeof(long long) );
```

[실행결과]
```
short : 2
int : 4
long : 4
long long : 8
```

할당되는 메모리의 크기는 자료형이 표현할 수 있는 수의 개수 또는 범위를 결정한다. 예를 들어, 'int'의 크기는 보통 4 바이트 (32 비트)로 총 2^{32}개(32자리의 이진수로 표현할 수 있는 정수의 개수)의 수를 표현할 수 있는데, 반은 음수를 표현하고 나머지 반은 0과 양수를 표현하여 -2^{31} ~ $2^{31}-1$ 사이의 정수를 나타낸다. 최상위 비트는 부호를 나타내어 1이면 음수, 0이면 0 또는 양수를 나타낸다. 담아야 하는 음식의 양에 따라 적당한 크기의 그릇에 담아야 하듯이, 정수도 그 사용 범위에 따라 적절하게 자료형을 선택해야 한다. 만일 'short'에 너무 큰 값을 저장하려 하면 아예 저장이 되지 않으며, 작은 값만 저장하는 변수를 'long long'으로 선언하면 메모리 공간 낭비를 초래한다.

| signed 와 unsigned

지금까지 언급한 자료형은 음수와 양수를 모두 표현할 수 있다고 해서 **부호 있는 (signed)** 자료형이라고 한다. C 언어에서는 0과 양의 정수만을 표현하는 자료형을 제공하는데, 이를 **부호 없는(unsigned)** 자료형이라고 한다. 부호 없는 자료형은 위에 언급한 자료형의 앞에 키워드 'unsigned'만 붙여주면 된다. 부호 없는 자료형은 음수를 표현하지 못하는 대신 표현할 수 있는 양수의 범위가 두 배가 된다. 예를 들어 'unsigned int'의 크기는 4 바이트(32 비트)로 총 2^{32}개의 수를 표현할 수 있어 0 ~ $2^{32}-1$ 사이의 정수를 나타낸다. '부호 있는'을 명시적으로 표현하기 위해 키워드 'signed'를 정수형 자료형 키워드 앞에 표시할 수도 있다. 예를 들어, 'signed int'와 'int'는 같은 자료형이다. 일반적으로 키워드 'signed'는 생략한다.

다음 표는 VS 2017에서 정수 자료형(정수형)에 할당되는 메모리 크기와 표현할 수 있는 값의 범위를 보여준다. (표에 제시된 수치를 외울 필요는 없고, 자료형마다 표현할 수 있는 수에는 한계가 있고 대략 이정도 수를 표현할 수 있구나 정도로 알고 있으면 된다.)

부호	자료형	메모리 크기	값의 범위
부호 있는 정수형	short	2 bytes (16 bits)	$-2^{15} \sim 2^{15} - 1$ (-32,768 ~ 32,767)
	int	4 bytes (32 bits)	$-2^{31} \sim 2^{31} - 1$ (-2,147,483,648 ~ 2,147,483,647)
	long	4 bytes (32 bits)	$-2^{31} \sim 2^{31} - 1$ (-2,147,483,648 ~ 2,147,483,647)
	long long	8 bytes (64 bits)	$-2^{63} \sim 2^{63} - 1$ (-9,223,372,036,854,775,808 ~ 9,223,372,036,854,775,807)
부호 없는 정수형	unsigned short	2 bytes (16 bits)	$0 \sim 2^{16} - 1$ (0 ~ 65,535)
	unsigned int	4 bytes (32 bits)	$0 \sim 2^{32} - 1$ (0 ~ 4,294,967,295)
	unsigned long	4 bytes (32 bits)	$0 \sim 2^{32} - 1$ (0 ~ 4,294,967,295)
	unsigned long long	8 bytes (64 bits)	$0 \sim 2^{64} - 1$ (0 ~ 18,446,744,073,709,551,615)

다음은 다양한 정수 자료형으로 변수를 선언하고 사용하는 코드이다. printf() 함수에서 부호 없는 정수형을 출력하기 위해서는 서식지정자 '%u'를 사용해야 한다. (서식 지정자에 대해서는 3장에서 자세히 다룬다.)

프로그램 2-3 다양한 정수 자료형 사용

```
 3: int main() {
 4:     short sVar = 32000;        // -32768에서 32767까지
 5:     int iVar = -2140000000;  // 약 -21억에서 21억 정도까지
 6:
 7:     unsigned short usVar = 65000;        // 0에서 65535까지
 8:     unsigned int uiVar = 4280000000;     // 약 0에서 42억 정도까지
 9:
10:     printf("저장값 : %d %d\n", sVar, iVar);    // signed : %d 사용
11:     printf("저장값 : %u %u\n", usVar, uiVar); // unsigned : %u 사용
12:
13:     return 0;
14: }
```

[실행결과]

```
저장값 : 32000 -2140000000
저장값 : 65000 4280000000
```

위 프로그램의 변수를 다음 예제에서처럼 다양한 값으로 초기화하여 각 정수 자료형이 표현할 수 있는 수의 범위를 이해해보자.

[예제 2.3] 다음과 같이 각 자료형이 나타낼 수 있는 최댓값 또는 최솟값으로 초기화하여 출력해 보자.

```
short sVar = -32768;              ⇨ 최솟값
int iVar = 2147483647;           ⇨ 최댓값

unsigned short usVar = 65535;       ⇨ 최댓값
unsigned int uiVar = 4294967295;    ⇨ 최댓값
```

[실행결과]

```
저장값 : -32768 2147483647
저장값 : 65535 4294967295
```
⇨ 정상 출력

[예제 2.4] 다음과 같이 각 자료형이 나타낼 수 있는 수의 범위를 벗어난 값으로 초기화하여 출력해 보자.

```
short sVar = 72000;        ⇨ 최댓값 보다 큰 값
int iVar = 2150000000;     ⇨ 최댓값 보다 큰 값

unsigned short usVar = -1000;       ⇨ 최솟값 보다 작은 값
unsigned int uiVar = 4294967300;    ⇨ 최댓값 보다 큰 값
```

[실행결과]

```
저장값 : 6464 -2144967296
저장값 : 64536 4
```
⇨ 초기 값과 전혀 다른 값 출력

[예제 2.5] 위 프로그램에서 다음과 같이 각 자료형이 나타낼 수 있는 최댓값 보다 1 큰 수 또는 최솟값보다 1 작은 수로 초기화하여 출력해 보자.

```
short sVar = -32768-1;                ⇨ 최솟값 - 1
int iVar = 2147483647+1;              ⇨ 최댓값 + 1

unsigned short usVar = 0-1;           ⇨ 최솟값 - 1
unsigned int uiVar = 4294967295+1;    ⇨ 최댓값 + 1
```

[실행결과]

```
저장값 : 32767 -2147483648          ⇨ 최솟값 - 1 ⇒ 최댓값
저장값 : 65535 0                    ⇨ 최댓값 + 1 ⇒ 최솟값
```

자료형의 표현 범위를 벗어난 경우, 언뜻 보기에 이상한 수가 출력이 되는 듯 보이지만, 마지막 예제에서 볼 수 있듯이 나름 규칙이 있다. 이는 컴퓨터 내부에서 정수를 표현하는 방법과 관계된 것으로 이 책에서는 다루지 않는다.

| 정수형 상수

정수형 상수는 3, 10, -25처럼 우리가 알고 있는 정수 형태로 사용하면 된다. 상수도 변수처럼 자료형을 가진다. 즉, 상수가 저장되는 메모리의 크기, 부호 등이 지정되어 있다. 정수형 상수는 기본적으로 '10진수'로 표현된 'int'형으로 간주되고, 정수 상수에 접미사와 접두사를 붙여 다른 자료형이나 진법으로 표현할 수 있다.

❖ **다른 자료형으로 표현(접미사 사용)** : 'long'형으로 정수를 표현하고 싶은 경우에는 정수 값 뒤에 접미사 L 또는 l을 붙여주면 되고, 'long long'형으로 정수 상수를 표현하고 싶은 경우에는 접미사 LL 또는 ll을 붙이면 된다. (소문자 l은 숫자 1과 혼동되므로 보통 대문자 L을 사용한다.) 예를 들어, 100L로 표현된 정수 상수는 자료형 측면에서만 보면 long 형 변수에 100을 저장한 것과 동일하다. 또 부호 없는 상수를 표현하기 위해서는 접미사 u 또는 U를 붙이면 된다.

```
/* 다양한 자료형으로 표현된 정수 상수 */
100      ⇨ int형으로 저장된 정수 100
100L     ⇨ long형으로 저장된 정수 100
100LL    ⇨ long long형으로 저장된 정수 100
100U     ⇨ unsigned int형으로 저장된 정수 100
100ULL   ⇨ unsigned long long형으로 저장된 정수 100
```

❖ **다른 진법으로 표현 (접두사 사용)** : 숫자 앞에 진법을 의미하는 접두사를 붙이면, 16 진수 또는 8진수로 표현할 수 있다. 16진수를 의미하는 접두사는 0x 또는 0X이고, 8 진수를 의미하는 접두사는 숫자 0이다. C 언어에서 정수 15와 015는 다른 수를 의미 하니 주의해야 한다. 아래에서 볼 수 있듯이, 015는 10진수로 13이다.

```
/* 16진수로 표현된 상수 */
printf("%d\n", 0x10);      ⇨ 10(16) = 16(10)
printf("%d\n", 0X1A);      ⇨ 1A(16) = 26(10)
```

[실행결과]
```
16
26
```

```
/* 8진수로 표현된 상수 */
printf("%d\n", 010);       ⇨ 10(8) = 8(10)
printf("%d\n", 015);       ⇨ 15(8) = 13(10)
```

[실행결과]
```
8
13
```

2.4　부동소수 자료형

| 부동소수 자료형 특징과 종류

　부동소수(floating point) 자료형(부동소수형)은 3.14, 3.26568, 3.0과 같이 **실 수를 표현하기 위한 자료형**이다. 부동소수형을 나타내는 키워드는 **`float`**, **`double`**, **`long double`** 세 가지이다. 다음은 부동소수형으로 변수를 선언하고 출력하는 프로그 램의 예이다. **부동소수형 데이터를 출력하기 위한 `printf`의 서식 지정자는 `%f`**이다. (서식 지정자는 3장에서 자세히 다룬다.)

```
float x = 3.14;
double y = 3.141592;

printf("x: %f\n", x);   ⇨ 부동소수형 출력
printf("y: %f\n", y);   ⇨ 부동소수형 출력
```

[실행결과]
```
x: 3.140000
y: 3.141592
```

　컴퓨터 내부에서 부동소수형 데이터는 정수형과는 전혀 다른 방식으로 **표현**된다. 보통 수학에서 실수를 표현할 때 0.000023 으로 표현할 수도 있고, 2.3×10^{-5}로 표현할 수도 있는데, 컴퓨터에서 실수를 저장하는 방법은 후자와 유사하다. 2.3×10^{-5}에서 2.3을 계수

(coefficient), -5를 지수(exponent)라고 하는데, 컴퓨터에서는 계수를 저장하는 비트, 지수를 저장하는 비트를 따로 지정하여 실수를 표현한다. 이러한 이유로 수학적으로 정수 3과 실수 3.0은 동일하지만, 이 값들이 컴퓨터 내부에서 저장될 때는 전혀 다른 형태로 저장되고 처리된다. 이 책에서는 컴퓨터 내부에서 수를 표현하는 방법에 대한 자세한 내용은 다루지 않지만, **정수형 변수에 저장된 3과 부동소수형 변수에 저장된 3.0은 전혀 다르다**는 점을 명심하자. 부동소수형 변수 x를 초기화 한 후, 부동소수형(%f)으로 출력하면 정상적인 결과가 출력되지만, 정수형(%d)으로 출력하면 잘못된 결과가 출력된다.

```
double x = 3.0;
printf("x: %f\n", x);   ⇨ 부동소수형으로 출력
printf("x: %d\n", x);   ⇨ 정수형으로 출력
```

[실행결과]

```
x: 3.000000   (정상 결과)
x: 0          (잘못된 결과)
```

　정수형과 비슷하게, **세 가지 부동소수형 자료형의 차이는 자료형에 할당되는 메모리 크기**(float ≤ double ≤ long double)에 있다. VS 2017에서 float의 크기는 4 바이트, double은 8 바이트, long double은 8 바이트이다. 자료형의 크기가 클수록 계수를 더 정밀하게 표현할 수 있고 더 큰 지수를 표현할 수 있다. 반면, 정수형과 달리, 부호 없는 부동소수형은 없다. 즉, float, double, long double 앞에는 unsigned를 붙일 수 없다. 다음은 부동소수형에 대해 정리한 표이다. 유효 자릿수는 계수로 표현될 수 있는 자릿수의 개수를 의미한다.

자료형	메모리 크기	값의 범위
float	4 bytes (32 bits)	유효 자릿수 약 7개, 최대 지수 약 10^{38}
double	8 bytes (64 bits)	유효 자릿수 약 16개, 최대 지수 약 10^{308}
long double	8 bytes (64 bits)	유효 자릿수 약 16개, 최대 지수 약 10^{308}

　다음 코드는 float 형과 double 형이 표현할 수 있는 유효 자릿수를 보여준다. 20자리의 수를 대입했으나, float형으로 선언된 변수에는 앞에서 7자리 숫자만 정상적으로 표현되고 그 이후 자리의 수는 제대로 표현되지 않았다. double 형의 경우, 17자리의 수만 정상적으로 표현되고, 그 이후 자리의 수는 제대로 표현되지 않음을 확인할 수 있다.

```
float x = 12345678901234567890.0;      ⇨ 20자리 수
double y = 12345678901234567890.0;     ⇨ 20자리 수

printf("x : %f\n", x);      ⇨ float 형 변수 출력
printf("y : %f\n", y);      ⇨ double 형 변수 출력
```

[실행결과]

```
x=12345679395506094080.000000    ⇨ 7자리까지만 유효
y=12345678901234567168.000000    ⇨ 17자리까지 유효
```

| 부동소수형 상수

부동소수형 상수는 0.23, 3.0, -123.4 등과 같이 소수점을 붙여 표현한다. 앞서 언급했듯이, 컴퓨터 내부에서 부동소수 3.0과 정수 3은 전혀 다른 데이터라는 점에 주의하자. C 언어에서 부동소수형 상수는 기본적으로 double 형으로 간주된다. 정수형 상수와 유사하게 부동소수형 상수도 접미사를 붙여 다른 자료형으로 표현할 수 있다. float 형을 의미하는 접미사는 F 또는 f이고, long double을 의미하는 접미사는 L 또는 l이다.

```
3.14       ⇨ double 형으로 저장된 부동소수
3.14f      ⇨ float 형으로 저장된 부동소수
3.14L      ⇨ long double 형으로 저장된 부동소수
```

부동소수형 상수는 위처럼 소수점을 원래 위치에 표시하는 방법 외에, **‘ ± a × 10b ’의 형태로도 표현**할 수도 있다. 여기서 a는 일반적으로 1이상 10미만의 실수이고, b는 정수이다. 예를 들어 123.45는 1.2345×10^2으로 표현하는 것이다. 코드에서 10^2은 e+02 또는 E+02로 표시한다. 여기서 e는 지수(exponent)를 의미한다.

```
1.2345e+2      ⇨ 123.45
-3.14E+0       ⇨ -3.14
3.0e-04        ⇨ 0.0003
-1.3E+03       ⇨ -1300.0
```

2.5 문자 자료형

| 문자 자료형이란?

문자 자료형(문자형)은 '**char**'(signed char)와 '**unsigned char**'가 있다. (문자형에 부호가 왜 필요할까? 그 이유는 잠시 뒤에 설명한다.) 여기서 'char'는 영단어 character(문자)의 약자이며, 문자형의 저장 공간 크기는 모두 1 바이트이다. C 언어에서 **문자는 작은따옴표 ' '를 사용하여 표현**한다. (참고로, printf에서 사용한 큰따옴표 " "는 문자열을 나타내는 기호로, 문자열에 대해서는 10장에서 학습한다.) 다음은 문자형 변수 ch를 선언하고 문자 'z'로 초기화 한 후, 화면에 출력하는 프로그램이다. 문자를 출력하기 위한 **printf**의 서식 지정자는 '**%c**'이다.

```
char ch = 'z';             ⇨ 문자 'z'로 초기화
printf("ch: %c\n", ch);    ⇨ 문자형 출력 시 %c 사용
```

[실행결과]
```
ch: z
```

문자를 표현하기 위해 작은따옴표를 생략하면 어떻게 될까? 'z'에 붙은 작은따옴표를 떼면 z는 변수를 의미하므로, 전혀 다른 의미를 가진다.

```
char ch = 'z';    ⇨ 'z' 는 문자 z를 의미
char ch = z;      ⇨ z는 변수 이름
```

| 문자형의 실체

컴퓨터 내부에서 문자는 어떻게 저장될까? 컴퓨터는 0과 1 밖에 저장하지 못하기 때문에 문자를 그대로 표현할 수 있는 방법은 없다. 그래서 어떤 문자는 어떤 정수로 표현한다는 약속을 정하였고, 이를 아스키(ASCII) 코드라 부른다. 아스키 코드에서는 영어 알파벳, 숫자, 특수 문자 등 128개의 문자를 7비트를 사용하여 표현한다. 예를 들어, 영어 대문자 'A'의 아스키 코드 값은 65이다. (전체 아스키 코드표는 부록 참조)

　　문자형 변수에 문자를 저장한다는 의미는 해당 아스키 코드 값인 정수를 저장한다는 의미이다. 즉, 컴퓨터 내부적으로 문자형 변수에는 정수가 저장되고, 이러한 이유로 **문자형은 크기가 1 바이트인 정수형**으로 취급되기도 한다. 두 개의 'char'형 변수 c1, c2에 하나는 문자 'A', 다른 하나는 정수 65로 초기화 시키고 변수의 값을 출력해 보면, 두 변수에 저장된 값이 동일함을 확인 할 수 있다.

```
char c1 = 'A';          ⇨ 문자 'A'로 초기화
char c2 = 65;           ⇨ 정수 65로 초기화

printf("c1: %c %d\n", c1, c1);   ⇨ c1의 값
printf("c2: %c %d\n", c2, c2);   ⇨ c2의 값
```

[실행결과]

```
c1: A 65
c2: A 65
```

　　문자형은 본질적으로 정수형이기 때문에 정수 연산도 가능하여 다음과 같이 문자 'A'에 1을 더하는 연산이 가능하다. 'A'는 정수 65이므로, 'A'+1의 결과는 정수 66이고, 이에 해당하는 문자는 'B'이다.

```
char ch = 'A'+1;     ⇨ 66 즉, 문자 'B' 저장
```

아스키 코드표를 보면 알 수 있듯이, 대문자의 코드 값은 문자 순서대로 연속해 있다(소문자, 숫자도 동일). 이러한 성질을 이용하면 영어 알파벳에서 각 문자가 몇 번째 문자인지를 계산할 수 있고, 대문자를 소문자로 변환하는 것도 가능하다. (이에 대해서는 실습 문제에서 다룬다.)

　　또한 정수형이기 때문에 부호 있는 또는 부호 없는 자료형도 가능하다. 부호 있는 문자형 'signed char'로, 'signed'는 생략할 수 있다. 즉, 'char'는 부호 있는 자료형이다. **부호 없는 문자형은 'unsigned char'**이다. 문자로서 취급될 때는 부호가 있든 없든 중요하지 않지만, 정수로서 취급될 때는 부호의 여부가 결과에 영향을 미친다. 'char'와 'unsigned char'가 표현하는 정수 값의 범위는 다음 표와 같다.

자료형	메모리 크기	값의 범위
char	1 bytes (8 bits)	-128 ~ 127
unsigned char	1 bytes (8 bits)	0 ~ 255

| 문자 '0'과 정수 0은 다르다

　C 언어를 처음 배울 때 혼동하기 쉬운 것이 문자 '0'과 정수 0의 구별(다른 숫자도 마찬가지)이다. 문자 '0'의 아스키 코드 값은 48이다. 즉, 문자 '0'은 정수 0이 아니라 정수 48이다. 다음 코드처럼 변수 c1에 문자 '0'을 대입하면, '0'의 아스키 코드 값에 해당하는 정수 48이 변수 c1에 대입이 된다. 변수 c1의 값을 문자(%c)로 출력하면 0이 출력되고, 정수(%d)로 출력하면 48이 출력된다. 아래 프로그램에서 c2의 값을 문자로 출력했을 때 화면에 아무것도 출력되지 않는데, 그 이유는 아스키 코드 값 0에 해당하는 문자는 화면에 나타나지 않는 문자이기 때문이다.

```
char c1 = '0' ;        ⇨ 문자 '0'으로 초기화
char c2 = 0 ;          ⇨ 정수 0 으로 초기화

printf("문자: %c %c\n", c1, c2);
printf("정수: %d %d\n", c1, c2);
```

[실행결과]
```
문자: 0
정수: 48 0
```

　이쯤 되면, 여러분은 다음과 같은 의문이 들 것이다. 아스키 코드 표를 외워야 하나? 다 외우지는 못하더라도, 주요 문자의 코드 값은 알고 있어야 하지 않을까? 결론적으로 말하면, 전혀 외울 필요 없다. 만약 'A'의 코드 값인 65를 사용해야 할 경우가 생기면, 65대신 'A'를 사용하면 된다. 그러면 컴파일러가 알아서 바꿔준다.

| 문자형 상수

　문자형 상수는 앞서 봤듯이, 작은따옴표를 사용하여 표현한다. 문자형은 모두 1 바이트로 메모리 크기가 같기 때문에, 정수형, 부동소수형처럼 메모리 크기가 다른 상수를 표현하기 위한 수단은 필요 없다. 다만, 아스키 코드표를 보면 영문자, 숫자 외에 특별한 역할을 하는 특수 문자들이 있다. 다음은 대표적으로 많이 사용되는 특수 문자들로 이스케이프 시퀀스(escape sequence)라 불리는데, 역슬래쉬 \ 와 다음 문자를 묶어서 하나의 문자로 간주된다. (참고로, 역슬래쉬는 글꼴 종류에 따라 원화 기호 ₩ 로 보이기도 한다.)

문자	역할	비고
\n	새로운 줄로 이동	[Enter] 키 효과와 동일
\t	다음 탭으로 이동	[Tab] 키 효과와 동일
\b	앞으로 한 칸 이동	[Back Space] 키 효과와 동일
\r	줄의 맨 앞으로 이동	[Home] 키 효과와 동일
\a	'삑' 소리를 냄	
\\	역슬래쉬 \	
\'	작은따옴표 '	
\"	큰따옴표 "	

2.6　자료형 변환

　변수나 상수 모두 자료형에 따라 컴퓨터 내부에서 저장되는 방식이 다르다고 배웠다. 그러면 서로 다른 자료형의 상수나 변수를 대입하려고 하면 어떻게 될까? 'int'형 변수에 부동소수 값을 대입하고, 'double' 형 변수에 정수 값을 대입해보자. 정수는 소수 부분을 표현할 수 없어, 123.45에서 소수점 이하 부분이 잘린다는 점 이외에는 큰 문제없이 동작한다.

```
int a = 123.45 ;        ⇨ 실수 123.45 대입
double b = 123 ;        ⇨ 정수 123 대입

printf("a: %d\n", a);   ⇨ a의 값 출력
printf("b: %f\n", b);   ⇨ b의 값 출력
```

[실행결과]
```
a: 123
b: 123.000000
```

　언뜻 보기에는 위 결과가 당연한 것처럼 느껴지지만, 여기에는 **자료형 변환** 또는 간단히 **형변환**이라 불리는 꽤 복잡한 과정이 숨어 있다.

```
a = 123.45;   ⇨  a  ←  123 (정수)   ←   123.45 (부동소수)
                            형변환

b = 123;      ⇨  b  ←  123.0 (부동소수)  ←   123 (정수)
                            형변환
```

첫 번째 초기화 문장에서 발생하는 과정을 자세히 살펴보자. 변수 a는 정수형이고 대입해야할 상수 값은 123.45로 부동소수형이다. 따라서 원칙적으로 변수 a는 123.45를 표현할 수 없다. 하지만, C 언어에서는 부동 소수 123.45에서 소수 부분을 버려 정수 123으로 변환시키고, 이 값을 변수 a에 저장한다. 부동소수 123.45를 정수 123으로 바꾸는 과정이 형변환이다. 두 번째 대입문에서도 비슷한 과정이 일어난다. 정수 123이 부동소수 123.0으로 형변환 된 후 변수 b에 저장된다. (컴퓨터 내부에서 정수 123과 부동소수 123.0은 전혀 다르다는 점에 유의하자.)

수학적 개념으로는 123이나 123.0이나 동일하고, 부동소수와 정수를 같이 연산할 수 있다. C 언어에서는 특별한 장치 없이 이러한 수학적 개념이 가능해지도록 위와 같이 형변환을 자동으로 수행한다. 이를 **자동 형변환(또는 묵시적 형변환)**이라고 하는데, 형변환은 상수뿐만 아니라 변수 사이에서도 발생한다.

```
double a = 123.45;   ⇨ 변수 a의 값은 123.45
int b = a;           ⇨ a의 값 123.45가 123으로 변환되어 변수 b에 저장됨
printf("%d",b);      ⇨ 정수 123이 출력됨
```

부동소수가 정수로 변환될 때는 소수점 이하의 값이 유실되어 오차가 발생할 수 있음에 주의해야 한다. 아래에서 부동소수 값을 부동소수 변소와 정수 변수에 대입하였는데, 소수점 이하의 정보 유실로 두 자료형의 연산 결과에 차이가 발생한다.

```
double fnum1 = 13.5;
double fnum2 = 12.5;
int inum1 = fnum1;        ⇨ inum1에는 13 대입
int inum2 = fnum2;        ⇨ inum2에는 12 대입

printf("fum1+fum2 = %f\n", fnum1+fnum2);
printf("inum1+inum2 = %d\n", inum1+inum2);
```

[실행결과]
```
fum1+fum2 = 26.000000
inum1+inum2 = 25
```

　앞으로 공부를 하면서 더 접하겠지만, 정수형과 부동소수형 사이의 형변환은 대부분 자동으로 진행된다. 그러다 보니, 다음과 같이 작성하는 오류를 범하기 쉽다. 아래 코드에서는 부동소수형 상수를 정수(%d)로 출력하고, 정수형 상수를 부동소수(%f)로 출력한다. 이 경우에도 형변환이 자동으로 일어나 첫 번째 printf에서 12가 출력되길 기대하지만, 실제 출력되는 내용은 전혀 엉뚱한 결과이다. (이는 부동소수형으로 표현된 데이터를 정수로 해석한 결과이다.) 두 번째 printf에서도 비슷한 이유로 출력이 제대로 되지 않는다. 즉, **printf** 문의 서식 지정자에 따라 형변환이 자동으로 일어나지 않는다.

```c
/* 잘못된 서식 지정사 사용 시 엉뚱한 값 출력 */
printf("12.3: %d\n", 12.3);     ⇨ 12.3을 %d 로 출력
printf("123: %f\n", 123);       ⇨ 123을 %f 로 출력
```

[실행결과]
```
12.3: -1717986918
123: 0.000000
```

　우리가 처음에 기대한대로 printf() 함수에서 123과 123.0이 출력되도록 하려면 자료형을 명시적으로 변환시켜 주어야 한다. 이를 **명시적 형변환**이라고 하는데, 목표 자료형을 해당 값이나 변수 앞에 써주면 된다. 위 문장에서 다음과 같이 명시적으로 형변환을 해주면, 우리가 원하는 출력 결과를 얻을 수 있다.

```c
/* 명시적 형변환 */
printf("12.3: %d\n", (int) 12.3);      ⇨ 형변환
printf("123: %f\n", (double) 123);     ⇨ 형변환
```

[실행결과]
```
12.3: 12
123: 123.000000
```

　지금까지 형변환이 무엇인지에 대해 간단히 알아보았다. 비록 개념은 크게 어렵지 않지만, 실제 적용되는 형변환(특히 자동 형변환) 규칙은 다양하고 복잡하다. 이 책에서는 비교적 간단하고 중요한 형변환에서 대해서만 다루도록 하겠다.

| 단원요약 |

1 변수는 값을 저장하기 위한 기억 장소로 사용 전에 반드시 선언해야 한다.

2 자료형(data type)은 자료 값의 형태를 의미하는데, 변수 선언 시 명시한다.

3 상수는 변하지 않는 수이고, 리터럴은 10, 20 과 같이 데이터 값으로 표현되는 상수이다.

4 int, char, float, double 등은 C 언어에서 미리 정해놓은 기본 자료형이다.

5 변수에 값을 저장하기 위해서는 대입 연산자(=)를 사용한다. 변수의 위치에 따라 저장 공간을 의미하기도 하고, 공간에 저장된 값을 의미하기도 한다.

6 변수를 선언만 하고 값을 대입하지 않으면 변수에는 쓰레기 값이 저장되어 있다.

7 키워드는 C 언어에서 특별한 의미를 가지도록 미리 정해 놓은 단어이고, 식별자는 프로그래머가 지어서 사용하는 이름이다.

8 정수 자료형에는 short, int, long, 부동소수 자료형에는 float, double, 문자 자료형에는 char 등이 있다.

9 자료형이 표현할 수 있는 값의 범위는 할당되는 메모리 크기에 의해 결정되고, 자료형의 크기는 sizeof 연산자를 이용하여 확인할 수 있다.

10 키워드 singed는 부호 있는 자료형을, unsigned는 부호 없는 자료형을 의미한다.

11 컴퓨터 내부에서 정수 3과 부동소수 3.0은 전혀 다른 데이터이다.

12 문자는 아스키 코드에 의해 정해진 정수로 표현된다.

13 서로 다른 자료형 사이에는 형변환이 필요하다. C 언어에서 자동으로 형변환을 해주기도 하지만, 프로그래머가 명시적으로 형변환을 해야 하는 경우도 있다.

| 실습문제 |

[문제 1] 두 정수를 입력 받고 합을 계산하는 프로그램을 작성하시오.

- 실행 예시에서 **밑줄 친 굵은 글씨**는 사용자가 입력하는 값이고, ↵는 [Enter] 키 입력을 의미 (이하 실습문제에서 동일하게 적용)

실행 예시 1

```
첫 번째 정수: 4↵
두 번째 정수: 5↵
합: 9
```

실행 예시 2

```
첫 번째 정수: -12345↵
두 번째 정수: 5↵
합: -12340
```

[문제 2] 두 개의 부동소수형 변수를 선언과 동시에 다음과 같이 초기화 한 후, 두 수의 합을 계산해주는 프로그램을 작성하시오.

- 부동소수 초기화 값: 4.2 와 5.1

실행 결과

```
첫 번째 수: 4.200000
두 번째 수: 5.100000
합: 9.300000
```

[문제 3] 사용자에게 정수를 입력받아 int형 변수에 저장('%d'서식지정자 사용)하고, 이를 char형 변수에 대입 한 후, 두 변수의 값을 '%d' 서식을 사용하여 출력해보자. (자료형의 표현 범위 이해하기)

- 아래의 입력 값을 이용해 실행시켜 보자.
  - 10, -10, 100, -100, 200, -200, 500, -500
- 어떤 값이 비정상적으로 출력될지 예상해보고, 결과를 확인해보자.

실행 예시

```
입력: 10↵

출력(int)->10
출력(char)->10
```

[문제 4] 위 문제를 char형 변수 대신 <u>unsigned char형 변수를 이용</u>하여 작성하고, 동일한 값을 입력하여 실행시켜 보시오. (자료형의 표현 범위 이해하기)

[문제 5] 화면에 다음과 같이 출력하시오. (이스케이프 시퀀스 활용 연습)

실행 결과

```
큰따옴표는 "입니다.
작은따옴표는 '입니다.
문자 A는 'A'입니다.
큰따옴표의 이스케이프 시퀀스는 \"입니다.
```

[문제 6] '0'~'9' 사이의 <u>숫자를 서식 '%c'로 입력</u> 받은 후, 서식 '%c'와 '%d'를 이용하여 아래와 같이 출력하는 코드를 작성하시오. (문자의 실체 이해하기 응용)

- scanf에서 서식 지정자 '%c'는 문자를 입력받기 위해 사용한다(자세한 내용은 3장에서 다룸). 이 때 변수에는 각 숫자에 해당하는 아스키 코드 값이 저장된다.
- Hint) 정수로 출력하기 위해 숫자 '0'~'9'의 아스키 코드 값이 연속되어 있음을 이용한다. 각 숫자의 아스키 코드 값을 알 필요는 없다.

실행 예시

```
문자형 입력(%c) : 4↵

문자로 출력(%c) : 4
정수로 출력(%d) : 4
```

[문제 7] <u>영어 소문자를 하나 입력받아</u>, 해당 문자가 알파벳에서 몇 번째 문자인지 출력하는 <u>프로그램을 작성</u>하시오.

- 'a'를 0번째 문자, 'z'는 25번째 문자로 가정하라.
- 문자를 입력받기 위해서 scanf의 서식 지정자로 '%c'를 사용하라.
- Hint) 영어 소문자 'a'~'z'의 아스키 코드 값은 문자 순으로 연속되어 있다는 성질을 이용한다. 각 문자의 아스키 코드 값을 알 필요는 없다.

실행 예시 1

```
소문자 입력: b↵
b는 1번째 영어 소문자
```

실행 예시 2

```
소문자 입력: y↵
y는 24번째 영어 소문자
```

[문제 8] 0~25 사이의 <u>정수</u>를 입력 받아, 해당 번째의 영어 대문자가 무엇인지 출력하는 프로그램을 작성하시오.

- 0번째 문자는 'A', 25번째 문자는 'Z'로 가정하라.
- Hint) 'A'~'Z'의 <u>아스키 코드 값은 문자 순으로 연속되어 있다</u>는 성질을 이용한다. 각 문자의 아스키 코드 값을 알 필요는 없다.

실행 예시 1

```
정수 입력(0~25) : 1↵
1번째 영어 대문자는 B
```

실행 예시 2

```
정수 입력(0~25) : 24↵
24번째 영어 대문자는 Y
```

[문제 9] 영어 소문자를 입력받아 이를 대문자로 변환하는 프로그램을 작성하시오.

- Hint) 문제 7번과 8번을 결합하면 됨

실행 예시 1

```
소문자 입력 : b↵
대문자 출력 : B
```

실행 예시 2

```
소문자 입력 : y↵
대문자 출력 : Y
```

[문제 10] 반대로 영어 대문자를 입력받아 이를 소문자로 변환하는 프로그램을 작성하시오.

실행 예시 1

```
대문자 입력 : B↵
소문자 출력 : b
```

실행 예시 2

```
대문자 입력 : Y↵
소문자 출력 : y
```

입출력

03 입출력

- 화면에 값을 출력하기 위해 printf() 함수의 활용법을 입힌다.
- 사용자로부터 값을 입력 받기 위한 scanf() 함수의 활용법을 익힌다.

프로그램에 데이터를 입력하고, 프로그램에서 생성되는 데이터를 화면으로 보기 위해서는 표준 입출력 함수를 사용해야 한다. 1장에서 표준 출력 함수인 printf()와 표준 입력 함수인 scanf()에 대한 기초적인 내용을 살펴보았다. 이 단원에서는 이 함수들의 자세한 사용법에 대해 학습한다. C 언어에서는 printf()와 scanf() 외에 문자와 문자열에 대한 다양한 표준 입출력 함수도 제공하는데, 이에 대해서는 10장에서 학습한다. 입출력은 대부분의 프로그램에서 필요하기 때문에 반드시 알아야 하지만, 프로그래밍 관점에서 봤을 때 입출력은 크게 중요한 내용은 아니다. 단순히 C 언어에서 제공하는 입출력 사용법을 익힌다고 생각하면 된다.

3.1 printf()를 이용한 출력

| 기본 사용법

1장에서 학습했듯이 기본적인 사용법은 printf(); 의 () 안에 큰따옴표("...")를 적고 그 안에 출력하고자 하는 내용을 적으면 된다.

```
printf("출력하고 싶은 내용");
```

또, 서식 지정자를 사용하여, 상수 값이나 변수에 저장된 값을 출력할 수 있다. 1장에서 다음과 같이 '%d'를 사용하여 정수 값을 출력할 수 있다는 것을 배웠다. 서식 지정자와 출력할 값은 순서대로 대응 된다.

```
printf("%d + %d", 10, num);    ⇨ 상수 10과 변수 num의 값 출력
```

만약 서식 지정자의 개수와 출력할 값의 개수가 일치하지 않으면 어떻게 될까?

1) 서식 지정자가 더 많을 경우

서식 지정자와 값은 앞에서부터 차례로 대응된다. 아래 코드의 경우 마지막 '%d'는 대응되는 값이 없지만, 컴파일 오류는 발생하지는 않는다. 다만, 어떤 값을 출력할지 지정이 되지 않았기 때문에, 남은 서식 지정자에는 코드와 관련 없는 값이 출력된다.

```
printf("%d+%d=%d", 3, 4 );    ⇨ 마지막 '%d'에 대응되는 값 없음
```

2) 출력할 값이 더 많을 경우

이 경우도 비슷하게 앞의 두 개의 값은 '%d'와 대응되어 출력이 된다. 하지만 세 번째 값 7은 대응되는 서식 지정자가 없어 출력되지 않는다.

```
printf("%d+%d", 3, 4, 7 );    ⇨ 7에 대응되는 서식 지정자 없음
```

| 서식 지정자

우리는 앞서 **정수 값을 출력하기 위한 서식 지정자 '%d'**, **부동소수를 출력하기 위한 서식 지정자 '%f'**, **문자를 출력하기 위한 서식 지정자 '%c'를 배웠다.** C 언어에서는 이 외에도 여러 형태의 출력을 지원하기 위한 다양한 서식 지정자가 있다. 다음은 정수와 부동소수 값을 다양한 서식 지정자를 이용했을 때 각 값이 어떤 형태로 출력되는 지 보여준다.

[정수 서식 지정자]

```
printf("%d\n", -10);    ⇨ -10(10)
printf("%u\n", 26);     ⇨ 26(10)
printf("%o\n", 26);     ⇨ 26(10) = 32(8)
printf("%x\n", 26);     ⇨ 26(10) = 1a(16) (소문자)
printf("%X\n", 26);     ⇨ 26(10) = 1A(16) (대문자)
```

[실행결과]

```
-10
26
32
1a
1A
```

[부동소수 서식 지정자]   [실행결과]

```
printf("%f\n", 123.45);      ⇨ 123.45                      123.450000
printf("%e\n", 123.45);      ⇨ 1.2345 × 10² (지수 표기)      1.234500e+02
printf("%E\n", 0.00012);     ⇨ 1.2 × 10⁻⁴ (지수 표기)        1.200000E-04
```

서식 지정자 '%u'는 양의 정수를 10진수로, '%o'는 8진수로, '%x'와 '%X'는 16진수로 출력한다. '%x'는 16진수에서 사용되는 영문자를 소문자 즉, a~f로 출력하고, '%X'는 대문자 A~F로 출력한다. 서식 지정자 '%u', '%o', '%x', '%X'는 양의 정수만 표현할 수 있으므로, 음수를 넣으면 엉뚱한 값이 출력된다. 부동 소수의 경우, '%f'는 우리가 일반적으로 소수를 표현하기 위해 사용하는 소수점 형태로 출력하고, %e와 %E는 지수 형태로 표현한다. 세 서식 지정자 모두 소수점이하 6자리를 출력한다. 고정 소수점 표기와 지수 표기에 대해서는 2.4절을 참고하라.

다음은 출력 형태를 지정해 주는 주요 서식 지정자를 정리한 표이다. 이중 문자열과 포인터에 대해서는 나중에 배우니, C 언어를 처음 공부하는 경우는 그냥 넘어가자. 또 너무 많아서 헷갈리면, 우선은 각 자료형의 기본 서식 지정자인 '%d, %f, %c' 만 알고 있고 나중에 필요하면 그 때 공부해도 무방하다.

분류	서식 지정자	대상 자료형	출력 형태
정수형	**%d**	**int**	10진수
	%u	unsigned int	10진수
	%o		8진수
	%x, %X		16진수
부동소수형	**%f**	**float, double**	고정 소수점 표기
	%e, %E	float, double	지수 표기
문자형	**%c**	**char**	문자 하나
문자열	%s	char *	문자열 (10장에서 학습)
포인터	%p	void *	주소 값 (9장에서 학습)

같은 정수 값, 부동소수 값을 출력하더라고 자료형의 크기가 다르면 다른 서식 지정자를 사용해야 한다. 다음 표는 부호 있는 정수형을 10진수로 출력할 때와, 부동소수형을 고정

소수점 표기로 출력할 때 사용되는 주요 서식 지정자이다. 두 표에서 보듯이, 부동소수의 경우 '%f'를 float와 double 형에 모두 사용할 수 있다는 점에 주목하자. 비록 아래 표와 같이 구분되어 있지만, printf() 함수 내부적으로 '%lf'는 '%f'와 동일하게 처리된다. 조금 혼동될 수 있는데, 특별한 경우가 아니면 정수형과 부동소수형은 다음과 같이 사용하면 된다.

- 정수는 **int** 형으로 선언하고 **'%d'** 로 출력
- 부동소수는 **double** 형으로 선언하고 **'%f'** (또는 **'%lf'**)로 출력

분류	서식 지정자	대상 자료형	비고
정수형	%hd	short	d 대신 u, o, x, X 사용 가능
	%d	**int**	
	%ld	long	
	%lld	long long	
부동소수형	**%f**	**float, double**	f 대신 e, E 사용 가능
	%lf	double	
	%Lf	long double	

출력 형태를 결정하는 것은 자료형이 아니라 서식 지정자라는 것을 명심하자. 다음 코드는 정수를 '%d'와 '%c'로 출력했을 때의 차이를 보여준다. '%d'는 100을 정수로 출력하고, '%c'는 아스키 코드 값 100에 해당하는 문자인 'd'로 출력한다. 다만, 이는 문자가 실제로는 정수로 저장되기 때문에 가능한 것이고, 부동소수를 '%d'와 '%c'로 출력하면 무의미한 값이 출력된다.

[실행결과]

```
printf("정수로 출력: %d\n", 100);  ⇨ 정수로 해석
printf("문자로 출력: %c\n", 100);  ⇨ 문자로 해석
```

```
정수로 출력: 100
문자로 출력: d
```

| 서식 지정자 확장

printf에서는 서식 지정자에 플래그, 출력 폭, 정밀도에 대한 정보를 조합하여 출력의 모양을 다양하게 조정할 수 있다. (이 부분은 잘 몰라도 이 후 학습에 큰 지장이 없으니, 우선은 대략적으로 훑어보고 나중에 필요할 때 학습해도 된다.)

[서식 지정자 형식]

%[플래그] [출력폭] [.정밀도] [자료형]

우선 **출력 폭** 지정은 '%'와 자료형을 의미하는 서식지정자 사이에 원하는 양의 정수를 넣으면 된다. 이 때 **출력은 기본적으로 오른쪽으로 정렬**되고, 왼쪽은 공백으로 채워진다.

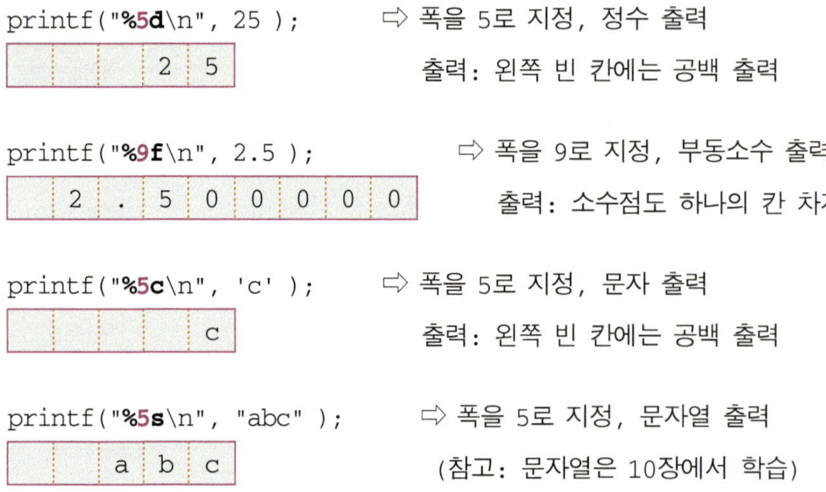

부동소수 출력의 경우, 정밀도(소수점 이하 자릿수)를 **지정**할 수 있다. (지정하지 않으면 소수점 이하 6자리를 출력한다.) **지정된 소수점 이하의 수는 반올림** 된다. 또한 세 번째 예처럼 출력 폭 지정과 함께 사용하는 것도 가능하다. %6.2f를 소수점 앞 6자리, 소수점 이하 2자리 출력으로 착각하지 않도록 유의하자.

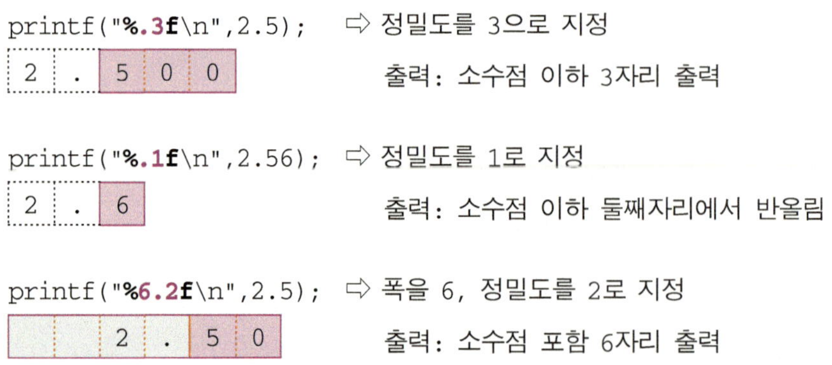

　printf에서는 출력 값의 **정렬 방식, 부호 출력 방식, 진법 표시 방식** 등을 조정할 수 있다. 이 조정을 위해 사용되는 기호를 플래그라 한다. 아래는 플래그를 사용한 예를 보여준다. 물론, 출력 폭과 정밀도와 조합하여 사용하는 것도 가능하다.

⇨ **0 플래그: 앞의 빈칸을 0으로 채움**

　앞의 빈 칸에 공백 대신 0을 출력

⇨ **- 플래그: 왼쪽 정렬**

　출력: 25가 5칸에 출력됨을 보이기 위해
　　　25 다음에 느낌표(!!) 출력

⇨ **+ 플래그: 부호 출력**

　양수인 경우, 값 앞에 + 출력
　음수인 경우, 값 앞에 - 출력

⇨ **공백 플래그: 양수인 경우 공백 출력**

　양수인 경우, 값 앞에 공백 출력
　음수인 경우, 값 앞에 - 출력

⇨ **# 플래그: 진법 출력**

　16진수를 나타내는 0x를 값 앞에 출력

⇨ **플래그 조합도 가능**

　양수 부호 표시 + 빈칸 0으로 채우기

　다음은 위에서 설명한 플래그를 정리한 표이다. 이론적으로만 학습하면 이해가 잘 안될 수도 있고, 금방 잊어버린다. 위 예시를 코드로 작성하여 확인해보고, 위에 나오지 않은 다양한 형태의 조합을 사용하여 결과를 확인해보면서 각 속성의 성질을 이해하도록 하자.

플래그	기능
0	앞의 빈 칸을 0으로 채움
-	왼쪽으로 정렬
+	숫자 앞에 부호 표시 (양수는 +, 음수는 -)
공백	숫자 앞에 공백 표시 (양수는 공백 하나, 음수는 -)
#	숫자 앞에 진법 표시(8진수는 숫자 0, 16진수는 0x 또는 0X)

[예제 3.1] 정수 125와 부동소수 12.56을 아래와 같이 출력되도록 각각의 문장을 작성하시오.

[실행결과]

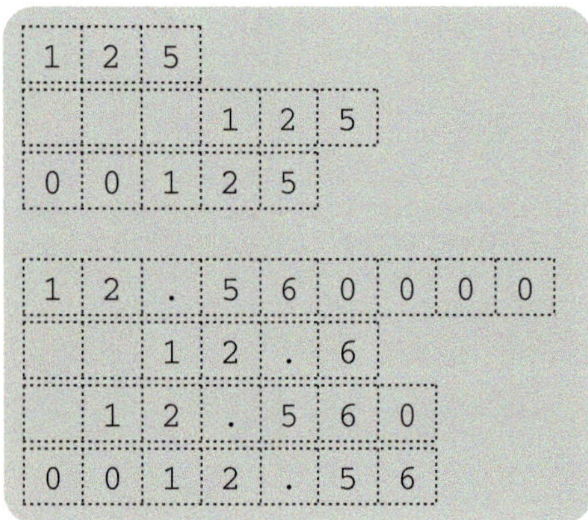

[코드]

```c
printf("%d\n", 125);

printf("%6d\n", 125);

printf("%05d\n", 125);


printf("%f\n", 12.56);

printf("%6.1f\n", 12.56);

printf("%7.3f\n", 12.56);

printf("%07.2f\n", 12.56);
```

3.2 scanf()를 이용한 입력

scanf()는 보통 가장 먼저 배우는 입력 함수이지만, 사용법이 은근히 까다로워 초반 C 언어 학습에 걸림돌이 되는 경우가 많으니, 이 절의 내용을 확실히 학습하자.

| 서식 지정자

1장에서 학습했듯이 scanf() 함수는 서식 지정자를 큰따옴표 "..." 안에 쓰고, 뒤에 값을 저장할 변수를 쓰되 변수 앞에 & 기호를 붙인다. 기호 &에 대해서는 9장에서 학습하는데, 특별한 언급이 있기 전까지, scanf() 함수에서는 **변수 앞에 반드시 & 기호를 붙여야 한다**고 생각하면 된다.

```
scanf("%d", &a );
```
& 기호를 변수 **a** 앞에 반드시 붙여야 함

  scanf() 함수도 자료형에 따라 사용되는 서식 지정자가 다르다. printf()와 거의 유사한데 한 가지 다른 점은, printf()에서는 대상 자료형의 메모리 크기가 맞지 않아도 동작하도록 허용되는 경우가 있지만, scanf()에서는 자료형의 메모리 크기에 딱 맞는 서식 지정자를 사용해야 한다. 예를 들어, printf()의 경우 float나 double 형에 '%f', '%lf' 둘 다 사용할 수 있지만, scanf()의 경우에는 float 형에는 '%f'를, double 형에는 '%lf'를 꼭 맞춰서 써야 한다는 것이다.

분류	서식 지정자	대상 자료형	비고
정수형	%hd	short	d 대신 u, o, x, X 사용 가능
	%d	**int**	
	%ld	long	
	%lld	long long	
부동소수형	%f	float	f 대신 e, E 사용 가능
	%lf	**double**	
	%Lf	long double	
문자형	%c	char	
문자열	%s	char *	10장에서 학습

  메모리 크기에 따른 서식 지정자가 scanf에서는 매우 엄격하게 적용되고, printf에서는 조금 느슨하게 적용되는 데는 나름의 문법적 이유가 있는데, 중요도에 비해 설명이 복잡하므로 여기서는 다루지 않는다. 위 표가 복잡하게 느껴지면, 아래와 같이 사용하는 것이 기본이니 당분간 이 내용만 기억해도 된다.

- 정수는 **int** 형으로 선언하고 '**%d**' 로 출력 및 입력
- 부동소수는 **double** 형으로 선언하고 '**%f**' 로 출력, '**%lf**' 로 입력

  부동 소수의 경우, 입력과 출력에 사용되는 서식 지정자가 달라 헷갈리면, 아래와 같이 기억해도 된다. (이 책에서는 위 방식을 사용한다.)

- (또는) 부동소수는 **double** 형으로 선언하고 '**%lf**' 로 출력 및 입력

다음은 scanf를 이용하여 int, double, char 형의 데이터를 입력받는 프로그램의 예
시이다. 3번째 예시에서는 %x를 이용하여 16진수를 입력받고, 이를 10진수로 출력한다.
4번째 예시의 scanf() 함수에서는 double형 변수에 값을 저장하는데, 서식 지정자
'%lf' 대신, '%f'를 쓰면 컴파일 오류 또는 런타임 오류가 발생한다는 점을 주의하자.

```c
char c;
printf("문자 입력: ");
scanf("%c", &c);             ⇨ 문자 입력
printf("입력 문자: %c\n", c);
```

[실행결과]

문자 입력: **K**↵
입력 문자: K

```c
int a;
printf("정수 입력: ");
scanf("%d", &a);             ⇨ 정수 입력
printf("입력 정수: %d\n", a);
```

[실행결과]

정수 입력: **15**↵
입력 정수: 15

```c
int a;
printf("정수 입력(16진수): ");
scanf("%x", &a);             ⇨ **16진수로 입력**
printf("입력 정수: %d\n", a); ⇨ 10진수로 출력
```

[실행결과]

정수 입력(16진수): **1A**↵
입력 정수: 26

⇨ $1A_{(16)} = 26_{(10)}$

```c
double b;
printf("실수 입력: ");
scanf("%lf", &b);            ⇨ 부동소수 입력
printf("입력 실수: %f\n", b);
```

[실행결과]

실수 입력: **1.5**↵
입력 실수: 1.500000

키보드로 입력하는 정보를 어떤 자료형으로 해석할지를 결정하는 것은 서식 지정자이다.
입력 값의 형태 또는 저장할 변수의 자료형은 아무 관련이 없다. 다음 코드에서 똑같이
int 형 변수 a에 값을 저장하기 위해 3을 입력했는데, 서식 지정자가 '%c' 이면 3을 문
자로 해석하여 변수 a에 문자 '3'의 아스키 코드 값인 51을 저장하고, 서식 지정자가
'%d' 이면 3을 정수 3으로 해석하여 변수 a에 정수 값 3을 저장한다. (printf에서도 값
을 문자로 해석하여 출력할지, 정수로 해석하여 출력할지를 결정하는 것도 역시 서식 지정
자이다.)

3　　(사용자가 입력 한 값)

문자 '3' ←%c%d→ 정수 3

```
int a = 0;
printf("문자 입력: ");
scanf("%c", &a);        ⇨ 문자로 입력
printf("a: %c %d\n", a, a);
```

[실행결과]

```
문자 입력: 3↵
a: 3 51
```

```
int a = 0;
printf("정수 입력: ");
scanf("%d", &a);        ⇨ 정수로 입력
printf("a: %c %d\n", a, a);
```

[실행결과]

```
정수 입력: 3↵
a: └ 3
```

| 여러 값 입력 받기

하나의 scanf() 함수에서 서식 지정자를 여러 개 사용하여, 여러 개의 값을 한 번에 입력 받을 수 있다. **입력되는 정수나 부동소수 값을 구분하기 위해 보통 공백을 사용**한다. 다시 말해, 공백은 구분 문자의 역할을 하고, 변수에 저장되는 값과는 관계가 없다.

```
int a;
double b;

scanf("%d%lf", &a, &b);
printf("입력 값: %d %f\n", a, b);
```

[실행결과]

```
5 3.1↵
입력 값: 5 3.100000
```

⇨ 입력 시 5와 3.1을 공백으로 구분

하지만, **문자 입력 시에는 공백도 하나의 문자로 간주되어 입력 값으로 처리**된다. 다음 예의 scanf() 함수에서는 문자를 두 개 입력 받는데, 문자 'A'와 'B'를 공백을 사이에 두고 입력하였다. 입력 후 변수 값을 출력해 보면, c1의 값은 'A'가 출력되지만, c2의 값은 의도와 다르게 'B'가 아닌 공백이 출력된다. (문자 출력 결과를 확실히 보기 위해 [ ] 안에 문자가 출력되도록 하였다.) c2에 저장된 공백은 어디서 온 값일까? 바로 입력 시 'A'와 'B'를 구분하기 위해 중간에 넣은 공백이다. 코드의 마지막에 c2의 값을 정수로 출력하면 공백(space)의 아스키 코드 값인 32가 출력된다.

```
char c1, c2;

printf("문자 두 개 입력: ");
scanf("%c%c", &c1, &c2 );          ⇨ 두 입력 문자를 c1, c2에 저장
printf("문자 출력: [%c][%c]\n", c1, c2 );
printf("c2(정수): %d\n", c2 );     ⇨ c2 값을 정수로 출력
```

[실행결과 1]

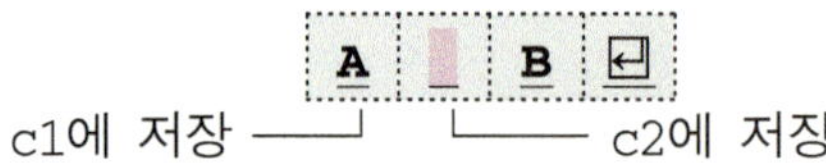

문자 두 개 입력: **A B**↵   ⇨ 입력: 두 문자를 공백 ▮으로 구분
문자 출력: [A] [ ]   ⇨ 문자 'A' 와 공백 ▮이 출력됨
c2 (정수) : 32   ⇨ 32는 공백 문자의 아스키 코드 값

따라서 문자를 입력할 때는 공백으로 구분하지 않고, 붙여서 입력을 하면 우리가 원하는 결과를 얻을 수 있다. 참고로, 만약 문자를 입력할 때 반드시 공백으로 구분하고 싶은 경우에는 공백을 입력 구분자로 설정하면 되는데, 이는 조금 뒤에 설명한다.

문자 입력 시 공백 문자 뿐만 아니라, 개행 문자, 탭 문자 등도 동일하게 문자 입력으로 처리된다. 아래 예를 실행해보면, c1에는 문자 'A'가 저장되고, c2에는 [Enter] 키로 입력된 개행 문자 '\n' 이 저장된다. 그래서 출력을 보면 두 번째 문자의 괄호] 가 다음 줄에 출력된다.

[실행결과 2]

문자 두 개 입력: **A**↵   ⇨ 두 개의 문자 'A'와 개행 문자(Enter 키) 입력
문자 출력: [A] [⇨ **'A' 출력 후 개행 문자가 출력**되어
]   ⇨ **] 는 다음 줄에 출력됨**
c2 (정수) : 10   ⇨ 10 은 개행 문자 '\n'의 아스키 코드 값

이 규칙은 하나의 scanf에서 여러 개의 서식을 사용할 때뿐만 아니라, **여러 개의 scanf를 사용하여 입력 받을 때도 동일하게 적용**된다. 다음 코드를 실행해 보면, 첫 번째 문자를 입력하면 두 번째 문자를 입력하기도 전에 프로그램이 종료되어, 마치 두 번째 scanf를 실행하지 않고 건너뛴 것 같은 착각을 불러일으킨다. 원인은 [Enter] 키에 있다. 실행 과정을 보면, c1에 값을 입력받기 위해 첫 번째 scanf에서 'A'를 입력하고 [Enter] 키를 누르면, c1에는 'A'가 저장되고 [Enter] 키는 아직 없어지지 않고 남아있다, 두 번째 scanf가 실행될 비로소 [Enter] 키에 의한 개행 문자가 c2에 저장된다.

```
char c1, c2;

printf("c1 입력: ");
scanf("%c", &c1 );          ⇨ 첫 번째 문자 입력
printf("c2 입력: ");
scanf("%c", &c2 );          ⇨ 두 번째 문자 입력

printf("문자 출력: [%c][%c]\n", c1, c2 );   ⇨ 문자 출력
printf("c2(정수): %d\n", c2 );               ⇨ c2 값을 정수로 출력
```

[실행결과]

```
c1 입력: A↵
c2 입력: 문자 출력: [A][
]
c2(정수): 10
```

⇨ 두 개의 문자 'A'와 개행 문자(Enter 키) 입력
⇨ c1에는 'A'가, c2에 개행 문자가 저장됨
⇨ 개행 문자로 인해] 는 다음 줄에 출력됨
⇨ 10 은 개행 문자 '\n'의 아스키 코드 값

```
 A   ↵
```
c1에 저장 ┘   └ c2에 저장

그러면 원래 의도대로 문자를 하나씩 입력 받고 싶은 경우에는 어떻게 해야 할까? 가장 흔히 사용되는 트릭은 [Enter] 키로 입력되는 개행 문자를 임시 변수에 저장해 없애 버리는 것이다. 아래 코드를 보면, 변수 tmp가 개행 문자를 저장하는 역할을 한다. (이러한 목적으로는 scanf() 보다는 10장에서 배울 getchar() 라는 함수가 더 자주 사용된다.)

```
char c1, c2, tmp;

printf("c1 입력: ");
scanf("%c%c", &c1, &tmp );      ⇨ 첫 번째 문자 입력
printf("c2 입력: ");
scanf("%c%c", &c2, &tmp );      ⇨ 두 번째 문자 입력

printf("문자 출력: [%c][%c]\n", c1, c2 );   ⇨ 문자 출력
printf("c2(정수): %d\n", c2 );               ⇨ c2 값을 정수로 출력
```

[실행결과]

```
c1 입력: A↵
c2 입력: B↵
문자 출력: [A][B]
c2(정수): 66
```

⇨ 두 개의 문자 'A'와 개행 문자(Enter 키) 입력
⇨ 두 개의 문자 'B'와 개행 문자(Enter 키) 입력
⇨ c1과 c2에 저장된 값 출력
⇨ 66은 'B'의 아스키 코드 값

 문자와 정수 (또는 부동소수)가 혼합되어 입력받는 경우는 더 복잡한데, 그 이유는 정수 입력과 문자 입력에서 공백, 탭, 개행 문자에 대한 처리가 다르기 때문이다. 아래 코드에서는 문자 → 정수 → 문자 순으로 입력을 받는데, 실행 결과를 보면, c1과 n에는 예상대로 문자와 정수가 저장되는데, c2에는 위에서 살펴본 것처럼 개행 문자가 저장된다.

```
int n;      char c1, c2;

printf("문자 입력: ");
scanf("%c", &c1 );          ⇨ c1에 문자 저장
printf("정수 입력: ");
scanf("%d", &n );           ⇨ n에 정수 저장
printf("문자 입력: ");
scanf("%c", &c2 );          ⇨ c2에 문자 저장

printf("출력: [%c][%d][%c]\n", c1, n, c2 );
```

[실행결과]

```
문자 입력: A↵        ⇨ 'A'와 개행 문자(Enter 키) 입력
정수 입력: 25↵       ⇨ 25와 개행 문자(Enter 키) 입력
문자 입력: 출력: [A][25][   ⇨ c2의 값은 개행 문자
]
```

 위 코드의 실행 과정을 살펴보면, 맨 처음 입력되는 'A'는 c1에 저장된다. 다음 입력되는 자료형은 '%d'로 정수형인데, 정수(또는 부동소수)로 입력받는 경우, 앞에 나타나는 공백, 탭, 개행 문자는 구분 문자로 인식하여 이를 무시한다. 따라서 'A' 다음에 입력되는 [Enter] 키는 무시되고, 다음으로 입력되는 '25'가 변수 n에 저장된다. 마지막으로 c2에는 25 다음에 입력된 [Enter] 키에 의한 개행 문자가 저장된다.

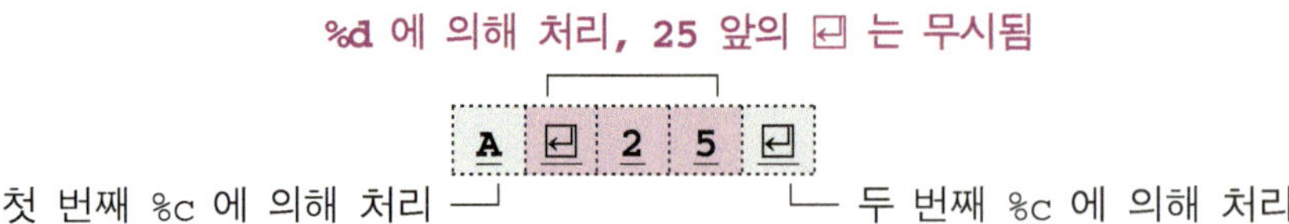

 정리하면, 문자를 입력 받는 경우(%c)에는 공백, 탭, 개행 문자도 하나의 입력 값으로 처리되지만, 정수나 부동소수를 입력 받는 경우(%d, %1f 등)에는 앞에 입력되는 공백, 탭, 개행 문자는 구분 문자로 처리되어 무시되므로, 이를 고려하여 입력 부분에 대한 코드를 작성해야 한다.

| 입력 구분자 지정하기

일반적으로 scanf의 큰따옴표 "..." 안에는 서식 지정자만 쓰지만, 특별한 목적으로 다른 문자를 넣기도 한다. 이 때 추가된 문자는 입력 형식을 지정한다. 아래 예에서 서식 지정자 사이에 하이픈 '-'을 넣었는데, 이는 입력 정수들 사이에 하이픈을 넣어서 입력하라는 의미이다. 하이픈 없이 입력하면 값이 제대로 입력되지 않는다.

```
int a=0, b=0, c=0;

printf("정수 입력: ");
scanf("%d-%d-%d", &a, &b, &c);    ⇨ 정수 3개 입력
printf("%d %d %d\n", a, b, c);
```

[실행결과 1]

```
정수 입력: 20-10-30⏎
20 10 30
```

⇨ 입력 양식 맞춘 경우
 (값이 제대로 입력됨)

[실행결과 2]

```
정수 입력: 20 10 30⏎
20 0 0
```

⇨ 입력 양식 맞추지 않은 경우
 (값이 제대로 입력되지 않음)

[예제 3.2] 입력 구분자를 이용하여 두 개의 문자를 공백으로 구분하여 입력받고 입력된 두 문자를 출력하는 프로그램을 작성해보자.

[실행결과]

```
문자 입력: A B⏎      ⇨ 입력: 두 문자를 공백으로 구분
문자 출력: [A][B]    ⇨ 출력: 정상적으로 출력
```

프로그램 3-1   **예제 3.2의 코드**

```
 3: int main() {
 4:    char c1, c2;
 5:
 6:    printf("문자 입력: ");
 7:    scanf("%c %c", &c1, &c2 );      // 두 %c 사이에 공백 추가
 8:
 9:    printf("문자 출력: [%c][%c]\n", c1, c2 );  // 문자 출력
10: }
```

scanf가 printf와 짝을 이루다 보니, C 언어 학습 초반에는 아래와 같이 개행 문자 '\n'을 넣거나, 안내 문구를 scanf의 큰따옴표 "..."에 넣는 실수를 범하는데, 특별한 목적이 없는 한 서식 지정자 이외의 내용을 넣지 않도록 주의하자.

```
scanf("%d\n", &a );
```
└─ 개행 문자를 넣지 않도록 하자.

```
scanf("정수입력: %d", &a );
```
└─ 안내 문구(공백 포함)를 넣지 않도록 하자.

| scanf_s() 함수

1장에서 잠깐 언급했듯이, scanf() 함수는 버퍼 오버플로(buffer overflow)라 불리는 보안상 문제점(자세한 설명은 생략)을 가지고 있다. 이를 해결하기 위해 새로이 도입된 함수가 scanf_s()이다. (구형 컴파일러에서는 지원되지 않을 수 있다.) scanf_s() 함수의 사용법은 정수와 부동소수의 경우 scanf() 함수와 동일하나, 문자나 문자열의 경우 크기 정보를 추가로 scanf_s() 함수에 알려주어야 한다. (문자열 입력에 대해서는 10.2절에서 설명한다.)

```
/* 숫자 데이터 입력 예 */
int n1;
scanf_s("%d", &n1);

/* 문자 입력 예 */
char ch;
scanf_s("%c", &ch, 1);          ⇨ 문자 크기(문자 하나 입력)
```

| 입출력 버퍼와 화면

마지막으로 '입출력 버퍼(buffer)'라는 것을 간단히 소개하고 이 단원을 마무리 한다. 지금까지 프로그램을 실행시켰을 때, 사용자가 입력하는 정보와 프로그램이 출력하는 정보가 화면에 구별 없이 나타나다보니, 이 정보들이 프로그램 내부에서 구별 없이 처리되는 것처럼 느껴지는데, 입력은 입력끼리 출력은 출력끼리 따로 처리된다. 그리고 입력되는 정보와 출력되는 정보는 바로 처리하는 것이 아니고 어느 정도 모았다가 처리하게 되는데, 이 정보를 저장하는 중간 저장소가 **'입력 버퍼'**와 **'출력 버퍼'**이다. 입출력 버퍼의 동작 과정을 상세히 몰라도 프로그래밍에는 큰 지장이 없어, 이 책에서는 이에 대해 자세히 다루지 않고, 이런 것들이 있다 정도만 소개하고 넘어가겠다.

```
int a = 0, b = 0, c = 0;

printf("a와 b: ");                         ⇨ 출력
scanf("%d%d", &a, &b);                      ⇨ 입력
printf("c: ");                              ⇨ 출력
scanf("%d", &c);                            ⇨ 입력
printf("a = %d, b = %d, c = %d", a, b, c);  ⇨ 출력
```

[실행결과]

```
a와 b: 10 20↵
c: 30↵
a = 10, b = 20, c = 30
```

〈 화면 나타나는 정보 〉

[입력]

```
10 20↵
30↵
```

[출력]

```
a와 b: c: a = 10, b = 20, c = 30
```

〈 내부에서는 따로 처리됨 〉

　위 왼쪽 실행 결과에서 입력과 출력을 따로 분리해서 표현하면 오른쪽과 같다. 한 가지 왼쪽 화면에 나타나는 모습과 달리 오른쪽 출력에서는 내용이 한 줄에 모두 출력되었다는 점에 주목하자. 왼쪽 화면에서 줄이 바뀐 것은 사용자가 입력한 개행 문자(즉, [Enter] 키 입력) 때문이지, 출력에 의해 줄이 바뀐 것이 아니다. (printf() 함수에 개행 문자가 전혀 나타나지 않았다.) 이 책의 본문 설명에서는 주로 왼쪽과 같이 화면에 나타나는 정보 형태로 표시하고, 각 단원 마지막의 실습 문제(4장부터)에서는 입력과 출력을 명확히 구분하기 위해 오른쪽과 같이 분리한 형태를 사용한다.

| 단원요약 |

1   printf(" ")는 출력 함수이며 큰따옴표 " " 안의 모든 내용을 출력한다.

2   값을 출력하고 싶은 경우 자료형에 맞는 서식 지정자를 사용해야 한다. 정수는 '%d', 부동 소수는 '%f', 문자는 '%c'가 기본적인 서식 지정자이다.

3   서식 지정자는 명시된 출력 값에 차례로 대응된다.

4   서식 지정자에 플래그, 출력 폭, 정밀도에 대한 정보를 추가하여 출력 모양을 다양하게 조정할 수 있다.

5   scanf()는 값을 입력 받는 함수이다.

6   scanf()에서는 값을 저장하고자 하는 변수 앞에 기호 &(주소연산자)를 붙여야 한다.

7   정수는 기본적으로 int 형으로 선언하고 출력과 입력에 서식지정자로 %d를 사용한다.
부동소수는 기본적으로 double형으로 선언하고 출력은 '%f', 입력은 '%lf'를 사용한다.

8   키보드로 입력하는 정보를 어떤 자료형으로 해석할지는 결정하는 것은 서식 지정지이다.

9   문자 입력 시 [Space] 키나 [Enter] 키도 하나의 문자로 간주되고, 문자와 정수를 혼합하여 입력 받는 경우, 공백이나 개행 문자에 대한 처리에 주의해야 한다.

10   scanf() 함수에서 서식 지정자 이외의 문자는 입력 구분자 역할을 하므로, 특별한 경우가 아니면 서식 지정자만 명시해야 한다.

| 실습문제 |

[문제 1] 서식지정자를 활용하여 16진수인 정수를 입력 받아 10진수와 8진수로 출력하는 코드를 작성하시오.

실행 예시 1

```
입력 : A↵
10진수    : 10
8진수     : 12
```

실행 예시 2

```
입력 : 16↵
10진수    : 22
8진수     : 26
```

[문제 2] 사각형의 가로와 세로를 입력받고 넓이를 계산해주는 프로그램을 작성하시오. 아래 내용에 따라 각각 작성하시오.
- 실행 예시1: 정수형 입출력
- 실행 예시2: 부동소수형 입출력 (소수점 2자리까지 출력)

실행 예시 1

```
가로: 4↵
세로: 5↵
넓이->20
```

실행 예시 2

```
가로: 4.2↵
세로: 5.1↵
넓이->21.42
```

[문제 3] 아래와 같이 총 세 상품의 가격을 입력 받고, 다음과 같이 오른쪽 정렬하여 출력하는 프로그램을 작성하시오.
- 가격 단위는 원 이며, 1만원 미만의 가격이어야 한다.

실행 예시

```
가격 입력: 500 70 4750↵
상품1:    500원
상품2:     70원
상품3:   4750원
```

[문제 4] 서식지정자를 활용하여 입력된 양의 실수를 반올림하여 출력하는 프로그램을 작성하시오.

실행 예시 1

실수 입력: **3.5**↵
반올림 정수 출력: 4

실행 예시 2

실수 입력: **3.1**↵
반올림 정수 출력: 3

[문제 5] 날짜를 yyyy/mm/dd 형식으로 입력받아 다음과 같이 출력하시오.
- "yyyy년 mm월 dd일"로 출력해야 함

실행 예시 1

2018/03/25↵
2018년 03월 25일

실행 예시 2

0012/01/01↵
0012년 01년 01일

04

수식과 연산자

수식과 연산자

- 수식과 연산자가 무엇인지 이해한다.
- 산술, 대입, 관계, 논리 연산자를 이해하고 사용할 수 있다.
- 연산자의 우선순위와 결합수칙에 대해 이해한다.

우리가 컴퓨터를 사용하는 목적 중 하나는 빠른 데이터 처리 또는 연산(계산)이다. 어떤 관점에서 연산은 컴퓨터 프로그램의 가장 기본적이면서 원시적인 기능이고, 나머지 요소들(변수, 자료형, 입출력 등)은 이를 효율적으로 지원하기 위한 보조적인 수단이라고도 볼 수 있다. 아마도 여러분은 이 단원에서 다루는 연산에 대한 기본적인 개념을 이미 상당 부분 알고 있을 것이다. 따라서 여기서는 C 언어에서 어떻게 연산을 사용하는 지만 익히면 된다. 게다가 이 단원의 내용은 다른 단원과 달리 크게 응용되는 부분도 없기 때문에 조금 수월하게 학습할 수 있을 것이다.

4.1 수식과 연산자 개요

C 언어에는 계산의 기본인 산술 연산을 비롯하여 언어 자체나 시스템을 개발하는 데 유용한 연산자들을 제공한다. **연산자(operator)**는 프로그램을 개발할 때 데이터를 가공하고 처리하기 위한 가장 기본이 되는 도구로, 미리 정해져 있는 기호를 사용한다. 예를 들면, +, -, *, / 등은 산술 연산을 위한 산술 연산자이다. 이외에 메모리를 다루거나 비트 단위의 정보를 다루는 연산자 등을 다양하게 제공한다. 연산자는 산술 연산자, 관계 연산자, 논리 연산자, 증감 연산자, 비트 연산자, 대입 연산자, 조건 연산자 등이 있다.

연산자는 몇 개의 피연산자를 필요로 하느냐를 기준으로 분류하기도 한다. 하나의 피연산자를 필요로 하는 **단항 연산자**, 두 개의 피연산자를 필요로 하는 **이항 연산자**, 세 개의 피연산자를 필요로 하는 **삼항 연산자**가 있다. C 언어의 대부분의 연산자는 이항 연산자이다.

　연산자와 피연산자의 조합으로 **어떠한 값을 갖는 요소를 수식(expression)**이라고 한다. 아래 예에서 볼드체로 표시된 부분은 모두 수식의 예이다. 아래 예에서 볼 수 있듯이, 상수와 변수도 하나의 수식이다.

```
num = 10;            ⇨ 상수인 10이 수식, 결과 값 10
num1 = num;          ⇨ 변수인 num이 수식, 결과 값 10
num2 = num + 1;      ⇨ 연산식인 num+1이 수식, 결과 값 11
```

　다음은 C 언어에서 사용하는 연산자의 종류를 나타낸다. 대부분은 이 단원에서 설명하고, 일부 연산은 다른 단원에서 필요할 때 설명한다. 이 표는 연산자를 종류별로 분류하여 정리한 것으로, 외울 필요는 없고 나중에 연산자에 대해 정리가 필요할 때 참고하면 된다.

연산자 종류	연산자	단원
산술 연산자	+ - * / %	4.2
대입 연산자	=	4.3
복합대입(산술) 연산자	+= -= *= /= %=	4.3
증감 연산자	++ --	4.3
관계 연산자	> < >= <= == !=	4.4
논리 연산자	&& || !	4.5
비트 연산자	& | ^ ~ << >>	13.1
복합대입(비트) 연산자	>>= <<= &= |= ^=	13.1
조건 연산자	?:	4.6
형변환 연산자	(자료형)	4.6
콤마 연산자	,	4.6
sizeof 연산자	sizeof(피연산자)	4.6
멤버 연산자	( )함수호출 [ ] . ->	8.3, 7.2, 11.2, 11.4
주소 연산자	&	9.2
간접참조 연산자	*	9.2

4.2 산술 연산자

산술 연산자에는 **사칙 연산자(+, -, *, /)**와 **나머지 연산자(%)**가 있다. 산술 연산자는 우리가 평상시에 자주 사용하는 연산자이므로, 그 기능에 대해서는 따로 설명하지 않겠다. 다음은 더하기 연산자를 이용해 과목의 총점을 계산하는 간단한 프로그램이다.

프로그램 4-1 총점 계산

```c
 3: int main()
 4: {
 5:    int math = 99;
 6:    int korean = 90;
 7:    int science = 94;
 8:
 9:    // 과목의 총합을 변수 total에 저장
10:    int total = math + korean + science;
11:
12:    printf("수학 : %d\n", math);
13:    printf("국어 : %d\n", korean);
14:    printf("과학 : %d\n", science);
15:    printf("총점 : %d\n", total);
16:
17:    return 0;
18: }
```

[실행결과]
```
수학 : 99
국어 : 90
과학 : 94
총점 : 283
```

| 나누기와 나머지 연산자

C 언어에서 연산자 +, -, * 는 우리가 일반 수학에서 사용하는 더하기, 빼기, 곱하기 연산자와 동일하다. 반면, 나누기와 나머지 연산자인 /와 %는 피연산자의 자료형에 따라 계산 결과가 다르므로 주의해야 한다.

연산자	정수 연산	부동소수 연산
/	몫	실수 나눗셈
%	나머지	(정의 되지 않음)

```
11 / 4          ⇨ 연산 결과: 2
11 % 4          ⇨ 연산 결과: 3
11 % 0          ⇨ 오류 발생 (수학적으로 정의되지 않음)

11.0 / 4.0      ⇨ 연산 결과: 2.75
11.0 % 4.0      ⇨ 컴파일 오류 (실수에서는 나머지 연산 정의되지 않음)

11 / -4         ⇨ 연산 결과 -2
11 % -4         ⇨ 연산 결과 3
-11 / -4        ⇨ 연산 결과 2
-11 % -4        ⇨ 연산 결과 -3
```

※ 음수에 대한 연산 결과 값의 부호는 컴파일러마다 다를 수 있다.

나머지 연산자는 다양한 응용에 활용되는데, 그 중 하나가 정수의 자릿수를 구하는 것이다. 아래는 1의 자릿수와 10의 자릿수를 구하는 코드이다. 10의 자릿수의 경우, 1의 자릿수를 버리기 위해 몫을 계산하는 나누기 연산자를 이용하였다. 이러한 방식으로 나누기와 나머지 연산자를 조합하여 임의의 자릿수를 구하거나, 모든 자리의 자릿수를 구하는 것으로 확장할 수 있다. 이는 실습문제에서 풀어보자.

```
int d = 2715 % 10;        ⇨ 일의 자릿수 계산
printf("일의 자릿수: %d\n", d);
```
[실행결과]
일의 자릿수: 5

```
int d = 2715 / 100 % 10;  ⇨ 백의 자릿수 계산
printf("백의 자릿수: %d\n", d);
```
[실행결과]
백의 자릿수: 7

```
※ 계산 과정: 2715 / 100 ➜ 27      ⇨ 백미만 자릿수 제거
             27 % 10 ➜ 7          ⇨ 일의 자릿수 추출
```

[예제 4.1] 다음 연산의 결과가 무엇일지 예측해보고, 프로그램을 작성하여 확인해보자. (두 식의 수학적 의미는 동일하지만, C 언어에서는 정수 연산으로 인해 결과가 다르다.)

1) 5 / 2 * 3
2) 3 * 5 / 2

정답▸

```
5 / 2 * 3   ➜ (5 / 2) * 3 ➜ 2 * 3 ➜ 6      ⇨ 결과 값: 6
3 * 5 / 2   ➜ (3 * 5) / 2 ➜ 15 / 2 ➜ 7      ⇨ 결과 값: 7
```

| 연산 순서

여러 개의 사칙 연산을 하나의 수식에 사용하는 것도 가능하다. 이 때, 어떤 연산자를 먼저 적용하느냐에 따라 결과가 달라 질 수 있는데, 다음 두 가지 기본 규칙이 있다. 수학적으로도 동일한 규칙이 적용되고 산술 연산자의 경우 워낙 익숙하기 때문에, 굳이 인지하지 않아도 자연스럽게 계산이 되지만, 이후에 배울 연산자들과 조합이 되면 꽤 복잡해지므로 확실히 알고 넘어가자(4.7절에서 기본 규칙에 대해 종합적으로 학습한다). 인위적으로 연산 순서를 바꾸기 위해서 괄호를 사용하는데, C 언어의 수식에서는 소괄호만 사용한다.

❖ **연산자 우선순위:** 곱하기(*), 나누기(/), 나머지(%) 연산자는
더하기(+), 빼기(-) 연산자 보다 먼저 적용된다.
(순서를 변경하고자 하는 경우 소괄호 사용)

❖ **결합 수칙:** 산술 연산자는 왼쪽에서 오른쪽으로 방향으로 적용한다.

```
2 * 5 + 28 / 6      ⇨ 결과 값: 14, 연산 순서: * ⟹ / ⟹ +
2 * (5 + 28) / 6    ⇨ 결과 값: 11, 연산 순서: + ⟹ * ⟹ /
10 / 2 * 5          ⇨ 결과 값: 25, 연산 순서: / ⟹ *
```

| 산술 연산과 자료형

C 언어에서 처리되는 모든 데이터는 자료형이 정해져 있어야, 그 데이터를 저장할 수 있는 방법이 결정된다. 연산 결과 값도 예외는 아닌데, 산술 연산의 경우 **피연산자의 자료형에 따라 연산 결과 값의 자료형과 연산의 종류(정수 연산인지 부동소수 연산인지)도 결정**된다. 이에 대한 규칙은 아래와 같은데, 정보 손실이 없는 방향으로 진행된다고 이해하면 된다(문자형은 정수형으로 취급된다).

1. **정수형**과 **정수형**의 산술 연산 결과 : **정수형**
   예) 5 / 2   ⇨ 정수 2
2. **부동소수형**과 **부동소수형**의 산술 연산 결과 : **부동소수형**
   예) 5.0 / 2.0   ⇨ 부동소수 2.5
3. **정수형**과 **부동소수형**의 산술 연산 결과는 **부동소수형**
   예) 5.0 / 2   ⇨ 부동소수 2.5
       5 / 2.0   ⇨ 부동소수 2.5

　하나의 수식에 여러 연산자가 사용된 경우, 위 규칙은 연산자 별로 적용된다. 예를 들어, 아래와 같이 정수와 부동소수가 섞여 있는 경우, 무조건 3번 규칙을 적용하면 안 되고, 연산자 별로 규칙을 적용해야 한다. 예를 들어, 아래 수식의 경우, 정수와 부동소수가 혼합되어 있다고 해서, 부동 소수 연산을 적용해서는 안 된다는 점에 유의하자. 또, 부동 소수의 위치에 따라 왜 결과가 달라질 수 있는 지 아래 두 수식이 계산되는 과정에서 주의 깊게 살펴보자.

```
3 / 2 * 4.0  ➡  1 * 4.0  ➡  4.0
3 / 2.0 * 4  ➡  1.5 * 4  ➡  6.0
```

　위 규칙은 상수뿐만 아니라 변수에도 동일하게 적용된다. 예를 들어, 아래 첫 번째 대입문에서는 a와 b가 모두 정수형이므로 a / b의 연산 결과는 정수 2 이고, 이 정수 2가 부동 소수 2.0으로 형변환 되어 x에 대입된다.

```
int a = 5, b = 2;          double x, c = 2.0;


x = a / b;      ⇨ a, b 모두 정수형이므로 정수 연산 수행. x: 2.0
x = a / 2;      ⇨ a, 2 모두 정수형이므로 정수 연산 수행. x: 2.0
x = a / c;      ⇨ c가 부동 소수이므로 부동소수 연산 수행. x: 2.5
x = a / 2.0;  ⇨ 2.0이 부동 소수이므로 부동소수 연산 수행. x: 2.5
```

　만약, **피연산자가 모두 정수형 변수인데, 부동소수 연산을 하고 싶으면** 어떻게 해야 할까? 이를 위해서는 2장에서 배운 **명시적 형변환을 이용하여 피연산자 중 하나를 부동소수형으로 강제로 바꿔주면 된다.** 이 때 형변환이 적용되는 범위가 어디인지 주의해야 한다. 아래 예에서 첫 번째 연산은 변수 a의 값을 부동 소수로 변환하라는 의미이고, 두 번째 연산은 a/b의 결과를 부동 소수로 변환하라는 의미로, 두 연산의 결과는 다르다는 점에 주의하자.

```
int a = 5, b = 2;
double x;

x = (double) a / b;      ⇨ a의 자료형을 부동 소수로 변환. x: 2.5
x = (double) (a / b);  ⇨ a/b의 결과 값을 부동 소수로 변환. x: 2.0
```

4.3 대입 연산자

3장에서 변수에 값을 저장하기 위해 사용한 등호 '=' 도 연산자로 대입연산자라 부른다. **대입 연산자**는 **연산자 오른쪽 수식의 값을 왼쪽 변수에 대입**하라는 의미이다. (수식의 의미를 강조하기 위해 끝에 세미콜론을 붙이지 않았는데, 세미콜론을 끝에 붙이면 수식 자체가 하나의 문장이 된다.)

변수 **=** 수식 ⇨ 변수 ← 수식 (오른쪽 수식의 결과 값을 왼쪽 변수에 대입)

a **=** c ⇨ a ← c (변수 a에 변수 c의 값 대입)
a **=** a + 1 ⇨ a ← a + 1 (변수 a에 변수 a의 값에 1 더한 값 대입)

| 대입 연산의 결과 값

대입 연산자도 연산자이므로, 연산 결과 값이 계산되고, 전체 수식의 부분으로 사용된다. 그러면, 대입 연산의 결과는 무엇일까? 바로 **왼쪽 변수에 저장되는 값이 대입 연산의 결과**이다. 다음은 약간 이상해 보이긴 하지만, C 언어에서는 정상적인 수식이다. 계산 과정을 살펴보면, 괄호 안의 수식이 먼저 계산되어 a에 값 1이 대입되고, 대입된 값 1이 괄호 안의 수식의 결과 값이 되어 아래 전체 수식의 결과 값은 6이 된다.

5 + (a = 3 - 2) ➜ 5 + 1 ➜ 6

위와 같은 수식은 직관적이지 않아 흔히 사용되지 형태는 아니지만, 아래는 종종 사용되는 형태의 수식으로 **대입을 연속적으로 수행하여, 변수 a, b, c 모두에 2가 차례로 대입**된다. 아래 수식이 수행되는 정확한 과정을 살펴보면 다음과 같다. 가장 먼저 c = 2 가 수행되고, 다음 이 대입 연산의 결과 값인 2가 b에 대입된다. 비슷하게 마지막으로 2가 a에 대입된다. 즉, **대입 연산자의 결합 수칙**은 오른쪽에서 왼쪽방향이다.

a **=** b **=** c **=** 2; ⇨ a = (b = (c = 2)) ; 와 동일
  ← ← ←   연속 대입문의 연산 순서 방향 (오른쪽에서 왼쪽)
      즉, c = 2; b = c; a = b ; 의 순서로 실행되고,
      결과적으로 a, b, c 모두 2 가 대입됨

| 복합 대입 연산자

산술 연산자와 대입 연산자를 결합하여 사용하는 것도 가능한데, 이를 복합 대입 연산자라고 한다. (산술 연산자 이외에 나중에 배울 비트 연산자도 가능하다.) 다음은 복합 대입 연산자의 기본적인 사용 형태와 의미인데, 단순히 'a에 x를 더한다'라는 의미라기보다는 **'a의 값을 x만큼 증가 시킨다'라는 의미**로 받아들이자. 후자는 a의 값이 변경된다는 걸 더 강조해서 나타내는 표현이다.

복합 대입 연산	의미	동일 대입문
a += x	변수 a의 값을 x만큼 증가시킴	a = a + (x)
a -= x	변수 a의 값을 x만큼 감소시킴	a = a - (x)
a *= x	변수 a의 값을 x배 증가시킴	a = a * (x)
a /= x	변수 a의 값을 1/x로 감소시킴	a = a / (x)
a %= x	변수 a의 값을 x로 나눈 나머지로	a = a % (x)

복합 대입 연산자도 기본적으로 대입 연산자이므로 왼쪽에는 하나의 변수만 올 수 있고, 오른쪽에는 수식이 올 수 있다. 이 때 **오른쪽의 수식 계산을 먼저 한다는 점**에 유의하자. 아래 예의 경우, b+3 을 먼저 계산한 후 이 값을 a에 곱해준다.

```
a *= b + 3;        ⇨  a = a * (b + 3);  (O)
                      a = a * b + 3;     (X)
```

| 증감 연산자

대입 연산을 수행하는 또 하나의 특수 연산자인 **증감 연산자는 변수의 값을 1씩 증가시키거나, 1씩 감소시키는 역할**을 한다. 1씩 밖에 증감을 못 시키므로 기능이 매우 제한적이지만, 매우 빈번히 사용되는 중요 연산자이다. 정수형과 부동소수형 모두에 사용할 수 있지만, 보통 정수형에 많이 사용된다. 값을 대입해야 하므로 피연산자에는 변수 하나만 올 수 있다.

증감 연산	의미
++a (또는) a++	변수 a의 값을 1만큼 증가시킴
--a (또는) a--	변수 a의 값을 1만큼 감소시킴

증감 연산자가 단독으로 사용되는 경우에는 연산자의 위치가 중요하지 않지만, 수식의 일부분에서 사용되는 경우에는 위치에 따라 수행 결과가 달라지므로 주의해야 한다. 다음 예제의 왼쪽과 오른쪽 코드의 실행 결과를 보고, 차이를 유추해보자.

```
a = 1;
b = ++a;
printf("a: %d\n", a);
printf("b: %d\n", b);
```

[실행결과]
```
a: 2
b: 2
```

```
a = 1;
b = a++;
printf("a: %d\n", a);
printf("b: %d\n", b);
```

[실행결과]
```
a: 2
b: 1
```

두 경우 모두 변수 a의 값은 동일하게 1 증가한 반면, b의 결과는 달라졌다는 점에 주목하자. 즉, ++ 연산자의 위치는 증감연산 자체에는 영향을 주지 않고, 수식의 나머지 부분에 영향을 준다. **증감 연산자의 위치는 증감 연산과 수식의 나머지 부분 중 어떤 것을 먼저 수행할 것인지를 결정**한다. 증감 연산자가 변수보다 앞에 위치한 경우에는, 증감 연산을 먼저 수행하여 해당 변수의 값을 증가 시킨 후, 증가된 값을 사용하여 수식의 나머지 부분을 계산한다. 반대로, 증감 연산자가 변수보다 뒤에 위치한 경우에는, 해당 변수의 값을 사용하여 증감연산을 제외한 수식의 나머지 부분을 계산한 후, 증감 연산을 수행한다.

b = **++a**;　(증감 연산자가 앞에 있으면)
⇩
1) **++a**;　⇨ 증감 연산 **먼저** 수행
2) b = a;　⇨ 이 후 나머지 부분 계산

b = **a++**;　(증감 연산자가 뒤에 있으면)
⇩
1) b = a;　⇨ 수식의 나머지 부분 계산
2) **++a**;　⇨ 증감 연산 **나중에** 수행

4.4　관계 연산자

관계 연산자는 왼쪽과 오른쪽의 대소 관계를 비교하는 연산자이다. 값을 비교하는 것이므로, 피연산자는 수식이다. C 언어에서 사용하는 관계 연산자는 수학에서 사용하는 연산자와 약간 다르다. 예를 들어, 양변의 값이 같다는 의미로 수학에서는 등호 하나를 사용하는데, C 언어에서 등호를 두 개 붙인 '=='를 사용한다. 또, 왼쪽의 값이 오른쪽의 값보

다 같거나 작다는 의미로 수학에서는 기호 ≦ 또는 ≤ 를 사용하는데, 이 기호는 일반 문자로 표현할 수 없기 때문에, C 언어에서는 부등호와 등호를 연달아 써서 '<=' 로 표현한다. 등호를 먼저 쓰는 형태인 '=<' 는 허용되지 않는다.

관계연산	의미	관련 수학기호
x == y	x의 값과 y의 값이 같다	=
x != y	x와 y가 같지 않다	≠
x < y	x가 y 보다 작다	<
x <= y	x가 y 보다 작거나 같다	≦ or ≤
x > y	x가 y 보다 크다	>
x >= y	x가 y 보다 크거나 같다	≧ or ≥

(위 표에서 x와 y는 수식을 나타냄)

관계 연산의 결과는 참 아니면 거짓이 된다. C 언어에서는 거짓과 참을 수로 표현하는데, **관계 연산의 결과 값으로는 참이면 1이고 거짓이면 0**이 된다. 참고로, C 언어에서는 0이 아닌 값은 모두 참으로 간주한다.

```
a = (4 < 5);
printf("a: %d\n", a);
```

[실행결과]

```
a: 1
```

```
a = (4 == 5);
printf("a: %d\n", a);
```

[실행결과]

```
a: 0
```

관계 연산자는 산술 연산자와 자주 결합되어 사용된다. 4.7절에서 종합적으로 학습하겠지만, 관계 연산자의 우선순위는 산술 연산보다 낮다. 따라서 산술 계산을 먼저 하고, 이후 계산된 값을 비교한다. 아래 설명에서 어떤 연산이 먼저 계산되는 지를 명확히 전달하기 위해 괄호를 표시했지만, 괄호를 사용하지 않은 왼쪽의 수식 형태에도 익숙해 질 수 있도록 하자.

```
a + b < c - d      ⇨ (a + b) < (c - d)
a <= 2 * n         ⇨ a <= (2 * n)
a % 2 == 0         ⇨ (a % 2) == 0
```

| 수식 4 < 5 < 2 의 결과는?

수학에서는 "a < b < c"와 같이 부등호를 연속해서 사용하는 수식을 자주 사용하지만, C언어에서는 거의 사용하지 않는다. 그 이유는 C 언어에서 이 수식의 의미가 수학적 의미와 달라 혼동되기 때문이다. 예를 들어 수식 "4 < 5 < 2"를 수학적으로 해석하면, 5는 2보다 작지 않기 때문에, 이 수식의 수학적 결과는 거짓(0)이다. 하지만, C 언어에서 이 수식은 다음과 같이 해석되어 결과는 참(1)이다. 수식에서 두 개의 '<' 연산자가 사용되었고 '<' 연산자의 결합 수칙은 왼쪽 우선이기 때문에, (4 < 5)가 먼저 계산된다. (4 < 5)의 결과 값은 1이므로, 1이 오른쪽 < 연산자의 왼쪽 항으로 사용되어 (1 < 2)를 계산하고, 따라서 수식의 최종 결과 값은 참(1)이다. 조금 이상하게 느껴질 수 있지만, 더하기 연산자의 계산 과정을 생각하면 이해가 될 것이다.

$$4 < 5 < 2$$

▶ 수학적 의미 : 5는 4보다 크고 2보다 작다 (거짓)

▶ C 언어에서의 의미 :
4 < 5 < 2 ➜ **(4 < 5)** < 2 ➜ **1** < 2 ➜ 수식 결과: 참(1)

※ 위 연산 과정은 산술 연산과 동일하다.
4 + 5 + 2 ➜ (4 + 5) + 2 ➜ 9 + 2 ➜ 수식 결과: 11

앞서 설명한 C 언어에서의 의미대로 계산하기 위해 위 수식을 사용하는 경우는 거의 없지만, 위 수식은 문법적으로 아무 문제가 없어서 컴파일 오류도 발생하지 않는다. 따라서 무심코 **수학적 의미로 위 수식을 사용하는 실수를 범하지 않도록 주의하자**. 참고로, 위에 언급한 수학적 의미로 수식을 표현하기 위해서는 다음 절에서 배울 논리 연산자와 결합하여 다음과 같이 표현해야 한다.

수학식 :   4 < 5 < 2

                       ↓

C 언어 표현 :   4 < 5 **&&** 5 < 2   ⇨ 논리 연산자 &&를 활용

4.5 논리 연산자

논리 연산자는 논리 판단을 위한 연산자로 세 개의 논리 연산자가 있다. 각 논리 연산의 결과는 수학에서 사용하는 논리와 동일하다. 관계 연산자에서 설명한 바와 같이, **C 언어에서는 0을 제외한 모든 값은 참으로 간주되고 0만 거짓이며, 논리 연산의 결과 값으로는 참이면 1이고 거짓이면 0**이 된다.

논리 연산	의미	연산 결과
!x	논리부정 (NOT)	x가 참이면 거짓, 거짓이면 참
x && y	논리곱 (AND)	x, y가 둘 다 참이면 참이고, 그렇지 않으면 거짓
x || y	논리합 (OR)	x, y 중 하나라도 참이면 참이고, 그렇지 않으면 거짓

```c
/* 논리 연산자 예제 */
int x = 1, y = 0;

printf("%d\n", !x);
printf("%d\n", x&&x);
printf("%d\n", x&&y);
printf("%d\n", x||y);
printf("%d\n", y&&y);
```

[실행결과]
```
0
1
0
1
0
```

논리 연산자들 사이의 우선 순서는 위 표에 나와 있는 순서대로, **논리부정의 우선순위가 가장 높고, 논리합이 가장 낮다.** 다음은 여러 논리 연산자가 사용된 수식과 연산 순서를 괄호로 표시해 놓은 예이다. 우선순위가 같은 경우, 왼쪽부터 계산된다.

```c
/* 논리 연산자 우선순위 */
!x && y              ⇨ (!x) && y
x && !y              ⇨ x && (!y)
x && y && z          ⇨ (x && y) && z
x && y || z          ⇨ (x && y) || z
x || y && z          ⇨ x || (y && z)
x || y && z || w     ⇨ (x || (y && z)) || w
x && y || z && w     ⇨ (x && y) || (z && w)
```

　　논리부정(!)의 연산자 우선순위는 논리곱(&&)과 논리합(||)보다 높으므로, 논리 연산 결과를 부정하기 위해서는 괄호를 사용해야 한다. 아래 수식에서 괄호를 생략할 경우, 수식의 의미가 달라진다는 점을 주의하자.

```
!(x && y)            ⇨ 수식 !x && y 와 의미가 다름에 주의
x && !(y && z)
!(x && y && z)
```

　　논리 연산자의 피연산자는 참 또는 거짓을 나타내는 값이므로, 논리 연산자는 주로 관계 연산자와 같이 사용된다. 논리 연산자 '||'와 '&&'는 관계 연산자나 산술 연산자보다 우선순위가 낮다. 하지만, 논리 부정을 나타내는 '!'는 우선순위가 관계 연산자나 산술 연산자보다 높으니 주의하자. 아래 세 번째 예에서 맨 앞의 느낌표는 논리 부정을 나타내는 논리 연산자로 수식 (a != b)의 논리 결과를 반대로 바꾼다. 만약 괄호 없이 수식 !a != b 와 같이 쓰면, 이 수식은 (!a) != b 와 동일하다.

```
a >= 3 && b < 6        ⇨ (a >= 3) && (b < 6)
a != b || b == 2       ⇨ (a != b) || (b == 2)
!(a != b) || b == 2    ⇨ (!(a != b)) || (b == 2)
```

[예제 4.2] 다음 논리 연산을 계산해보고 프로그램을 작성하여 확인해보자.

```
int a = 3, b = 5;
printf("%d\n", a>=3 && b<6 );
printf("%d\n", a!=3 && a>2  );
printf("%d\n", b!=5 || a==1 );
printf("%d\n", a!=b || b==2 );
printf("%d\n", !(a!=b) || b==2 );
```

[실행결과]
```
1
0
0
1
0
```

4.6 그 외 연산자

　지금까지 학습한 연산자는 수학에서도 사용하는 개념으로 이해하는데 크게 어려움은 없을 것이다. C 언어에서는 이 외에도 약간은 생소한 연산자를 지원한다.

| 조건 연산자

　조건 연산자는 5장에서 배울 if-else 문을 대신하여 사용할 수 있는 연산자로, 피연산자의 개수가 3개인 삼항 연산자이다. 조건에 따라 결과 값으로 사용할 수식을 지정할 수 있다. 아래에서 A, B는 상수, 변수를 포함한 수식이다.

[조건 연산자 형식 및 결과]

조건 **?** A **:** B   　조건이 참 인 경우, 결과 값은 A
　　　　　　　　　　　조건이 거짓 인 경우, 결과 값은 B

```
/* 조건 연산자 예제 */

a < 0 ? -1 : 1
a < 0 ? -a : a
a < b ? a : b
b == 0 ? a : a%b
```

⇨ a 가 0보다 작으면 연산 결과는 -1,
　그렇지 않으면 1

⇨ a 가 0보다 작으면 연산 결과는 -a,
　그렇지 않으면 a　(절댓값 계산)

⇨ a가 b보다 작으면 연산 결과는 a,
　그렇지 않으면 b　(둘 중 작은 값 계산)

⇨ b가 0이면 연산 결과는 a,
　그렇지 않으면 a를 b로 나눈 나머지

[예제 4.3] 조건 연산자를 이용하여 부호를 판별하고, 절댓값을 구하는 프로그램을 작성해보자.

[실행결과]
```
-1
10
```

프로그램 4-2   예제 4.3의 코드(조건 연산자를 이용한 절댓값 구하기)

```
3: int main()
4: {
5:    int a = -10, b;
6:
7:    b = a<0 ? -1 : 1;          // 부호 판별
8:    printf("%d\n", b);
9:
10:    b = a<0 ? -a : a;          // 절댓값 구하기
11:    printf("%d\n", b);
12:
13:    return 0;
14: }
```

| 콤마 연산자

콤마 연산자는 여러 수식을 하나의 문장으로 표현할 때 사용하는 연산자이다. 아래 예와 같이, 3개의 문장을 콤마 연산자를 이용하여 하나의 문장으로 작성할 수 있다. 이 때, **왼 쪽에 있는 수식부터 차례로 계산**한다.

```
a = b+3;
b = 2;              ⇨       a = b+3, b = 2, b += a;
b += a;
```

| sizeof 연산자

2장에서 학습했던 **sizeof** 도 연산자의 한 종류로 저장 공간의 크기를 바이트(byte) 단위로 계산해준다. 2장에서는 피연산자로 자료형을 사용했는데, 상수, 변수도 피연산자 가 될 수 있다. 연산자 sizeof는 다음과 같이 사용하며, 자료형 키워드로 직접 저장 공간 크기를 알려면 자료형 키워드에 괄호가 반드시 필요하다.

```
sizeof(char)                    ⇨ 결과 값 1 (괄호 필수)
sizeof(3.14) 또는 sizeof 3.14   ⇨ 결과 값 8
sizeof(num) 또는 sizeof num     ⇨ 결과 값 4 (num이 int 형 변수 일 때)
                                ※ 시스템에 따라 결과 값은 다를 수 있음
```

| 형변환 연산자

2장에서 학습했듯이 명시적 형변환을 위해서는 괄호 안에 목표 자료형을 써주면 되는데, 이 또한 연산자로 **형변환 연산자**라 한다. 아래에서 (double) 이 형변환 연산자이다.

```
int a = 5, b = 2;          double x;
```

```
x = (double) a/b;      ⇨ a의 자료형을 부동 소수로 변환. x: 2.5
x = (double) (a/b);    ⇨ a/b의 결과 값을 부동 소수로 변환. x: 2.0
```

| 비트 연산자, 배열, 포인터, 구조체와 관련된 연산자

그 밖에 저장된 정보를 비트 단위로 처리하는 비트 연산자(13장), 나중에 학습할 자료형인 배열(7장), 포인터(9장), 구조체(11장)와 관련된 연산자 등이 있는데, 이에 대해서는 해당 단원에서 다룬다.

4.7 연산자 우선순위와 결합수칙

여러 개의 연산자가 사용된 긴 수식의 경우, 연산자가 적용되는 순서에 따라 완전히 다른 결과가 나온다. 그래서 연산자마다 **연산자 우선순위**와 **결합 수칙**을 정해 놓았다. 산술 연산자에서 학습했듯이, 연산자 우선순위에 의해 먼저 계산되어야 할 연산자가 정해지고, 같은 우선순위를 가지는 연산자들 사이에서는 결합 수칙에 의해 순서가 정해진다.

다음은 C 언어의 연산자 우선순위와 결합 수칙을 정리한 표이다. (아직 배우지 않은 연산자도 포함되어 있다.) 일부 연산자의 경우, 의미가 다른데 같은 기호를 사용하는 경우가 있다. 그런 경우, 표에서 네모 박스로 연산자의 의미를 표시하였다. 예를 들어, '-' 기호는 빼기 연산을 의미하기도 하고 부호를 표시하기 위한 연산자이기도 한데, 어떤 연산을 의미하는 지는 수식의 문맥에 의해서 결정이 된다.

```
a * -b       ⇨ '-'는 부호 연산자
a - b        ⇨ '-'는 빼기 연산자
```

순위	연산자	종류	결합수칙
1	() 함수호출 [] . ->	멤버	왼쪽 우선
2	+ 부호 - 부호 ++ -- ! ~ * 간접참조 & 주소 sizeof (자료형)	단항	오른쪽 우선
3	* 곱하기 % /	산술	왼쪽 우선
4	+ 더하기 - 빼기	산술	
5	<< >>	비트 (이동)	
6	< > <= >=	관계	
7	== !=	관계	
8	& 비트곱	비트 (논리)	
9	^	비트 (논리)	
10	|	비트 (논리)	
11	&&	논리	
12	||	논리	
13	?:	조건	오른쪽 우선
14	= += -= *= %= /= ^= <<= >>=	대입	
15	,	콤마	왼쪽 우선

연산자가 제법 많기 때문에, 위 규칙을 모두 외우고 있고 적용하기란 쉽지 않다. 우선순위와 결합 수칙이 헷갈리는 경우, 괄호를 사용하여 명확히 표시하기도 한다. 하지만, 괄호를 남용할 경우 수식이 불필요하게 길어지니, 주요 연산자에 대한 규칙은 기억하도록 하자. 다만, 무작정 암기하기 보다는 자주 사용하는 수식을 통해 익숙해지도록 하자.

| 연산자 우선순위

연산자 우선순위는 다양하여 이를 모두 기억하기는 어렵다. 몇 가지 기억하기 쉬운 연산자와 자주 사용되는 연산자를 중심으로 기억을 해두자. 다음은 우선순위가 매우 높거나 낮아서 기억하기 쉬운 연산자이다.

1. 멤버와 관련된 연산자는 **최우선 순위**이다. (멤버 연산자는 아직 배우지 않았다.)

2. 단항 연산자는 이항 연산자보다 우선순위가 높다. (멤버 관련 연산자 제외)

3. 콤마 연산자는 우선순위가 가장 낮다.

다음으로 수식에서 자주 조합하여 사용하는 산술 연산자, 관계 연산자, 논리 연산자, 대입 연산자의 경우, **산술 → 관계 → 논리 → 대입 연산** 순으로 적용된다. 각 연산의 의미를 고려하면 이 순서가 자연스럽게 받아들여 질 것이다. 우선 산술 연산을 하면 다양한 크기의 값이 나오므로, 이 값들 사이의 대소 관계를 비교한다. 다음으로 관계 연산의 결과는 참 또는 거짓이므로, 이 결과를 가지고 논리 연산을 수행하는 것이 자연스러운 순서이다. 관계 연산이나 논리 연산의 결과는 참 또는 거짓이므로 (비록 1과 0으로 표현되기는 하지만), 이 결과를 산술 연산을 한다는 건 자연스럽지 않다. 다음은 연산자가 적용되는 순서를 보여주는 수식 예이다.

```
x = a + b < c && d / e != 0
```

① 산술 결과를 (결과: 계산 값)

② 대소 비교 후 (결과: 논리 값)

③ 논리 연산을 수행한 결과를

④ 대입한다.

| 결합 수칙

결합 수칙은 연산자가 적용되는 방향을 의미한다. 대부분의 결합 수칙은 왼쪽 우선이라 기억하기 쉽다. **단항 연산자, 대입 관련 연산자, 조건연산자의 경우만 오른쪽 우선**인데, 대입 관련 연산의 경우는 이미 오른쪽 우선이라는 걸 배웠다. 단항 연산자의 경우에는 피연산자가 하나인 연산을 의미하는데, 피연산자를 연산자의 오른쪽에 적기 때문에 오른쪽 우선이 자연스럽다. (아래 두 번째 수식에서 ! 연산자를 먼저 적용하여 수식을 계산할 수 없다.) 조건 연산자는 기억하기 쉽지 않은데, 하나의 수식에 여러 개의 조건 연산자를 사용하는 경우는 흔치 않다.

```
a = b += 3      ⇨ (a = (b += 3))과 동일, 연산 순서: += ⇒ =
!++a            ⇨ (! (++a))와 동일, 연산 순서:  ++ ⇒ !
```

| 단원요약 |

1 연산자는 프로그램을 개발할 때 데이터를 가공하고 처리하기 위한 가장 기본 도구로, 미리 정해져 있는 기호를 사용한다.

2 수식이란 피연산자들과 연산자의 조합으로 어떠한 값을 갖는 요소를 말한다.

3 산술 연산자에는 사칙 연산자(+, −, *, /)와 나머지 연산자(%)가 있다.

4 나누기 연산자는 자료형에 따라 의미가 달라지고, 나머지 연산자는 부동 소수 연산에는 사용하지 못한다.

5 대입문에서 사용된 '='는 대입 연산자로, 대입 연산의 결과는 변수에 대입되는 값이다.

6 관계 연산자는 왼쪽과 오른쪽의 대소 관계를 비교하는 연산자로, 연산 결과는 참이면 1, 거짓이면 0이다.

7 논리 연산자는 논리 판단을 위한 연산자로, 논리 부정, 논리곱, 논리합이 있다.

8 조건 연산자는 조건의 결과에 따라, 수행할 문장을 선택할 수 있는 연산자로, 3개의 피연산자를 사용한다.

9 이 외에 자료형의 크기를 계산하는 sizeof 연산자, 자료형 변환에 사용하는 형변환 연산자가 있다.

10 연산자가 적용되는 순서는 연산자 우선순위와 결합 수칙에 의해 결정되고, 괄호 ( )를 이용하여 순서를 변경할 수 있다.

| 실습문제 |

[문제 1] 0~99999사이의 정수를 입력 받아 각 자리를 분리하여 출력하는 프로그램을 작성하시오.

입력 예시 1	출력 예시 1
12345	1만2천3백4십5

입력 예시 2	출력 예시 2
2016	0만2천0백1십6

[문제 2] 초를 나타내는 양의 정수를 입력 받아 시:분:초 형태로 출력하는 프로그램을 작성하시오.
- 나눗셈 연산자 (/)와 나머지 연산자 (%)를 활용한다.

입력 예시 1	출력 예시 1
9741	2:42:21

입력 예시 2	출력 예시 2
63	0:1:3

입력 예시 3	출력 예시 3
63	0:01:03

[문제 3] 같은 날 발생한 두 이벤트의 시각이 시, 분, 초(24시간제)로 주어졌을 때, 두 이벤트 사이의 시간 차이를 구하는 프로그램을 작성하시오. (먼저 발생한 이벤트의 시각이 먼저 주어진다고 가정)
- Hint) 초의 형태로 바꾼 후 계산

입력 예시 1	출력 예시 1
0 11 40 ↦ 0시 11분 40초 2 11 54 ↦ 2시 11분 54초	2 0 14 ↦ 2시간 0분 14초

입력 예시 2	출력 예시 2
14 45 34 ↦ 14시 45분 34초 15 11 2 ↦ 15시 11분 2초	0 25 28 ↦ 0시간 25분 28초

[문제 4] 10000~99999사이의 양의 정수 N을 입력 받은 후, 100의 자리의 값을 출력하는 프로그램을 작성하시오.

입력 예시 1	출력 예시 1
71000	0

입력 예시 2	출력 예시 2
12345	3

입력 예시 3	출력 예시 3
99999	9

[문제 5] 10000~99999사이의 양의 정수 N을 입력 받은 후, 100의 자리에서 반올림 한 값을 출력하는 프로그램을 작성하시오.

- 서식지정자를 활용하지 말고, 정수는 항상 소수점을 버린다는 점과 덧셈을 활용할 것

입력 예시 1	출력 예시 1
35800	36000

입력 예시 2	출력 예시 2
29300	29000

입력 예시 3	출력 예시 3
99999	100000

[문제 6] 원의 둘레 실수 N을 입력 받아 원의 넓이를 구하고 소수 첫째 자리에서 반올림 한 값을 출력하는 프로그램을 작성하시오.

- 참고) 원주율 π = 3.14로 계산, 원의 둘레 = $2\pi r$, 원의 넓이 = πr^2

입력 예시 1	출력 예시 1
24.5	48

입력 예시 2	출력 예시 2
50	199

입력 예시 3	출력 예시 3
1	0

[문제 7] 정수 N을 입력 받아 N이 20~30사이(20과 30포함)의 정수이면 1을 출력하고 그렇지 않으면 0을 출력하는 프로그램을 작성하시오.

- 논리연산과 관계연산의 결과는 1 또는 0임을 이용.

입력 예시 1	출력 예시 1
20	1

입력 예시 2	출력 예시 2
19	0

입력 예시 3	출력 예시 3
-10	0

[문제 8] 문자 1개를 입력 받고 입력 받은 문자가 알파벳인지 아닌지 판단하는 프로그램을 작성하시오.

- 알파벳이면 1, 알파벳이 아니면 0 출력하시오.
- 힌트) 영어 소문자(또는 대문자)의 아스키 코드 값이 연속한다는 성질을 이용

입력 예시 1	출력 예시 1
K	1

입력 예시 2	출력 예시 2
=	0

입력 예시 3	출력 예시 3
s	1

[문제 9] 양의 정수 N을 입력 받아 짝수면 "짝수", 홀수면 "홀수"를 출력하는 프로그램을 작성하시오.

- 조건 연산자 이용

입력 예시 1	출력 예시 1
1024	짝수

입력 예시 2	출력 예시 2
23	홀수

입력 예시 3	출력 예시 3
999999	홀수

[문제 10] 서로 다른 두 정수 N, M을 입력 받고, 그 중 더 큰 수를 출력하는 프로그램을 작성하시오.

- 입력 : 한 줄에 N, M이 순서대로 입력된다.
- 출력 : N과 M중 더 큰 수를 출력한다.
- 조건 연산자 활용

입력 예시 1	출력 예시 1
1 2	2

입력 예시 2	출력 예시 2
9999 1	9999

입력 예시 3	출력 예시 3
0 -99	0

[문제 11] 서로 다른 두 양의 정수 N, M을 입력 받아 큰 수에서 작은 수를 나눈 몫과 나머지를 출력하는 프로그램을 작성하시오.

- 입력 : 한 줄에 N, M이 순서대로 입력된다.
- 출력 : 몫을 출력한 후 그 다음 줄에 나머지를 출력한다.
- 조건 연산자 활용

입력 예시 1	출력 예시 1
4 26	6 2

입력 예시 2	출력 예시 2
1 2	2 0

입력 예시 3	출력 예시 3
49 50	1 1

05

조건문

CHAPTER 05

조건문

- 조건문의 동작 과정을 이해한다.
- if 문, if-else 문, 다중 if 문의 사용법을 익힌다.
- switch 문의 사용법을 익힌다.

C 언어는 순차처리언어이다. 즉 별다른 지시가 없으면 소스 코드 첫 줄부터 시작해서 마지막 줄까지 차례로 처리된다. 하지만, 실행해야할 문장이 조건에 따라 다르거나, 특정 구간의 문장을 반복적으로 수행해야할 경우도 있다. 이러한 상황을 처리하기 위해 C 언어를 비롯한 대부분의 프로그래밍 언어에서는 제어문을 지원한다. 즉, **제어문은 실행 흐름 (flow)을 제어하기 위한 수단**으로, C 언어의 제어문에는 조건문, 반복문, break 문, continue 문, goto 문, return 문이 있다. 이 단원에서는 조건문에 대해서 학습하고, 다음 단원에서는 반복문에 대해 학습한다.

분류	C 언어 제어문
조건문	if 문, if-else 문, switch 문
반복문	for 문, while 문, do-while 문
기타	break 문, continue 문, goto 문, return 문

제어문은 프로그래밍의 핵심인 논리 구성을 표현하는 가장 기본적인 수단이다. 4장에서 배운 연산자가 구슬이라고 하면 제어문은 구슬들을 꿰는 실로 비유할 수 있는데, 연산자는 활용 형태가 거의 정해져 있는 반면, 제어문은 논리 구성에 따라서 활용 형태가 무궁무진하다. 이 단원에서는 제어문의 기본 사용법을 배우고 기초 수준의 논리 구성을 연습한다.

5.1 ## 조건문 개요

입력된 정수의 절댓값을 출력하는 프로그램을 생각해보자. 입력된 정수 a가 음수인 경우에는 부호를 바꾸어 주는 작업이 필요하다. 하지만, 부호를 바꾸는 작업은 a가 양수인 경우에는 필요가 없다. 이를 C 언어로 다음과 같이 작성할 수 있다. 문법을 모르더라도, 대략적으로 어떤 의미인지 짐작할 수 있을 것이다.

> a<0 이면   a = -a;   ➜   if(a<0)   a = -a;

이와 같이 조건에 따라 실행 여부가 달라지는 방법이 필요한데, C 언어에서는 다음 3가지 조건문을 사용한다.

> C 언어의 조건문 : if 문, if-else 문, switch 문

5.2 ## if 문

| 기본 구문

C 언어에서 가장 기본적인 조건문은 if 문으로, if 문의 구문은 다음과 같다. 키워드 if를 맨 앞에 쓰고, 그 뒤 소괄호 (...) 안에 검사할 조건식을 쓰고, 조건식이 참인 경우 수행할 문장을 중괄호 {...} 사이에 작성한다. 수행될 문장이 하나인 경우에는 중괄호를 생략해도 된다.

[if 문의 구문]

```
if( 조건식 )
{
    문장;  ⇨ 조건식이 참일 때만 실행
}  ⇨ 수행 문장이 하나인 경우 중괄호 생략 가능
```

예를 들어, 정수형 변수 x의 값이 0보다 큰 경우에만 화면에 "양수입니다"를 출력하는 if 문은 다음과 같이 작성할 수 있다. 수행 문장이 하나이므로, 중괄호는 생략해도 무방하다.

```
if(x > 0)
{
    printf("양수입니다.\n");
}
```
=
⟨ 중괄호 생략 버전 – 왼쪽과 동일한 코드 ⟩
```
if(x > 0)
    printf("양수입니다.\n");
```

[실행결과 1]
x가 9인 경우

양수입니다.

[실행결과 2]
x가 –9인 경우

⇨ 출력 없음 (정상)

다음은 if 문 예제들이다. 이 예제들에서는 조건이 참인 경우 수행할 문장은 하나이므로 중괄호를 생략했다.

1. 변수 x가 0보다 같거나 작으면,
   x의 값 1 증가

```
if( x <= 0 )
    x++;
```

2. 변수 a가 –10보다 크고 10보다 작으면,
   x에 0 대입

```
if( a > -10 && a < 10 )
    x = 0;
```

3. 변수 num이 0이면,
   "0입니다" 를 화면에 출력

```
if( num == 0 )
    printf("0입니다\n");
```

조건식에는 어떤 수식이든 올 수 있고 어떤 연산자든 사용가능하나, 가장 흔하게 사용되는 것은 관계 연산자와 논리 연산자이다. 이 단원에서 이 연산자의 사용을 숙달하자.
관계 연산자: <   >   <=   >=   ==   !=
논리 연산자: && || !

[예제 5.1] 하나의 양의 정수를 입력 받아서, 2의 배수, 3의 배수, 5의 배수인지 조사하는 프로그램을 작성해보자.   (힌트: if 문 3개 사용)

[실행결과 1]

60↵
2의 배수
3의 배수
5의 배수

[실행결과 2]

10↵
2의 배수
5의 배수

[실행결과 3]

7↵

프로그램 5-1　　예제 5.1의 코드(배수 조사)

```c
 3: int main() {
 4:    int a;
 5:
 6:    scanf("%d", &a);              // 정수 입력
 7:
 8:    if( a%2 == 0 )                // 2의 배수이면
 9:       printf("2의 배수\n");
10:    if( a%3 == 0 )                // 3의 배수이면
11:       printf("3의 배수\n");
12:    if( a%5 == 0 )                // 5의 배수이면
13:       printf("5의 배수\n");
14:
15:    return 0;
16: }
```

[예제 5.2] 두 개의 정수를 입력 받아서, 큰 수를 출력하는 프로그램을 작성해보자. (나중에 배울 if-else 문이 더 적절하지만, 여기서는 if 문 2개를 사용하여 작성하자.)

[실행결과 2]

```
2 3↵
큰 수는 3
```

[실행결과 2]

```
4 3↵
큰 수는 4
```

[실행결과 3]

```
21 21↵
큰 수는 21
```

프로그램 5-2　　예제 5.2의 코드(큰 수 찾기)

```c
 3: int main() {
 4:    int a, b;
 5:
 6:    scanf("%d%d", &a, &b);        // 정수 입력
 7:
 8:    if( a >= b )                  // a가 크거나 같으면
 9:       printf("큰 수는 %d\n", a);
10:    if( a < b )                   // b가 크면
11:       printf("큰 수는 %d\n", b);
12:
13:    return 0;
14: }
```

[예제 5.3] 영어 소문자가 입력되면 "소문자"를 출력하고, 대문자가 입력되면 "대문자"라고 출력하는 프로그램을 작성해보자.

[실행결과 2]   [실행결과 2]   [실행결과 3]

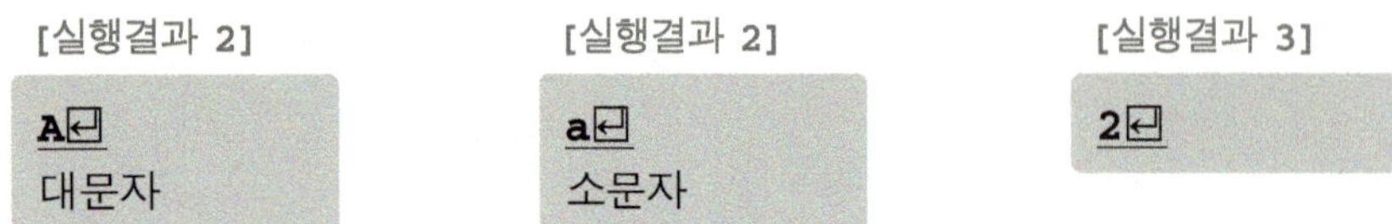

프로그램 5-3　예제 5.3의 코드(대소문자 판별)

```
 3: int main() {
 4:    char ch;
 5:
 6:    scanf("%c", &ch);              // 문자 입력
 7:
 8:    if( ch >= 'a' && ch <= 'z' )   // ch가 소문자이면
 9:       printf("소문자\n");
10:    if( ch >= 'A' && ch <= 'Z' )   // ch가 대문자이면
11:       printf("대문자\n");
12:
13:    return 0;
14: }
```

| 블록과 들여쓰기

1장에서 배웠던 블록(block)과 들여쓰기가 if 문에서 어떻게 적용되는 지 알아보자. if 문에서는 조건이 참인 경우 수행할 문장 범위를 지정하기 위해 한 쌍의 중괄호 {...}를 사용한다. C 언어에서는 몇 가지 특수한 경우를 제외하고 줄을 바꾸는 것은 문법적으로 아무 의미를 가지지 않는데, 가독성을 위해 아래 두 가지 형태를 주로 사용한다. 이는 if 문뿐만 아니라, 중괄호를 사용하는 모든 경우에 해당한다.

```
    if(조건식)                    if(조건식) {
    {                                 ...
        ...                       }
    }
```

또한 가독성을 위해 조건이 참인 경우 수행할 문장들은 **들여쓰기**를 한다. 하지만, 1장에서 학습했듯이 들여쓰기는 구문에는 전혀 영향을 미치지 못한다. 다음은 x가 양수인 경우 두 개의 printf 문장을 실행하는 코드이다. 조건식이 참인 경우 실행할 문장이 두 개 이기 때문에, 중괄호를 사용하여 하나의 블록으로 묶었다.

```
/* x가 양수인 경우에만 두 개의 문장 출력 */
int x = -2;
if(x > 0) {
    printf("%d는 양수\n", x);
    printf("%d는 0보다 큼\n", x);
} ⇨ 중괄호 생략하면 다른 의미가 됨
```

[실행결과]

⇨ 출력 없음 (정상)

만약, 위 코드에서 중괄호를 생략하면 어떻게 될까?, 문법적으로 첫 번째 printf만 if 문의 조건에 의해 영향을 받고, 두 번째 printf는 if의 조건과 관계없이 실행되기 때문에, 아래 실행 예시처럼 원래 의도와는 다른 결과를 보여준다. (오른쪽 코드는 왼쪽 코드를 문법적 의미에 맞게 들여쓰기 한 코드이다.)

```
/* 위 코드에서 중괄호를 생략하면? */              int x = -2;
int x = -2;                                      if(x > 0)
if(x > 0)                         ⟹                 printf("%d는 양수\n", x);
    printf("%d는 양수\n", x);              printf("%d는 0보다 큼\n", x);
    printf("%d는 0보다 큼\n", x);
```

[실행결과]

-2는 0보다 큼   ⇨ 의도와 다른 결과

| if 문 사용 시 주의 사항

첫째, **if**의 조건식 바로 뒤에 세미콜론(**;**)을 붙이지 않도록 주의하자. 지금까지 공부한 코드에서 한 줄의 끝에 항상 세미콜론을 붙이다 보니, if의 조건식 뒤에도 세미콜론을 붙이는 실수를 한다. 다음은 조건식 x>0 이 참인 경우에만 화면에 출력하는 코드이다.

```
/* x가 양수의 경우에만 화면에 결과 출력 */
int x = -2;
if(x > 0)
    printf("%d는 양수\n", x);
```

[실행결과]

⇨ 출력 없음 (정상)

만약, 아래와 같이 조건식 뒤에 세미콜론을 붙이면, x가 음수인 경우에도 "양수입니다"가 출력된다. 그 이유는 조건식 뒤의 세미콜론은 아무 일도 하지 않는 빈 문장으로, 문법적으로 정상적인 문장이다. 따라서 왼쪽 코드를 문법적 의미에 맞게 들여쓰기를 하면 오른쪽 코드와 같은데, 이는 의도와는 전혀 다른 의미의 코드이다. 즉, x>0 이면, 아무 일도 하지 않고, 화면에 "%d는 양수"를 출력하는 문장은 조건과 관계없이 항상 실행된다.

```
/* if 조건식 뒤에 ;을 붙이면? */        int x = -2;
int x = -2;                            if(x > 0)
if(x > 0) ;                                ;          ⇨ 빈 문장
    printf("%d는 양수\n", x);           printf("%d는 양수\n", x);
```

⇒

[실행결과]

-2는 양수   ⇨ 의도와 다른 결과

둘째, **조건식에서 양변이 같은지 검사하기 위해 비교 연산자 '=='가 아닌 대입 연산자 '='를 쓰지 않도록 주의하자.** 비교 연산자는 조건식에서 자주 사용되는데, 기호 '='를 두 개가 아닌 하나만 입력하는 실수를 자주 범한다. 이는 초보자뿐만 아니라 숙련자도 종종 하는 실수인데, 역시 문법적으로 문제가 없기 때문에 컴파일 오류가 발생하지 않는다. 다음은 변수가 9인 경우(왼쪽)와 0인 경우(오른쪽)에만 출력하는 코드로 의도한 대로 수행된다.

```
/* x가 9이면 출력 */                    /* x가 0이면 출력 */
int x = -2;                            int x = 0;
if( x == 9 )      // 비교 연산          if( x == 0 )
    printf("x는 %d\n",x);                  printf("x는 %d\n",x);
```

[실행결과]   [실행결과]

⇨ 출력 없음 (정상)   x는 0

다음은 위 코드의 조건식에서 비교 연산자 대신 대입 연산자를 사용했을 때의 결과이다. 4장에서 배웠듯이, 대입 연산자의 결과는 대입된 값이다. 따라서 아래의 왼쪽 코드의 if 문의 조건식은 x에 9를 대입하고, 결과 값 9가 참인지를 검사하라는 의미이다. C 언어에서 0이 아닌 모든 값은 참으로 간주되므로, 조건식은 참이 되어 printf() 함수를 수행한다. 비슷하게, 오른쪽 코드의 if 문에서는 0을 대입하고, 0은 거짓이므로 printf() 함수를 수행하지 않는다.

```
/* 조건식에서 등호를 하나만 쓰면? */
int x = -2;                           int x = 0;
if( x = 9 )    ⇨ 대입 연산: 참        if( x = 0 )    ⇨ 대입연산: 거짓
   printf("x는 %d\n",x);                  printf("x는 %d\n",x);
```

[실행결과]   [실행결과]

```
x는 9          ⇨ 의도와 다른 결과                    ⇨ 출력 없음
                                                        (의도와 다름)
```

위와 같은 실수를 방지하는 한 가지 요령은 조건식에서 변수를 '==' 연산자의 오른쪽에 사용하는 것이다. 왼쪽은 정상적인 코드이고 오른쪽은 의도하지 않은 코드인데, 이 경우 값이 대입 연산자의 왼쪽에 있어 컴파일 오류가 발생하여 쉽게 실수를 찾을 수 있다. (다만 변수를 왼쪽에 쓰는 것이 의미적으로는 자연스러운 형태이다.)

```
if( 9 == x )    ⇨ 정상          if( 9 = x )    ⇨ 컴파일 오류 발생
   ...                             ...
```

5.3 if-else 문

if-else 문은 조건이 참인 경우에 실행할 문장도 있고, 거짓인 경우에 수행할 문장도 있는 상황에서 사용한다. 기본 구문은 다음과 같은데, 조건식이 참이면 조건식 바로 다음의 블록이 실행되고, 조건식이 거짓이면 else 다음의 블록이 실행된다. 블록 안의 문장이 하나인 경우에는 해당 블록의 중괄호를 생략해도 된다.

[if-else 문의 구문]

```
if( 조건식 ) {
    문장1;   ⇨ 조건식이 참일 때 실행
}
else {
    문장2;   ⇨ 조건식이 거짓일 때 실행
} ⇨ 각 블록 안의 문장이 하나인 경우,
    해당 블록의 중괄호 생략 가능
```

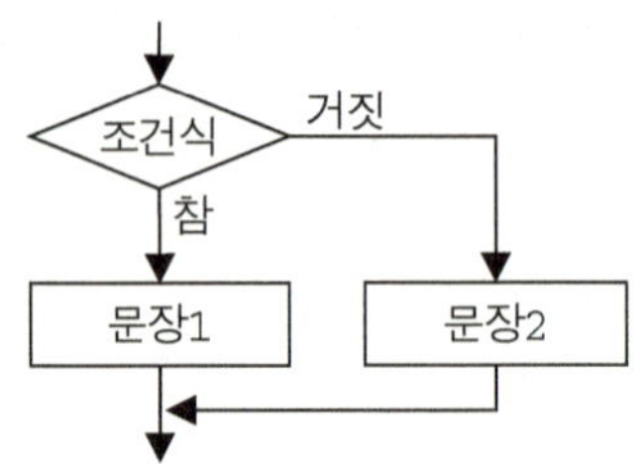

예를 들어, 아래 왼쪽 코드에서는 두 개의 if 문을 사용했는데 두 if 문의 조건이 서로 상반되므로, 오른쪽과 같이 if-else 문으로 바꿔 쓸 수 있다. 아래의 두 코드는 논리적으로 동일하지만, 일반적으로 if-else를 사용하는 것이 더 좋은 코드이다.

```
if(x >= 0) {
    printf("0 또는 양수\n");
}
if(x < 0 ) {
    printf("음수\n");
}
```

⇒

```
if(x >= 0) {
    printf("0 또는 양수\n");
}
else {            ⇨ 그렇지 않으면
    printf("음수\n");
}
```

다음은 if-else 문의 사용 예이다. 수행 문장이 하나인 경우 중괄호를 생략했다.

1. 변수 x가 0보다 같거나 작으면,
　　x의 값 1 증가
　　그렇지 않으면,
　　x의 값 1 감소

```
if( x <= 0 )
    x++;
else
    x--;
```

2. 변수 a가 -10보다 크고 10보다 작으면,
　　x에 0 대입
　　그렇지 않으면,
　　x에 1을 대입

```
if( a > -10 && a < 10 )
    x = 0;
else
    x = 1;
```

3. 변수 num이 0이면,
　　"0이다" 를 화면에 출력
　　그렇지 않으면
　　"0이 아니다" 를 화면에 출력

```
if( num == 0 )
    printf("0이다\n");
else
    printf("0이 아니다\n");
```

[예제 5.4] if-else 문을 이용하여 정수 두 개를 입력받아 큰 수를 출력하는 프로그램을 작성해보자. 예제 5.2에서는 if 문 두 개를 사용하여 작성했지만, 두 조건이 서로 상반되기 때문에 아래와 같이 if-else 문을 사용하는 것이 더 적절하다.

[실행결과 2]

```
2 3↵
큰 수는 3
```

[실행결과 2]

```
4 3↵
큰 수는 4
```

[실행결과 3]

```
21 21↵
큰 수는 21
```

프로그램 5-4   예제 5.2의 코드(큰 수 찾기, if-else 문 사용 버전)

```
3:  int main() {
4:     int a, b;
5:
6:     scanf("%d%d", &a, &b);              // 정수 입력
7:
8:     if( a >= b )                        // a가 크거나 같으면
9:        printf("큰 수는 %d\n", a);
10:    else                                // 그렇지 않으면
11:       printf("큰 수는 %d\n", b);
12:
13:    return 0;
14: }
```

5.4 다중 if 문

if 문(또는 if-else 문) 안에서 if 문(또는 if-else 문)을 중첩하여 사용할 수 있는데, 이를 **다중 if 문** 또는 **중첩 if 문(nested if)**이라 한다.

다중 if 문은 if 문을 중첩해서 사용하기 때문에, if 문의 문법을 그대로 적용하면 된다. 다음 몇 가지 예제를 통해 다중 if 문의 사용법을 익히자.

1) 다음과 같이 동작하는 프로그램을 작성해보자.

    a) x가 0보다 같거나 크면, 다음 문장(a-1과 a-2) 실행
      a-1) x의 값 출력
      a-2) x의 값이 짝수이면, "양의 짝수 또는 0" 출력

1번에서 조건에 따라 수행여부가 달라지므로, if 문을 사용한다. a-1)과 a-2)는 조건이 참인 경우에만 수행되므로, 하나의 블록에 작성한다. a-2)도 조건에 따라 수행 여부가 달라지므로, if 문을 사용한다. 바깥쪽 if 문의 경우, 수행할 문장이 두 개(첫 번째 printf() 함수와, 안쪽 if 문)이므로 중괄호를 생략하면 안 된다.

```c
if( x >= 0 ) {
    printf("x의 값은 %d\n", x);
    if( x%2 == 0 )
        printf("양의 짝수 또는 0\n");
}  ⇨ 중괄호 생략하면 다른 의미가 됨
```

2) 위 프로그램에서 a-2)의 문장을 다음과 같이 변경했을 때의 프로그램을 작성해보자.

    a) x가 0보다 같거나 크면 다음 문장(a-1과 a-2) 실행
      a-1) x의 값 출력
      a-2) x의 값이 짝수이면, "양의 짝수 또는 0" 출력하고,
          그렇지 않으면 "양의 홀수" 출력

다음과 같이 a-2를 if-else 문으로 작성하면 된다.

```c
if( x >= 0 ) {
    printf("x의 값은 %d\n", x);
    if( x%2 == 0 )
        printf("양의 짝수 또는 0\n");
    else
        printf("양의 홀수\n");
}
```

3) 이번에는 a-1의 문장이 삭제됐을 때의 프로그램을 작성해보자.

    a) x가 0보다 같거나 크면 다음 문장(a-2) 실행
      a-2) x의 값이 짝수이면, "x는 0 또는 양의 짝수" 출력하고,
          그렇지 않으면 "x는 양의 홀수" 출력

간단히 printf의 문장을 삭제하면 된다. 이 경우, 안쪽에 있는 if-else 문 전체가 하나의 문장으로 취급되어 아래 코드와 같이 중괄호를 생략해도 된다. (만약, 아직 if 문의 구문이 익숙하지 않아 혼동이 되면, 처음에는 중괄호를 사용한 형태로 코드를 작성하자. 하지만 나중에는 중괄호를 생략한 형태도 반드시 익혀야 한다.)

```
if( x >= 0 )              ⇨ 중괄호 생략 가능
   if( x%2 == 0 )         ⇨ if-else 문 전체가 하나의 문장으로 취급
      printf("양의 짝수 또는 0\n");
   else
      printf("양의 홀수\n");
```

| else의 짝

의미적으로 봤을 때, else는 항상 if와 짝을 이루어 사용되어야 한다. 여러 개의 if가 사용되는 다중 if 문에서 else가 어떤 if와 짝을 이루느냐에 따라 의미가 달라지는데, **다중 if 문에서 else는 짝이 없는 (위쪽) if 중 가장 가까운 if와 짝**이 된다. 다음 코드에서 else는 두 번째 if와 짝을 이룬다.

```
if( x >= 0 )
   if( x%2 == 0)
      printf("양의 짝수 또는 0\n");
   else          ⇨ 두 번째 if의 짝, 즉, x%2 == 0 이 거짓이면
      printf("양의 홀수\n");
```

만약, 멀리 있는 if와 짝을 지으려면 어떻게 해야 할까? 이 경우에는 다음 예처럼 중괄호를 이용하여 if의 적용 범위를 강제로 지정해주면 된다. (예시의 코드에서 중괄호를 생략하면 전혀 다른 의미의 코드가 된다는 점에 주의하자.)

```c
if(x >= 0 ){
   if( x%2 == 0)
      printf("양의 짝수 또는 0\n");
}
else        ⇨ 첫 번째 if의 짝, 즉, x >=0 이 거짓이면
   printf("음수\n");
```

다음은 위 코드를 확장하여 정수를 네 가지로 분류하는 코드로, 왼쪽 코드는 들여쓰기를 하지 않은 코드이고, 오른쪽은 else의 짝을 맞추어 적절히 들여쓰기를 한 코드이다.

```c
/* 들여쓰기 안 한 코드 */

if(x >= 0 )
if( x%2 == 0)
printf("양의 짝수 또는 0\n");
else
printf("양의 홀수\n");
else
if(x%2 == 0)
printf("음의 짝수\n");
else
printf("음의 홀수\n");
```

$\Rightarrow$

```c
/* if-else의 짝을 맞추어 들여쓰기 */

if(x >= 0 )
   if( x%2 == 0)
      printf("양의 짝수 또는 0\n");
   else
      printf("양의 홀수\n");
else
   if( x%2 == 0)
      printf("음의 짝수\n");
   else
      printf("음의 홀수\n");
```

| 다중 선택을 위한 if 문

다중 if 문은 다중 선택이 필요한 경우에 많이 사용된다. 예를 들어, 아래와 같이 점수에 따라 학점을 출력하는 코드를 작성해보자.

① 만약 점수(score)가 90점 이상이면 A학점을 출력함
② 만약 점수가 80점 이상~90점 미만이면 B학점을 출력함
③ 만약 점수가 70점 이상~80점 미만이면 C학점을 출력함
④ 만약 점수가 60점 이상~70점 미만이면 D학점을 출력함
⑤ 만약 점수가 60점 미만이면 F학점을 출력함

앞에서 배운 다중 if 문을 사용하여 아래 코드와 같이 작성할 수 있다. 우선 왼쪽 코드를 살펴보자. 첫 번째 if 문의 조건식에서 90 이상인지를 검사하여, 90 이상이면 A를 출력한다. 그렇지 않은 경우, 아직 학점을 결정할 수 없으므로, 80 이상인지를 검사(두 번째 if 문)하여 참이면 B를 출력한다. 점수가 90점 보다 작아야 두 번째 if 문이 수행되므로, 두 번째 if 문의 조건식에서는 90보다 작은 지 검사할 필요 없다. 나머지 학점 결정 과정도 동일하다. 각 블록마다 문장이 하나이므로, 중괄호는 생략하였다.

```c
/* if-else 짝을 맞춘 들여쓰기 버전 */

if(score>=90)    // 90 이상이면
  printf("A\n");
else        // 90 미만이면
  if(score>=80)
    printf("B\n");
  else
    if(score>=70)
      printf("C\n");
    else
      if(score>=60)
        printf("D\n");
      else
        printf("F\n");
```

```c
/* 다중 선택 들여쓰기 버전 */

if(score>=90)
  printf("A\n");
else if(score>=80)
  printf("B\n");
else if(score>=70)
  printf("C\n");
else if(score>=60)
  printf("D\n");
else
  printf("F\n");
```

오른쪽은 다중 선택에 사용하는 일반적인 코드 형태이다. 두 코드를 비교해보면, 줄 바꿈과 들여쓰기만 다르고 코드의 내용은 완전히 동일함을 알 수 있다. 왼쪽 코드에서는 앞서 배운 대로 각 if와 else의 짝을 맞추어 들여쓰기를 한 반면, 오른쪽 코드에서는 else와 다음 if를 하나의 줄에 쓰고 들여쓰기를 하지 않았다. 줄 바꿈과 들여쓰기는 구문에 아무런 영향을 미치지 않으므로, 두 코드는 문법적으로 완전히 동일하다. 이런 다중 선택을 위해 다중 if 문이 여러 개 겹치는 경우, 오른쪽과 같이 쓰는 것이 이해하기 쉽고 논리적으로 더 명확하다.

다중 선택을 위한 다중 `if` 문의 구문의 일반적인 형태는 다음과 같다.

[다중 `if` 문의 구문]

```
if( 조건식 A ) {
    문장1;    ⇨ 조건식 A가 참일 때 실행
}
else if( 조건식 B ) {
    문장2;    ⇨ 조건식 A는 거짓이고, 조건식 B는 참일 때 실행
}
else if( 조건식 C ) {
    문장3;    ⇨ 조건식 A, B는 모두 거짓이고, 조건식 C는 참일 때 실행
}
…
else {
    문장;  ⇨ 조건식 A, B, C, … 모두 거짓일 때 실행
}  ⇨ 각 블록 안의 문장이 하나인 경우, 해당 블록의 중괄호 생략 가능
```

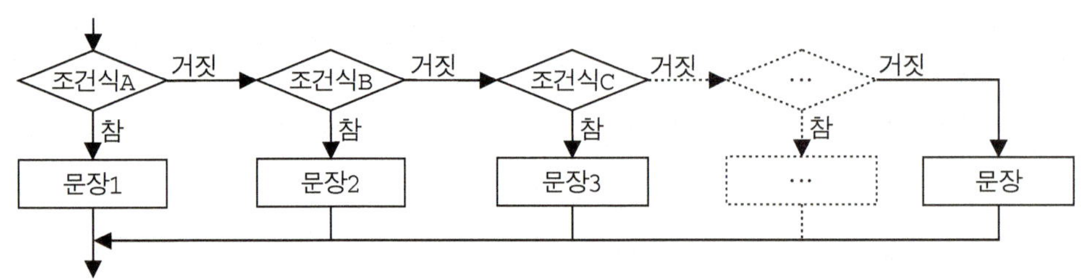

[예제 5.5] 다중 if 문을 이용하여 다음 프로그램을 작성해보자.

① 사용자로부터 문자 하나를 입력 받는다.
② 문자가 대문자일 경우 "대문자"를 출력한다.
③ 문자가 소문자일 경우 "소문자"를 출력한다.
④ 문자가 숫자일 경우 "숫자"를 출력한다.
⑤ 그 밖의 경우 "기타"를 출력한다.

프로그램 5-5 예제 5.5의 코드(문자 종류 판별)

```c
3: int main() {
4:    char ch;
5:    printf("문자를 입력하세요: ");
6:    scanf("%c", &ch);
7:
8:    if(ch>='A' && ch<='Z') printf("대문자\n");
9:    else if(ch>='a' && ch<='z') printf("소문자\n");
10:   else if(ch>='0' && ch<='9') printf("숫자\n");
11:   else printf("기타\n");
12:
13:   return 0;
14: }
```

다중 if 문을 어떤 형태의 들여쓰기로 작성할 것인지는 논리적인 흐름에 맞추어 적절히 선택해야 한다. 다중 if 문에서 else 다음 줄에 if가 온다고 해서, 무조건 다중 선택 형태의 들여쓰기를 하는 것은 적절하지 않다. 예를 들어, 다음은 앞서 공부했던 정수를 네 개의 종류로 분류하는 코드인데, 왼쪽의 코드가 더 논리적으로 이해하기 쉽고 명확하다.

```c
/* if-else 짝을 맞춘 들여쓰기 (적절) */

if(x >= 0 )
   if( x%2 == 0)
      printf("양의 짝수 또는 0\n");
   else
      printf("양의 홀수\n");
else
   if(x%2 == 0)
      printf("음의 짝수\n");
   else
      printf("음의 홀수\n");
```

```c
/* 다중 선택 들여쓰기 (부적절) */

if(x >= 0 )
   if( x%2 == 0)
      printf("양의 짝수 또는 0\n");
   else
      printf("양의 홀수\n");
else if(x%2 == 0)
   printf("음의 짝수\n");
else
   printf("음의 홀수\n");
```

5.5 switch 문

switch 문은 if-else 문과 마찬가지로 조건에 따라 프로그램의 흐름을 분기하는 목적으로 사용한다. switch 문은 주로 다중 선택을 하는 경우에 사용되는데, 다중 if 문보다 간결한 대신 사용될 수 있는 영역이 if-else에 비해 제한적이다. 일반적인 switch 구문은 다음과 같다.

[switch 문의 일반적인 구문]
```
switch( 수식 ) {
    case 상수1:
        문장1 ;
        break;      ⇨ 필요시
    case 상수2:
        문장2 ;
        break;      ⇨ 필요시
    ...
    default:        ⇨ 필요시
        문장N;
}
```

switch문에서는 가장 먼저 소괄호 안의 수식을 계산한 다음, 그 결과 값에 해당하는 상수 레이블을 찾아가서 그 위치부터 문장들을 차례로 수행하고, break 문을 만나면 switch 문을 빠져 나온다. 만약 결과 값에 해당하는 상수 레이블이 없으면 default 레이블로 이동하여 수행한다. 해당 상수 레이블도 없고 default 레이블도 없으면, 아무 문장도 실행하지 않고, switch 문 끝으로 이동한다.

다음은 다중 if 문과 이와 동일한 기능을 하는 switch문을 보여준다.

```
/* 다중 if 문 */                        /* switch 문 */

if( x == 1 )                          switch( x ){
    printf("January\n");                  case 1:
else if( x == 2 )                             printf("January\n");
    printf("February\n");                     break;
else if( x == 3 )                         case 2:
    printf("March\n");                        printf("February\n");
else if( x == 4 )                             break;
    printf("April\n");                    case 3:
else                                          printf("March\n");
    printf("None\n");                         break;
                                          case 4:
                                              printf("April\n");
                                              break;
                                          default:
                                              printf("None\n");
                                      }
```

break 문은 **switch** 문을 중간에 벗어나는 역할을 한다. 만약, 위 코드에서 각 case 문 마지막에 있는 break 문들을 모두 제거하면 어떻게 될까? x가 3일 때, 다음 switch 문을 실행하면, 중간에 break 문을 만나지 못하기 때문에, case 3: 이후부터 switch문 끝까지 실행되어, 화면에 "March", "April", "None"이 출력된다. (switch문에서 break 문을 사용하는 것이 일반적이지만, 의도적으로 break 문을 생략하여 여러 가지 case에 대하여 같은 문장들이 실행되도록 하는 경우도 있다.)

```
    x = 3;

    switch(x){       ⇨ break가 없으면?
        case 1:    printf("January\n");
        case 2:    printf("February\n");
        case 3:    printf("March\n");
        case 4:    printf("April\n");
        default:   printf("None\n");
    }
```

[실행결과]

```
March
April
None
```

switch문의 case에는 정수형 상수만 올 수 있는데, 다음 예와 같이 문자(문자도 정수이므로)도 가능하다. 또한 상수의 순서도 상관없다. (물론, 순서대로 쓰는 것이 가독성 입장에서 더 좋을 것이다.)

```
switch(ch){            ⇨ case의 상수가 순서대로 나올 필요는 없다.
    case 'A':  printf("잘했습니다.\n"); break;
    case 'C':  printf("괜찮습니다.\n"); break;
    case 'B':  printf("좋습니다.\n"); break;
    default:   printf("노력합시다.\n");
}
```

case에 쓸 수 형태와 쓰지 못하는 형태를 정리하면 다음과 같다.

```
case 1 :        ⇨ (O) 정수형 상수
case 'a' :      ⇨ (O) 문자형 상수 (C 언어에서 문자도 정수이다.)
case 2.0 :      ⇨ (X) 실수 안 됨
case "a" :      ⇨ (X) 문자열 안 됨. "a"는 문자열 (문자열은 10장에서 다룸)
case a :        ⇨ (X) 변수 안 됨.
```

[예제 5.6] 앞서 공부했던 학점 출력하는 다중 if 문을 switch 문으로 바꿔보자.

– case에는 상수만 올 수 있기 때문에, 그대로 switch 문으로 바꿀 수 없다. switch 문으로 바꾸기 위해서는 결과 값이 상수가 나오도록 수식을 변경해 주어야 한다. 여기서는 점수를 10으로 나눈 몫을 사용하였다.

– A학점에 해당하는 case가 10인 경우와 9인 경우의 코드를 눈여겨보자. 두 경우(case) 모두 A학점이므로 하나로 합해서 작성하였다.

```
switch(score/10){        ⇨ 학점 계산 switch 문
    case 10: case 9:   printf("A\n"); break;
    case 8:    printf("B\n"); break;
    case 7:    printf("C\n"); break;
    case 6:    printf("D\n"); break;
    default:   printf("F\n");
}
```

| 단원요약 |

1   제어문에는 조건문, 반복문, break 문, continue 문, goto 문, return 문이 있다.

2   조건문에는 if 문, if-else 문, switch 문이 있다.

3   if 문은 가장 기본적인 조건문으로, 조건식이 참일 때만 블록 내부의 문장을 실행한다.

4   블록은 중괄호 { } 쌍으로 표현하고, 문장이 하나인 경우는 중괄호 쌍을 생략할 수 있다.

5   if-else 문은 조건이 참일 때와 거짓일 때 실행할 문장이 각각 있는 경우 사용한다.

6   조건문 안에 조건문을 중첩해서 사용하는 경우를 다중 if 문이라고 한다.

7   다중 if 문에서 else는 짝이 없는 위쪽 if 중 가장 가까운 if와 짝이 된다.

8   다중 선택이 필요한 경우, if-else 문을 연속해서 사용한다. 들여쓰기 형태는 조건의 논리적 흐름에 맞추어 선택한다.

9   switch 문은 다중 선택에 유용하고 다중 if 문보다 간결하지만, 조건으로 사용할 수 있는 형태가 다중 if 문에 비해 제한적이다.

10   break문은 switch 문을 중간에 벗어나기 위해 사용한다.

| 실습문제 |

[문제 1] 정수 N을 입력 받아 다음을 출력하는 프로그램을 작성하시오.
- 0도 미만이면, cold, indoor 출력
- 0도 이상이면서 40도 미만이면, moderate, outdoor 출력
- 40도 이상이면, hot, indoor 출력

입력 예시 1	출력 예시 1
-1	cold, indoor

입력 예시 2	출력 예시 2
0	moderate, outdoor

입력 예시 3	출력 예시 3
40	hot, indoor

[문제 2] 두 개의 양의 정수 N, M을 입력 받아, 아래 예시와 같이 두 수의 제곱관계를 출력하는 프로그램을 작성하시오.
- 제곱관계가 아닌 경우는 "none" 출력
- N과 M 사이에 대소 관계는 정해진 바 없다.

입력 예시 1	출력 예시 1
4 2	2*2=4

입력 예시 2	출력 예시 2
3 9	3*3=9

입력 예시 3	출력 예시 3
4 3	none

[문제 3] 5개의 정수를 입력 받아, 양수인 수들의 합을 구하는 프로그램을 작성하시오.

입력 예시 1	출력 예시 1
2 5 -12 0 32	39 ↦ 2+5+32 = 39

입력 예시 2

```
0 -1 -3 -5 -7
```

출력 예시 2

```
0            ↦ 양수 입력 없음
```

[문제 4] 문자 한 개를 입력 받고, 다음을 출력하는 프로그램을 작성하시오.
- 영어 대문자이면 소문자로, 소문자이면 대문자로 출력한다.
- 입력 값이 영문자가 아닌 경우 "none" 을 출력한다.

입력 예시 1

```
A
```

출력 예시 1

```
a
```

입력 예시 2

```
b
```

출력 예시 2

```
B
```

입력 예시 3

```
3
```

출력 예시 3

```
none
```

[문제 5] 양의 정수를 하나 입력 받아, 2, 3, 5 중 어떤 수에 의해 나누어떨어지는 지에 따라 해당 알파벳을 출력한다.

경우	출력
① 입력된 정수가 2, 3, 5 모두로 나누어 떨어지는 경우	A
② 입력된 정수가 2, 3 으로만 떨어지는 경우	B
③ 입력된 정수가 2, 5 로만 나누어 떨어지는 경우	C
④ 입력된 정수가 3, 5 로만 나누어 떨어지는 경우	D
⑤ 입력된 정수가 2, 3, 5 중 하나로만 나누어 떨어지는 경우	E
⑥ 입력된 정수가 2, 3, 5 중 어느 수로 나누어도 떨어지지 않는 경우	N

입력 예시 1

```
30
```

출력 예시 1

```
A
```

입력 예시 2

```
6
```

출력 예시 2

```
B
```

<table>
<tr><td>입력 예시 3</td><td>출력 예시 3</td></tr>
<tr><td>7</td><td>N</td></tr>
</table>

[문제 6] 3 개의 정수를 입력 받고, 최댓값과 최솟값을 차례로 출력하는 프로그램을 작성하시오.
 – 출력 시 최댓값과 최솟값 사이에는 공백을 출력한다.

<table>
<tr><td>입력 예시 1</td><td>출력 예시 1</td></tr>
<tr><td>2 3 4</td><td>4 2</td></tr>
<tr><td>입력 예시 2</td><td>출력 예시 2</td></tr>
<tr><td>3 2 1</td><td>3 1</td></tr>
</table>

[문제 7] 다음과 같이 동작하는 UP DOWN 숫자 맞추기 게임 프로그램을 작성하시오.
 ① 첫 줄에 게임의 정답을 나타내는 정수 N (1≤N≤6)이 입력된다.
 ② 두 번째 줄에 정답을 추측한 수 M이 입력된다.
 ③ 추측이 맞으면 "RIGHT" 를 출력 한 후 프로그램을 종료한다.
 ④ 추측한 수가 정답보다 작으면 "UP", 정답보다 크면 "DOWN"을 출력한다.
 ⑤ 추측이 틀린 경우, ②~④의 과정을 한 번 더 수행한 후 프로그램을 종료한다.

<table>
<tr><td>입력 예시 1</td><td>출력 예시 1</td></tr>
<tr><td>5
4
5</td><td>UP
RIGHT　　　↦　맞음</td></tr>
<tr><td>입력 예시 2</td><td>출력 예시 2</td></tr>
<tr><td>7
4
6</td><td>UP
UP</td></tr>
<tr><td>입력 예시 3</td><td>출력 예시 3</td></tr>
<tr><td>5
5</td><td>RIGHT</td></tr>
</table>

[문제 8] 연도를 나타내는 양의 정수 N을 입력 받아, 윤년인지 평년인지 출력하는 프로그램을
작성하시오.

- 윤년에 대한 규칙은 다음과 같다.
  1) 연도가 4로 나누어떨어지면 윤년이다. (leap year)
  2) 1)의 조건을 만족해도, 100으로 나누어떨어지면 평년이다. (common year)
  3) 2)의 조건을 만족해도, 400으로 나누어떨어지면 윤년이다. (leap year)
- 다중 if 문을 사용하는 방법과 다중 if 문을 사용하지 않는 방법 두 가지로 작성
  해보자.

입력 예시 1	출력 예시 1
4	leap year　　↦ 윤년

입력 예시 2	출력 예시 2
2016	leap year

입력 예시 3	출력 예시 3
1900	common year　　↦ 평년

[문제 9] 두 날짜를 yyyy/mm/dd 형태로 입력 받아, 둘 중 더 빠른 날짜를 yyyy/mm/dd 형
태로 출력하는 프로그램을 작성 하시오. 두 날짜가 같은 경우에는 날짜를 출력하고
뒤에 '*'를 출력한다.

- yyyy/mm/dd 형태로 입력받는 방법은 3.2절 참조
- 다중 if 문을 사용하는 방법과 다중 if 문을 사용하지 않는 방법 두 가지로 작성
  해보자.

입력 예시 1	출력 예시 1
2014/06/15 2009/12/25	2009/12/25

입력 예시 2	출력 예시 2
2014/02/25 2014/06/15	2014/02/25

입력 예시 3	출력 예시 3
2014/06/15 2014/06/15	2014/06/15*

[문제 10] 한 학생의 국어, 영어, 수학 점수(점수는 0~100 사이의 정수)를 입력받아 다음과 같이 학점과 함께 메시지를 출력하는 프로그램을 작성하여라.

- 3과목의 평균을 실수로 구하여
    - 91.5 이상이면 학점 'A'를 출력,
    - 91.5 미만 85.5 이상이면 학점 'B'를 출력,
    - 85.5 미만 80.5 이상이면 학점 'C'를 출력,
    - 그 미만 학생에게는 학점 'F'를 출력한다.
- 또한, 3과목 성적 중 1개라도 100점인 과목이 있으면 "Good"를 출력하고, 1개라도 60점 미만이 있으면 "Bad"를 출력한다. 출력이 2개 이상 있는 경우 학점, "Good", "Bad"의 순서로 출력한다. 학점과 메시지 사이에는 빈칸 없이 붙여서 출력한다. (예시3 참조)

입력 예시 1	출력 예시 1
`100 100 100`	`AGood`

입력 예시 2	출력 예시 2
`90 80 90`	`B`

입력 예시 3	출력 예시 3
`100 59 100`	`BGoodBad`

[문제 11] (야구 게임) 다음 프로그램을 작성하시오.

1) 정답을 나타내는 0~9 사이의 서로 다른 정수 3개를 입력 받는다.
2) 정답을 추측한 0~9 사이의 서로 다른 정수 3개를 입력 받는다.
3) 예시와 같이, 스트라이크 개수와 볼의 개수를 출력한다.

- 스트라이크 개수: 값도 맞추고 위치도 맞춘 숫자의 개수
- 볼 개수: 값은 맞췄지만, 위치는 틀린 숫자의 개수

입력 예시 1		출력 예시 1	
`5 2 3`	↦ 정답	`1S2B`	↦ 2는 값과 위치를 모두 맞추었고,
`3 2 5`	↦ 추측		3과 5는 값만 맞추었다. 따라서 1S2B

입력 예시 2	출력 예시 2	
`5 2 3`	`1S1B`	↦ 5는 값과 위치 모두 맞았고,
`5 3 4`		3은 값만 맞았다.

입력 예시 3

```
5 2 3
5 2 3
```

출력 예시 3

```
3S0B    ↦ 세 개의 숫자 모두 값과 위치가 맞았다.
```

입력 예시 4

```
5 2 3
2 3 5
```

출력 예시 4

```
0S3B    ↦ 값은 모두 맞췄지만,
            위치는 모두 틀렸다.
```

[문제 12] 음료의 종류를 나타내는 1~3사이 정수 N과 투입한 금액을 나타내는 양의 정수 M(100의 배수라고 가정)을 입력 받고, 예시와 같이 선택한 음료의 이름과 잔돈의 개수를 출력하는 프로그램을 작성하시오.

- 잔돈은 500원과 100원짜리만 있고, 100원짜리를 5개 이상 주는 경우는 없다고 가정하라.
- 잔돈의 개수는 500원짜리, 100원짜리 순으로 공백을 사이에 두고 출력한다.
  ① Americano (500원) ② Cafe Latte (400원) ③ Lemon Tea (300원)
- if 문을 사용하는 방법과 switch 문을 사용하는 방법 두 가지로 작성해보자.

입력 예시 1

```
3
1000
```

출력 예시 1

```
Lemon Tea
1 2
```

입력 예시 2

```
1
1000
```

출력 예시 2

```
Americano
1 0
```

입력 예시 3

```
2
1000
```

출력 예시 3

```
Cafe Latte
1 1
```

반복문

반복문

이 단원에서는 제어문의 두 번째 주제인 반복문이 무엇인지 이해하고 반복문의 종류에 대해 살펴본다. 반복문에는 while 문, do-while 문, for 문이 있는데, 이들 구조와 사용 기법에 대하여 학습한다. 반복문은 C 프로그래밍 학습자가 초반에 만나는 첫 번째 난관으로, 특히 반복문이 중첩된 중첩 반복을 많이 어려워한다. 이 단원에서는 기본 문법 설명 이후에 반복 논리 구조를 익히기 위한 많은 예제를 제시하였으니, 예제를 통해 논리적으로 사고하는 훈련을 많이 할 수 있도록 하자.

6.1 반복문 개요

반복문은 왜 필요한 것일까? 우선 이해를 돕기 위해 다음 예제를 살펴보자.

```c
/* 동일한 내용을 반복하는 경우 */
printf("Hello World\n");
printf("Hello World\n");
printf("Hello World\n");

/* 일정한 규칙으로 반복하는 작업을 수행하는 경우 */
int sum = 1 + 2 + 3 + 4 + 5;
```

예제에서는 printf 명령어를 이용하여 "Hello World"를 3번 출력하고, 1부터 5까지의 합을 구하는 단순한 예를 들었지만, "Hello World"를 100회 이상 반복하여 출력하거나, 1부터 100까지의 합을 구하는 프로그램을 작성한다고 하면 예에서와 같은 방식으로 프로그램을 작성하는 것은 비효율적일 것이다. 이와 같이, 동일한 내용을 반복하거나 일정한 규칙으로 반복하는 작업을 수행하는 경우, 반복문을 사용하게 되면 반복되는 문장(statement)을 간단하게 표현할 수 있을 뿐만 아니라 이를 효율적으로 수행할 수 있다.

반복문은 용어 그대로 반복해서 사용되는 문장, 즉 특정 조건을 만족하는 동안 계속 반복하여 실행하는 문장을 의미한다. 반복문은 문장들을 반복시키기 때문에 간혹 루프(loop)라고 불리기도 한다. 반복문은 while 문, do-while 문, for 문의 세 가지가 있다. 일반적으로 for 문은 반복하는 횟수가 정해진 경우에 사용하고, while 문과 do-while 문은 반복 횟수가 정해지지 않고 조건에 따라 반복이 계속되거나 중단되는 경우에 사용한다. while 문은 반복 조건을 처음에 따지는 경우에, do-while 문은 반복 조건을 나중에 따지는 경우에 적합하다.

6.2 while 문

while 문의 구문에 대해 학습하기 전에, 예를 통해 while 문의 코드 형태와 의미를 대략적으로 파악해보자. 화면에 "Hello World"를 3번 출력하는 문제를 while 문으로 작성하면 다음과 같다. 여기서 사용된 while 문의 의미를 대략적으로 설명하자면, i가 3보다 같거나 작은 동안(while) 중괄호 안의 문장을 반복해서 실행하라는 의미이다. 만약 i가 3보다 크면, 중괄호 안의 문장은 실행되지 않고 while 문의 수행이 종료된다.

```
/* Hello World 3번 출력 */
i = 1;                          ⇨ 반복문 진입 전에 i=1 로 초기 설정
while( i <= 3) {                ⇨ i<=3 인 동안(while) 아래 문장 반복
    printf("Hello World\n");       ⇨ 화면 출력
    i++;                           ⇨ i 값 1 증가
}                                  ⇨ while 문의 끝
```

위 예에서 보듯이, while 문의 일반적인 구문은 다음과 같다. while 문은 조건식이 참일 동안에는 계속하여 반복할 문장이 실행되고, 조건이 거짓이 되면 while 문을 빠져 나오게 된다. if 문과 마찬가지로, 반복할 문장이 하나인 경우 중괄호는 생략 가능하다.

[while 문의 구문]

```
while ( 조건식 )
{
    반복할 문장;
}
```

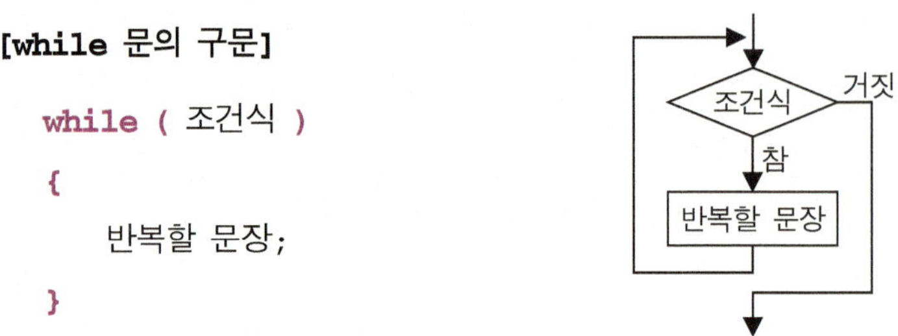

다음은 while 문을 이용하여 1부터 5까지의 합을 구하는 프로그램이다.

프로그램 6-1　1부터 5까지의 합 구하기(while 문 사용)

```
 3: int main() {
 4:    int i, sum;
 5:
 6:    sum = 0;              // 합을 저장하는 변수
 7:    i = 1;                // 더하는 수를 저장하는 변수
 8:
 9:    while ( i <= 5 ) {    // i가 5보다 같거나 작은 동안
10:       sum += i;          // i를 sum에 더하고
11:       i++;               // i값 1 증가
12:    }
13:
14:    printf("1부터 5까지의 합은 %d 입니다.\n", sum);
15:    return 0;
16: }
```

위 프로그램의 동작 과정을 자세히 살펴보자. 우선, 변수의 역할을 이해하는 것이 중요한데, **변수 i에는 더해질 수를 저장하고, 변수 sum에는 현재까지 더한 결과(누적 합)를 저장**한다.

➲ 라인 3~7: 순차적으로 실행이 되어서, 라인 7까지 실행된 후에 sum에는 0이, i에는 1이 저장되어 있다.

◐ 라인 9~12 : 4개 라인인 하나의 while 문으로, 이 **while 문의 수행 과정**은 다음과 같다.

 − 맨 처음 i의 값은 1이므로 조건식은 참이고, 라인 10과 11이 수행되어 sum의 값은 1이 되고, i의 값은 2가 된다. 라인 12의 중괄호를 만나면 한 번의 수행이 완료되고, 다음 반복을 위해 다시 라인 9로 돌아간다.

 − 이 과정을 반복할 때마다 변수 i의 값은 1씩 증가를 하는데, i가 11이 되었을 때 라인 9의 조건식은 거짓이 되고 while 문 실행이 완료된다. 즉, while 문에 의해 실행되는 라인 번호는 다음과 같이 라인 9~12가 반복되다, 라인 9의 조건식 수행 후 while 문을 빠져 나온다.

   9 ⋯ 10 ⋯ 11 ⋯ 12 ➡ ⋯⋯⋯ ➡ 9 ⋯ 10 ⋯ 11 ⋯ 12 ➡ 9

◐ 라인 14~15 : while 문이 종료된 후에는, 이후의 문장들(라인 14와 15)이 순차적으로 실행된다.

다음은 프로그램의 실행 과정을 보여주는 표이다. 실행되는 순서대로 라인 번호와 각 라인이 실행된 후의 변수 값을 표시하였다. (단, 라인 12와 같이 실행 내용이 없는 라인은 표시하지 않았다.) 이 표를 정확히 이해해야 반복문의 과정을 정확히 이해한 것이니, 조금 지루하더라도 차근차근 따라가 보자.

라인	코드	i	sum	비고
3:	int main()			main 시작
4:	int i, sum;			변수 선언
6:	sum = 0;		**0**	sum 초기 값 설정
7:	i = 1;	**1**	0	i 초기 값 설정
9:	while(i <= 5)	1	0	조건식: 참
10:	sum += i;	1	**1**	
11:	i++;	**2**	1	
9:	while(i <= 5)	2	1	조건식: 참
10:	sum += i;	2	**3**	
11:	i++;	**3**	3	
9:	while(i <= 5)	3	3	조건식: 참
10:	sum += i;	3	**6**	
11:	i++;	**4**	6	
9:	while(i <= 5)	4	6	조건식: 참
10:	sum += i;	4	**10**	
11:	i++;	**5**	10	
9:	while(i <= 5)	5	10	조건식: 참
10:	sum += i;	5	**15**	
11:	i++;	**6**	15	
9:	while(i <= 5)	6	15	**조건식: 거짓**
14:	printf(…);	6	15	화면 출력
15:	return 0;	6	15	main 종료

다음과 같이 while 문의 끝에 printf() 함수를 추가하여, while 문 내부의 문장이 반복되는 과정과 이에 따라 변수의 값이 변경되는 과정을 눈으로 확인해보자. (이렇게 반복문의 처음이나 마지막에 출력문을 넣는 것은 반복문이 의도한대로 동작하는 지 확인하는 기본적인 방법 중 하나이다.)

```c
while( i <= 5 ) {
    sum += i;
    i++;
    printf("i: %d, sum: %d\n", i, sum);
}
```

[실행결과]

```
i: 2, sum: 1
i: 3, sum: 3
i: 4, sum: 6
i: 5, sum: 10
i: 6, sum: 15
```

while 문의 동작 과정을 이해했으면 while 문의 구문 작성 연습을 해보자.

1. 변수 i가 10보다 작은 **동안**,
"Hello World" 를 출력하고
i를 1만큼 증가

```c
while( i < 10 ) {
    printf("Hello World");
    i++;
}
```

2. 변수 i가 0보다 크고 10보다 작은 **동안**,
변수 x를 2만큼 증가시키고
i를 1만큼 감소

```c
while( i > 0 && i < 10 ) {
    x += 2;
    i--;
}
```

3. 변수 num이 50보다 크기 **전까지**
(즉, 50보다 크면 반복 종료),
정수를 읽어 들여 num에 저장

```c
while( num <= 50 )
    scanf("%d", &num);
```

앞서 학습한 [프로그램 6-1]은 반복 횟수가 정해져 있는 프로그램이다. 이번에는 반복 횟수가 미리 정해지지 않은 예를 살펴보자. [프로그램 6-2]는 0 또는 음수가 입력되기 전까지(즉, 종료조건은 0 또는 음수 입력) 정수를 입력받아 입력 받은 정수의 합(단, 종료조건으로 입력된 0 또는 음수는 합에서 제외)을 출력하는 프로그램이다. while 문의 조건식에서 입력된 정수(x에 저장)가 양수인지 조사하는데 (라인 9), 첫 정수가 입력되지 전에는 이를 알 수 없기 때문에 처음 입력되는 정수는 따로 처리(라인 6~7)했다.

프로그램 6-2 입력된 정수 합 구하기(while 문 사용)

```c
 3: int main() {
 4:    int x, sum = 0;
 5:
 6:    printf("정수를 입력하시오: ");      // 입력 안내문 출력
 7:    scanf("%d", &x);                   // 첫 정수 입력
 8:
 9:    while ( x > 0 ) {                   // x가 양수이면 반복
10:       sum += x;
11:       printf("정수를 입력하시오: ");
12:       scanf("%d", &x);
13:    }
14:
15:    printf("입력된 정수의 합은 %d 입니다.\n", sum);
16:    return 0;
17: }
```

위 프로그램들을 참고하여 while 문으로 다음 프로그램들을 작성해보자. (가능하면 답을 보지 말고 작성하도록 노력하자.)

[예제 6.1] 사용자에게 정수를 입력 받아 그 정수에 해당하는 구구단을 출력해보자.

[입력예시]

5⏎

[출력예시]

```
5 * 1 = 5
5 * 2 = 10
...
5 * 9 = 45
```

```c
/* 예제 6.1: 특정 단수 출력 (while 문) */
  int num, i = 1;

  scanf("%d", &num);     // 단수 입력
  while (i < 10) {
      printf("%d * %d = %d\n", num, i, num*i);     // 출력
      i++;
  }
```

➲ [프로그램 6-1]과 비슷하게, i 값을 하나씩 증가시켜가며 해당 단을 출력하면 된다.

[예제 6.2] 영어 소문자를 순서대로 출력해보자.

```c
/* 예제 6.2: 영어 소문자 출력 (while 문) */
  char ch;

  ch = 'a';                 // 'a'부터 시작
  while (ch <= 'z')         // 'z'에 도달할 동안
     printf("%c", ch++);    // 문자 출력 후, 값 증가
  printf("\n");
```

➲ 영어 소문자의 아스키 코드 값이 연속한다는 성질을 이용하여 변수 ch를 'a'로 초기화하고, 1씩 증가시키면서 화면에 출력한다. 이를 ch의 값이 'z'보다 같거나 작은 동안 반복한다. printf에서 ch++는 ch의 값을 출력한 후, ch의 값을 하나 증가시키라는 의미이다 (4장 증감연산자 참조).

[예제 6.3] 1부터 시작하여 값을 1씩 증가시키면서 차례로 더하자. 더한 합이 최초로 100 이상이 되었을 때, 마지막에 더한 값을 구하는 프로그램을 작성해보자. 즉, 아래 식을 만족하는 a 중 가장 작은 값으로, 정답으로 14가 출력되어야 한다.

$$1 + 2 + \cdots + a \geq 100$$

```
/* 예제 6.3 */
  int sum = 0, a = 1;

  while (sum < 100) {
    sum += a;        // 합계 계산
    a++;             // a의 값을 1 증가
  }
  printf("%d\n", a - 1);      // a가 아니라 a-1 출력
```

➲ 앞서 공부한 1부터 5까지의 합을 구하는 예제 프로그램과 비슷한 구조를 가진다. 변수 a의 값을 하나씩 증가시키면서 반복을 한다. 종료 조건이 a값이 아닌 sum에 의해 정해진다는 점이 다르다. a가 아니라 a-1을 출력한다는 점에 주목하자. 합계를 계산하고 a의 값을 1 증가시키기 때문에, 마지막에 더한 값은 a가 아니라 a-1이다.

[예제 6.4] 0이 입력되기 전까지 정수를 입력받아(즉, 종료 조건은 정수 0 입력), 이 중에서 가장 작은 값을 출력하는 프로그램을 작성해보자. 처음 입력되는 정수는 0이 아니라고 가정하고, 정수 0은 비교 대상에서 제외 한다.

[실행결과1]

```
10 2 15 7 0⏎
2
```

[실행결과2]

```
10 2 -15 7 0⏎
-15
```

```
/* 예제 6.4: 최솟값 찾기 */
  int min, a;

  scanf("%d", &a);        // 첫 정수 입력
  min = a;                // 첫 정수를 최솟값으로 설정
  while (a != 0) {        // 0이 아니면 반복 (종료 조건)
    if (a < min)          // 입력 정수가 현재 최솟값보다 작으면
      min = a;            // 최솟값 갱신
    scanf("%d", &a);      // 다음 정수 입력
  }
  printf("%d\n", min);  // 최솟값 출력
```

◐ 반복할 문장 안에 조건문이 사용된 형태의 코드이다. a에는 입력되는 정수를 저장하고, min에는 현재까지 입력된 정수 중에 최솟값을 저장한다. 정수가 하나 입력된 상태에서는 비교 대상이 없으므로, 첫 입력 정수를 최솟값으로 저장한다. 이 후 정수가 하나 입력될 때 마다, 현재 최솟값보다 새로 입력된 정수가 작으면 최솟값을 갱신한다. 이 과정을 a가 0이 입력되기 전까지 반복한다. 정수 입력을 while 문의 가장 마지막에 하는 이유는 0이 입력되었을 때, 최솟값 갱신을 하지 않고 바로 while 문을 종료하기 위해서이다.

6.3 do-while 문

조건식을 먼저 검사하고 반복할 문장을 실행하는 while 문과는 달리 do-while 문은 **먼저 코드(반복할 문장)를 실행한 후에 조건식을 검사**한다. do-while 문은 while 문이나 for 문에 비해 자주 사용되지 않지만, 반복문 내에 있는 문장을 최소한 한 번 실행할 필요가 있을 때 유용하다. do-while 문의 일반적인 구문과 동작 과정은 다음과 같다. **while (조건식) 다음에 세미콜론(;)을 반드시 써야한다**는 점에 주의하자.

다음은 6.2절에서 살펴보았던 1부터 5까지의 합을 구하는 [프로그램 6-1]을 do-while 문을 이용하여 작성한 코드이다. while이 맨 마지막으로 이동했다는 점을 제외하고는 차이가 없다.

| 프로그램 6-3 | 1~5까지 합 구하기 (do-while 문 사용) |

```
 3: int main() {
 4:    int i, sum;
 5:
 6:    i = 1;                    // 더하는 수
 7:    sum = 0;                  // 합
 8:
 9:    do {
10:       sum += i;             // i를 sum에 더하고
11:       i++;                  // i값 1 증가
12:    } while ( i <= 5);        // 반복 조건 검사
13:
14:    printf("1부터 5까지의 합은 %d입니다\n", sum);
15:    return 0;
16: }
```

[프로그램 6-4]는 0 또는 음수가 입력되기 전까지 정수를 입력받아 합을 구하는 [프로그램 6-2]를 do-while 문을 이용하여 작성한 코드이다. do-while 문이 무조건 한 번은 실행하고 조건식 검사를 나중에 하므로, [프로그램 6-2]와 달리 첫 번째 입력되는 정수를 처리하는 부분이 없다는 점에 주목하자. 또한, do-while 문의 첫 번째 반복에서 아직 입력되지 않은 x를 더하는데(라인 7), x를 0으로 초기화하여 sum의 결과에 영향을 미치지 않도록 하였다.

| 프로그램 6-4 | 입력된 정수 합 구하기 (do-while 문 사용) |

```
 3: int main() {
 4:    int x = 0, sum = 0;
 5:
 6:    do {
 7:       sum += x;
 8:       printf("정수를 입력하시오: ");
 9:       scanf("%d", &x);
10:    } while (x > 0);          // x가 양수이면 반복
11:
12:    printf("입력된 정수의 합은 %d 입니다.\n", sum);
13:    return 0;
14: }
```

[예제 6.5] 사용자에게 정수를 입력 받아 do-while 문을 이용하여 그 정수에 해당하는 구구단을 출력해보자. (예제 6.1과 동일)

```c
/* 예제 6.5: 특정 단수 출력 */
int num, i = 1;

scanf("%d", &num);      // 단수 입력
do {
   printf("%d * %d = %d\n", num, i, num*i);    // 출력
   i++;
} while (i < 10);
return 0;
```

[예제 6.6] do-while 문을 이용하여 영어 소문자를 순서대로 출력해보자. (예제 6.2와 동일)

```c
/* 예제 6.6: 영어 소문자 순서대로 출력 */
char ch;

ch = 'a';                      // 문자 'a'부터 시작
do {
   printf("%c", ch++);         // 문자 출력 후, 값 증가
} while (ch <= 'z');           // 'z'보다 같거나 작은 동안 반복
printf("\n");
```

[예제 6.7] 1부터 시작하여 값을 1씩 증가시키면서 차례로 더한 합이 최초로 100 이상이 되었을 때, 마지막에 더한 값을 구하는 프로그램을 작성해보자. (예제 6.3과 동일)

```c
/* 예제 6.7 : 예제 6.3을 while 문으로 작성 */
int main() {
   int sum = 0, a = 1;

   do {
      sum += a;
      a++;
   } while (sum < 100);
   printf("%d\n", a - 1);      // a가 아니라 a-1 출력
   return 0;
}
```

[예제 6.8] 10 이상의 정수를 입력 받아, 각 자리수의 합을 출력하는 프로그램을 작성해보자.
예) 6235 ➜ 6 + 2 + 3 + 5 = 16

➲ 나머지 연산을 이용해 1의 자리수를 구한 후 10으로 나누기를 반복한다.

```c
/* 예제 6.8: 자리수의 합 계산 */
int sum=0, N;

scanf("%d", &N);           // 정수 입력

do {
   sum += N % 10;
   N = N / 10;
} while (N > 0);

printf("%d\n", sum);
```

6.4　for 문

다음은 6.2절에서 학습했던 1부터 5까지 합을 계산하는 while 문과 동일한 기능을 하는 for 문의 코드이다. 둘 사이의 차이점을 비교해보자. for 문에는 i에 대한 수식 3개가 세미콜론으로 구분되어 있는데, Ⓐ i의 값을 1부터 시작해서, Ⓑ i가 5보다 같거나 작은 동안, Ⓒ i의 값을 1씩 증가시키면서, 반복하라는 의미이다. 동일한 수식이 while 문에서는 3군데에 나누어져 있는 것을 볼 수 있다. 이 예와 같이 for 문은 주로 반복 횟수가 정해져 있을 때 사용하는데, 구조가 약간 복잡해보이지만 반복에 관련된 수식이 하나로 모여 있어 코드의 가독성이 높다.

```c
/* 1부터 5까지 합 계산 */
i = 1, sum = 0;
while( i <= 5 ) {
   sum += i;
   i++;
}
```

⇨

```c
/* 1부터 5까지 합 계산 */
sum = 0;
for( i = 1 ; i <= 5 ; i++) {
   sum += i;
}
```

위 예에서 볼 수 있듯이, for 문의 구문은 Ⓐ 반복 조건에 관련된 식을 초기화하는 문장(초기식), Ⓑ 반복 여부를 검사하는 문장(조건식), Ⓒ 제어 변수의 값을 변경하는 문장(증감식)으로 구성되고, 이 수식들은 **세미콜론으로 구분되어** 있다. 반복할 문장이 하나인 경우에는 중괄호를 생략해도 된다.

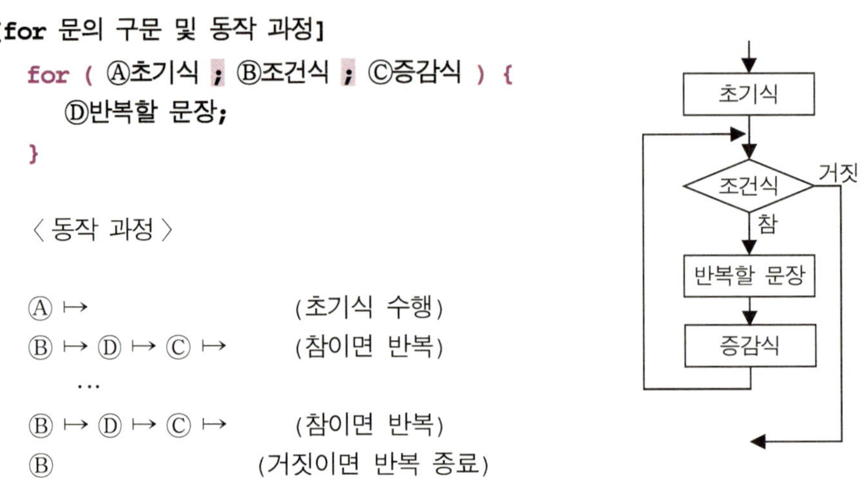

[**for** 문의 구문 및 동작 과정]

```
for ( Ⓐ초기식 ; Ⓑ조건식 ; Ⓒ증감식 ) {
    Ⓓ반복할 문장;
}
```

〈 동작 과정 〉

```
Ⓐ ↦                    (초기식 수행)
Ⓑ ↦ Ⓓ ↦ Ⓒ ↦          (참이면 반복)
    …
Ⓑ ↦ Ⓓ ↦ Ⓒ ↦          (참이면 반복)
Ⓑ                      (거짓이면 반복 종료)
```

for 문의 동작 과정은 while 문에 비해 약간 복잡하다. 맨 처음 Ⓐ초기식을 수행하고 다음 과정을 반복한다. Ⓑ조건식을 검사하여 참이면 Ⓓ반복할 문장과 Ⓒ증감식을 수행하고, 조건식이 거짓이면 for 문을 종료한다. 각 수식이 수행되는 순서와, 초기식은 맨 처음에 한번만 수행된다는 점에 유의하자. 다음은 for 문과 동일한 기능을 가지는 while 문이다. for 문과 while 문의 구조적인 특징을 잘 이해하면 for 문과 while 문을 서로 쉽게 변환할 수 있다.

```
for ( Ⓐ초기식 ; Ⓑ조건식 ; Ⓒ증감식 ) {        ⟺        Ⓐ초기식;
    Ⓓ반복할 문장들;                                     while ( Ⓑ조건식 ) {
}                                                          Ⓓ반복할 문장들;
                                                           Ⓒ증감식;
                                                       }
```

다음은 for 문을 이용하여 1부터 5까지의 합을 구하는 프로그램과 실행과정을 보여주는 표이다. (위 for 문의 동작 과정에 대한 설명을 확실히 학습했다면, 이해하는데 크게 문제는 없을 것이다. 만약 반복문 자체가 아직 익숙하지 않으면, 6.2절로 돌아가 다시 학습하도록 하자.)

프로그램 6-5　1부터 5까지 합 구하기 (for 문 사용)

```
 3: int main() {
 4:   int i, sum;
 5:
 6:   sum = 0;                   // 합
 7:
 8:   for( i = 1 ; i <= 5 ; i++)    // i를 1~5까지 1씩 증가시키면서
 9:     sum += i;                   // i를 sum에 더하기
10:
11:   printf("1부터 5까지의 합은 %d 입니다.\n", sum);
12:   return 0;
13: }
```

라인	코드	i	sum	비고
3:	int main()			main 시작
4:	int i, sum;			변수 선언
6:	sum = 0;		**0**	sum 초기 값 설정
8:	for(**i=1** ; **i<=5** ; **i++**)	**1**	0	조건식: 참
9:	sum += i;	1	**1**	
8:	for(i=1 ; **i<=5** ; **i++**)	**2**	1	조건식: 참
9:	sum += i;	2	**3**	
8:	for(i=1 ; **i<=5** ; **i++**)	**3**	3	조건식: 참
9:	sum += i;	3	**6**	
8:	for(i=1 ; **i<=5** ; **i++**)	**4**	6	조건식: 참
9:	sum += i;	4	**10**	
8:	for(i=1 ; **i<=5** ; **i++**)	**5**	10	조건식: 참
9:	sum += i;	5	**15**	
8:	for(i=1 ; **i<=5** ; **i++**)	6	15	**조건식: 거짓**
11:	printf(…);	6	15	화면 출력
12:	return 0;	6	15	main 종료

　다음과 같이 for 문의 끝에 printf() 함수를 추가하여, for 문 내부의 문장이 반복되는 과정과 이에 따라 변수의 값이 변화되는 과정을 눈으로 확인해보자. 또, 6.2절의 while 문의 출력 결과와 어떤 차이점이 있는 지 비교해보자.

```
for( i = 1 ; i <= 5 ; i++) {
    sum += i;
    printf("i: %d, sum: %d\n", i, sum);
}
```

[실행결과]

```
i: 1, sum: 1
i: 2, sum: 3
i: 3, sum: 6
i: 4, sum: 10
i: 5, sum: 15
```

for 문의 동작 과정을 이해했으면 구문 작성 연습을 해보자.

1. 변수 i를 2부터 10까지, 2씩 증가시키면서 반복 (10보다 크면 반복 종료)
⇨ for(i=2; i <=10 ; i += 2)

2. 변수 i를 10부터 시작하여, 1씩 감소시키면서 i가 0보다 큰 동안 반복
⇨ for(i=10 ; i > 0 ; --i)

3. 변수 i의 초기 값은 0이고, i 값을 i*i+2 로 바꾸면서, i가 50보다 작은 동안 반복
⇨ for(i=0 ; i < 50 ; i = i*i+2)

문법적으로 초기식, 조건식, 증감식에는 어떤 수식도 올 수 있다. 이 중 자주 사용되는 몇 가지만 살펴보자. (처음에는 이런 식으로도 for 문을 사용할 수 있구나 정도로 받아들이면 충분한다.)

▶ **for(**   ; i <= 5 ; i++)　　⇨ 빈 초기식

▶ **for(int i = 1** ; i <= 5 ; i++)　　⇨ 변수 선언 및 초기화
　　　　　　　　　　　　　　　　단, i는 for 문 안에서만 사용 가능

▶ **for(sum=0, i=1** ; i <= 5 ; i++)　　⇨ 여러 개의 초기식 (콤마로 구분)

▶ **for(** i=0 ; i <= 5 ;   )　　⇨ 빈 증감식

▶ **for(i=0, j=0** ; i <= 5 ; **i++, j++**)　⇨ 여러 개의 초기식과 증감식

▶ **for(** i=0 ;   ; i++)　　⇨ 빈 조건식 (무한 루프)
　　　　　　　　　　　　　　　　이 경우 조건식의 결과는 항상 참으로 간주

[예제 6.9] 정수 n을 입력받아, n! = 1 * 2 * … * n 을 계산하는 프로그램을 작성하시오.

```c
/* 예제 6.9 : 팩토리얼 계산 */
  int i, n, fac;

  scanf("%d", &n);              // n 입력

  fac = 1;                      // 팩토리얼 결과 초기화
  for( i = 1 ; i <= n ; i++)    // i를 1~n까지 1씩 증가시키면서
    fac *= i;                   // i를 fac에 곱하기

  printf("%d! = %d\n", n, fac);
```

[예제 6.10] 문자와 정수를 입력받아, 문자를 정수 개수만큼 출력하는 프로그램을 작성하시오.

```c
/* 예제 6.10 : 문자 출력 */
  char ch;
  int i, n;

  scanf("%c%d", &ch, &n);      // 문자와 정수 입력

  for( i = 0 ; i < n ; i++)    // n 번 반복
    printf(" %c", ch);         // 문자 출력
```

[예제 6.11] 1부터 10까지의 홀수의 합과 짝수의 합을 각각 출력하는 프로그램을 작성하시오.
➲ 1부터 시작하여 2씩 증가시키면 모든 홀수를 구할 수 있다. 짝수 처리도 유사하다.

```c
/* 예제 6.11 : 홀수 합, 짝수 합 */
  int i, sum_odd = 0, sum_even = 0; // 합 초기화

  for( i = 1 ; i <= 10 ; i += 2) // 1부터 2씩 증가
    sum_odd += i;

  for( i = 2 ; i <= 10 ; i += 2) // 2부터 2씩 증가
    sum_even += i;

  printf("%d %d\n", sum_odd, sum_even);    // 합 출력
```

[예제 6.12] 0~6 사이의 정수를 입력 받아, 그 정수에 해당하는 요일(0이면 일요일, 1이면 월요일, …, 6이면 토요일)에서 1일이 시작하는 달력을 출력하는 프로그램을 작성해보자.

– 한 달은 31일까지 있다고 가정

– 각 날짜는 3개의 칸에 출력한다.

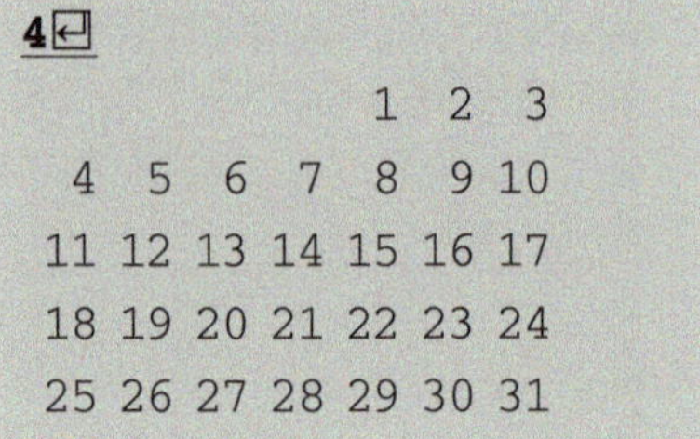

해설▶ 이 예제는 앞서 본 예제와 달리 조금 복잡하다. 기본적으로 for 문을 이용해서 1일부터 31일까지 출력을 하면 되는데, 달력 모양을 만들기 위해서 다음 두 가지를 고려해야 한다.

❖ 1일 앞의 빈 칸: 1일 앞의 빈 칸은 따로 출력을 해주면 된다. 3개의 공백을 입력된 정수만큼 출력한다.

❖ 각 주의 줄 바꿈: 한 주가 끝나면 줄을 바꿔주어야 한다. 즉, 매주 토요일에 해당하는 날짜 출력 후 개행 문자를 출력해주면 된다. 토요일인지는 해당 날짜와 입력된 정수를 더한 값이 7의 배수인지를 검사하면 알 수 있다. 몇 가지 예에 대해 살펴보면 이러한 규칙을 쉽게 찾을 수 있을 것이다.

```c
/* 예제 6.12 : 달력 출력 */
   int i, day;

   scanf("%d", &day);          // 사용자 입력

   for (i = 0; i < day; ++i)    // 1일 앞의 빈 칸 출력
     printf("   ");             // 공백 3칸 출력

   for (i = 1; i <= 31; ++i) {  // 각 날짜에 대해서
     printf("%3d", i);          // 날짜 출력
     if ( (day + i) % 7 == 0 )  // 한 주가 종료되면
       printf("\n");            // 다음 줄로
```

6.5　중첩 반복

　반복문에서 반복 대상은 문법에만 맞으면 어떤 문장이든 가능하다. 우리는 앞서 예제 6.4와 6.12에서 반복의 대상에 조건문이 포함된 예를 보았다. 반복문 안에 반복문이 오는 것도 가능한데, 이를 **중첩 반복(nested loop)** 또는 **다중 반복**이라고 부른다. 사실 중첩 반복은 기존 문법의 단순한 조합으로 특별한 C 언어 문법이 있는 것은 아니지만, 프로그래밍을 처음 배우는 경우 이러한 논리 구조가 익숙하지 않아 어려움을 느끼는 경우가 많다.

　1단부터 9단까지 출력하는 구구단 프로그램을 고려해보자. 반복문을 사용하지 않으면 81번의 printf문으로 작성해야 하지만, 반복문을 사용하면 단 세 줄로 구구단을 출력할 수 있다. 우선 1단을 출력하기 위해서는 다음과 같은 반복 작업이 필요한데, 앞서 배웠듯이 이를 for 문을 이용하여 간단히 작성할 수 있다. 아래 코드에서 규칙적으로 증가하는 곱해지는 수를 변수로 표현했음에 주목하자.

```
printf("1 x 1 = %d\n", 1*1 );        ⇨ 1 x 1 = 1
printf("1 x 2 = %d\n", 1*2 );        ⇨ 1 x 2 = 2
…              (생략)
printf("1 x 9 = %d\n", 1*9 );        ⇨ 1 x 9 = 9
```

⇩

```
for( j=1 ; j < 10 ; ++j )
    printf("1 x %d = %d\n", j, 1*j );        ⇨ 변수 j는 곱해지는 수
```

　이제 1단 출력을 완성했다. 2단부터 9단은 어떻게 할까? 단순 무식하게 코드를 작성한다면 for 문을 9번 반복하면 된다. 하지만, 이 9번의 반복도 마찬가지로 for 문을 이용하면 간단하게 작성할 수 있다. 단수가 하나씩 규칙적으로 증가하므로, 단수를 변수 i로 표현하고, i의 값을 1부터 9까지 차례로 증가시키면서, 각 i 값에 대해 곱을 출력한다.

```
for( j=1 ; j < 10 ; ++j )                    ⇨ 1단
   printf("1 x %d = %d\n", j, 1*j );
for( j=1 ; j < 10 ; ++j )                    ⇨ 2단
   printf("2 x %d = %d\n", j, 2*j );
...            (생략)
for( j=1 ; j < 10 ; ++j )                    ⇨ 9단
   printf("9 x %d = %d\n", j, 9*j );
```

⇩

```
for( i=1 ; i < 10 ; ++i )                    ⇨ i번째 단의
   for( j=1 ; j < 10 ; ++j )                 ⇨ j번째 곱
      printf("%d x %d = %d\n", i, j, i*j );  ⇨ 출력
```

구구단 프로그램은 아주 간단하지만, 중첩 반복문을 이해하는데 매우 좋은 프로그램이다. 완성된 구구단 프로그램과 실행과정을 보여주는 표를 보고 중첩 반복문의 동작 과정을 확실히 이해하도록 하자.

프로그램 6-6 　구구단

```
3: int main() {
4:    int i, j;
5:
6:    for( i=1 ; i < 10 ; ++i ) {    // i 단
7:       printf("== %d 단 ==\n", i);
8:       for( j=1 ; j < 10 ; ++j )    // j번째 곱
9:          printf("%d x %d = %d\n", i, j, i*j );
10:      printf("---------\n");
11:   }
12:
13:   return 0;
14: }
```

[실행결과]

```
== 1 단 ==
1 x 1 = 1
    ...
1 x 9 = 9
---------
    ...
== 9 단 ==
9 x 1 = 9
    ...
9 x 9 = 81
---------
```

라인	코드	i	j	비고
3:	int main()			main 시작
4:	int i, j;			변수 선언
6:	for(i=1 ; i < 10 ; ++i) {	**1**		i 조건식: 참
7:	printf("== %d 단 ==\n", i);	1		
8:	for(j=1 ; j < 10 ; ++j)	1	**1**	j 조건식: 참
9:	printf("%d x %d = %d\n", …);	1	1	
8:	for(j=1 ; j < 10 ; ++j)	1	**2**	j 조건식: 참
9:	printf("%d x %d = %d\n", …);	1	2	
	중간 생략			j 값: 3,4,…,8
8:	for(j=1 ; j < 10 ; ++j)	1	**9**	j 조건식: 참
9:	printf("%d x %d = %d\n", …);	1	9	
8:	for(j=1 ; **j < 10** ; ++j)	1	<u>**10**</u>	j 조건식: <u>**거짓**</u>
10:	printf("---------\n");	1	10	
6:	for(i=1 ; i < 10 ; ++i){	**2**	10	i 조건식: 참
7:	printf("== %d 단 ==\n", i);	2	10	
8:	for(j=1 ; j < 10 ; ++j)	2	**1**	j 조건식: 참
9:	printf("%d x %d = %d\n", …);	2	1	
8:	for(j=1 ; j < 10 ; ++j)	2	**2**	j 조건식: 참
9:	printf("%d x %d = %d\n", …);	2	2	
	중간 생략			j 값: 3,4,…,8
8:	for(j=1 ; j < 10 ; ++j)	2	**9**	j 조건식: 참
9:	printf("%d x %d = %d\n", …);	2	9	
8:	for(j=1 ; **j < 10** ; ++j)	2	<u>**10**</u>	j 조건식: <u>**거짓**</u>
10:	printf("---------\n");	2	10	
	중간 생략 (3단~9단)			
6:	for(i=1 ; **i < 10** ; ++i) {	**10**	10	i 조건식: **거짓**
13:	return 0;	10	10	main 종료

위 구구단 프로그램에서는 두 개의 반복문을 중첩시켰는데, 세 개 이상의 반복문을 중첩시키는 것도 가능하다. 반복문의 중첩 횟수에 따라, **이중 반복, 삼중 반복**과 같은 식으로 부르기도 한다. 또한, 위 프로그램에서는 for 문끼리 중첩시켰는데, 다른 종류의 반복문도 중첩시킬 수 있다. 중첩 반복문 연습에 흔히 사용되는 별 찍기를 포함한 몇 개의 예제를 통해 중첩 반복문을 익혀보자.

[예제 6.13] 양의 정수 N을 입력 받아, 예시와 같이 높이가 N인 삼각형을 출력하는 프로그램을 작성해보자.

해설 > 별의 개수가 위에서부터 하나씩 증가하므로 for 문을 이용하여 각 행을 출력하고, i번째 행에 i개의 별을 출력하기 위해 역시 반복문을 이용한다.

[실행결과]

```
4↵
*
**
***
****
```

```
/* 예제 6.13 : 삼각형 출력 */
  int i, j, N;

  scanf("%d", &N);              // 삼각형 높이 입력

  for (i = 1; i <= N; ++i) {    // 각 행 i에 대해
    for (j = 0; j < i; ++j)     // i개의 별 출력
      printf("*");
    printf("\n");               // 개행 문자 출력
  }
```

[예제 6.14] 양의 정수 N을 입력 받아, 예시와 같이 높이가 N인 역삼각형을 출력하는 프로그램을 작성해보자.

해설 > 예제 6.12에서 i의 값을 N에서 감소시키면서 출력하면 가장 간단하다. i, j의 값을 어떤 식으로 변화시키느냐에 따라 다양한 방법이 가능하다.

[실행결과]

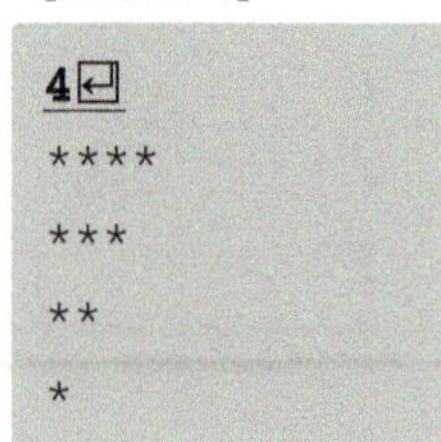

```
/* 예제 6.14 : 역삼각형 출력 */
  int i, j, N;

  scanf("%d", &N);                 // 삼각형 높이 입력

  for (i = N; i >= 1; --i) {   // 각 행에 대해 (i는 N에서 감소)
    for (j = 0; j < i; ++j)       // i개의 별 출력
      printf("*");
    printf("\n");                  // 개행 문자 출력
  }
```

[예제 6.15] 양의 정수 N을 입력 받아, 예시와 같이 오른쪽으로 치우친
높이가 N인 역삼각형을 출력하는 프로그램을 작성해보자.

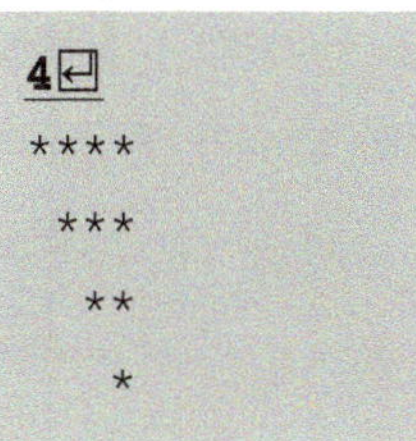

해설 각 행마다 별을 출력하기 전에 공백을 적절히 출력해주어야 한
다. 즉, 첫 행에는 공백 0개와 별 4개, 두 번째 행에는 공백 1개와 별 3
개. 행이 증가함에 따라 변하는 공백과 별의 수에 대한 규칙을 잘 찾아
야 한다.

```
/* 예제 6.15 : 오른쪽으로 치우친 역삼각형 출력 */
  int i, j, N;

  scanf("%d", &N);                 // 삼각형 높이 입력

  for (i = 0; i < N; ++i) {   // 각 행에 대해
    for (j = 0; j < i; ++j)       // i개의 공백 출력
      printf(" ");
    for (j = 0; j < N-i; ++j)     // N-i개의 별 출력
      printf("*");
    printf("\n");                  // 개행 문자 출력
  }
```

[예제 6.16] 2~50 사이의 소수를 구하여 각 줄에 5개씩 출력하는 프로그램을 작성해보자.

[실행결과]
```
 2  3  5  7 11
13 17 19 23 29
31 37 41 43 47
```

- 소수는 1과 자신 이외의 수로 나누어 떨어지지 않는 수로, 어떤 수 n이 소수인지 검사하는 간단한 방법은 n을 2부터 n−1까지 나누어보는 것이다.

해설▶ 소수도 구해야 하고, 출력도 신경 써야 해서 초보자에게는 상당히 복잡한 프로그램이다. 해야 할 일이 많은 때는 한꺼번에 해결하려 하지 말고, 하나씩 해결해 나가자.

- 우선 소수를 구하는 코드부터 고려해보자. 어떤 수 n이 소수인지 검사하기 위해, d를 2부터 n−1까지 증가시켜가면서 n을 d로 나눈 나머지가 0인지 검사한다. d가 n에 도달하기 전에 나머지가 0인 경우가 발생하면 소수가 아니고, d가 n이 될 때까지 나머지가 0인 경우가 없으면 n은 소수이다.

- 두 번째로 소수를 5개씩 출력하기 위해서는 구해진 소수의 개수를 세면된다. 소수의 개수가 5의 배수가 될 때마다 개행 문자를 출력한다.

```c
/* 예제 6.16 : 소수 구하기 */
  int n, d, cnt=0;

  for (n = 2; n <= 50; ++n) {      // 각 수 n에 대해
    d = 2;
    while (d < n && n%d != 0)      // n을 d로 나눈 나머지가 0인 동안
      ++d;                         // d를 증가
    if (d == n) {                  // while 문 종료 후, d 가 n이면
      printf(" %d", n);            // 소수 출력
      cnt++;                       // 소수 개수 1 증가
      if (cnt % 5 == 0)            // 소수 개수가 5의 배수이면
        printf("\n");              // 개행 문자 출력
    }
  }
```

6.6 반복문 기타

  우리는 앞서 세 가지의 반복문에 대해 배웠다. 이러한 반복문에서는 주어진 조건에 일치하지 않는 상황이 발생하는 경우(조건식이 거짓인 경우)에만 반복문이 종료된다. 즉, 반복문의 조건식에서 반복 여부가 결정된다. 하지만 가끔 반복문의 반복 상태를 직접 제어할 필요가 있다. break 문과 continue 문은 이런 반복문의 실행을 직접 제어할 수 있게 해준다. 또한, 가끔은 반복문의 조건이 항상 참이 되도록 설정하여 반복이 무한히 지속되도록 하는 무한 반복이 사용되기도 한다.

| break 문

  반복문에서 사용되는 **break** 문은 현재 수행 중인 반복문을 중단하고 제어를 반복문 바깥으로 이동시킨다. 간단히 말해서 반복 도중 break 문을 만나면 반복문은 즉시 종료되고 반복문 다음 문장이 수행된다. (참고로 5장에서 학습했던 switch 문에서 사용된 break 문도 동일하게, switch문이 종료되고 switch 문 다음 문장이 수행된다.)

  다음 예제를 통해서 break 문이 반복문에서 하는 역할을 살펴보자. 일반적인 경우(break 문이 없는 경우)에 다음 프로그램의 for 문은 cnt 값을 1부터 1씩 증가시키면서 9가 될 때까지 for 문 안의 문장을 9번 반복한다. 그러나 아래 예에서는 cnt의 값이 4가 되는 경우에 if 문이 참이 되므로 break 문이 실행되어 for 문은 즉시 종료되고, for 문 다음 문장인 printf() 함수가 실행되어 cnt 값으로 4가 출력된다. (만약 break문이 없으면, for 문은 cnt가 10이 되어야 종료하므로, printf() 함수에서 cnt 값으로 10이 출력된다.)

```
for (cnt = 1; cnt < 10; cnt++)
   if (cnt % 4 == 0 )
      break;

printf("cnt 값은 %d 입니다\n", cnt);        ⇨ cnt 값은 4
```

  다음에서 보듯이 while 문, do-while 문, for 문에서 break 문이 실행되면 그 즉시 반복문을 종료하고 제어(화살표)가 반복문 밖으로 나가고, 그 이후 문장(문장1)이 실행된

다. (break 문 다음에 수행되는 문장은 밑줄 굵은 글씨로 표시하였다)

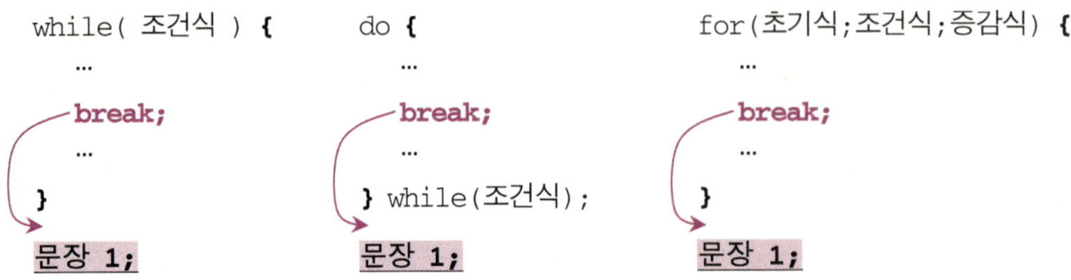

| continue 문

반복문 내에서만 사용될 수 있는 continue 문은 현재 수행 중인 반복문에서 현재 조건 값에 대한 처리를 중단하고, 다음 조건 값에 대한 처리로 제어를 넘긴다. 즉, **continue 문이 실행되면 제어는 반복문의 마지막 부분으로 이동**되고 다음 반복 동작이 시작된다. 그렇게 함으로써 continue 문과 반복문의 마지막 부분 사이에 있는 문장은 실행되지 않는다.

다음 예를 통해 continue 문의 효과를 살펴보자. 이 프로그램에서는 1부터 9사이의 정수 중 4의 배수의 개수를 출력한다. for 문에서 i를 1부터 9까지 1씩 증가시키면서 i의 값이 4의 배수가 아니면 continue 문을 통하여 cnt의 값을 증가시키는 문장을 건너뛴다. 즉, if 문은 9번 수행되지만, cnt를 증가시키는 문장은 2번만 수행된다. (이 예는 continue의 효과를 설명하기 위한 코드로, 4의 배수의 개수를 구하는 바람직한 코드는 아니다.)

```
cnt = 0;
for ( i = 1; i < 10; i++) {
   if (i % 4 != 0 )
      continue;
   cnt++;
}

printf("4의 배수는 %d 개 입니다\n", cnt);        ⇨ cnt 값은 2
```

while 문, do-while 문, for 문에서 continue 문이 실행되면, 제어(화살표)가 반복문의 끝으로 이동하고, 결과적으로 다시 반복문 처음으로 돌아가 반복을 계속 수행한다. (**break문과 달리 반복문이 종료되는 것이 아니라는 점에 유의하자.**) 다만, 반복문의 끝 이후에 수행되는 문장이, while 문과 do-while 문은 조건식이고, for 문에서는 증감식이라는 점만 다르다. continue 문 다음에 수행되는 문장은 밑줄과 굵게 표시하였다.

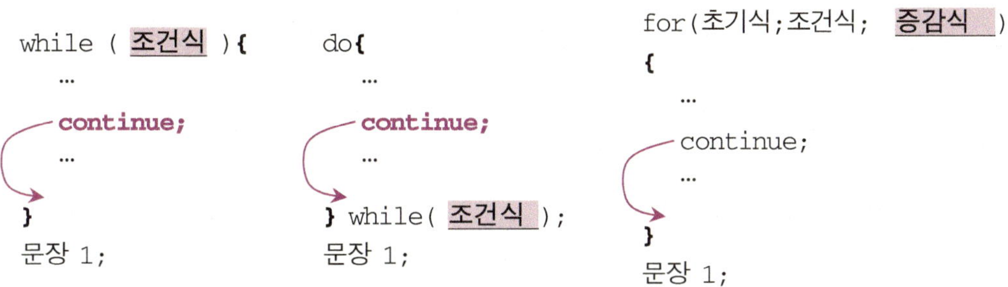

| 중첩 반복에서 break 문과 continue 문

반복문이 중첩되어 있을 때 break 문과 continue 문이 실행되면, 그 효과는 해당 break 문과 continue 문을 둘러싸고 있는 가장 안 쪽 반복문에 대해 적용된다. 다음은 이중 반복문에서 각 break문을 만났을 때 제어가 이동하는 위치를 보여준다.

| 무한 반복

반복문에서는 일반적으로 반복 조건을 지정하여 조건에 맞는 경우에만 반복을 시키지만 경우에 따라서는 반복이 종료되지 않고 무한히 지속되는 무한 반복을 사용하기도 한다. 반복문의 조건식을 항상 참이 되도록 설정하기만 하면 어떤 형태든 무한 반복이 되지만, 관습적으로 가독성을 위해서 다음 두 가지 형태를 주로 사용한다. while 문은 조건식에 항상 참을 의미하는 1을 적고, for 문은 아예 아무 것도 적지 않는 형태를 사용한다. 참고로 while 문의 조건식에 아무 것도 적지 않는 것은 문법적으로 허용되지 않는다(컴파일 오류 발생).

```
/* while 문을 이용한 무한 반복 */        /* for 문을 이용한  무한 반복 */
while( 1 ) {                            for(  ;  ;  ) {
    반복할 문장;                             반복할 문장:
}                                      }
```

다음은 동일한 동작을 하는 두 가지 형태의 반복문으로, 왼쪽은 조건식을 사용한 일반적인 형태의 while 문이고 오른쪽은 무한 반복과 break 문을 사용한 반복문이다. 비록 문법적인 이해를 돕기 위해 아래 코드를 제시했지만, 무한 반복 형태는 가능하면 사용하지 않길 강력히 권장한다.

```
/* 일반적인 반복 형태 */                  /* 무한 반복을 이용한 형태(권장하지 않음) */
while( i < 10 ) {                       while ( 1 ) {
    printf("%d\n", i);                      if( i >= 10 ) break;
    i++;                                    printf("%d\n", i);
}                                           i++;
                                       }
```

이 절에서 배운 break 문, continue 문, 무한 반복은 제어를 마음대로 조정할 수 있어 편리하지만, 남용할 경우 프로그램의 가독성에 악영향을 미친다. (위 두 코드 중 어느 것이 코드의 동작을 이해하기 좋은 지 비교해보라.) 따라서, 꼭 필요한 경우가 아니면, break 문, continue 문, 무한 반복을 사용하는 것을 권장하지 않는다.

| 단원요약 |

1　반복문은 특정 조건을 만족할 때까지 계속 반복하여 실행하는 문장을 의미하며, 간혹 루프(loop)라고 불리 우기도 한다.

2　반복문에는 while 문, do-while 문, for 문의 세 가지가 있다. 일반적으로 while 문과 do-while 문은 반복 횟수가 정해지지 않는 경우에 사용하고, for 문은 반복하는 횟수가 정해진 경우에 사용한다.

3　while 문은 반복 여부를 검사하는 문장(조건식)의 위치에 따라 while 문, do-while 문으로 구분할 수 있다.

4　while 문의 조건식 결과는 반드시 참(true) 또는 거짓(false) 이어야 한다. 조건식에서는 0이 아닌 모든 값들은 전부 참이고 0은 거짓으로 간주된다.

5　do-while 문은 먼저 코드(반복할 문장)를 한번 실행시키고 그 다음 조건식을 검사한다. 조건식 다음에 세미콜론을 반드시 써야 한다.

61　for 문은 반복 조건에 관련된 식을 초기화하는 문장(초기식), 반복 여부를 검사하는 문장(조건식), 제어 변수의 값을 변경하는 문장(증감식)으로 구성된다.

7　중첩 반복(nested loop)은 하나의 반복문 내에 다른 반복문이 포함된 것을 의미한다.

8　반복문에서는 주어진 조건식이 참인 경우에만 반복문을 종료할 수 있지만 break 문과 continue 문을 이용하여 반복문의 실행을 직접 제어할 수 있다.

9　break 문은 현재 수행 중인 반복문을 중단하고 프로그램 제어를 반복문 다음으로 이동시킨다.

10　continue 문은 현재 조건 값에 대한 처리만 중단하고, 제어를 반복문의 마지막으로 이동하고 다시 반복문 처음으로 돌아가 이후 반복을 계속 수행한다.

| 실습문제 |

[문제 1] 양의 정수 N을 입력 받아, N의 약수를 오름차순으로 출력하는 프로그램을 작성하시오.

입력 예시 1

```
13
```

출력 예시 1

```
1 13
```

입력 예시 2

```
12
```

출력 예시 2

```
1 2 3 4 6 12
```

[문제 2] 0이 입력될 때까지 정수를 반복해서 입력 받아, 입력된 정수들의 합, 최댓값, 최솟값을 출력하는 프로그램을 작성하시오.
- 단, 종료 조건인 0은 계산에서 제외한다.

입력 예시 1

```
1 13 1 0
```

출력 예시 1

```
15 1 13    ↦ 합=15, 최솟값=1, 최댓값=13
```

입력 예시 2

```
3 -2 1 2 4 0
```

출력 예시 2

```
8 -2 4    ↦ 합=8, 최솟값=-2, 최댓값=4
```

[문제 3] 양의 정수 X를 입력받아, X의 자리수를 역순으로 바꾼 정수로 변환하여 출력하는 프로그램을 작성하시오.
- 출력 시 앞자리의 0은 출력하지 않는다. (출력 예시 2 참조)

입력 예시 1

```
963
```

출력 예시 1

```
369
```

입력 예시 2

```
609200
```

출력 예시 2

```
2906    ↦ 002906으로 출력하면 안 됨
```

[문제 4] 다음과 같이 동작하는 UP DOWN 숫자 맞추기 게임 프로그램을 작성하시오.

① 첫 줄에 게임의 정답을 나타내는 정수 N이 입력된다.

② 두 번째 줄에 정답을 추측한 수 M이 입력된다.

③ 추측이 맞으면 "RIGHT" 를 출력 한 후 프로그램을 종료한다.

④ 추측한 수가 정답보다 작으면 "UP", 정답보다 크면 "DOWN"을 출력한다.

⑤ <u>추측이 맞을 때까지 ②~④의 과정을 반복한다.</u>

입력 예시 1

```
11     ↦ 정답 N = 11
5      ↦ 추측 M = 5 (이하 동일)
20
13
8
11
```

출력 예시 1

```
UP        ↦ 5 < 11
DOWN      ↦ 20 > 11
DOWN      ↦ 13 > 11
UP        ↦ 8 < 11
RIGHT     ↦ 맞음
```

[문제 5] 사용자에게서 N개의 정수(N≤100)를 입력 받아, 가장 큰 수와 두 번째로 큰 수를 차례로 출력하는 프로그램을 작성하시오.

입력 예시 1

```
5
1 4 5 3 2
```

출력 예시 1

```
5     ↦ 가장 큰 수
4     ↦ 두 번째로 큰 수
```

입력 예시 2

```
6
5 -1 2 5 2 1
```

출력 예시 2

```
5
5
```

[문제 6] (20점) 숫자와 영어 소문자로 이루어진 문자들을 입력 받아, 영어 소문자와 숫자가 각각 연속으로 최대 몇 글자까지 나오는지 출력하는 프로그램을 작성하시오.

입력 예시 1

```
10          ↦ 입력될 문자의 개수
abc12defg2
```

출력 예시 1

```
4     ↦ 영어 소문자 최대길이 4
2     ↦ 숫자 최대길이 2
```

입력 예시 2

```
13          ↦ 입력될 문자의 개수
e1k2k54679a89
```

출력 예시 2

```
1     ↦ 영어 소문자 최대길이
5     ↦ 숫자 최대길이
```

[문제 7] 임의의 정수 N1과 N2를 입력 받아, N1단부터 N2단까지의 구구단을 다음과 같이
출력하는 프로그램을 작성 하시오.

- 단, N1과 N2는 2와 9사이의 정수이고, N1≤N2이다.
- 한 줄에서 각 단은 공백으로 구분하고, 출력에서 곱하기 기호는 영어 대문자 X이다.

입력 예시

```
3  5  ↦ 3단~5단
```

출력 예시

```
3X1=3  4X1=4  5X1=5        ↦ 총 9줄 출력해야 함
3X2=6  4X2=8  5X2=10
· · · · ·  · · · · ·  · · · · ·   ↦ 중간 출력은 생략했음
3X9=27  4X9=36  5X9=45
```

[문제 8] 양의 정수 N을 입력 받아, 아래 예시와 같이 높이가 N인 이등변 역삼각형을 출력하
는 프로그램을 작성하시오.

- 양변의 빈 공간에는 공백문자 출력하여 자릿수를 맞추어야 한다. (출력 예시 설명
참조)
- 역삼각형이 어려우면, △ 모양의 삼각형을 출력하는 프로그램을 먼저 생각해보자.

입력 예시

```
5
```

출력 예시

```
* * * * * * * * *
 * * * * * * *      ↦  양 끝에 공백문자 1개씩 출력
  * * * * *         ↦  양 끝에 공백문자 2개씩 출력
   * * *            ↦  양 끝에 공백문자 3개씩 출력
    *               ↦  양 끝에 공백문자 4개씩 출력
```

[문제 9] 1~9사이의 정수 N을 입력받아, 예시와 같이 높이가 N인 사각형을 출력하는 프로그
램을 작성하시오.

입력 예시

```
5           ↦ N = 5
```

출력 예시

```
12345
23451
34512
45123
51234
```

[문제 10] 양의 정수 N을 입력받아, 다음과 같이 N개의 줄에 삼각형 모양으로 정수를 출력하는 프로그램을 작성하시오.

입력 예시

```
5          ↦ N=5
```

출력 예시

```
1
2 3
4 5 6
7 8 9 10
11 12 13 14 15
```

[문제 11] 1~9사이의 정수 N을 입력받아, 예시와 같이 1~N의 수를 이용하여 다이아모드 모양을 출력하는 프로그램을 작성하시오.

입력 예시

```
3          ↦ N=3
```

출력 예시

```
  1
 212
32123
 212
  1
```

[문제 12] 1~9사이의 정수를 세 개 입력받아, 예시와 같이 입력된 정수의 길이를 가지는 세로 막대그래프를 출력하시오.

입력 예시

```
2 5 3
```

출력 예시

```
 *
 *
 **
***
***
```

[문제 13] 2 이상의 정수를 입력 받아 소인수분해하여 예시와 같은 형식으로 출력하는 프로그램을 작성하시오.

- 소인수분해의 예: $40 = 2^3 \times 5^1$, $30 = 2^1 \times 3^1 \times 5^1$, $50 = 2^1 \times 5^2$
- 작은 인수부터 출력하되, 각 인수별로 거듭제곱 형태로 출력 (아래 예시 참조)

입력 예시 1

```
40
```

출력 예시 1

```
2 3        ↦ 2³을 의미
5 1        ↦ 5¹을 의미
```

입력 예시 2

```
30
```

출력 예시 2

```
2 1        ↦ 2¹을 의미
3 1        ↦ 3¹을 의미
5 1        ↦ 5¹을 의미
```

[문제 14] 3~18사이의 정수 N을 입력 받아, 3개의 주사위 A, B, C의 총 합이 N이 되는 모든 경우를 출력하는 프로그램을 작성하시오.

- 각 줄에 하나의 경우를 출력하되, 한 줄의 숫자를 3자리 정수로 간주했을 때, 오름차순으로 출력 (예를 들어, 첫째 줄의 113은 둘째 줄의 122 보다 작음)
- Hint) 3중 반복문

입력 예시

```
5
```

출력 예시

```
1 1 3      ↦ A=1, B=1, C=3
1 2 2
1 3 1
2 1 2
2 2 1
3 1 1
```

[문제 15] 금액을 나타내는 양의 정수 N을 입력 받고, 이 금액으로 A (900원), B (750원), C (200원)의 세 가지 상품을 아래 조건을 만족하도록 구매하는 방법을 출력하는 프로그램을 작성 하시오.

- 구매 조건
  - 잔돈을 남기지 않아야 한다.
  - A, B, C 각 상품은 최소 한 개 이상 구매한다.
  - B 상품은 항상 짝수 개로 구매한다.
  - C 상품의 수량은 A 상품의 수량 보다 작거나 B 상품의 수량보다 작다.
- 위 조건을 만족하는 구매 방법이 없는 경우에는 "none"을 출력한다.

입력 예시 1	출력 예시 1
10000	1 10 8　↦ A 1개, B 10개, C 8개 구매 4 8 2 5 6 5 9 2 2

입력 예시 2	출력 예시 2
2500	none　↦ 가능한 구매 방법 없음

[문제 16] 0~100사이의 정수를 반복해서(종료 조건 시까지) 입력받아, 입력된 정수들의 합, 평균, 개수를 출력하는 프로그램을 작성하시오.

- 종료 조건: 0 또는 음수 입력 (합계, 평균, 개수 계산에서 제외)
- 입력된 수중에서 100을 넘는 수는 계산에서 제외(예시2)
- while 문, if 문, break 문, continue 문 이용
- 실수는 소수점 이하 둘째 자리까지만 출력하시오.

입력 예시 1	출력 예시 1
2 8 3 7 4 6 -2	30 5.00 6　↦ 합계, 평균, 개수

입력 예시 2	출력 예시 2
1 5 101 200 -10	6 3.00 2

입력 예시 3	출력 예시 3
10 20 30 40 50 60 70 0	280 40.00 7

CHAPTER

07

배열

- 배열이란 무엇인지 이해한다.
- 배열의 선언, 사용, 초기화 방법을 익힌다.
- 다차원 배열이 무엇인지 이해하고, 사용법을 익힌다.

프로그램에서는 많은 양의 데이터를 처리하는 일이 다반사이다. 이런 경우 각 데이터마다 변수를 따로 선언하고 처리하려면, 프로그래밍은 매우 귀찮고 지루한 작업이 될 것이다. C 언어에서는 대용량의 데이터를 효율적으로 처리하기 위해 여러 가지 방법을 지원한다. 이 단원에서는 다량의 데이터를 효율적으로 저장하고 처리하기 위한 가장 기본적인 자료형인 배열의 개념과 기본 사용법을 학습한다.

7.1 배열 개요

변수를 여러 개 만들어야 하는 상황을 생각해 보자. 사용자로부터 5개의 정수를 한 번에 입력 받아 변수에 저장하고, 이 값들을 한 번에 출력하는 프로그램은 다음과 같이 작성할 수 있다. (구별이 쉽게 5개의 변수를 숫자 0부터 4를 이용하여 이름을 붙였다.)

```
/* 5개의 변수를 선언하여 값 입력 및 출력하기 */
int x0, x1, x2, x3, x4;
scanf("%d%d%d%d%d", &x0, &x1, &x2, &x3, &x4);
printf(" %d %d %d %d %d", x0, x1, x2, x3, x4);
```

하지만 100개의 정수를 입력 받아 출력해야 한다면, 위와 같은 방식으로 프로그램을 작성하는 것은 매우 비효율적일 것이다. C 언어에서는 위와 같은 경우 배열을 이용하면 프로그램을 간단히 작성할 수 있다.

　배열이란 자료형이 같은 여러 개의 변수를 하나로 묶은 것을 말하는데, 배열을 이용하면 많은 변수를 한 번에 선언하고 저장된 데이터를 처리를 손쉽게 할 수 있다. 앞의 예에서 사용한 5개의 변수를 배열 형식으로 표현하면 다음과 같다.

$$x0,\ x1,\ x2,\ x3,\ x4 \rightarrow x[0],\ x[1],\ x[2],\ x[3],\ x[4]$$

7.2 배열 선언과 사용

| 배열 선언과 참조

　배열을 선언하기 위해서는 자료형을 맨 앞에 명시한 후, 사용할 배열 변수의 이름과 배열의 크기를 적는다. 배열의 크기는 대괄호 [ ] 안에 명시한다.

[배열 선언]

```
자료형   변수명[ 배열크기 ] ;
```

자료형 ──┐   ┌── 배열 크기
```
         int   x[5] ;
              ↑
              └── 변수명
```

　즉, 위 문장을 직역하면 '자료형은 정수형, 이름은 x, 크기는 5인 배열 선언'이고, 자연스럽게 풀어서 '5개의 정수를 저장하는 배열 x 선언'이라고도 말한다. 다음 예와 같이 자료형이 같으면, 여러 개의 배열을 함께 선언하거나 일반 변수와 함께 선언하는 것도 가능하다. (하지만, 일반 변수와 배열을 함께 선언하는 것은 코드의 가독성을 해치기 때문에 일반적으로 추천하지는 않는다.)

```
int x[5], y[3];        ⇨ 여러 개의 배열 함께 선언 가능
double a, b, c[10];    ⇨ 일반 변수와 함께 선언 가능 (추천하지는 않음)
```

　배열을 구성하는 각 변수를 배열의 **원소** (또는 **요소**)라고 하는데, 대괄호 [ ] 안에 번호를 넣어서 구분한다. 대괄호를 **첨자 연산자**라 하고, 대괄호 안의 번호를 배열의 **첨자** (혹은 **인덱스**)라고 부르는데 **배열의 첨자는 0부터 시작한다.** 예를 들어 크기가 5인 배열 x의 각 원소는 x[0], x[1], x[2], x[3], x[4]이다. (x[5]를 사용하지 않도록 주의하자.) 다음은 int x[5]를 표현한 그림으로, 메모리 그림 혹은 변수 그림이라고 부른다.

```
                                      x[0] x[1] x[2] x[3] x[4]
int x[5];                      x  ┌────┬────┬────┬────┬────┐
                                  └────┴────┴────┴────┴────┘
```

배열의 각 원소는 하나의 일반변수와 동일하게 취급된다. 즉, x[0], …, x[4] 각각은 다음과 같이 하나의 정수형 일반 변수와 동일한 방식으로 사용된다.

```
x[1] = 10;                ⇨ x[1]에 10 대입
x[0] = x[0] + 3;          ⇨ x[0]에 x[0]과 3의 합 대입
printf("%d", x[4] );      ⇨ x[4]의 값을 출력
```

앞서 본 5개의 정수를 입력받아 출력하는 프로그램에서 일반 변수를 배열로 바꾸면 다음과 같다.

```
/* 배열 원소를 사용한 프로그램 */
int x[5];                 ⇨ 배열 선언
scanf("%d%d%d%d%d", &x[0], &x[1], &x[2], &x[3], &x[4]);
printf(" %d %d %d %d %d", x[0], x[1], x[2], x[3], x[4]);
```

위 예에서는 정수 배열을 사용했는데, 부동소수형, 문자형 등 정수 이외의 자료형에 대해서도 동일한 방법으로 배열로 선언하여 사용할 수 있다. 또, 배열의 첨자로 정수 상수 또는 정수형 변수를 사용하였는데, 배열 첨자로 **결과 값이 정수인 수식은 모두 가능**하다.

| 배열과 반복문

앞서 배열을 이용하여 변수 선언은 간단하게 작성할 수 있었다. 하지만, 입출력 부분은 여전히 비효율적이다. 100개의 정수를 처리하려면 100개의 배열 원소를 일일이 적어야 한다. 이러한 비효율성은 반복문을 이용하면 간단히 해결할 수 있다. 배열 원소의 첨자가 0부터 시작하여 1씩 증가한다는 규칙을 이용하여 for 반복문의 제어 변수 i의 값을 0에서 4까지 차례로 증가시키고 배열의 첨자 자리에 제어변수 i를 대입하여 배열의 원소에 차례로 접근할 수 있다. 만약 100개의 정수를 처리하려면 for 문의 조건식에서 5를 100으로 바꾸기만 하면 된다.

```
printf(" %d", x[0]);
printf(" %d", x[1]);              for( i=0 ; i < 5 ; i++ )
printf(" %d", x[2]);        ⇨        printf(" %d", x[i]);
printf(" %d", x[3]);
printf(" %d", x[4]);
```

위 for 문의 조건식을 아래 오른쪽과 같이 작성해도 되지만, 배열의 크기를 바로 알 수 있어 가독성이 더 높은 왼쪽 형태를 사용하길 권장한다.

```
/* 가독성이 좋아 주로 사용 */        /* 4가 의미 있는 경우 사용 */
for( i=0 ; i < 5 ; i++ )           for( i=0 ; i <= 4 ; i++ )
    …                                  …
```

배열과 반복문을 이용하여 완성된 최종 프로그램은 다음과 같다.

프로그램 7-1　　**배열 사용 기본 예제**

```
 3: int main(){
 4:    int x[5], i;                 // 배열 선언
 5:
 6:    for( i=0 ; i<5 ; i++ )
 7:       scanf("%d", &x[i]);       // 입력된 정수를 배열에 저장
 8:
 9:    for( i=0 ; i<5 ; i++ )
10:       printf(" %d", x[i]);      // 배열에 저장된 정수 출력
11:    printf("\n");
12:
13:    return 0;
14: }
```

[실행결과]

```
3 5 1 -3 4↵
 3 5 1 -3 4
```

| 배열 초기화

배열 변수가 선언되면 배열의 각 원소에는 쓰레기 값이 저장되어 있는데, 일반 변수처럼 배열도 선언과 동시에 값을 대입하는 초기화를 할 수 있다. 배열의 원소는 여러 개이기 때문에 중괄호 { } 안에, 배열의 초기화 값을 쉼표로 구분하여 나열한다. 배열을 초기화하는 몇 가지 형태에 대해 살펴보자.

a) 배열의 크기만큼 초깃값의 개수를 지정

0번 원소부터 차례로 초깃값이 배열의 원소에 저장된다.

```
int x[5] = {0, 10, 20, 30, 40};
for(i=0;i<5;i++)  printf(" %d", x[i]);
```

[실행결과]
```
 0 10 20 30 40
```

b) 배열의 크기보다 초깃값의 개수가 작은 경우

초깃값의 개수를 배열의 크기보다 작게 지정할 수 있는데, 이 경우 배열의 앞 원소부터 차례로 초깃값이 채워지고, 지정되지 않은 배열의 뒷부분은 0으로 채워진다.

```
int x[5] = {1, 2, 3};
for(i=0;i<5;i++)  printf(" %d", x[i]);
```

[실행결과]
```
 1 2 3 0 0
```

이를 응용하여 다음과 같이 간단히 배열의 값을 모두 0으로 초기화 할 수 있다. 첫 번째만 0으로 초기화하면 배열의 나머지 부분은 0으로 채워진다. 뒤에 원소가 있다는 걸 명확히 표현하기 위해, 뒤에 쉼표를 붙이기도 한다.

```
int x[5] = {0};        ⇨ 또는 x[5] = {0,};
for(i=0;i<5;i++)  printf(" %d", x[i]);
```

[실행결과]
```
 0 0 0 0 0
```

주의 ▶ 배열의 크기보다 초깃값의 개수가 큰 경우에는 컴파일 오류가 발생한다.

```
int x[5] = { 1, 2, 3, 4, 5, 6 };        ⇨ 컴파일 오류 발생
```

c) 배열의 크기를 초깃값의 개수로 정하기

배열의 크기를 지정하지 않으면 초기화 원소의 개수로 배열의 크기가 정해진다. 즉 컴파일러가 초깃값 개수만큼 배열의 크기를 정한다. 이 경우 sizeof 연산자를 이용하여 배열

원소의 개수를 자동으로 계산할 수 있다. 아래에서 sizeof(x)의 결과 값은 배열 x의 전체 크기(배열 x의 3개 원소가 차지하는 바이트 수)이고, sizeof(x[0])은 배열 원소 하나의 크기이므로, 전자에서 후자를 나누면 배열의 원소 개수가 계산된다.

```
int x[ ] = {10, 20, 30};
for( i=0 ; i<3 ; i++ )  printf(" %d", x[i]);
printf("\n배열 크기 = %d\n", sizeof(x)/sizeof(x[0]));
```

[실행결과]
```
10 20 30
배열 크기 = 3
```

다른 자료형의 배열도 초기화 방법은 동일하다.

```
double score[5] = {0.4, 2.4, 0.0, -4.92, 5};    ⇨ 부동소수형 배열 초기화
double score[5] = {0.0};
```

```
char s[5] = {'a', 'b', 'c', 'd', 'e'};    ⇨ 문자형 배열 초기화
char s[5] = {0};    ⇨ 아스키 코드 값 0 에 해당하는 문자로 초기화
```

주의▶ 중괄호를 사용하여 배열 전체 값을 한꺼번에 대입하는 것은 배열 선언 시에만 가능하고, 이후에는 중괄호를 이용하여 배열 전체의 값을 대입하는 것은 불가능하다. 배열 선언 이 후에는 각 원소별로 값을 저장하는 것만 가능하다.

```
int x[5];
x[5] = {1,2,3,4,5};    ⇨ (X) 컴파일 오류
x = {1,2,3,4,5};    ⇨ (X) 컴파일 오류
```

7.3   배열 활용 예제

이 절에서는 배열의 간단한 활용에 대해 연습해본다. 일부 예제에서는 배열을 사용하지 않고도 문제를 해결할 수 있으나, 여기서는 배열 사용 연습을 위해 일부러 배열을 사용하였다.

[예제 7.1] 5개의 실수를 입력 받아 배열에 저장하고, 합과 평균을 출력해보자.

```c
double x[5], sum = 0.0;
int i;

for( i = 0; i < 5 ; ++i )          // 5개의 실수 값 입력
    scanf("%lf", &x[i]);

for( i = 0; i < 5 ; ++i )          // 합 계산
    sum += x[i];

printf("합 = %lf, 평균 = %lf\n", sum, sum/5);    // 결과 출력
```

[예제 7.2] 5개의 실수를 입력 받아 배열에 저장하고, 최댓값을 출력해보자.

```c
double x[5], max = 0.0;
int i;
...                                // 값 입력 부분 생략
max = x[0];                        // max를 0번 원소로 설정
for( i = 1; i < 5 ; ++i )          // 나머지 4개의 원소에 대해
    if( max < x[i] )
        max = x[i];                // max에는 x[0]~x[i] 중 최댓값이 저장되어 있음

printf("max = %lf\n", max);    // 결과 출력
```

[예제 7.3] 크기가 10인 두 배열 X와 Y에 정수를 입력 받아서 저장한 후, X[0]과 Y[9]의 합을 Z[0]에 저장하고, X[1]과 Y[8]의 합을 Z[1]에 저장하고, …, X[9]와 Y[0]의 합을 Z[9]에 저장한 후, 배열 Z의 원소를 출력하자.

```c
int X[10], Y[10], Z[10], i, j;

...                                // 값 입력 부분 생략
for( i = 0; i < 10 ; ++i )    // Z의 원소 계산
    Z[i] = X[i] + Z[9-i];     // 첨자로 연산자를 포함한 수식 사용
...                                // 값 출력 코드 생략
```

[예제 7.4] 9개의 영어 소문자를 입력받아 배열에 저장하고, 입력 문자 순서대로 해당 문자가
몇 번 나타나는 지 출력하시오.

예) (입력) levelfive ⇒ (출력) 2 3 2 3 2 1 1 2 3

　　(출력 설명: 'l'은 2번, 'e'는 3번, 'v'는 2번, 'e'는 3번, … 나타남)

```
char s[9];
int i, j, cnt;
...                              // 문자 입력 부분 생략
for( i=0; i < 9 ; ++i ) {        // s[i]를 기준으로
  cnt = 0;                       // 개수 0으로 설정
  for( j=0; j <9 ; ++j)
    if( s[i] == s[j] )           // 같은 문자이면 개수 증가
      ++cnt;
  printf(" %d", cnt);            // s[i]가 나타난 횟수 출력
}
```

[예제 7.5] 0~5 사이의 정수를 10개 입력받아 배열 x(크기 10)에 저장하고, 0~5 사이의 수
가 각각 몇 번 입력되었는지를 계산하여 배열 cnt(크기 6)에 저장한 후, cnt에 저장된 값을 출
력하시오.

예) (입력) 2 4 2 5 2 1 5 5 0 2 ⇒ (출력) 1 1 4 0 1 3

　　(출력 설명: 0은 1번, 1은 1번, 2는 4번, 3은 0번, 4는 1번, 5는 3번 입력됨)

　　두 가지 방식으로 코드를 작성하였다. 코드를 보고, 두 방식이 어떻게 동작하는 지 파악
하도록 하자.

```
/* 버전 A: 배열 x를 6번 훑어서 계산 */

int k, i, x[10], cnt[6] = {0};
...                            // 10 개 정수 입력 코드 생략
for( k=0 ; k < 6 ; ++k )       // 0~6사이의 각 정수 k에 대해서
  for( i=0 ; i < 10 ; ++i)     // x[i]의 원소 값 검사
    if( x[i] == k )            // x[i]가 k이면
      ++cnt[k];                // cnt[k]의 값 증가

for( k=0; k < 6 ; ++k )        // 0~6사이의 각 정수 k에 대해서
  printf(" %d", cnt[k]);       // k가 입력된 횟수 출력
```

```c
/* 버전 B: 배열 x만 한 번만 훑어서 계산 (더 효율적) */

int k, i, x[10], cnt[6] = {0};
...                          // 10 개 정수 입력 코드 생략
for( i=0 ; i < 10 ; ++i)     // x[i]의 원소 값 검사
  ++cnt[ x[i] ];             // 배열이 첨자로 사용된 형태

for( k=0; k < 6 ; ++k )      // 0~6사이의 각 정수 k에 대해서
  printf(" %d", cnt[k]);     // k가 입력된 횟수 출력
```

➡ 버전 B에서는 배열 원소가 첨자에 사용된 형태를 보여준다. (배열 값이 정수이므로, 배열의 첨자에 사용될 수 있다.) 첨자에 배열이 사용된 형태가 어렵다면, 다음과 같이 임시 변수를 사용한 형태를 생각해보면 이해가 좀 더 쉬울 것이다.

`++cnt[ x[i] ];`   ⇨   `k = x[i];`
`++cnt[ k ];`

7.4 다차원 배열

한 학생의 여러 과목 점수를 저장하고 처리하기 위해서 다음과 같이 배열을 사용하면 편리하다는 것을 학습했다.

```c
/* 5개 과목의 성적을 저장하는 배열 변수 */
int score[5];
```

그러면, 여러 학생에 대해 여러 과목의 점수를 저장하고 처리하려면 어떻게 해야 할까? 예를 들어, 3명의 학생을 처리해야 하는 상황을 생각해보자.

가장 쉽게 생각할 수 있는 방법은 3개의 배열을 사용하는 것이다. 하지만 학생이 100명이라면 이 방법은 적절하지 않다.

```c
int score0[5], score1[5], score2[5];      ⇨ 3개의 배열 변수
```

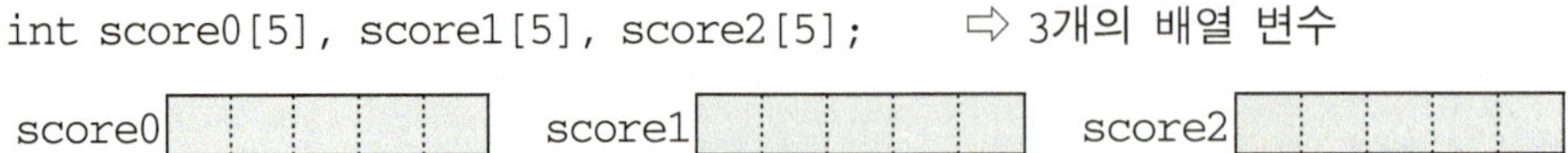

또 다른 방법으로 3개의 배열 변수를 하나로 합해 크기가 15인 배열을 선언하여 사용할 수도 있을 것이다. 이 방법은 학생이 100명이어도 사용할 수 있지만, 학생 별로 또는 과목 별로 성적을 처리하려면 첨자의 사용이 복잡해진다.

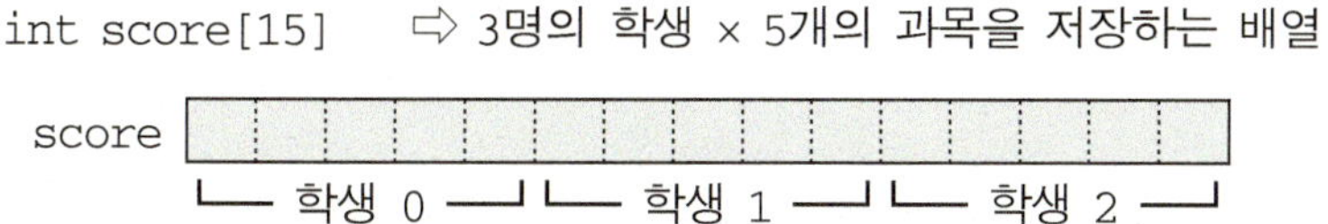

이 상황을 해결하는 가장 좋은 방법은 '정수'를 여러 개 묶어 '정수 배열'을 만들었듯이, '정수 배열'을 여러 개 묶어 '정수 배열의 배열'을 만드는 것이다. 아래에서는 학생 한 명의 점수를 나타나는 배열 3개를 하나의 큰 배열로 묶었다. 이 배열에서는 두 개의 첨자가 사용되는데, 첫 번째 첨자는 학생을 의미하고, 두 번째 첨자는 과목을 의미한다.

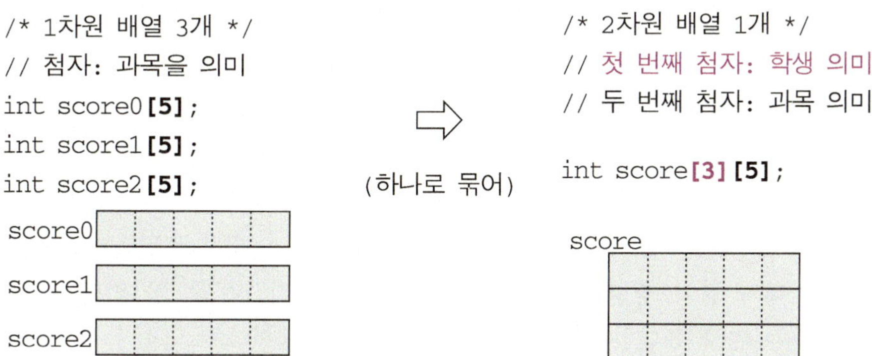

위와 같이 **첨자가 두 개 이상인 배열을 다차원 배열**이라고 한다. (다차원 배열과 구별하기 위해 **첨자가 하나인 배열을 일차원 배열**이라고 한다.) 다차원 배열의 가장 간단한 형태는 첨자가 두 개인 2차원 배열로, 이 절에서는 주로 2차원 배열의 선언, 사용법, 초기화에 대해 학습한다. 동일한 방식으로 3차원, 4차원 배열로 확장할 수 있다.

| 2차원 배열 선언과 사용

2차원 배열 선언의 형태는 일차원 배열과 비슷한데, 차원이 두 개이므로 배열의 크기를 다음과 같이 두 개의 첨자를 이용하여 명시한다.

[2차원 배열 선언]

즉, 위 문장은 크기가 3×5인 정수형 2차원 배열을 선언하는 문장으로, 이 배열에는 총 3×5=15개의 정수를 저장할 수 있다. 다음과 같이 자료형만 같다면, 다양한 크기의 2차원 배열을 함께 선언하거나 다른 형태의 변수와 함께 선언하는 것도 가능하다. (하지만, 2차원 배열을 일차원 배열 또는 일반 변수와 같이 선언하면 코드의 가독성이 나빠지므로 사용에 신중해야 한다.)

```
int x[3][5], y[7][6];
double a, b, c[10], d[9][9] ;        ⇨ 가능하지만 추천하지는 않음
```

2차원 배열에서는 두 개의 첨자를 이용하여 배열의 각 원소를 표현한다. 일차원 배열에서와 마찬가지로 각 **첨자는 0부터 시작**한다. 예를 들어, 총 15개의 정수를 저장할 수 있는 크기가 3×5인 배열 x의 각 원소는 x[0][3], x[1][4]와 같은 형태로 표현하고, 첫 번째 첨자는 0~2사이의 수가, 두 번째 첨자로 0~4사이의 수가 사용된다. 2차원 배열의 논리적 구조는 아래와 같이 행렬의 형태로 표현할 수 있는데, 보통 첫 번째 첨자는 행으로, 두 번째 첨자는 열로 표현한다. 예를 들어, 아래 그림에서 x[1][4]는 (1행, 4열)의 원소를 나타낸다.

```
/* 크기가 3×5인 2차원 배열 */
int x[3][5];
```

	0	1	2	3	4
0	x[0][0]	x[0][1]	x[0][2]	x[0][3]	x[0][4]
1	x[1][0]	x[1][1]	x[1][2]	x[1][3]	**x[1][4]**
2	x[2][0]	x[2][1]	x[2][2]	x[2][3]	x[2][4]

일차원 배열과 마찬가지로 2차원 배열의 각 원소는 하나의 일반 변수와 동일하게 취급된다.

```
x[1][2] = 10;              ⇨ x[1][2]에 10 대입
x[0][3] = x[0][3] + 5;     ⇨ x[0][3]에 5를 더한 값을 x[0][3]에 대입
printf("%d", x[1][4] );    ⇨ x[1][4]의 값을 출력
```

| 2차원 배열과 반복문

일차원 배열에서처럼 반복문을 사용하여 2차원 배열을 효율적으로 다룰 수 있다. 다만, 차원이 두 개이므로 여러 가지 경우가 발생한다. 학생 3명의 5개 과목 점수를 저장하는 2차원 배열을 이용하여 몇 가지 사례를 살펴보자. 배열에서 첫 번째 첨자는 학생을, 두 번째 첨자는 과목을 의미한다.

```
/* 3명의 학생, 5개의 과목 점수를 저장하는 배열 */

int score[3][5];
```
⇨ 배열에 오른쪽과 같이 값이
저장되어 있다고 가정

score	0	1	2	3	4
0	0	1	2	3	4
1	10	11	12	13	14
2	20	21	22	23	24

a) 특정 학생의 모든 과목 점수 출력:

학생을 의미하는 첫 번째 첨자를 특정 학생을 나타내는 값으로 고정하고, 과목을 나타내는 두 번째 첨자를 반복문의 제어 변수로 표현한다.

```
/* 1번 학생의 각 과목 점수 출력 */
for( j=0; j < 5 ; ++j )
    printf(" %d", score[1][j]);
```

[실행결과]

```
10 11 12 13 14
```

score	0	1	2	3	4
0	0	1	2	3	4
1	10	11	12	13	14
2	20	21	22	23	24

b) 특정 과목의 모든 학생 점수 출력:

위와 반대로, 과목을 의미하는 두 번째 첨자를 특정 과목을 나타내는 값으로 고정하고, 학생을 나타내는 첫 번째 첨자를 반복문의 제어 변수로 표현한다.

```
/* 2번 과목의 각 학생 점수 출력 */
for( i=0; i < 3 ; ++i )
    printf(" %d", score[i][2]);
```

[실행결과]

```
2 12 22
```

score	0	1	2	3	4
0	0	1	2	3	4
1	10	11	12	13	14
2	20	21	22	23	24

c) 각 학생별로 모든 과목 점수 출력:

모든 학생을 고려해야 하므로 첫 번째 첨자를 반복문의 제어 변수로 표현하고, 모든 과목도 고려해야 하므로 두 번째 첨자도 반복문의 제어 변수로 표현한다. 각 학생마다 모든 과목을 반복해서 출력하므로 이중 반복문으로 구성한다. (구구단 출력과 유사)

```
for( i=0; i < 3 ; ++i ) {
    for( j=0; j < 5 ; ++j )
        printf(" %d", score[i][j]);
    printf("\n");
}
```

[실행결과]

```
0 1 2 3 4
10 11 12 13 14
20 21 22 23 24
```

d) 각 과목별로 모든 학생 점수 출력:

앞 서 본 예와 비슷하게 처리한다. 다만, 출력 기준이 바뀌었으므로 이중 반복문을 구성하는 반복문의 순서도 바뀌어야 한다.

```
for( j=0; j < 5 ; ++j )
    for( i=0; i < 3 ; ++i ) {
        printf(" %d", score[i][j]);
    printf("\n");
}
```

[실행결과]

```
0 10 20
1 11 21
2 12 22
3 13 23
4 14 24
```

| 2차원 배열 초기화

a) 중첩 중괄호를 사용하여 행별로 초깃값을 설정하는 형태

중괄호를 중첩하여 값을 지정하는 가장 일반적인 2차원 배열 초기화 형태로, 각 행의 초기 값을 중괄호로 묶고, 행들을 다시 중괄호를 사용하여 묶는다. (예시에서는 가독성을 위

해 하나의 줄에 하나의 행씩 적었지만, 하나의 줄에 적어도 무방하다.) 일차원 배열에서와 마찬가지로, 값이 지정되지 않은 원소는 0으로 초기화된다. 아래 예에서 마지막 행(2번 행)에 대해 지정된 초깃값이 없으므로, 2번 행은 모두 0으로 채워진다.

```
int x[3][5] =
    { {10, 20, 30},          ⇨ 0번 행
      {40, 50, 60, 70} } ;   ⇨ 1번 행
                             ⇨ 2번 행
```

x	0	1	2	3	4
0	**10**	**20**	**30**	0	0
1	**40**	**50**	**60**	**70**	0
2	0	0	0	0	0

b) 하나의 중괄호를 사용하여 초깃값을 설정하는 형태

1차원 배열처럼 하나의 중괄호에 초깃값을 설정하는 형태이다. 0번 행부터 차례로 값이 채워지고, 나머지 부분은 0으로 채워진다.

```
int x[3][5] =
    { 10, 20, 30, 40, 50, 60, 70 } ;
```

x	0	1	2	3	4
0	**10**	**20**	**30**	**40**	**50**
1	**60**	**70**	0	0	0
2	0	0	0	0	0

지정하지 않은 원소의 값은 모두 0으로 초기화된다는 점을 이용하여 다음과 같이 간단히 배열 원소의 값을 모두 0으로 초기화할 수 있다. 다음은 모두 2차원 배열을 0으로 초기화하는 문장이다.

```
int x[3][5] = {{0}};      ⇨ a)번 초기화 형태
int x[3][5] = {0};        ⇨ b)번 초기화 형태
```

주의 ▸ 배열의 크기보다 초깃값의 개수가 크면 컴파일 오류가 발생하는데, a)번 형태의 경우에는 각 첨자별로 초깃값의 개수가 해당 첨자의 크기를 초과하면 안 되고, b)번 형태의 경우에는 초깃값 전체의 개수가 배열 전체의 원소 개수를 초과하면 안 된다. 아래 예에서 문제가 되는 부분을 굵게 표시하였다.

```
int x[2][2] = {{0,1}, {0}, {0}};     ⇨ 첫 번째 첨자 크기 초과
int x[2][2] = {{0,1,2}, {0} };       ⇨ 두 번째 첨자 크기 초과
int x[2][2] = {0,1,2,3,4};           ⇨ 배열 전체 원소 개수 초과
```

c) 배열의 크기를 초깃값의 개수로 정하기

2차원 배열도 배열의 크기를 지정하지 않고 초기화 원소의 개수로 배열의 크기를 정할 수 있다. 단, 첫 번째 첨자만 생략 가능하고, 두 번째 첨자는 생략할 수 없다.

```c
int x[][2] = {{0,1}, {0}, {0}};      ⇨ x[3][2]와 동일 (정상)
int x[3][] = {{0,1}, {0}, {0}};      ⇨ (X) 컴파일 오류
int x[][] = {{0,1}, {0}, {0}};       ⇨ (X) 컴파일 오류

int x[][2] = {0, 1, 2, 3, 4};        ⇨ x[3][2]와 동일
int x[3][] = {0, 1, 2, 3, 4};        ⇨ (X) 컴파일 오류
int x[][] = {0, 1, 2, 3, 4};         ⇨ (X) 컴파일 오류
```

[예제 7.6] 학생 3명의 국어, 영어 성적을 저장하기 위한 2차원 배열을 선언하고 오른쪽 표로 초기화 한 후, 국어와 영어 과목의 평균을 각각 계산하여 출력하시오.

	국어	영어
학생 A	20	100
학생 B	70	36
학생 C	30	50

[실행결과]

```
40.000000      ⇨ 국어 평균
62.000000      ⇨ 영어 평균
```

프로그램 7-2　**다차원 배열 사용 기본 예제**

```c
 3: int main() {
 4:    int i, j, sum;
 5:    int score[3][2] = { {20, 100}, {70, 36}, {30, 50} };    // 초기화
 6:
 7:    for( j=0 ; j<2 ; j++ ) {        // 각 과목에 대해서
 8:       sum = 0;
 9:       for( i=0 ; i<3 ; i++ )       // 각 학생에 대해서
10:          sum += score[i][j];       // 과목 점수 합
11:       printf("%f\n", sum/3.0);     // 평균 출력
12:    }
13:    return 0;
14: }
```

[예제 7.7] 4×4 크기의 행렬을 나타내는 2차원 배열 A를 아래 왼쪽과 같이 초기화 하고, 행렬 A와 A의 전치 행렬을 <u>나란히</u> 출력하시오. (전치 행렬이란 행과 열을 바꾼 행렬로, 아래 코드에서는 전치 행렬을 저장하기 위한 배열을 따로 선언하지 않고 A를 이용하여 직접 전치 행렬을 출력했으나, 전치 행렬을 저장하기 위해 배열을 따로 선언하는 방식으로 코드를 작성해도 무방하다.

[실행결과]

```
0.0  0.1  0.2  0.3        0.0  1.0  2.0  3.0
1.0  1.1  1.2  1.3        0.1  1.1  2.1  3.1
2.0  2.1  2.2  2.3        0.2  1.2  2.2  3.2
3.0  3.1  3.2  3.3        0.3  1.3  2.3  3.3
```

　　　(행렬 A)　　　　　　　　　(A의 전치 행렬)

프로그램 7-3　　**전치 행렬**

```c
 3: int main() {
 4:   int i, j;
 5:   double A[4][4] = { 0.0, 0.1, 0.2, 0.3, 1.0, 1.1, 1.2, 1.3,
 6:                      2.0, 2.1, 2.2, 2.3, 3.0, 3.1, 3.2, 3.3};
 7:
 8:   for( i=0 ; i<4 ; i++ ) {          // 각 행에 대해서
 9:     for( j=0 ; j<4 ; j++ )          // 행렬 A의 각 열 출력
10:       printf(" %.1f", A[i][j]);
11:     printf("     ");
12:     for( j=0 ; j<4 ; j++ )          // A의 전치 행렬의 각 열 출력
13:       printf(" %.1f", A[j][i]); // 행과 열을 바꿔서 출력
14:     printf("\n");
15:   }
16:   return 0;
17: }
```

| 3차원 이상의 배열

2차원 배열과 비슷한 방법으로 3차원 이상의 배열로 확장할 수 있다. 예를 들어, 반별로 학생 3명의 국어와 영어 성적이 있을 때, 3차원 배열을 사용하면, 반별, 학생별, 과목별로 점수를 처리하기 수월해진다. 다음은 두 반의 국어 성적 전체를 출력하는 프로그램이다.

1반	국어	영어
학생 A	20	90
학생 B	70	36
학생 C	30	50

2반	국어	영어
학생 D	30	90
학생 E	80	40
학생 F	40	60

프로그램 7-4　**3차원 배열 사용 예제**

```c
 3: int main() {
 4:   int i, j;
 5:   int score[2][3][2] = { { {20,90},{70,36},{30,50} },     // 1반
 6:                          { {30,90},{80,40},{40,60} } };  // 2반
 7:
 8:   for( i=0 ; i<2 ; i++ ) {          // 각 반에 대해서
 9:     printf("%d반 국어 :", i+1);
10:     for( j=0 ; j<3 ; j++ )          // 각 학생에 대해서
11:        printf(" %d", score[i][j][0]);
12:     printf("\n");
13:   }
14:
15:   return 0;
16: }
```

[실행결과]

```
1반 국어 : 20 70 30
2반 국어 : 30 80 40
```

| 단원요약 |

1　배열이란 동일한 자료형의 변수 여러 개를 하나로 묶은 자료형이다.

2　배열 선언에는 자료형과 배열 크기를 명시한다.

3　배열을 구성하는 각 변수를 배열의 원소라고 하고, 대괄호 [ ]안의 번호를 첨자라고 한다. 첨자는 0부터 시작한다.

4　배열은 반복문을 활용하여 효율적으로 처리할 수 있다.

5　배열은 중괄호 안에 값을 나열하여 초기화 한다.

6　배열 선언에서 크기가 명시되지 않은 경우, 초기화에 사용된 값의 개수에 의해 크기가 결정된다.

7　첨자가 하나인 배열을 일차원 배열, 두 개 이상인 배열을 다차원 배열이라고 한다.

8　2차원 배열을 선언하거나 원소 값을 참조를 위해서 두 개의 첨자를 사용한다.

9　2차원 배열의 초기화에는 보통 중첩된 중괄호를 사용한다.

| 실습문제 |

[문제 1] N(2≤N≤100)개의 정수를 입력 받아, 평균보다 큰 입력 정수를 출력하는 프로그램을 작성하시오.

- 도움말) 평균을 구한 후 입력된 값과 비교해야 하므로, 입력 정수를 배열에 저장해두어야 한다.

입력 예시

```
6          ↦ N = 6
1 10 1 2 8 10
```

출력 예시

```
10 8 10    ↦ 입력된 순서대로 출력
```

[문제 2] N(3≤N≤100)개의 문자를 입력 받아, 연속된 문자로 cat이 나타나는 횟수를 구하는 프로그램을 작성하시오.

- 참고) 배열을 사용하지 않고도 프로그램을 작성 할 수 있으나, 프로그램이 복잡해진다.

입력 예시

```
7          ↦ N = 7
catbcat
```

출력 예시

```
2      ↦ catbcat
```

[문제 3] 문자 다섯 개를 입력 받아서, 예시와 같이 한 번에 한 칸씩 오른쪽으로 shift해서 출력하는 프로그램을 작성하시오.

- 도움말) 1차원 배열이면 충분한다.

입력 예시

```
*frog
```

출력 예시

```
*frog
g*fro
og*fr
rog*f
frog*
```

[문제 4] 다음과 같이 동작하는 hangman 게임 프로그램을 작성하시오.

- 맨 처음 정답에 해당하는 문자 3개로 구성된 영단어를 입력한다.
- 정답을 맞히기 위하여 다음과 같이 시도한다. (정답을 맞히거나, 5번이 경과하면 종료)
  - 문자를 한 줄에 하나씩 입력한다.
  - 문자를 입력할 때 마다 현재 상태를 화면에 출력한다. (출력 예시 참조)
- 도움말: 문자 입력 후에는 getchar() 함수를 추가하여 개행 문자를 버퍼에서 제거해야, 다음 문자 입력이 정상적으로 실행된다. (2장 참조)

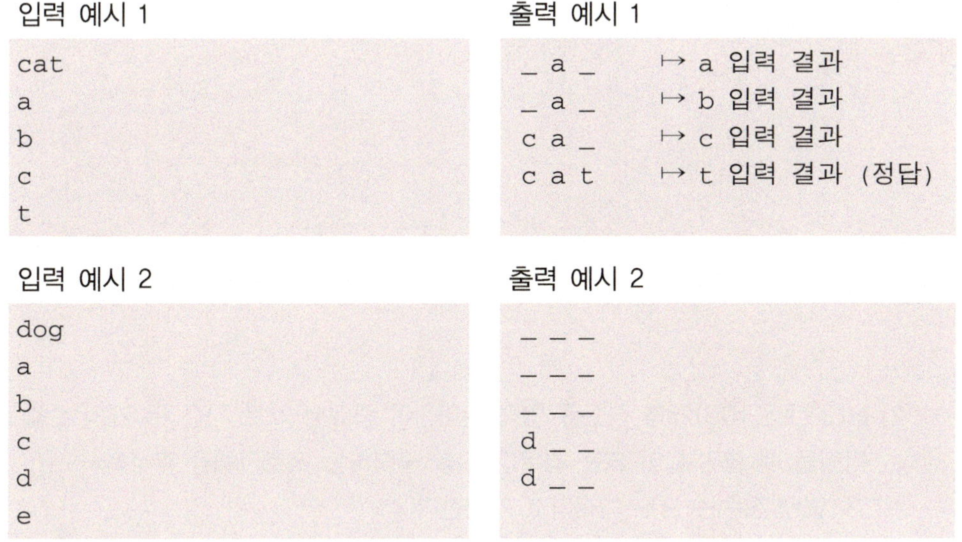

[문제 5] 중복된 숫자가 입력되기 전까지 양의 정수를 반복해서 입력 받고, 입력된 모든 정수의 합을 출력하는 코드를 작성하시오.

- 양의 정수만 입력되며 입력 값의 최대 개수는 100
- Hint) 이전까지 입력된 모든 정수를 대상으로 중복 여부를 검사해야 함

입력 예시 1

6 6

출력 예시 1

6

입력 예시 2

4 8 6 5 8

출력 예시 2

23   ↦ 4 + 8 + 6 + 5

[문제 6] 10개의 정수를 입력 받아, 각 정수가 몇 번 등장했는지를 입력받은 순서대로 출력하시오.

- 입력 받은 숫자와 총 입력 횟수를 함께 출력하되, 동일한 수에 대해 한번 씩만 출력하시오.

입력 예시 1

```
13 2 2 5 6 3 3 3 3 5
```

출력 예시 1

```
13 1    ↦ 13이 1번 입력됨
2 2
5 2
6 1
3 4
```

입력 예시 2

```
1 1 1 3 3 3 4 20 10 3
```

출력 예시 2

```
1 3
3 4
4 1
20 1
10 1
```

[문제 7] N(2≤N≤100)개의 정수를 입력 받아, 이 중에서 서로 다른 두 개의 수를 선택해서 더했을 때 합이 M이 되는 경우의 수를 출력하는 프로그램을 작성하시오.

- 입력 정수는 모두 다르다고 가정한다.

입력 예시 1

```
6 8      ↦ N = 6, M = 8
2 4 6 7 3 1
```

출력 예시 1

```
2    ↦ 2+6=8, 7+1=8 (2회)
```

입력 예시 2

```
7 9      ↦ N = 7, M = 9
2 3 5 6 1 4 7
```

출력 예시 2

```
3    ↦ 2+7=9, 3+6=9, 5+4=9 (3회)
```

[문제 8] 5개의 정수를 입력 받아 배열에 저장한 후, 다음과 같이 인접한 원소를 교환하여 가

장 큰 수를 맨 뒤로 이동시키는 프로그램을 작성하시오.

- 아래 교환 연산을 0번 원소부터 마지막 바로 전 원소까지 반복
  - 0번 원소와 1번 원소를 비교하여 0번 원소가 크면 서로 위치 교환
  - 위 비교 및 교환 후, 1번 원소와 2번 원소에 대해 동일한 작업 수행
  - 동일한 방식으로, 마지막 바로 전 원소와 마지막 원소 비교 및 교환

입력 예시

```
4 3 5 2 1
```

출력 예시

```
3 4 2 1 5
```

[문제 9] 5개의 정수를 입력 받아서 문제 8의 작업을 4번 반복하는 프로그램을 작성하시오.
- 참고) 최종적으로 가장 작은 수부터 큰 수까지 오름차순으로 정렬되고, 이 방식
  의 정렬을 '버블 정렬'이라고 한다.

입력 예시

```
4 3 5 2 1
```

출력 예시

```
3 4 2 1 5  ↦ 1번 반복한 결과
3 2 1 4 5  ↦ 2번 반복한 결과
2 1 3 4 5  ↦ 3번 반복한 결과
1 2 3 4 5  ↦ 4번 반복한 결과 (정렬)
```

[문제 10] N×N (2≤N≤10)크기의 행렬을 입력받아, 주대각선에 위치한 원소만 전치시킨 행
렬을 출력하는 프로그램을 작성하시오.

입력 예시

```
5          ↦ N=5
11 12 13 14 15
21 22 23 24 25
31 32 33 34 35
41 42 43 44 45
51 52 53 54 55
```

출력 예시

```
55 12 13 14 51
21 44 23 42 25
31 32 33 34 35
41 24 43 22 45
15 52 53 54 11
```

[문제 11] 3명의 국어와 영어 성적을 입력받아, 각 학생마다 과목별 평균보다 낮은 점수를 출력하는 프로그램을 작성하시오.

- 예시에서 국어의 평균은 30점, 영어의 평균은 50점

	국어	영어
학생 A	10	20
학생 B	50	90
학생 C	30	40

입력 예시

```
10 20    ↦ 학생 A
50 90    ↦ 학생 B
30 40    ↦ 학생 C
```

출력 예시

```
10 20    ↦ 학생 A의 과목별 평균보다 낮은 점수
         ↦ 학생 B는 과목별 평균보다 낮은 점수 없음
40       ↦ 학생 A의 과목별 평균보다 낮은 점수
```

[문제 12] 2차원 배열을 이용하여 오른쪽 표의 정보를 저장하고, 사용자로부터 0~5 사이의 숫자 세 개 입력 받아, 각 숫자에 해당하는 영어를 출력하시오.

숫자	영어 출력
0	ZERO-
1	ONE--
2	TWO--
3	THREE
4	FOUR-
5	FIVE-

입력 예시

```
1 3 5
```

출력 예시

```
ONE--
THREE
FIVE-
```

[문제 13] M×M 크기의 행렬 A과 N×N 크기의 행렬 B의 정보를 입력받아($1 \leq M \leq N \leq 20$), 행렬 A가 나타는 행렬 B의 시작 위치를 모두 찾는 프로그램을 작성하시오.

- 행 번호가 작은 위치부터 출력하고, 그런 위치가 없는 경우에는 "none"을 출력하시오.

입력 예시

```
2 4       ↦ M=2, N=4
1 1       ↦ 행렬 A의 0행
1 1       ↦ 행렬 A의 1행
3 2 1 1   ↦ 행렬 B의 0행
0 1 1 1   ↦ 행렬 B의 1행
7 1 1 3   ↦ 행렬 B의 2행
1 1 0 1   ↦ 행렬 B의 3행
```

출력 예시

```
0 2   ↦ B의 0행 2열에서 A 나타남
1 1   ↦ B의 1행 1열에서 A 나타남
```

[문제 14] M×N 크기의 행렬과 내부 행렬의 좌표 (m_1, n_1) 과 (m_2, n_2)를 입력받고, 예시와 같이 두 좌표 사이의 원소들(예시에서 회색 부분)을 역순으로 교환하여 출력하는 프로그램을 작성하시오.

- $1 \le M, N \le 20$, $0 \le m_1, m_2 < M$, $0 \le n_1, n_2 < N$
- m_1과 m_2의 대소 관계는 정해져 있지 않다. (n_1, n_2도 마찬가지)

입력 예시 1

```
3 4          ↦ M=3, N=4
1 12 3 4     ↦ 0행의 원소
5 11 7 8     ↦ 1행의 원소
2 6 10 9     ↦ 2행의 원소
1 0          ↦ (m₁,n₁)=(1,0)
2 2          ↦ (m₂,n₂)=(2,2)
```

출력 예시 1

```
1 12 3 4
10 6 2 8
7 11 5 9
```

입력 행렬

1	12	3	4
5	11	7	8
2	6	10	9

출력 행렬

1	12	3	4
10	6	2	8
7	11	5	9

입력 예시 2

```
5 3          ↦ M, N
1 2 3        ↦ 행렬 원소
4 5 6
7 8 9
10 11 12
13 14 15
4 2          ↦ (m₁,n₁)
1 2          ↦ (m₂,n₂)
```

출력 예시 2

```
1 2 3
4 5 15
7 8 12
10 11 9
13 14 6
```

입력 행렬

1	2	3
4	5	6
7	8	9
10	11	12
13	14	15

출력 행렬

1	2	3
4	5	15
7	8	12
10	11	9
13	14	6

[문제 15] M×N 크기의 행렬($1 \le M, N \le 20$)을 예시와 같이 시계 방향 나선형으로 1부터 차례로 채운 후, 결과를 출력하는 프로그램을 작성하시오.

입력 예시 1

```
3 4  ↦ M=4, N=5
```

출력 예시 1

```
1 2 3 4 5
14 15 16 17 6
13 20 19 18 7
12 11 10 9 8
```

4×5 나선형 행렬

1	2	3	4	5
14	15	16	17	6
13	20	19	18	7
12	11	10	9	8

08

함수

함수

- 함수란 무엇인지 이해하고, 사용법을 익힌다.
- 함수의 호출 과정을 이해한다.
- 함수와 변수의 적용범위를 이해한다.
- 함수에 배열을 전달하는 법을 익힌다.
- 함수와 라이브러리를 이해한다.

C 언어에서 함수는 어떤 특정한 일을 수행하는 독립적인 단위로, 프로그램은 여러 함수들로 구성된다. 지금까지 여러분은 입출력을 위해 scanf(), printf()라는 함수를 사용하였고, main() 역시 프로그램의 시작점을 나타내주는 특수한 역할을 하는 함수이다.

함수를 사용하는 가장 큰 이유는 프로그래밍을 단순화하여 효율성을 높이기 위해서이다. 표준 출력 함수 printf()를 생각해보자. 여러분은 출력이 필요할 때마다 단순히 printf() 함수를 호출하였다. 화면에 출력하기 위해서는 굉장히 복잡한 과정을 거치게 되는데, 이는 이미 printf() 함수 안에 구현되어 있다. 하지만, 프로그램을 작성할 때 그런 복잡한 과정은 생각하지 않고, 마치 덧셈 연산이 필요할 때마다 더하기(+) 연산자를 이용하는 것과 비슷하게, 출력이 필요할 때마다 printf() 함수를 호출하기만 하면 된다. (물론, 연산자와 함수는 근본적으로 다르다.)

이 단원에서는 함수란 무엇인지 개략적으로 살펴보고, 함수와 관련된 C 언어 문법을 익히고 함수를 활용하여 프로그램을 작성하는 방법에 대해 학습한다.

8.1 함수 개요

여러분은 수학에서 처음으로 함수를 배웠을 것이다. 예를 들어, f(x,y)=x+y라는 함수는 두 개의 인자 x와 y를 입력받아 두 수의 합을 계산하는 함수이다. 위 함수 f(x,y)의 정의가 위와 같을 때, 우리는 다음 함수의 결과가 무엇인지 알 수 있다.

$f(3,4)$의 결과는? 7.　　　$5 + f(3,4)$의 결과는 ? 12.

　이러한 함수는 종종 다음과 같이 어떤 특정한 일을 하는 마술 상자에 비유된다. 즉, f라고 하는 마술 상자에 두 개의 값 x와 y를 넣어주면 우리는 두 수의 합을 결과 값으로 얻을 수 있다. 이 함수(또는 마술 상자)는 4개의 구성 요소, ① **함수 이름 f**, ② **입력 인자 x와 y**, ③ **결과 z**, ④ **수행하는 작업(x+y)**으로 표현 될 수 있다.

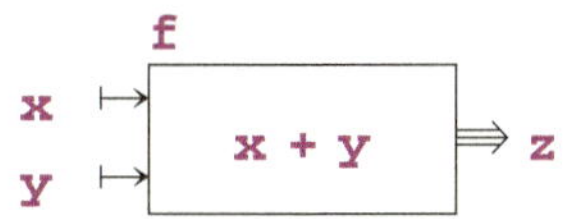

　프로그램에서 사용하는 함수의 기본 개념 역시 위와 동일하다. 아래 코드는 위와 동일한 기능을 수행하는 C 언어 함수이다. (다만, 함수의 기능을 명확히 표현하기 위해서 f 대신 add라는 이름을 사용하였다.) 아직 함수에 대한 문법을 배우지 않았지만, 위 구성 요소가 다 포함되어 있는 것을 짐작할 수 있을 것이다.

프로그램 8-1　**함수 기본 예제**

```
3: int add(int x, int y) {  // add() 함수 정의부 (시작)
4:    int z;
5:    z = x+y;
6:    return z;
7: }                         // add() 함수 정의부 (끝)
8:
9: int main() {
10:    int c;
11:
12:    c = add(3,4);          // add() 함수 호출부
13:    printf("3 + 4 = %d\n",c);
14:    return 0;
15: }
```

　C 언어 프로그램에서 함수는 두 가지 부분, **함수 정의부**와 **함수 호출부**로 구성된다. 함수 정의부는 함수를 구현하는(즉, 마술 상자 내부를 만드는) 부분이고, 함수 호출부는 함수의 기능을 이용하는(즉, 마술 상자를 이용하는) 부분으로 개략적인 특징은 다음과 같다.

(다음 절에서 함수 정의와 호출에 대해 좀 더 자세히 설명한다.)

❖ 먼저 **함수 호출부**를 고려해보자. 마술 상자를 이용하기 위해서는 마술 상자의 이름을 알아야 하고, 필요한 입력 인자를 제공해주어야 한다. 또 어떤 결과 값이 나오는지를 알고 있어야 한다. 즉, 위 함수의 4가지 구성요소 중 ① 함수 이름, ② 입력 인자, ③ 결과(정확히는 결과의 자료형)를 알아야 한다. 하지만, 마술 상자 내부가 어떻게 구현되는지에 대해서는 전혀 신경 쓸 필요가 없다.

❖ 반면, **함수 정의부**에서는 위 네 가지를 모두 신경 써야 한다. 하지만 이 경우에도 함수의 기능 구현에만 신경 쓰면 되지, 함수를 호출하는 부분의 상황을 고려할 필요가 없다. 위 예에서 add() 함수의 인자로 어떤 값이 입력될지, 계산된 결과가 어떻게 사용될지 전혀 신경 쓰지 않고 독립적으로 add() 함수를 구현할 수 있다.

8.2 함수 정의

이번 절에서는 함수를 구현하는 함수 정의에 대해서 학습한다. 함수의 기능을 사용하기 위해서는 **함수가 수행해야 할 기능을 미리 코드로 기술(이를 함수 '정의'라 함)** 해야 한다. printf() 함수처럼 표준 함수의 경우 이미 코드로 구현되어 컴파일러에 제공 되지만, 위 예제와 같이 프로그래머가 직접 함수를 만들어 사용하는 경우에는 프로그래머가 함수의 코드를 직접 작성해야 한다. 앞 절에서 본 add() 함수를 이용하여 함수를 정의하는 법을 설명한다.

함수를 정의하기 위해서는 앞서 언급한 함수의 네 가지 구성요소가 무엇인지 명세해야 한다. 앞서 설명한 마법 상자와 함수의 첫 번째 줄을 비교해보면 각각이 무엇을 의미하는지 짐작할 수 있을 것이다. 함수의 첫 번째 줄은 세 개의 부분으로 구성되어 있는데, 함수가 변환하는 결과의 자료형(반환형), 함수의 이름, 함수에 입력되는 인자 목록이다.

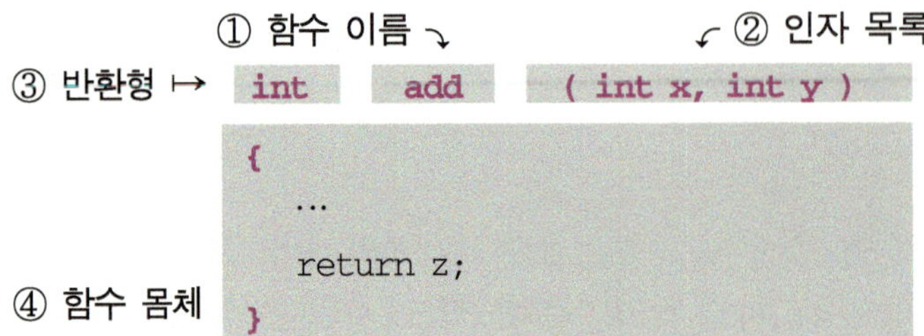

① **함수 이름**: 함수를 사용하기 위해서는 이름이 있어야 한다. 함수 이름을 만드는 규칙은 변수 이름을 만드는 규칙과 동일하고, 변수 이름과 마찬가지로 함수가 하는 일을 잘 표현하는 이름을 부여해야 한다.

② **함수 인자 or 매개변수 목록(parameters)**: 함수가 수행되기 위해 필요한 함수의 입력 데이터를 나타내는 변수들이다. 이를 함수 인자라 하는데 함수 이름 뒤의 소괄호 안에 변수 선언과 동일한 형식으로 명시한다. 인자가 다수인 경우 콤마(,)로 구분한다. 인자가 없는 경우에는 소괄호를 비워둔다. (인자가 0개여도 소괄호는 반드시 적어야 한다.)

③ **반환형(return type)**: 함수는 수행된 후의 결과를 반환하는데, 이 반환할 결과의 자료형을 명시해야 한다. 반환형은 함수 이름 앞에 적어준다. (변수를 선언할 때 변수의 자료형을 변수이름 앞에다 명시하듯이, 함수 결과의 자료형 역시 함수 이름 앞에 명시한다.) 만약 아무런 결과도 반환하지 않는 함수의 경우에는 자료형에 void를 적는다. 반환형을 명시하지 않는 경우 반환형은 int 형으로 간주된다. (컴파일러에 따라 오류가 나는 경우도 있다.)

위 예에서 볼 수 있듯이, 위 세 구성요소는 통상적으로 하나의 줄에 작성이 되는데, 이를 **함수의 헤더(header)**라 부르고, 함수의 형태를 명시하는 역할을 한다.

④ **함수 몸체(body)**: 함수가 수행해야 할 일을 헤더 다음에 중괄호 쌍 { } 안에 명세하게 되는데, 이를 함수의 몸체(body)라 부른다. (그 동안 여러분은 main() 함수의 몸체에 코드를 작성해왔다.) 함수는 제어 흐름에 따라 수행되고, 맨 마지막 문장까지 수행되거나 return 문을 만나면 종료된다.
　　return 문은 함수를 종료하고 함수의 결과를 반환하기 위해서 사용한다. return 문은 함수 중간에 나타나기도 하는데, 함수의 수행 도중 return 문을 만나면 위치에 관계없이 함수는 종료된다. 반환형이 void 인 경우에는 함수가 아무런 결과도 반환하지 않으므로 보통 return 문을 쓰지 않지만 중간에 함수를 종료하기 위해 쓰기도 한다.

```
return z;          ⇨ 변수 z에 저장된 값을 반환하라는 의미
return 10+20;      ⇨ 10+20, 즉 30을 반환하라는 의미
return;            ⇨ 아무 것도 반환하지 않음(반환형이 void 인 경우 사용)
```

정리하면, 일반적인 함수 정의의 구문은 다음과 같다.

[함수 정의 구문]
반환형 함수이름 (인자선언1, 인자선언2, …)
{
　　　　함수의 수행 코드
　　　　return 문; ⇨ 필요 시
}

함수 정의를 이해하고 연습하기 위해 몇 가지 예를 더 살펴보자.

1) 다음 코드는 반환형이 char형, 이름이 next_char, 인자가 char형 변수 c와 int형 변수 num인 함수의 정의이다. 반환형이 char형이기 때문에, return 문이 없으면 컴파일 오류가 발행한다.

```c
char next_char(char c, int num) {
    char c1;
    …          // 몸체의 코드는 생략
    return c1;
}
```

2) 다음은 반환 값이 없고, 이름은 print_heading이고, 인자는 없는 함수의 정의이다. 반환 값 또는 인자가 없는 경우, 키워드 void를 사용한다. 인자가 없는 경우, void를 명시적으로 적어도 되고, 아무 것도 쓰지 않아도 된다. 하지만, 반환형에서 void를 생략하면 int형으로 간주되므로, 반환 값이 없는 경우 void를 생략하면 안 된다.

반환형 없음: 생략 불가능 (생략하면 int형으로 간주됨)

```c
void print_heading( void ) {
```
인자 없음: 생략 가능
```c
    printf("\n====================\n");
    printf("          heading");
    printf("\n====================\n");
}
```

[예제 8.1] 다음 조건을 만족하는 함수를 정의해보자.

1. 함수 max()
   - 인자는 int형 변수 a와 b
   - 반환형은 int형
   - a와 b 중 큰 값을 반환

2. 함수 print_characters()
   - 인자는 char형 변수 c와 int형 변수 n
   - 반환형은 void형
   - 하나의 줄에 변수 c의 문자를 n개 출력

3. 함수 divide()
   - 인자는 int형 변수 a와 b
   - 반환형은 double 형
   - a를 b로 나눈 결과를 반환. 단, 실수 연산을 해야 함. 예를 들어 3/2의 경우 1.5를 반환

4. 함수 add3()
   - 인자는 double형 변수 a, b, c
   - 반환형은 double형
   - a, b, c의 합을 반환

5. 함수 atoA()
   - 인자: char형 변수 ch
   - 반환형: char형
   - 소문자인 ch를 대문자로 변환하여 반환

8.3   함수 호출과 반환

    이번 절에서는 정의된 함수의 기능을 활용하는 함수 호출(call)에 대해 학습한다. 함수를 호출하는 방법은 매우 간단하다. 함수 이름을 쓰고, 소괄호 안에 함수의 인자에 넣을 값을 차례로 적어주기만 하면 된다.

다음은 앞서 정의한 add() 함수를 호출하는 예이다.

```
int main() {
   int c;


   c = add(3,4) ;    ⇨ 함수 호출부
   printf("3 + 4 = %d\n",c);


   return 0;
}
```

```
int add(int x, int y) {
   int z;
   z = x+y;
   return z;
}
```

[실행결과]

```
3 + 4 = 7
```

위 예에서 main() 함수에서 호출된 add(3,4)는 첫 번째 인자가 3이고, 두 번째 인자가 4라는 것을 의미한다.

add (3, 4)
함수 이름 ↗   ↖ 인자에 전달할 값

main() 함수에서 add(3,4) 함수를 호출하면 어떤 과정으로 수행되는지 살펴보자.

① **add() 함수 호출:** 인자 값 3과 4가 add() 함수에 전달되고, 프로그램의 제어는 add() 함수로 넘어간다.

② **add() 함수 수행:** add() 함수에서는 인자를 x=3, y=4로 초기화(대입) 한 후, 함수의 몸체를 수행한다. 즉, 변수 z를 선언하고, x+y의 결과 값 7을 z에 대입한 후, 마지막으로 z의 값을 반환(return)하고, add() 함수는 종료된다.
   - return z ;   <= 함수의 결과로 변수 z의 값을 반환하고 종료하라는 의미
   - add() 함수의 정의에서 사용된 인자 **x와 y**를 형식인자라 하고, 호출 시 넘겨받는 값 **3과 4**를 실인자라 부른다.

③ **add() 함수 종료:** 프로그램 제어는 함수를 호출했던 라인으로 복귀하고, add(3,4) 함수에서 반환한 값 7을 사용해 나머지 부분을 수행한다. (여기서는 add(3,4)의 반환 값 7이 변수 c에 대입된다.)

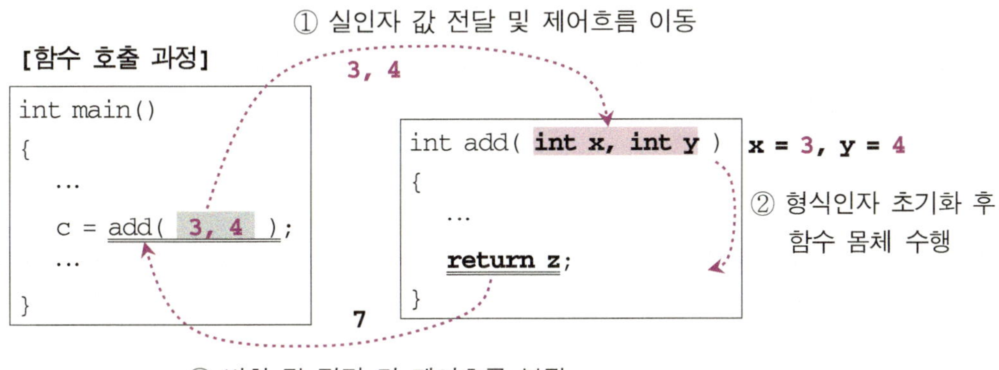

함수 A()에서 함수 B()를 호출할 때 발생하는 일반적인 함수 호출 과정(메커니즘)을 요약하면 다음과 같다.

① **실인자 값 전달 및 제어흐름 이동**

함수 A()에서 함수 B()를 호출하면, 호출 시 사용된 실인자 값이 함수 B()에 전달되고 프로그램 제어는 함수 B()로 넘어간다.

② **형식인자 초기화 후 함수 몸체 수행**

함수 B()에서는 형식인자를 실인자의 값으로 초기화(대입)하고 함수 본체를 수행한다. 수행 도중 return 문을 만나거나 함수의 끝에 도달하면 함수 B()는 종료되고, 반환 값을 (있는 경우) 함수 A()에 전달한다.

③ **반환 값 전달 및 제어흐름 복귀**

함수 B()가 종료되면, 프로그램 제어는 함수 A()로 (함수 B()를 호출했던 위치로) 복귀하고, 함수 B()의 반환 값이 함수 B()의 호출 결과로 사용된다.

다음은 add() 함수를 호출하는 다양한 형태를 보여준다.

```
int a=4, b=3;
int v1, v2, v3, v4, sum;

v1 = add( a, a+b );              --- (a)
v2 = add( 1, a+2 );             --- (b)
v3 = add( 1+2, a ) - 3;         --- (c)
sum = add( 1, b ) + add( a, 2 ); --- (d)
v4 = add( a, add( 1, 2 ) );     --- (e)
```

- ◆ (a)~(b) : 함수의 실인자에는 결과 값을 가지는 수식은 어떤 형태든 가능하다. 이 예에서는 수식으로 상수, 변수, 산술 연산식이 사용되었다.
- ◆ (c) : add() 함수의 반환형이 int형이므로, 함수 결과 역시 수식에 사용될 수 있음을 보여준다.
- ◆ (d) : 한 수식에 함수가 여러 번 사용되는 예이다.
- ◆ (e) : 함수의 인자에 함수가 사용되는 예이다. 이 경우, add(1,2)가 먼저 호출되어 수행되고, 이 함수의 반환 값 3이 바깥쪽에 있는 add() 함수의 인자로 사용되어 add(a,3)이 호출된다.

다음은 함수를 이중으로 호출하는 예이다.

프로그램 8-2　**함수 이중 호출 예제**

```
 3: int add(int x, int y) {         13: int main() {
 4:     return x+y;                  14:     int c;
 5: }                                15:
 6: int func(int a, int b) {         16:     c = func(1,2) ;
 7:     int z = add(a,b) ;           17:     printf("c = %d\n",c);
 8:                                  18:
 9:     if(z > 0) return 1;          19:     return 0;
10:     if(z < 0) return -1;         20: }
11:     return 0;
12: }
```

[실행결과]

```
c = 1
```

- ⮕ 함수 호출 구조: main() 함수가 func() 함수를 호출하고, func() 함수에서 다시 add() 함수를 호출한다. 즉, main() ➜ func() ➜ add()의 구조이다.
- ⮕ add() 함수: 두 인자의 합을 반환하는데, 합을 저장하는 변수 없이 return 문에서 수식을 사용하여 계산하였다. (즉, return 문에서도 x+y와 같은 수식이 쓰일 수 있다.)
- ⮕ func() 함수: add(1,2)를 호출하여 결과 값 3을 z에 대입하였다. z > 0 이므로 첫 번째 if 문이 참이 되고, 1을 반환하고 함수가 종료된다. (함수 중간에 return 문을 실행하면, 이 후 문장은 실행되지 않고 바로 함수가 종료된다.)

| 함수 원형 선언 (함수 선언)

지금까지 살펴본 기본 예제를 아래와 두 가지 방법으로 구현해보자. 아래 두 코드는 함수의 순서만 다르고 나머지는 동일하다.

```
/* add() 함수 먼저 작성 */
int add(int x, int y) {
    ...
}

int main() {
    ...
    c = add(3,4);
    ...
}
```
⇨ 정상적으로 컴파일

```
/* main() 함수 먼저 작성 */
int main() {
    ...
    c = add(3,4); ◀ 오류 발생
    ...
}

int add(int x, int y) {
    ...
}
```
⇨ ◀에서 컴파일 오류 또는 경고

위 두 코드를 컴파일하면 어떤 결과가 나오는가? 왼쪽의 코드는 정상적으로 컴파일되고 실행된다. 하지만 오른쪽 코드는 함수 호출 위치에서 다음과 같은 의미의 컴파일 오류 또는 경고가 발생한다.

　　　"add()가 정의되지 않았습니다."

add() 함수를 정의했는데 왜 정의되지 않았다고 할까? 이유는 함수의 정의가 뒤에 있기 때문이다. C 프로그램에서는 함수 정의를 함수 호출 위치보다 앞에 작성을 해주어야 한다. 하지만, 다수의 함수를 정의해서 사용할 때, 함수 호출 순서에 따라 함수를 배치하는 것은 프로그램 작성을 매우 불편하게 만든다. 이를 해결하기 위해서 다음과 같이 함수의 형태를 표현하는 **함수 원형**을 코드의 앞부분에 선언한다. 즉, 인자가 두 개의 int형 변수이고, 반환형이 int형인 add() 함수가 어딘가에 정의되어 있다는 것을 알려주는 역할을 한다. 이를 **함수 원형 '선언'** 혹은 **함수 '선언'**이라고 한다. (선언이라는 용어와 정의라는 용어를 혼동하지 않도록 하자.)

```
/* 함수 원형 선언 예 */
int add(int x, int y);        ⇨ add() 함수 원형 '선언'

int main() {
    ...
    c = add(3,4);             ⇨ add() 함수 호출 : 정상
    ...
}

int add(int x, int y) {       ⇨ add() 함수 '정의'
    ...
}
```

함수 선언은 다음과 같이 함수 정의의 헤더에 해당하는 부분과 동일한 형태를 가지는데, 함수의 헤더와 달리 마지막에 세미콜론을 붙여주어야 한다.

[함수 원형 선언]

　　　　반환형　함수이름　(인자선언1, 인자선언2, …) **;**　⇨세미콜론 주의

함수 선언은 함수의 형태를 지정해 주는 것이므로, 인자 선언에서 변수명은 무시된다. 그래서 인자 이름을 생략해도 되고, 심지어 함수 정의에 사용된 변수명과 다른 변수명을 명시해도 된다. 따라서 아래 세 개의 함수 선언은 완전히 동일하고, 어떤 선언을 사용해도 무방하다. 일반적으로 변수 이름을 생략하는 형태를 사용한다.


```
int add(int x, int y);
int add(int a, int b);        ⇨ 모두 동일한 선언
int add(int, int);
```

[예제 8.2] 예제 8.1에서 정의된 함수를 이용하여 다음 프로그램을 작성해보자.
(함수 원형 선언을 사용하는 버전과 사용하지 않는 버전, 두 가지로 작성해보자.)
1. 문자 'a' 는 한 번, 문자 'b' 는 두 번, …, 문자 'z'는 26번 출력하시오.
　- 각 문자별로 한 줄에 하나씩 출력
　- print_characters() 함수를 반복 호출

2. 4개의 정수 a, b, c, d를 입력 받아, 이 중 최댓값을 출력하시오.
    - a와 b 중 큰 값을 찾기 위해 max() 함수 호출
    - c와 d 중 큰 값을 찾기 위해 max() 함수 호출
    - 위 두 결과 값 중 큰 값을 찾기 위해 max() 함수 호출

    - 〈추가〉 max() 함수의 인자에서 max() 함수를 호출하는 방식으로, 하나의 문장(수식)만을
      사용하여 최댓값을 찾도록 프로그램을 수정해 보시오.

3. 영문자 10개를 입력 받아, 모두 대문자로 변환하여 출력하시오.
    - 소문자를 대문자로 변환하기 위해 atoA() 함수를 반복 호출
    - (예시) 입력: HellOWorLD ⇒ 출력: HELLOWORLD

4. 6개의 정수 a, b, c, d, e, f를 입력 받아, 다음 수식의 결과를 출력하시오.
    - a/b + c/d + e/f　　(실수 연산 수행)
    - 분수를 계산하기 위해 divide() 함수 호출
    - 덧셈을 계산하기 위해 add3() 함수 호출
    - (예시) 입력: 5 2 9 4 6 4 ⇒ 출력: 6.25

    - 〈추가〉 add3() 함수의 인자에서 divide() 함수를 호출하는 방식으로, 하나의 문장으로 수
      식의 결과 값이 계산되도록 프로그램을 수정해 보시오.

8.4　함수와 변수의 종류

　함수는 하나의 특정한 일을 하는 독립된 단위라고 배웠다. 독립성은 함수의 기능에만 국
한되는 것이 아니고, 함수에서 사용하는 변수에도 적용이 된다. (프로그램의 상태라는 것
은 결국 변수들의 상태라는 점을 이해한다면 왜 변수도 독립적이어야 할지 이해가 될 것이
다.) 즉, 함수에서 선언된 변수들은 그 함수에서만 유효하다. 하지만, 경우에 따라서는
특정 함수에만 국한되지 않고, 함수와 무관하게 사용하는 변수가 필요할 수도 있다. 본 절
에서는 함수와 관계된 변수의 종류에 대해 학습한다.

| 지역 변수

지금까지 학습한 기본 예제에서 add() 함수를 다음과 같이 변경해보자. (즉, 변수 z를 새로 선언해서 사용하지 않고, main() 함수에서 선언한 c에 덧셈 결과를 저장한다.)

```
int add(int x, int y) {
    int z;        ⇨ 삭제

    c = x+y;      ⇨ 오류 발생

    return c ;    ⇨ 오류 발생
}
```

```
int main() {
    int c;   ⇨ 변수 c는 main()에서만 유효

    c = add(3,4);      ⇨ 함수 호출부
    printf("3 + 4 = %d\n", c );

    return 0;
}
```

[컴파일 오류 발생]
'c' 선언되지 않은 식별자입니다.   ⇨ add() 함수에서 변수 c가 정의되지 않았음

위 코드를 컴파일하면, "변수 c가 정의되지 않았다"는 오류가 발생하는데, 그 이유는 **"변수 c는 선언된 main() 함수 안에서만 유효"**하기 때문이다. 이렇듯 함수 내에서 선언한 변수를 **지역 변수**라 부르는데, 지역 변수는 그 변수를 선언한 함수 내에서만(지역적으로) 유효하다. 또, 지역 변수는 함수의 호출과 동시에 자동으로 생성되고 함수가 종료되면 자동으로 소멸되어 자동 변수라고도 한다. 지금까지 이 책에서 본 변수는 모두 지역 변수이다. add() 함수의 형식인자로 사용된 변수 x와 y도 add() 함수의 지역 변수이다.

지역 변수의 특성을 더 자세히 살펴보기 위해 다음과 같이 코드를 수정해서 실행시켜보자. 위에서 설명한 지역 변수의 유효 범위를 제대로 이해했다면, 왜 이런 결과가 나오는지 알 수 있을 것이다.

```
int add(int x, int y) {
    int c;    ⇨ add()의 변수 c


    c = x+y;


    return c;
}
```
[실행결과]
```
3 + 4 = 7
c = 10
```

```
int main() {
    int c;    ⇨ main()의 변수 c


    c = 10;
    printf("3 + 4 = %d\n", add(3,4) );
    printf("c = %d\n", c );


    return 0;
}
```

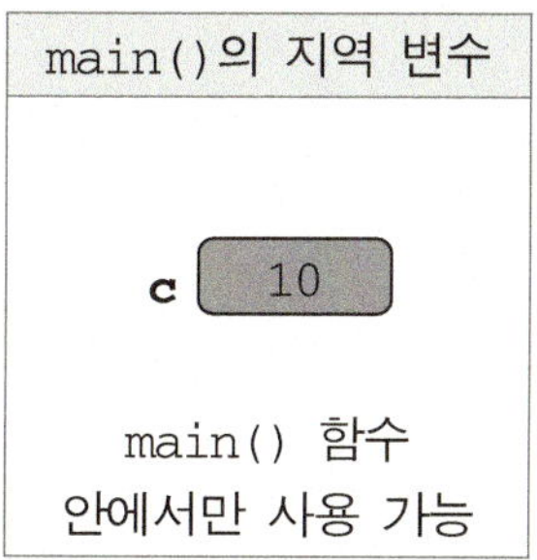

〈 위 프로그램에서 사용된 변수의 유효 범위 및 프로그램 종료 시점의 변수 값 〉

위 코드에서는 총 4개의 지역 변수가 존재하고, main() 함수에서 선언된 변수 c와 add() 함수에서 선언된 변수 c는 이름은 같지만 서로 다른 변수이고, 각각 선언된 함수 안에서만 유효하다. 따라서 add() 함수의 변수 c에 x+y의 결과인 7이 대입되지만, 이는 main() 함수의 변수 c에는 전혀 영향을 주지 않고, 결과적으로 main() 함수의 변수 c의 값은 10으로 그대로 유지된다. 변수 이름이 동일해서 혼동된다면, add() 함수의 변수 c 를 변수 z로 바꿔서 생각하면 이해가 쉬울 것이다.

이러한 지역 변수의 특성은 함수 정의 구현에 독립성을 부여해준다. 즉, add() 함수의 내부 코드를 작성할 때, 이 함수를 호출하는 함수를 비롯해 다른 함수에서 어떤 변수 이름 이 사용됐는지 전혀 고려할 필요가 없이 add() 함수의 기능을 독립적으로 구현할 수 있다.

| 전역 변수

C 언어에서는 지역 변수 이외에 프로그램 내 어디서든 사용할 수 있는 변수들도 지원한다. 이러한 변수를 **전역 변수**라 부른다. 전역 변수는 함수 밖에서 선언을 하고, 자동으로 0으로 초기화된다. (자동으로 초기화해 주지만, 모든 변수는 명시적으로 초기화 하는 습관을 가지자.)

```
int c = 0;   ⇨ 전역 변수

int add(int x, int y) {
    c = x+y;


    return c;
}
```

[실행결과]

```
3 + 4 = 7
c = 7
```

```
int main() {
    c = 10;
    printf("3 + 4 = %d\n",add(3,4));
    printf("c = %d\n", c );

    return 0;
}
```

전역 변수(모든 함수에서 사용 가능)

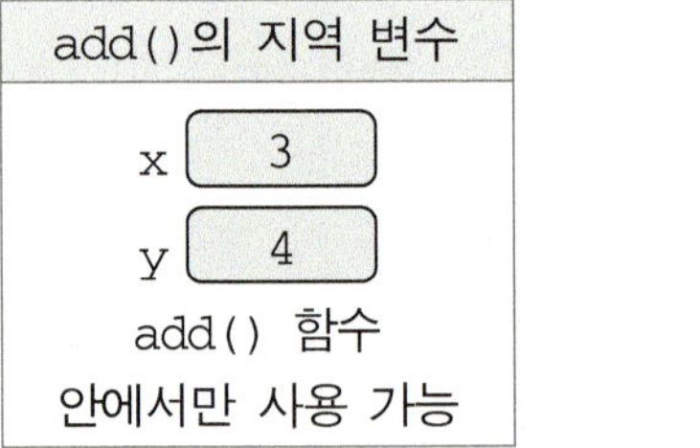
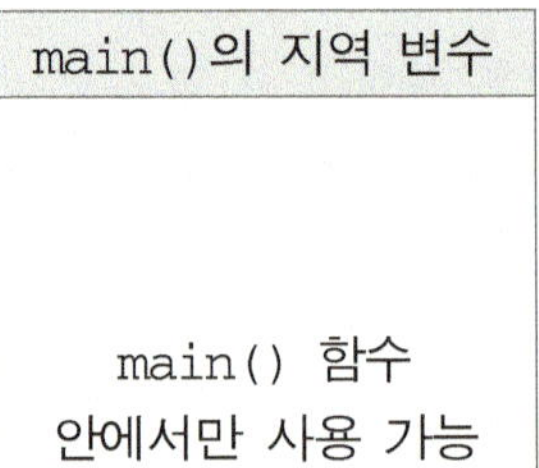

〈 위 프로그램에서 사용된 변수의 유효 범위 및 프로그램 종료 시점의 변수 값 〉

전역 변수의 특징을 이해하기 위해 위 코드를 실행시켜보자. 아까와 달리 c의 결과 값은 7이라고 출력된다. 변수 c는 함수 밖에서 선언되었으므로 전역 변수이고, 프로그램 전체에서 유효하기 때문에 main() 함수와 add() 함수 모두 변수 c를 사용할 수 있다. 또한 두 함수에서 사용된 변수 c는 동일한 변수이다. (위 그림에 이 프로그램에서 사용된 변수와 유효범위를 보였다.) 따라서 프로그램이 실행되면 main() 함수에서 변수 c에 10이 대입되고, 이후 add() 함수가 호출되면 c의 값은 x+y의 결과인 7로 바뀐다. 따라서 main() 함수에서 변수 c의 값을 출력해보면, 7이라는 값이 출력된다.

전역 변수는 함수 사이의 데이터 전달을 위해 사용된다. 예를 들어, 아래 코드와 같이 기본 예제의 add() 함수의 결과 값을 main() 함수에 전달하기 위해, return 문 대신 전역 변수를 이용할 수 있다. [프로그램 8-1]에서 add() 함수의 반환형이 void로 바뀌었고, return 문이 사라졌다. 또 라인 12에서 add() 함수의 결과를 대입해주는 부분도 사라졌다. (전역 변수 활용을 간단하게 설명하기 위한 예로, 결코 좋은 프로그램은 아니다.)

```
/* 전역 변수를 이용한 함수 사이의 데이터 전달 */

int c = 0;   ⇨ 전역 변수              int main() {
                                          add(3,4);
void add(int x, int y) {
    c = x+y;                              printf("3 + 4 = %d\n",c);
}
                                          return 0;
                                      }
```

➲ 프로그램이 실행되면 전역 변수 변수 c가 선언되고 자동으로 0으로 초기화된다. 이 후 main() 함수가 시작되면 add() 함수를 호출하고, 호출된 add() 함수에서는 전역 변수 c에 x+y의 결과 값 7을 대입한다. add() 함수 종료 후, main() 함수에서는 변수 c를 출력하면 덧셈의 결과가 출력된다. 위 예에서 전역 변수 c는 값을 저장하고 전달하는 역할을 한다. 비슷한 방식으로 함수 실행에 필요한 입력 데이터를 제공하기 위해, 함수 인자 대신에 전역 변수를 사용할 수도 있다.

[예제 8.3] 다음과 같이 함수를 정의하고 사용하시오.

1. 몫과 나머지 계산 프로그램

① div() 함수

　– 반환 값은 int형, 인자는 int형 변수 2개 (입력은 main() 함수 에서 받음)

　– 인자 2개를 나눈 몫을 반환, 나머지는 전역 변수에 저장

② main() 함수

　– 두 개의 정수를 입력 받고, div() 함수를 호출하여 몫과 나머지 계산하여 출력

2. 값 교환 프로그램

① swap() 함수

    – 반환형은 void형, 인자는 없음

    – 전역 변수 a와 b의 값을 교환 (즉, 두 개의 변수 값 바꾸기)

② main() 함수

    – 두 개의 정수를 입력 받아 전역 변수 a와 b에 저장

    – swap() 함수를 호출하여 a와 b의 값 교환

    – 교환된 두 전역 변수의 값 출력

지역 변수의 경우, 서로 다른 함수에 있는 변수는 이름이 동일해도 다른 변수이고 서로 영향을 주지 않는다. 그럼 전역 변수와 지역 변수의 이름을 동일하게 선언하면 어떻게 될까? 아래 코드를 보자. 전역 변수 c가 선언되어 있고, main() 함수에서 지역 변수 c가 선언되어 있다. 이 코드는 아무 오류 없이 성공적으로 컴파일된다. 즉, 지역 변수, 전역 변수를 동일한 이름으로 선언하는 것은 문법적으로 문제가 없다는 의미이다. 이 프로그램을 실행시켜보자. 프로그램에서는 각 함수의 변수 c의 값을 출력하는데, 실행 결과를 보고 프로그램이 어떻게 동작하는 지 유추해보자.

```
int c = 0;    ⇨ 전역 변수                int main() {
                                            int c = 10;    ⇨ 지역 변수
void add(int x, int y) {                    add(3,4);
  c = x+y;                                  printf("main: c = %d\n", c );

  printf("add: c = %d\n", c );              return 0;
}                                        }
```

[실행결과]

```
add: c = 7
main: c = 10
```

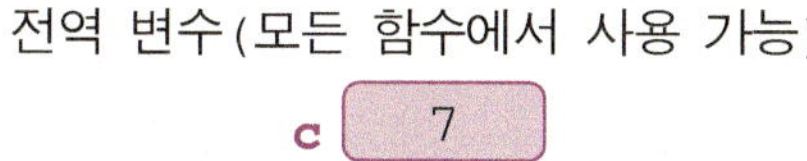

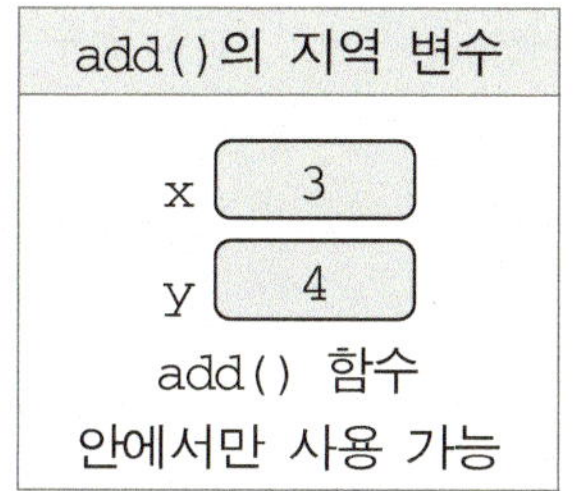

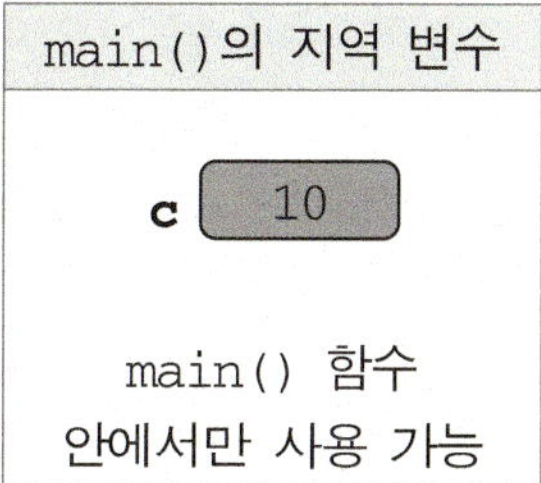

〈 위 프로그램에서 사용된 변수의 유효 범위 및 프로그램 종료 시점의 변수 값 〉

　결론부터 얘기하면, 지역 변수와 전역 변수가 동일한 이름으로 선언이 되면, 지역 변수가 우선시된다. 즉, add() 함수에서는 지역 변수 c가 선언되지 않았으므로, add() 함수에서 사용된 변수 c는 전역 변수이다. 반면, main() 함수에서는 변수 c가 선언되었으므로, main() 함수에서 사용된 변수 c는 지역 변수이다. 프로그램이 실행되면 전역 변수 c가 0으로 초기화되고, main() 함수를 수행한다. main() 함수에서 지역 변수 c가 선언과 동시에 10으로 초기화한 후 add(3,4) 함수를 호출한다. add() 함수에서는 전역 변수 c에 x와 y의 합인 7을 대입한다. 이는 main() 함수의 지역 변수 c에 어떠한 영향을 주지 못한다. 따라서 add() 함수에서 변수 c에는 7이 대입되어 있고, main() 함수의 변수 c의 값은 10에서 변하지 않는다.

　앞서 봤듯이 전역 변수를 사용하면 복잡해 보이는 함수 인자나 반환(return)에 대해 고민하지 않고 프로그램을 작성할 수 있어서, C 언어를 배우는 초보자는 전역 변수를 많이 쓰고 싶은 유혹에 빠지게 된다. 하지만 전역 변수를 사용하게 되면 함수의 독립성을 해치게 되어, 큰 프로그램을 작성하는 경우에 전역 변수를 사용하는 것에 매우 신중해야 한다. 100개의 함수가 정의되어 있는 프로그램을 상상해 보라. 하나의 함수를 작성하기 위해서는 호출하는 함수뿐만 아니라, 100개의 함수 전체에서 전역 변수가 어떻게 사용되는 지를 고려해야 한다. 거기에 함수 호출 관계가 서로 얽히게 되면, 전역 변수가 어떻게 변화되는지 추적하기도 매우 어렵고, 함수 작성이 거의 불가능해 질 수도 있다. 가까스로 함수를 작성했다 해도, 이러한 프로그램은 버그가 존재할 가능성이 매우 높고 디버깅도 어렵다. 따라서 작은 프로그램에서부터 전역 변수 없이 함수를 사용하는 연습을 해야 한다.

| 정적(static) 변수

지역 변수와 전역 변수 외에 두 가지 변수의 특징이 혼합된 **'정적(static) 변수'**도 있다. 정확히 말하면 **'정적 지역 변수'**인데, 여기서는 간단히 '정적 변수'라 칭한다. (참고로 정적 변수는 '정적 지역 변수'와 '정적 전역 변수' 두 가지가 있는데, 여기서는 함수와 관계있는 정적 지역 변수에 대해서만 설명하고 정적 전역 변수는 15장에서 다룬다.)

정적 변수를 이해하기 위해서는 변수의 지속 시간에 대한 개념을 먼저 이해를 해야 한다. 앞서 지역 변수와 전역 변수를 설명하면서 잠깐 언급했지만, 지역 변수와 전역 변수의 지속 시간이 어떻게 다른 지 비교해보자.

❖ **지역 변수의 지속 시간:** 지역 변수는 그 변수가 속한 **함수**가 호출되는 순간 생성되고, 함수가 종료될 때 소멸된다.

❖ **전역 변수의 지속 시간:** 전역 변수는 **프로그램**이 실행되면 생성되고, 프로그램이 종료될 때 소멸된다.

지속 시간이 어떤 의미를 가지는 지 예제를 통해 구체적으로 알아보자. 다음 두 코드는 변수 c의 값을 증가시키는 함수를 세 번 호출하는 프로그램으로 변수 c의 종류만 다르다.

```
void inc_L() {
    int c = 0;    ⇨ 지역 변수

    ++c;
    printf("%d\n", c);
}
int main(){
    inc_L();      ⇨ 첫 번째 호출
    inc_L();      ⇨ 두 번째 호출
    inc_L();      ⇨ 세 번째 호출
    return 0;
}
```

[실행결과]

```
1    ⇨ 첫 번째 호출
1    ⇨ 두 번째 호출
1    ⇨ 세 번째 호출
```

```
int c = 0 ;    ⇨ 전역 변수

void inc_G() {
    ++c;
    printf("%d\n", c);
}
int main(){
    inc_G();      ⇨ 첫 번째 호출
    inc_G();      ⇨ 두 번째 호출
    inc_G();      ⇨ 세 번째 호출
    return 0;
}
```

[실행결과]

```
1    ⇨ 첫 번째 호출
2    ⇨ 두 번째 호출
3    ⇨ 세 번째 호출
```

❖ **지역 변수 사용(왼쪽 코드)**: inc_L() 함수가 호출될 때마다 변수 c는 새로 생성되어 0으로 초기화된 후, 함수가 종료될 때마다 해당 변수는 소멸된다. 즉, **3번 호출되는 inc_L() 함수는 각각 서로 독립적인 별개의 함수이고, 이 함수의 지역 변수 역시 독립적인 별개의 변수**이다. 즉, 첫 번째 호출되는 inc_L() 함수의 변수 c는 두 번째와 세 번째에 호출되는 함수의 변수 c와 관계없는 전혀 다른 변수이다. 따라서 함수 호출할 때 마다 출력되는 변수 c의 값은 1로 동일하다.

❖ **전역 변수 사용(오른쪽 코드)**: 프로그램 실행 시 변수 c는 새로 생성되어 0으로 초기화된 후, inc_G() 함수가 호출될 때마다 값이 1씩 증가한다. 즉, **3번의 inc_G() 함수에서 사용된 변수 c는 모두 동일한 변수**이다. 따라서 증가량이 누적되어, 출력되는 값이 1씩 증가한다.

정적 변수는 지역 변수처럼 함수 안에 선언하고 자료형 앞에 키워드 **'static'**을 붙이면 된다. 다음 예를 통해 정적 변수의 지속 시간에 대해 알아보자. 왼쪽은 앞서 살펴본 지역 변수를 사용한 코드이고, 오른쪽은 정적 변수를 사용한 코드로 변수 선언 시 'static' 키워드를 붙였다는 점의 제외하고는 모두 동일하다.

```
void inc_L() {                       void inc_S() {
    int c = 0;   ⇨ 지역 변수              static int c = 0;   ⇨ 정적 변수

    ++c;                                 ++c;
    printf("%d\n", c);                   printf("%d\n", c);
}                                    }
int main(){                          int main(){
    inc_L();   ⇨ 첫 번째 호출             inc_S();   ⇨ 첫 번째 호출
    inc_L();   ⇨ 두 번째 호출             inc_S();   ⇨ 두 번째 호출
    inc_L();   ⇨ 세 번째 호출             inc_S();   ⇨ 세 번째 호출
    return 0;                        }
}
```

[실행결과]

```
1   ⇨ 첫 번째 호출              1   ⇨ 첫 번째 호출
1   ⇨ 두 번째 호출              2   ⇨ 두 번째 호출
1   ⇨ 세 번째 호출              3   ⇨ 세 번째 호출
```

❖ **정적 변수 사용(오른쪽 코드) :** 함수 안에서 선언되었지만, 정적 변수 c는 전역 변수처럼 프로그램 실행 전체 과정 동안 딱 한번만 생성되고 초기화된다. 따라서 변수 c는 0으로 초기화 된 후, inc_S() 함수가 호출될 때마다 값이 1씩 증가하여, 출력되는 값이 1씩 증가한다.

위에서 본 것처럼 정적 변수는 전역 변수와 동일한 지속 시간을 가진다. 다만, 정적 변수의 사용 범위는 지역 변수와 같다. 따라서 다음과 같이 정적 변수를 다른 함수에서는 사용하면 컴파일 오류가 발생한다.

```
void inc_S() {
    static int c = 0;   ⇨ 전체 프로그램 실행 과정 중
                           정적 변수의 초기화는 딱 한번만 수행 됨
    ...
}
int main(){
    ++c;        ⇨ 컴파일 오류 : 정적 변수는 다른 함수에서 사용 불가능
    ...
}
```

결론적으로 **정적 (지역) 변수의 사용 범위는 지역 변수와 같지만, 지속 시간은 전역 변수와 같다.**

| 변수 종류 정리

다음 표는 함수와 관련된 변수의 종류와 특징을 비교 정리한 표이다. 이 외에도 파일 범위와 관련된 변수도 있는데, 이는 심화 주제로 15장에서 학습한다.

	지역 변수	정적 (지역) 변수	전역 변수
선언 위치	함수 내부		함수 외부
사용 범위	선언한 함수 내부에서만 사용 가능		프로그램 내 어디서든지 사용가능
자동 초기화	x (사용자가 직접 초기화)	O (0으로 자동 초기화)	
지속 시간	함수 호출될 때마다 생성, 해당 함수 종료 시 소멸	프로그램이 실행 동안 단 한번 생성, 프로그램 종료 시 소멸	

8.5 함수에 배열 전달

　우리는 앞서 함수에 필요한 값을 인자로 전달하는 방법에 대해 학습하였다. 함수에 여러 개의 값으로 구성된 배열을 전달하려면 어떻게 해야 할까? 당연한 얘기지만, 크기가 100인 배열의 각 원소 값을 함수에 일일이 하나씩 전달하는 것은 매우 비효율적이고 코드 작성조차 어려울 것이다. 이 절에서는 함수에 배열을 전달하는 방법에 대해 이에 대해 학습한다. 비교를 위해 배열을 통째로 전달하는 방법을 학습하기 이전에, 개별 원소 값을 전달하는 방법에 대해 잠깐 살펴보자.

| 배열의 개별 원소 전달

　배열의 각 원소는 일반 변수와 동일하게 취급되므로, 함수의 인자에서도 일반 변수와 동일한 방식으로 사용하면 된다. 엄밀히 말하면, 함수의 인자에서 사용된 배열 원소는 수식의 일부이고, 따라서 배열 원소는 수식의 값을 계산하는 하나의 요소일 뿐이다. (함수에 전달되는 대상은 변수 자체가 아니고 변수에 저장된 '값'이라는 점을 명심하자.)

```
void print_int( int x ) {              ⇨ 전달되는 값이 정수형이므로 int
    printf("전달된 값 : %d\n", x);
}
int main() {
    int a[3] = { 10, 20, 30 } ;

    print_int( a[1] );                 ⇨ a[1]에 저장된 값이 전달됨
    print_int( a[0] + a[2] + 100 );    ⇨ 연산의 결과가 전달됨

    return 0;
}
```

[실행결과]
```
전달된 값 : 20
전달된 값 : 140
```

　위 프로그램에서 첫 번째 함수 호출에서는 수식 a[1]의 결과인 20이 함수의 실인자로 전달된다. 비슷하게 두 번째 함수 호출에서도 수식 a[0]+a[2]+10의 결과인 140이 함수

의 실인자로 전달된다. print_int() 함수에서는 전달된 정보는 하나의 정수이므로 형식 인자 x의 자료형은 'int'이다. print_int() 함수의 입장에서는 실인자가 계산될 때, 배열의 원소가 사용되었는지 일반 변수가 사용되었는지 알 수도 없고 알 필요도 없다. 단지, 전달받은 정수 값을 화면에 출력할 뿐이다.

| 배열 자체를 전달 (일차원 배열)

배열 자체를 전달받기 위해서는 **호출된 함수의 자료형을 배열 형식으로 표기**하고, **함수 호출 시 실인자에는 첨자 없이 배열의 이름만** 적으면 된다. 다음 예는 배열에 저장된 값을 출력하는 프로그램으로, 배열의 값을 출력하는 부분을 함수로 작성하였다.

프로그램 8-3   배열을 인자로 전달하기

```
 3: void print_arr( int x[ ] ) {      ⇨ 인자의 자료형은 배열로 (크기는 생략)
 4:    int i;
 5:    printf("전달된 배열 :");
 6:    for( i=0; i < 3 ; ++i )
 7:       printf(" %d", x[i]);        ⇨ 배열의 원소 값 출력
 8: }
 9: int main() {
10:    int a[3] = { 10, 20, 30 } ;
11:    print_arr( a );                ⇨ 인자로 배열 전달 (배열의 이름만)
12:    return 0;
13: }
```

[실행결과]

전달된 배열 : 10 20 30

위 코드의 print() 함수 정의에서는 형식인자 x를 배열로 선언하였고, main() 함수에서 print() 함수를 호출할 때는 배열의 이름 a만 적었다. 여기서 주의해서 봐야할 부분은 '**배열의 크기를 지정하지 않았다**'는 것이다. 물론 배열의 크기를 명시해도 되지만, 명시된 크기가 의미를 가지지는 않는다. 심지어, 전달된 배열의 크기와 다르게 선언해도 정상적으로 컴파일되고 실행된다. 형식인자에서 배열의 첨자는 명시해도 의미를 가지지 않기 때문에 보통 생략한다. (처음에는 첨자 없이 쓰는 것이 이상하게 느껴질 수 있으나, 배열의 크기를 명시하면 그 크기의 배열만 되는 것처럼 보여서 오히려 혼동된다.)

```
/* 다음 세 함수의 인자의 자료형은 모두 동일 */
void print_arr( int x[ ] ) {…}          ⇨ 일반적으로 배열의 크기 명시하지 않음
void print_arr( int x[3] ) {…}          ⇨ 배열의 크기 3은 아무 의미 없음
void print_arr( int x[5] ) {…}          ⇨ 배열의 크기 5는 아무 의미 없음
```

배열의 크기를 함수에 전달하고자 할 때는 별도의 인자로 전달해야 한다. 아래 프로그램
에서 print_arr() 함수에 배열의 크기가 형식인자 n에 대입되고, for 문에서 n개의 원
소를 출력한다. 이렇게 하면 배열의 크기에 상관없이 하나의 함수로 배열의 값을 출력할
수 있다. 아래에서 크기가 3인 배열 a와 크기가 5인 배열 b의 원소 값들을 출력하기 위해
동일한 함수를 호출함을 눈여겨보자. 세 번째 함수 호출에서처럼 sizeof 연산자를 이용하
여 배열의 크기를 계산하면, 배열의 크기를 일일이 적어줄 필요가 없다.

프로그램 8-4 **배열과 배열 크기를 인자로 전달하기**

```
 3: void print_arr( int x[ ], int n ) {  ⇨ 배열과 배열의 크기가 전달됨
 4:    int i;
 5:    printf("전달된 배열 :");
 6:    for( i=0; i < n ; ++i )
 7:       printf(" %d", x[i]);           ⇨ 배열의 원소 값 출력
 8:    printf("\n");
 9: }
10: int main() {
11:    int a[3] = { 10, 20, 30 };
12:    int b[5] = { 11, 22, 33, 44, 55 };
13:
14:    print_arr( a , 3 );               ⇨ 배열 a와 a의 크기 전달 (동일한 함수 호출)
15:    print_arr( b , 5 );               ⇨ 배열 b와 b의 크기 전달 (동일한 함수 호출)
16:
17:    print_arr( a, sizeof(a)/sizeof(int) );  ⇨ sizeof 연산자를 이용하여
18:                                                배열 크기 계산
19:    return 0;
    }
```

[실행결과]

```
전달된 배열 : 10 20 30
전달된 배열 : 11 22 33 44 55
전달된 배열 : 10 20 30
```

　　마지막으로 배열 자체를 함수에 전달했을 때 알아두어야 할 중요한 점은 **호출된 함수에서 배열의 값을 바꾸면 호출한 함수의 배열 값도 바뀐다**는 것이다.

❖ 우리는 앞서 함수의 인자는 해당 함수 내에서만 유효한 지역 변수이고, 형식인자의 값을 변경해도 호출한 함수의 변수에는 전혀 영향을 주지 않는다는 것을 배웠다. 아래 예에서 main() 함수에서 zero_int() 함수를 호출할 때 a[1]의 값을 전달했는데, zero_int() 함수의 c의 값만 바뀔 뿐, main() 함수의 배열 a에 전혀 영향을 주지 않았다. (출력 결과 확인)

❖ 하지만, 배열이 전달되면 얘기가 달라진다. 아래 예에서, zero_arr_elem() 함수에 배열 a가 전달되었고, zero_arr_elem() 함수 내의 배열 x의 1번 원소 값을 바꿨을 뿐인데, main() 함수에서 배열 a를 출력해보면 a[1]의 값이 바뀌었다는 걸 확인할 수 있다.

```
void print_arr( int x[ ], int n ) { … }    ⇨ 배열 출력 (이전 코드와 동일)

void zero_int( int c ){            ⇨ 정수 값이 전달됨
    c = 0 ;                        ⇨ c는 zero_int() 함수의 지역 변수
}
void zero_arr_elem( int x[ ], int i ) {   ⇨ 배열이 전달됨
    x[i] = 0;                      ⇨ x[i]의 원소 값을 0으로
}
int main() {
    int a[3] = { 11, 22, 33 };

    zero_int( a[1] );             ⇨ 원소 값 전달
    print_arr( a, sizeof(a)/sizeof(int) );

    zero_arr_elem( a , 1 );       ⇨ 배열 전달
    print_arr( a, sizeof(a)/sizeof(int) );

    return 0;
}
```

[실행결과]
```
전달된 배열 : 11 22 33
전달된 배열 : 11 0 33          ⇨ a[1]의 값이 0으로 바뀜
```

　배열 자체를 인자로 전달할 때는 일반 변수와 몇 가지 다른 점이 있는데, 실제 함수 호출 시 발생하는 과정은 일반 변수나 배열이나 동일하고, 표면적으로 달라 보이는 것뿐이다. 예외적으로 보이는 이유는 배열 자체를 인자로 전달할 때는 배열의 주소 값이 전달되기 때문인데, 이에 대해서는 9장 포인터 단원에서 학습한다. 이 단원에서는 '아 배열은 좀 다르구나' 하는 정도로 받아들이고 넘어가자.

| 다차원 배열 전달

　다차원 배열을 전달할 때도 일차원 배열과 유사한데, 함수를 호출할 때 실인자에는 배열 이름을 쓰고, 함수의 형식인자는 해당 배열의 형태로 선언하면 된다. 다음은 2차원 배열을 함수에 전달하는 예이다.

프로그램 8-5　다차원 배열 전달

```c
 3: void print_arr2( int x[ ][5], int n ) { // 열의 크기가 5인 2차원 배열 전달
 4:    int i, j;
 5:
 6:    for( i=0; i < n ; ++i ) {            // 각 행에 대해
 7:      for( j=0; j < 5 ; ++j )            // 각 열의 원소 값 출력
 8:        printf(" %d", x[i][j]);
 9:      printf("\n");
10:    }
11: }
12: int main() {
13:    int a[3][5] = { {10, 20, 30}, {40, 50} };
14:
15:    print_arr2( a , 3 );        // 배열 a와 첫 번째 첨자의 크기 전달
16:
17:    return 0;
18: }
```

[실행결과]

```
10 20 30 0 0
40 50 0 0 0
0 0 0 0 0
```

형식인자의 형태를 주목해서 보자. 첫 번째 첨자는 생략했지만, 두 번째 첨자는 명시했다. **첫 번째 첨자는 일차원 배열에서처럼 명시해도 의미를 가지지 않아 보통 생략한다.**

```
/* 다음 세 함수의 인자의 자료형은 모두 동일 */
void print_arr2 ( int x[ ] [5] ) {...}    ⇨ 첫 번째 첨자 명시하지 않음
void print_arr2 ( int x[3] [5] ) {...}    ⇨ 첫 번째 첨자 3은 의미 없음
void print_arr2 ( int x[5] [5] ) {...}    ⇨ 첫 번째 첨자 5는 의미 없음
```

하지만, **두 번째 첨자는 명시된 크기가 의미를 가지고 생략할 수 없다.** 두 번째 첨자가 다르면 서로 다른 크기의 배열이고, 두 번째 첨자를 생략하면 '배열의 첨자가 없다'는 컴파일 오류가 발생한다.

```
/* 다음 두 함수의 인자의 자료형은 서로 다름 */
void print_arr2 ( int x[ ] [3] ) {...}        ⇨ 열의 크기가 3인 2차원 배열
void print_arr2 ( int x[ ] [5] ) {...}        ⇨ 열의 크기가 5인 2차원 배열

/* 잘못된 인자 사용 */
void print_arr2 ( int x[ ] [ ] ) {...}        ⇨ 오류: 열의 크기 명시해야 함
```

3차원 이상의 배열을 인자로 전달할 때도, 맨 처음 첨자만 생략하고, 나머지 첨자는 모두 명시가 되어야 한다. (배열을 전달할 때 첫 번째 첨자가 무의미한 이유를 알기 위해서는 배열과 포인터(9장에서 학습)에 대한 깊은 이해가 필요한데, 이에 대해서는 13장에서 다루도록 한다.)

```
void print_arr3 ( int x[ ] [3] [5] ) {...}        ⇨ 3차원 배열 인자
void print_arr4 ( int x[ ] [3] [5] [5] ) {...}    ⇨ 4차원 배열 인자
```

8.6 함수와 라이브러리

　프로그램을 작성하다 보면 자주 사용되는 기능들이 있다. 자주 사용되는 기능을 하는 함수를 만들어 모아 놓고, 필요할 때마다 호출하여 사용하면 프로그래밍의 효율이 좋아진다. 이렇게 자주 사용되는 함수들을 구현해 모아 놓은 것을 라이브러리라 부른다. C 언어에서는 printf(), scanf()와 같이 프로그래밍에 필요한 다양한 표준 함수들로 구성된 표준 라이브러리를 제공한다.

　앞서 배웠듯이 함수가 어떻게 구현되어 있는지 몰라도 함수의 형태와 기능만 알고 있으면 프로그래밍에 유용하게 활용할 수 있다. 다만, 표준 함수도 함수이므로 호출하기 전에 함수 원형이 선언되어 있어야 한다. 그러면 우리가 그동안 열심히 호출해서 사용했던 printf(), scanf() 함수의 원형은 어디에 있을까? 이를 알기 위해, 다음 코드를 컴파일 해보자.

```
#include <stdio.h>      ⇨ 이 라인을 삭제하면??

int main()
{
    printf("Hello, World!!\n");

    return 0;
}
```

　위와 같이 #include <stdio.h>를 삭제하면, printf() 함수를 찾을 수 없다는 컴파일 오류가 발생한다. 위 #include 문장은 stdio.h라는 파일의 내용을 소스 코드에 포함(include)시키라는 의미이고, stdio.h 파일에 바로 printf()와 scanf() 함수의 원형이 선언되어 있다. 이렇게 함수 원형을 모아 놓은 파일을 헤더파일이라고 부르는데, 표준 함수를 사용하기 위해서는 적절한 표준 헤더 파일을 #include 문을 이용해 소스 코드에 포함시켜야 한다. (헤더 파일에 대한 더 자세한 내용은 15장에서 학습한다.)

　다음은 자주 사용되는 C의 표준 헤더파일에 대한 설명과 그 헤더파일에 포함된 함수를 요약한 표이다. 일부 함수는 뒷장에서 학습한다. 전체 표준 헤더 파일과 표준 함수의 형태와 기능에 대한 자세한 내용은 개발 툴에서 제공하는 도움말이나 C 표준 문서를 참고하기 바란다. 또, 13장에서 라이브러리를 이용해 난수 생성과 수행 시간을 측정하는 방법에 대해 학습한다.

헤더파일	포함된 함수의 기능	표준 함수
stdio.h	입력, 출력, 파일	printf, scanf, putc, getc, fopen 등
stdlib.h	숫자변환, 동적 할당	atoi, rand, srand, malloc, free 등
ctype.h	문자 검사 및 변환	isalnum, isalpha, islower, toupper 등
math.h	수학 함수	sin, asin, exp, log, pow, sqrt, abs 등
time.h	시간 처리	clock, time, difftime 등
string.h	문자열, 메모리 블록	strcpy, strcat, strcmp, strlen, memcpy 등

| 단원요약 |

1   함수는 특정한 일을 하는 하나의 독립된 단위로, 프로그램은 함수들로 구성된다.

2   함수 정의는 크게 헤더와 몸체로 구성된다. 함수의 헤더는 함수의 형태를 표현하는 반환형, 함수 이름, 인자 목록으로 구성되고, 함수의 몸체는 함수의 동작을 구현하는 코드로 중괄호 { } 안에 명세 된다.

3   함수를 호출하면 프로그램 제어는 호출된 함수로 넘어가고, 호출된 함수가 종료되면 다시 호출한 위치로 돌아온다.

4   함수에 전달된 값을 실인자라라고, 전달된 값을 저장하기 위한 변수를 형식인자라 한다.

5   함수의 원형 선언은 함수의 형태를 미리 선언하는 것으로, 보통 프로그램 앞에 나열한다.

6   함수 내부에서 선언된 변수는 지역 변수이고, 선언된 함수 내에서만 유효하다. 지역 변수는 함수가 호출되면 자동으로 생성되고, 함수가 종료되면 자동으로 사라져 자동 변수라고도 한다.

7   서로 다른 함수에서 선언된 지역 변수는 이름이 동일하더라도 다른 변수이다.

8   함수 외부에서 선언된 변수를 전역 변수라 하고, 모든 함수에서 유효하다.

9   함수에 배열을 전달하기 위해서는 배열 이름과 배열 크기를 전달한다.

10   호출된 함수에서 배열의 값을 변경하면 호출한 함수의 배열 값도 바뀐다.

11   함수들을 구현해 모아 놓은 것을 라이브러리라 하고, 다양한 표준 함수가 C 표준 라이브러리로 제공된다.

| 실습문제 |

[문제 1] 하나의 양의 정수 N을 입력 받아, 1부터 N까지의 합을 출력하는 프로그램을 작성하시오.
- add() 함수 정의 및 사용
  - 인자는 두 개의 정수 x와 y, 반환형은 int
  - x와 y의 합을 반환
- main() 함수
  - N값을 입력 받고, add() 함수를 반복 호출하여 N까지의 합 계산
  - main() 함수에서는 더하기 연산자(+) 사용 금지. 단, 증감연산자(++ or --)는 사용 가능

입력 예시	출력 예시
10	55

[문제 2] 두 개의 양의 정수 A와 B를 입력 받아(A≤B), A부터 B까지의 합을 계산하는 프로그램을 작성하시오.
- sum() 함수 정의 및 사용
  - 인자는 하나의 정수 n, 반환형은 int
  - 1부터 n까지의 합 반환, n(n+1)/2 공식 이용

입력 예시	출력 예시
4 8	30

[문제 3] 하나의 양의 정수 X를 입력 받아 다음 수식의 결과를 출력하는 프로그램을 작성하시오.

1 + (1+2) + (1+2+3) + (1+2+3+4) + … + (1+2+…+X)
- sum() 함수 정의 및 사용(문제 2와 동일)

입력 예시 1	출력 예시 1
4	20

[문제 4] 2~9 사이의 정수 N을 입력 받아, 예시와 같이 숫자 N으로 사각형을 출력하는 프로그램을 작성하시오.

- print_row1() 함수 정의 및 사용
  - 인자 2~9사이의 정수 x, 반환형은 void
  - 하나의 줄에 x를 x번 출력
- print_row2() 함수 정의 및 사용
  - 인자 2~9사이의 정수 x, 반환형은 void
  - 하나의 줄에 x를 2번 출력, 중간에 공백 적절히 삽입

입력 예시 1	출력 예시 1

4	```4444 ↦ print_row1() 함수 사용```
	```4 4 ↦ print_row2() 함수 사용```
	```4 4 ↦ print_row2() 함수 사용```
	```4444 ↦ print_row1() 함수 사용```

[문제 5] 양의 정수를 반복해서 입력 받아(종료 조건 시까지), 예시와 같이 트리 모양을 출력하는 프로그램을 작성하시오.

- 종료조건: 0 또는 음수 입력
- print_triangle() 함수
  - 인자는 하나의 정수 x, 반환형은 void
  - 높이가 x인 삼각형 출력

입력 예시 1	출력 예시 1

3 -2	```*```
	```**```
	```***```

입력 예시 2	출력 예시 2

5 1 3 0	```* ↦ 높이 5인 트리```
	```**```
	```***```
	```****```
	```*****```
	```* ↦ 높이 1인 트리```
	```* ↦ 높이 3인 트리```
	```**```
	```***```

[문제 6] 하나의 정수 x를 입력 받아 다음 함수의 결과를 출력하는 프로그램을 작성하시오.

$$f(x) = 2x^2 - 5x + 1$$

- func1() 함수 정의 및 사용
  - 인자는 하나의 정수 x, 반환형은 int
  - f(x)의 결과 값 반환
- main() 함수
  - 정수를 입력 받고, func1() 함수 호출 및 결과 출력

입력 예시	출력 예시
4	13

[문제 7] 하나의 정수 x와 2차 함수 f(x)의 계수를 나타내는 3개의 정수를 입력 받아, 예시와 같이 함수 값을 계산하는 프로그램을 작성하시오.

- func2() 함수 정의 및 사용
  - 인자는 4개의 정수, x, a, b, c, 반환형은 int
  - $ax^2 + bx + c$ 의 결과 값 반환
- main() 함수
  - 정수들을 입력 받고, func2() 함수 호출 및 결과 출력

입력 예시 1	출력 예시 1
-1 ↦ x	-7
3 0 -10 ↦ 함수의 계수들, $3x^2-10$	

입력 예시 2	출력 예시 2
4	6
-1 3 10	

[문제 8] 하나의 정수 x와 2차 함수 f(x)와 g(x)의 계수를 나타내는 6개의 정수를 입력 받아, 합성함수 g(f(x))를 계산하는 프로그램을 작성하시오.
- func2() 함수 정의 및 사용 (문제 7과 동일)
- main() 함수
  - 정수들을 입력 받고, func2() 함수 호출 및 결과 출력

입력 예시

```
-1          ↦ x
3 0 -10     ↦ 함수 f(x)의 계수들
1 -3 1      ↦ 함수 g(x)의 계수들
```

출력 예시

```
71    ↦ g(f(-1))의 결과
```

[문제 9] 정수를 반복해서 입력 받아(종료 조건 시까지), 가장 큰 값과 두 번째로 큰 값을 출력하는 프로그램을 작성하시오.
- 종료조건: 0 입력 (종료조건 전에 최소 2개의 정수는 입력된다고 가정)
- 전역 변수 max1, max2 사용
- update_max() 함수 정의 및 사용
  - 인자는 하나의 정수 x, 반환형은 void
  - max1, max2, x 중 가장 큰 값은 max1에, 두 번째로 큰 값은 max2에 저장

입력 예시 1

```
22 -81 33 27 45 -23 0
```

출력 예시 1

```
45 33
```

입력 예시 2

```
22 45 33 27 45 -23 0
```

출력 예시 2

```
45 45
```

[문제 10] 3~18 사이의 정수 N을 입력 받아, 3개 주사위의 총 합이 N이 되는 모든 경우를 출력하는 프로그램을 작성하시오.

- 전역 변수 N 사용: 입력 받은 정수 저장
- die1() 함수 정의 및 사용
    - 인자는 하나의 정수 x, 반환형은 void
    - 첫 번째 주사위 수가 x인 모든 경우 고려
    - 내부에서 die2() 함수 호출
- die2() 함수 정의 및 사용
    - 인자는 정수 x와 y, 반환형은 void
    - 첫 번째 주사위 수가 x, 두 번째 주사위의 수가 y인 모든 경우 고려
    - 내부에서 die3() 함수 호출
- die3() 함수 정의 및 사용
    - 인자는 정수 x, y, z, 반환형은 void
    - 첫 번째, 두 번째, 세 번째 주사위 수가 x, y, z 인 경우 고려,
      즉, 주사위 합이 N이 되면, x y z 값 출력
- main() 함수
    - 정수를 입력 받고, die1() 함수를 반복 호출

입력 예시 1	출력 예시 1
4	1 1 2 1 2 1 2 1 1

입력 예시 2	출력 예시 2
10	1 3 6 1 4 5 1 5 4 1 6 3 2 2 6 2 3 5 2 4 4 2 5 3 2 6 2 3 1 6 ... 이하 생략

[문제 11] (야구 게임) 다음 프로그램을 작성하시오.

1) 정답을 나타내는 0~9 사이의 서로 다른 정수 3개를 입력 받음

2) 정답을 추측한 0~9 사이의 서로 다른 정수 3개를 입력 받아 스트라이크 개수와
   볼의 개수를 출력 (정답을 맞힐 때까지 반복)
   - 스트라이크 개수: 값도 맞추고 위치도 맞춘 숫자의 개수
   - 볼 개수: 값은 맞췄지만, 위치는 틀린 숫자의 개수

- 정답은 전역 변수에 저장
- count_strike() 함수 정의 및 사용
  - 인자는 추측 값을 나타내는 세 개의 정수, 반환형은 int
  - 정답과 추측을 비교하여 strike 개수를 반환
- count_ball() 함수 정의 및 사용
  - 인자는 추측 값을 나타내는 세 개의 정수, 반환형은 int
  - 정답과 추측을 비교하여 ball 개수를 반환
- main() 함수
  - 각각의 추측에 대해 위 함수를 이용하여 strike와 ball의 개수를 얻고, 결과
    값 출력

입력 예시

```
5 2 3 ↦ 정답
5 3 4 ↦ 추측
3 2 5 ↦ 추측
2 3 5 ↦ 추측
5 2 3 ↦ 추측
```

출력 예시

```
1S1B
1S2B
0S3B
3S0B
```

[문제 12] 양의 정수 N을 입력 받아, 아래 예시와 같이 높이가 N인 삼각형을 출력하는 프로그램을 작성하시오.

- print_line() 함수 정의 및 사용
  - 인자는 세 정수 x, y, z, 반환형은 void
  - 하나의 줄에 x개의 공백, y개의 '*', z개의 공백을 차례로 출력
  - 자릿수에 맞게 양변의 빈 공간에 공백문자 출력 (출력 예시의 설명 참조)

입력 예시

```
5
```

출력 예시

```
    *        ↦  양 끝에 공백문자 4개씩 출력
   ***       ↦  양 끝에 공백문자 3개씩 출력
  *****      ↦  양 끝에 공백문자 2개씩 출력
 *******     ↦  양 끝에 공백문자 1개씩 출력
*********
```

[문제 13] 하나의 양의 정수 N을 입력 받아, 1부터 N까지의 정수에서 숫자 3이 총 몇 번 나타나는지를 출력하는 프로그램 작성하시오.

- N=35 일 때, 3, 13, 23, 30, 31, 32, 33, 34, 35 총 9개의 수에서 10개의 3이 나타난다.

  (숫자 33에는 3이 두 번 나타남에 주의)
- count_3() 함수 정의 및 사용
  - 인자는 하나의 정수 x, 반환형은 int
  - 하나의 정수 x에 숫자 3이 나타나는 횟수 반환 (x=33이면, 반환 값은 2)

입력 예시 1

```
35
```

출력 예시 1

```
10
```

입력 예시 2

```
31323
```

출력 예시 2

```
13711
```

[문제 14] 두 양의 정수 N과 M을 입력 받아, N보다 큰 소수를 작은 것부터 차례로 M개 출력하는 프로그램을 작성하시오.

- is_prime() 함수 정의 및 사용
  - 인자는 하나의 정수 x, 반환형은 int
  - 정수 x가 소수이면 1 반환, 소수가 아니면 0 반환
- next_prime() 함수 정의 및 사용
  - 인자는 하나의 정수 x, 반환형은 int
  - 정수 x 보다 크면서 가장 작은 소수를 반환 (is_prime() 함수 사용)
- main() 함수
  - next_prime() 함수를 반복 호출하여 M개의 소수 출력

입력 예시	출력 예시
31 5	37 41 43 47 53

09

포인터

포인터

이 단원에서는 C 언어에서 가장 어렵다는 포인터에 대한 기본 내용에 대해 학습한다. 사실 포인터의 기본적인 개념이나 내용 자체는 그렇게 어렵지는 않다. 하지만, 포인터가 배열, 구조체(11장에서 학습) 등과 결합되고 응용되면 복잡해지는데, 기본적인 내용을 정확히 알고 있지 않으면 이해하기조차 쉽지 않다. 그러므로 이 단원에서 학습하는 내용을 수박 겉핥기로 공부하지 말고, 조금 힘들더라도 정확히 이해하도록 하자. 포인터를 어려워하는 또 다른 이유는 개념이 낯설기 때문인데, 새로운 개념을 익히는 가장 좋은 방법은 여러 번 읽어보고 연습하여 익숙해지는 것이다.

우선 포인터의 개념, 포인터의 선언에서부터 지금까지 배워온 배열과 함수와의 결합을 통해 메모리에 대한 접근법을 설명한다. 배열의 의미를 재발견하고 포인터와의 관계에 대해서 배우며 사용할 수 있는 연산에 대해서 설명한다. 함수는 내부에서 선언된 변수들만 접근할 수 있지만, 포인터 개념을 추가하면 외부의 변수에 접근이 가능해진다. 그와 관련된 예제들을 보면서 사용법을 소개한다.

9.1　포인터 개요

| 메모리와 주소

　포인터의 개념을 이해하기 위해서는 우선 프로그램에서 사용하는 메모리에 대한 이해가 필요하다. 메모리는 프로그램이 실행되기 위해 필요한 정보(값)를 저장하는 공간으로 1바이트 단위로 물리 주소가 부여 되어 있다. 개념적으로, 메모리는 일렬로 연속되어 있는 크기가 1 바이트인 방(cell)들의 모음이라고 볼 수 있다. 일반적으로 주소는 16진수로 표현한다. (메모리를 하나의 큰 배열이라고 생각하면, 주소는 배열에서 사용하는 첨자와 비슷한 개념이라고 보면 된다.) 아래 그림은 메모리의 일부분의 예를 나타낸 그림인데, 하나의 사각형은 1 바이트 크기의 방을 의미하고, 위에 적혀 있는 값은 주소, 사각형 안에 적혀 있는 값은 각 방에 저장된 값을 나타낸다. VS 2017에서 주소는 4 바이트로 표현되는데, 시스템과 컴파일러에 따라 다를 수 있다.

　변수는 선언될 때, 메모리에 그 변수를 위한 공간이 할당된다. 변수에 할당되는 메모리의 주소는 시스템이 제어하기 때문에 프로그램 작성자가 직접 알 수 없다. 프로그램 실행 시 변수에 할당된 메모리 공간의 시작 주소를 구하기 위해서는 **주소연산자(&)** 를 사용해야 한다. (scanf() 함수에서 변수 앞에 붙였던 &가 바로 주소연산자이다.) 주소연산자는 변수 앞에 '&' 기호를 붙이면 된다.

　다음은 int형 변수 a에 저장된 값과 a의 주소를 출력하는 코드이다. 변수 a는 '0x003BDC98'부터 '0x003BDC9B' 번지까지 4 바이트가 할당되었다고 가정했다. 여러분이 직접 실행하면 a에 저장된 값은 동일하게 0이 나오지만, a의 주소는 대부분 다르게 출력될 것이다.

```
int a = 0;
printf("%d, %p", a, &a);    ⇨ %p는 16진수로 주소 출력
```

[실행결과]
```
0, 003BDC98
```

0x003BDC97	0x003BDC98	0x003BDC99	0x003BDC9A	0x003BDC9B	0x003BDC9C	0x003BDC9D
0000 1101	0000 0000	0000 0000	0000 0000	0000 0000	1111 1110	1110 1101

변수 a에 할당된 메모리 공간 (4바이트) : 한 번 할당되면 위치 고정됨

위 코드의 printf() 함수에서 사용된 '%p'는 주소 값을 출력할 때 사용되는 서식 지정자이다. 주소는 기본적으로 정수로 표현되기 때문에 '%d' (10진수) 또는 '%x' (16진수)를 사용하여 출력해도 된다. (다만, 자료형이 다르다는 컴파일 경고(warning)가 발생한다.) **주소 출력 서식인 '%p' 는 16진수로 주소를 출력**해준다.

```
/* 주소 출력 방법 */
int a;

printf("%d\n", &a);       ⇨ 컴파일 경고
printf("%#x\n", &a);      ⇨ 컴파일 경고
printf("%X\n", &a);       ⇨ 컴파일 경고
printf("%p\n", &a);
```

[실행결과]
```
3923096
0x3bcd98
3BDC98
003BDC98
```

2장에서 C 코드에서 사용된 변수 이름의 의미는 두 가지라는 것을 배웠는데, 여기서 잠깐 복습해보자. 첫 번째로 변수의 선언 또는 대입문의 왼쪽 변수(l-value)로 사용될 때는 그 변수에 '할당된 공간'(주소를 뜻하는 것은 아님)을 의미한다. 두 번째로 변수가 대입문의 오른쪽 변수(r-value), 조건식, 함수의 실인자에서 사용될 때는 그 변수에 '저장된 값'을 의미한다.

```
char c1, c2;        ⇨ c1, c2를 위한 '공간'을 메모리 할당
c1 = c2;            ⇨ c1에 c2를 저장 → c1의 '공간'에 c2에 저장된 '값'을 저장
if( c1 < c2 )       ⇨ c1이 c2보다 작으면, 즉
                       c1에 저장된 '값'이 c2에 저장된 '값'보다 작으면
printf("%c", c1);   ⇨ c1을 인수로 전달 → c1에 저장된 '값'을 전달
```

0x003BDC97	0x003BDC98	0x003BDC99	0x003BDC9A	0x003BDC9B
0000 1101	0000 0000	0000 0000	0000 0000	0001 1010
	c1		c2	

위 코드에서 첫 번째 줄의 변수의 선언과 두 번째 줄의 대입문의 왼쪽 변수인 c1은 변수에 할당된 '공간'을 의미하고, 나머지는 모두 변수에 저장된 '값'을 의미한다. 즉, 위 그림에서 공간은 색으로 칠해진 1 바이트 크기의 사각형을, 값은 사각형 안에 적혀있는 이진수 코드를 의미한다.

[예제 9.1] 아래와 같이 선언된 6개 변수의 주소를 출력해보고, 출력된 주소를 보고 메모리에 변수가 할당된 모습을 그림으로 그려보자.

```
char a, b;
int i, j;
double x, y;
```

[실행결과]
```
a: 0018F91F, b: 0018F91E
i: 0018F924, j: 0018F920
x: 0018F930, y: 0018F928
```

주소 (마지막 두 자리만 표시)

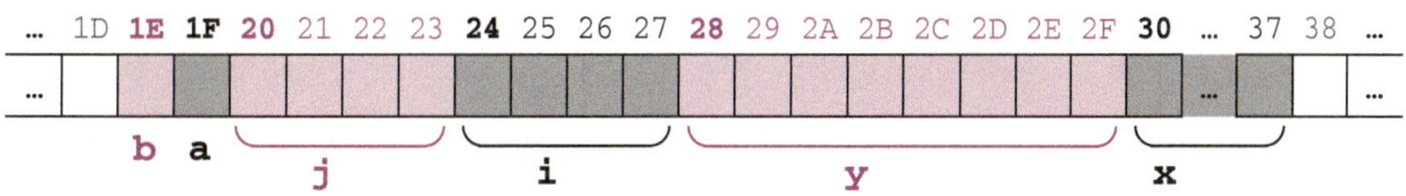

참고▶ 위 실행 예에서는 변수들이 메모리에 연속적으로 할당이 되어 있는데, 변수들이 반드시 연속적으로 할당된다는 보장은 없다.

[예제 9.2] 아래와 같이 배열 원소들의 주소를 출력해보고, 메모리에 배열이 할당된 모습을 그림으로 그려보자. (배열 원소의 주소를 출력하기 위해서는 일반 변수처럼 배열 원소 앞에 주소 연산자를 붙이면 된다.)

[실행결과]
```
x[0]: 001FFEC8
x[1]: 001FFECC
x[2]: 001FFED0
x[3]: 001FFED4
```

```
int x[4];
```

주소 (마지막 두 자리만 표시)

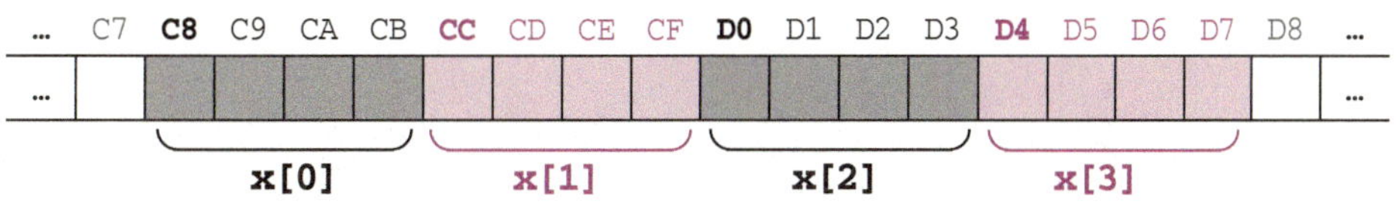

참고▶ 일반 변수와 달리 배열은 항상 연속된 공간에 할당된다.

| 포인터란?

　포인터(**pointer**)는 메모리 주소를 나타내는 개념으로, 저장 공간(또는 변수)을 가리키는(point) 것이라는 의미이다. 주소는 기본적으로 양의 정수로 표현되지만, 정수와는 쓰임새가 전혀 다르기 때문에 정수 자료형과는 다른 자료형으로 정의한다. '주소를 나타내는 특수 자료형'이 바로 포인터 자료형이다. 주소를 저장하는 변수를 '포인터 변수'라고 부르는데, 포인터 자료형으로 선언된다. 아래 코드에서 변수 a의 주소를 변수 p에 저장했는데, p가 바로 포인터 변수이다. 변수의 주소를 저장하는 것을 '변수를 가리킨다'라고 표현한다. 아래에서 p는 변수 a를 가리키는 포인터 변수로, 다음 절에서 자세히 설명한다.

```
int a;      ⇨ 정수 변수 a 선언
int *p;     ⇨ 정수 포인터 변수 p 선언
p = &a;     ⇨ 변수 a의 주소를 저장하는 변수 p는? → 포인터 (변수)
```

　앞으로 '포인터'라는 용어는 자료형, 변수, 주소 값 등을 포괄적으로 지칭하는 용어로 사용한다. 또한 포인터를 학습하면서 다음과 같은 메모리 그림을 많이 보게 될 것이다. 도형은 변수에 할당된 메모리 영역을 나타내고, 도형 내부의 데이터는 변수에 저장된 값이다. 변수명은 도형 밖에 표시하되, 주로 상단 또는 좌측에 표시한다. 할당된 메모리의 시작 주소는 좌측 상단에 표시하는데, 변수명과 구별하기 위해 0x로 시작하는 16진수 수로 표현한다.

9.2 포인터 선언과 사용

| 포인터 선언

　포인터는 기존의 자료형에 포인터라는 표시를 하여 선언한다. 포인터 변수의 선언 방법은 변수 명 앞에 포인터임을 나타내는 * (참조연산자)만 덧붙이면 된다. 선언한 포인터는 어떤 자료형의 포인터(주소)인가에 따라, 정수형 포인터(정수형을 가리키는), 부동소수형 포인터(부동소수형을 가리키는) 등으로 구분된다. 아래에서 pch는 문자형 포인터 (변수) 이고 pnum은 정수형 포인터 (변수)이다. pch와 pnum은 똑같이 주소를 저장하지만, 가리 키는 대상의 자료형이 다르기 때문에 다른 자료형으로 취급한다.

char *pch;　　　　⇨ 문자(char)형 포인터 변수 pch 선언
int *pnum;　　　　⇨ 정수(int)형 포인터 변수 pnum 선언

포인터 (변수)를 선언할 때, 참조연산자는 (아래 오른쪽과 같이) 자료형 쪽에 붙여서 사용하기도 하지만 일반적으로 (아래 왼쪽과 같이) 변수에 붙여서 사용한다.

```
char *pch;                      char* pch;
int *pnum;            =          int* pnum;
 (이 표기가 일반적)
```

포인터도 아래와 같이 일반 변수, 배열과 동시에 선언할 수 있다. 아래 선언에서 맨 앞 의 자료형 'int'는 일반 변수에 저장된 값, 포인터 변수가 가리키는 값, 배열 원소 하나 에 저장된 값이 모두 정수형(int)이라는 의미이다.

```
/* int와 관련된 여러 자료형을 한 줄에 선언하기 */
int *pnum1, num1=10, *pnum2, num2, arr[10];
```

포인터 변수 역시 선언과 동시에 초기화를 할 수 있다. 아래 예는 일반 변수인 num과 포인터 (변수)인 pnum을 같이 선언하였고 pnum을 num의 주소로 초기화 한 것이다. 하지 만 pnum을 num으로 초기화하기 위해서는 num의 주소 값을 알아야하기 때문에 num이 먼 저 선언 되어야한다. 두 변수의 선언 순서를 바꾸면 컴파일 오류가 발생한다.

int num, ***pnum = #**　　⇨ pnum을 선언과 동시에 num의 주소로 초기화

int *pnum = &**num**, num;　　⇨ 컴파일 오류 (num이 선언되기 전에 사용됨)

| 포인터 대입(연결)

포인터 변수에는 주소만 대입(저장)될 수 있다. 주소를 대입하여 특정 변수와 연결시키 는 것을 '**가리킨다**'라고 표현한다. 다음 예제를 보면 4, 5번째 라인에서 포인터 변수에

일반 변수의 주소를 저장하는 것이 있는데 이것을 **"포인터와 변수를 연결한다"**라고 한다.

```
/* 포인터 대입(연결) */
char ch = 'A', *pch;
int num = 3, *pnum;


pch = &ch;        ⇨ pch에 변수 ch의 주소 대입(연결)
pnum = &num;      ⇨ pnum에 변수 num의 주소 대입(연결)


printf("%p %c\n", pch, ch);    ⇨ %p: 주소 출력 서식
printf("%p %d\n", pnum, num);
```

[실행결과]

```
001EA03C A
001EA072 3
```

오른쪽의 그림은 예제를 실행한 후의 메모리 그림인데, pch에는 ch의 주소 값인 0x3C가 저장되어 있고, pnum에는 num의 주소 값인 0x72가 저장되어 있다. (알아보기 쉽게 포인터 변수는 둥근 사각형으로 표현하고, 포인터가 아닌 변수는 각진 사각형으로 표현했다.) 이 그림에서는 변수 ch의 주소는 0x3C, 변수 num의 주소는 0x72라고 가정했는데, 일반적으로 변수의 주소는 프로그래머가 알 수 없다. 그래서 보통은 오른쪽 그림처럼 포인터 (변수)에서 연결된 변수 방향으로 화살표(➜)로 그려, 포인터 변수와 일반 변수의 연결 관계를 표현한다.

| 포인터 참조

참조 연산이란 포인터가 가리키는 변수에 접근하는 것을 의미한다. 포인터가 가리키는 변수에 접근하기 위해서는 **참조 연산자 * (간접연산자, 포인터연산자라고도 부름)**를 사용한다. 아래 예제에서 보면 *pch를 사용하여 포인터 pch가 가리키는 변수, 즉, 0x3C 번지에 저장된 값을 참조하였다. 포인터 참조의 ***** 은 메모리 그림에서 화살표 ➜ 를 따라 가라는 의미로 해석하면 된다.

```
/* 포인터 참조 */
char ch = 'A';
char *pch = &ch;      ⇨ 포인터 변수 초기화

int num = 3, *pnum = &num;
     ⇨ 일반 변수와 포인터 변수 동시 선언 및 초기화


printf("%p %c\n", pch, *pch);     ⇨ 포인터 참조
printf("%p %d\n", pnum, *pnum);   ⇨ 포인터 참조
```

[실행결과]

```
001EA03C A
001EA072 3
```

다음은 참조연산자를 이용하여 연결된 변수에 대입하는 예제이다. 마찬가지로 참조 연산자를 사용하면 된다. 다만, 대입 연산자 '='의 왼쪽에서 쓰였으므로 포인터가 가리키는 변수에 저장된 값이 아닌, 포인터가 가리키는 저장 공간을 의미할 뿐이다.

```
char ch = 'A', *pch = &ch;
int num = 3, *pnum = &num;

*pch = 'B';     ⇨ pch가 가리키는 공간에 'B' 대입
*pnum += 5;     ⇨ num += 5 와 동일한 기능

printf("%c %d\n", ch, num);
```

[실행결과]

```
B 8
```

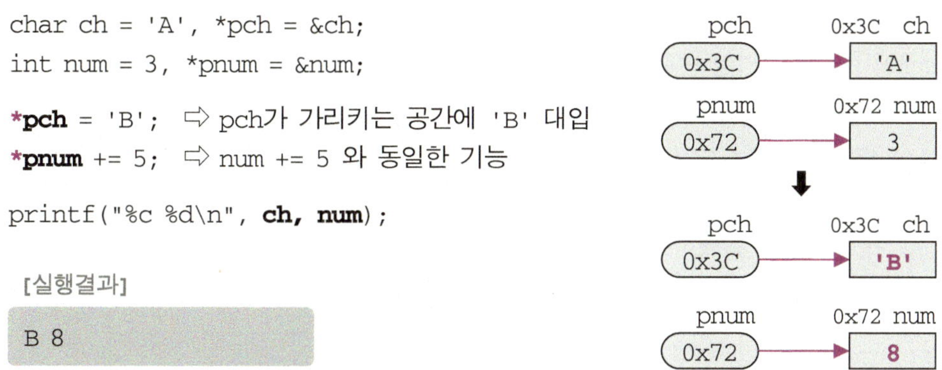

*pch = 'B' 문장은 pch가 가리키는 공간에 문자 'B'를 대입하라는 의미로, ch가 pch에 연결된 후에는 ch = 'B'와 *pch = 'B'는 동일한 기능을 한다. 전자는 변수에 직접 접근한다고 해서 '직접 접근'이라고 하고, 후자는 포인터를 통해 간접적으로 접근한다고 해서 '간접 접근'이라고 한다.

다음은 참조 연산자를 사용하는 추가 예제이다. *pnum(즉, pnum이 가리키는 변수)의 자료형이 정수이므로, 정수를 사용하는 어떤 형태든 가능하다. 단, 연산자 간에 우선순위에 따라 결과가 달라질 수 있기 때문에 주의해서 사용해야 한다.

```
int num = 3, *pnum = &num;

*pnum = *pnum / 2 + 4;     ⇨ 정수 연산: num에 num/2+4 = 5 대입

if( *pnum == 5)            ⇨ 정수 비교: ( num == 5 )
  ++*pnum;                 ⇨ 정수 연산: ++(*pnum) ⇨ ++num
printf("%d", *pnum);       ⇨ 함수의 인자로 사용
```

[실행결과]

```
6
```

[예제 9.3] 다음에 해당하는 문장들을 차례로 작성하고, 메모리 그림을 그려보시오.

① int 변수 num1, num2 선언, int 포인터 변수 p 선언 및 num1의 주소로 초기화
   (하나의 문장으로)

② p가 가리키는 변수에 3000 대입

③ num2에 p가 가리키는 변수 값 대입

④ p가 num2를 가리키도록 변경

⑤ p에 연결된 변수에 p가 가리키는 변수 값 - 1000 대입

⑥ num1에 p가 가리키는 변수 값의 2배 대입

⑦ num1, num2, p를 출력한다.

⑧ num1의 주소, num2의 주소, p의 주소를 출력한다.

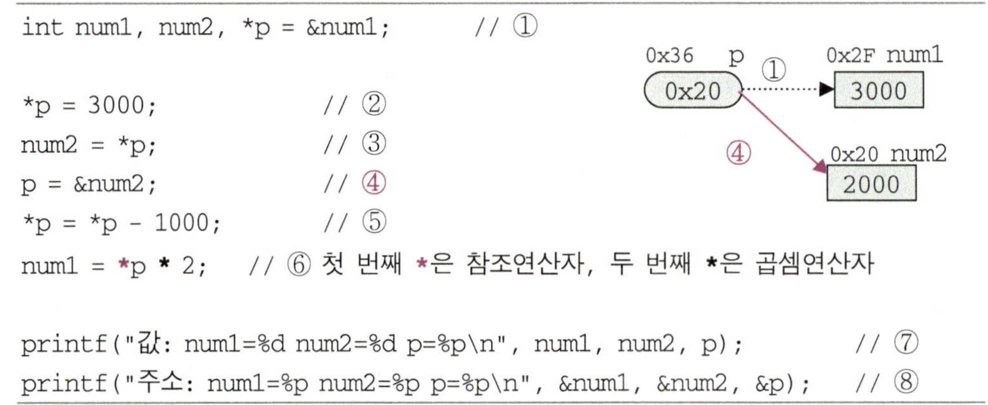

```
int num1, num2, *p = &num1;        // ①

*p = 3000;              // ②
num2 = *p;              // ③
p = &num2;              // ④
*p = *p - 1000;         // ⑤
num1 = *p * 2;    // ⑥ 첫 번째 *은 참조연산자, 두 번째 *은 곱셈연산자

printf("값: num1=%d num2=%d p=%p\n", num1, num2, p);        // ⑦
printf("주소: num1=%p num2=%p p=%p\n", &num1, &num2, &p);    // ⑧
```

지금까지 포인터와 관련하여 두 가지 연산자(주소 연산자와 참조 연산자)를 배웠다. 두 연산자가 어떤 걸 정확히 표현하는지 다음 그림을 통해 숙지하도록 하자.

◆ 주소 연산자(&) : 해당 변수의 주소 값(그림의 Ⓐ)

◆ 변수 이름 : 변수 영역 또는 변수에 저장된 값(그림의 Ⓑ)

◆ 참조 연산자(*) : 포인터가 가리키는 변수, 즉 변수 영역 또는 저장된 값(그림의 Ⓒ)
   아래 예에서 *pnum 과 num은 모두 그림의 Ⓒ를 의미하는 표현이다.

```
int num = 9, *pnum = &num;

printf("%p\n", &pnum);    ⇨ Ⓐ 0x9A
printf("%p\n", pnum);     ⇨ Ⓑ 0x72
printf("%d\n", *pnum);    ⇨ Ⓒ 9
printf("%p\n", &num);     ⇨ Ⓧ 0x72
```

위와 같이 연결된 상태에서 pnum 의 값과 &num 의 값은 같지만, 지칭하는 부분은 전혀 다르다. pnum은 타원형 내부에 저장된 값(그림에서 Ⓑ)이고, &num은 사각형 변수의 주소 (그림에서 Ⓧ)이다. 확실히 이해했는지 다음 수식을 확인해보자.

&*pnum　⇨ pnum에 저장된 주소 값이 가리키는(*) 변수의 주소(&), 그림의 ⓧ

*&num　⇨ num의 주소(&)가 가리키는(*) 변수, 즉 num 자신, 그림의 ⓒ

포인터를 이해하고 학습하기 위한 가장 좋은 방법은 '메모리 그림'을 그리는 것이다!!

| 포인터 사용 시 주의 사항

1) 포인터 (변수)는 참조되기 전에 반드시 연결되어 있어야 한다.

초기화 없이 포인터 변수만 선언하는 경우, 그 변수에는 쓰레기 값이 저장되어 있다. 따라서 포인터 변수를 사용하기 전에 다른 변수에 연결이 되어 있어야 한다. (이는 일반 변수도 마찬가지이다.) 아래 예제의 첫 번째 코드에서 pnum에는 쓰레기 값이 저장되어 있고, *pnum은 쓰레기 값이 가리키는 메모리 공간에 접근하게 된다. 이 메모리 공간이 접근할 수 없는 영역이면, 런타임(실행) 오류가 발생한다.

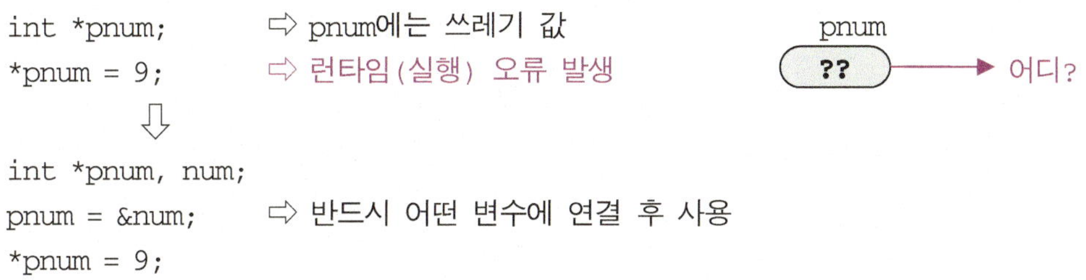

```
int *pnum;              ⇨ pnum에는 쓰레기 값
*pnum = 9;              ⇨ 런타임(실행) 오류 발생

              ⇩

int *pnum, num;
pnum = &num;            ⇨ 반드시 어떤 변수에 연결 후 사용
*pnum = 9;
```


이러한 런타임 오류를 방지하고 디버깅을 쉽게 하기위해, 보통 포인터를 'NULL'로 초기화 시킨다. **'NULL'은 주소 값 0을 나타내는 특별한 기호로, 아무것도 가리키지 않는다는 것을 의미**한다. 포인터 변수를 NULL로 초기화 하는 것은 일반 변수를 0으로 초기화 하는 것과 비슷하다. NULL은 0의 값을 가지므로, 조건문에서 사용하면 거짓에 해당된다.

```
int *pnum = NULL;       ⇨ NULL로 초기화 (아무것도 가리키지 않음을 의미)
```

2) 주소연산자(&)는 포인터를 포함한 모든 변수에 사용가능하지만, 참조연산자(*)는 포인터 변수에서만 사용할 수 있다.

지금까지 예에서는 주소 연산자를 일반 변수에만 사용하였지만, 포인터 변수도 변수이므로 메모리에 공간이 할당되고, 따라서 주소 연산자가 잘 정의된다. 하지만 참조 연산자를 가리키는 대상이 있어야만 정의가 되므로, 포인터 변수에만 사용해야 한다. 포인터 (변수)가 아닌 변수에서 참조연산자를 사용하면 컴파일 오류가 발생한다.

```
int num=9, *pnum = &num;
printf("%p %p %d\n", &pnum, pnum, *pnum);
printf("%p %d %d\n", &num, num, *num);        ⇨ *num 은 컴파일 오류
```

[실행결과] (*num은 제외)

```
0x9A 0x72 9
0x72 9
```

0x9A pnum   0x72 num
(0x72) ⟶ [9]

3) 포인터의 자료형과 연결된 변수의 자료형은 일치해야 한다.

다음은 int 포인터 변수에 char형 변수의 주소를 대입한 예제를 보여준다. 이를 컴파일하면 서로 다른 자료형의 포인터 간 대입은 컴파일 '경고'를 발생시키기는 하지만, 컴파일 '오류'는 발생시키지 않는다. (컴파일러 종류 및 설정에 따라 다를 수 있다.)

```
char ch='A', *pch;
int num=3, *pnum;

pch = &num;              ⇨ 컴파일 경고 (또는 오류)
pnum = &ch;              ⇨ 컴파일 경고 (또는 오류)

*pch = 66;               ⇨ 실행되나, 바람직하지 않음
*pnum = 'a';             ⇨ 런타임 오류 발생 위험

printf("%c\n", *pch);    ⇨ num 변수의 처음 1 바이트의 값 출력
printf("%d\n", *pnum);   ⇨ ch 변수를 포함해 4 바이트의 값 출력
```

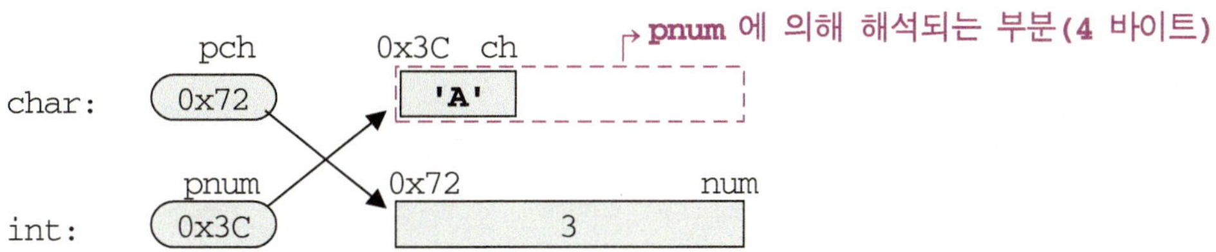

　이러한 코드가 왜 문제가 될 수 있는 지 다음 예를 살펴보자. 3번째 줄에서 pnum에 pch의 값을 대입한다. pch에는 ch의 주소가 저장되어 있으므로, pnum에도 ch의 주소가 저장되어 pnum은 ch를 가리킨다. 이 후 *pnum = 1024; 문장에 의해 pnum이 가리키는 공간에 1024를 대입하는데, pnum의 자료형이 int 포인터이므로 4 바이트의 공간을 사용해서 1024를 저장한다. 문제는 pnum이 가리키는 공간은 1 바이트만 차지하는 char형 변수이기 때문에, 다른 메모리 영역의 값을 의도치 않게 변경하게 된다.

```
char ch='A', *pch = &ch;
int *pnum;

pnum = pch;        ⇨ pch에 저장된 값을 pnum에 대입 (컴파일 경고 또는 오류)

*pnum = 1024;      ⇨ 런타임 오류 발생 위험
```

| 포인터의 크기

　주소는 메모리의 방 번호를 표현하는 값이므로, 주소를 표현하는데 필요한 공간은 포인터가 가리키는 변수의 자료형과는 상관없다. 따라서 포인터 변수에 필요한 공간은 일정하고, 이를 sizeof 연산자를 사용하여 확인해볼 수 있다. VS 2017에서 아래 코드를 실행해보면 포인터의 종류(자료형)에 관계없이 포인터의 크기는 4 바이트로 모두 동일하다. 단, 포인터의 크기는 시스템마다 다를 수 있다.

```
char *pch;
int *pnum;
double *pdnum;

printf("%d\n", sizeof(pch));
printf("%d\n", sizeof(pnum));
printf("%d\n", sizeof(pdnum));
```

[실행결과]

```
4        ⇨ pch의 크기
4        ⇨ pnum의 크기
4        ⇨ pdnum의 크기
```

9.3 배열과 포인터

배열은 연속된 메모리 공간에 할당된다. 이러한 점 때문에 배열은 주소를 이용해서 접근하기 수월하고, 배열은 포인터와 매우 밀접한 관련이 있다.

아래와 같이 배열 원소의 주소를 출력해보자. 하나의 배열 원소는 하나의 변수와 동일하게 취급되므로, 배열 원소의 주소를 출력하기 위해서는 앞에 주소 연산자를 붙여주면 된다. int 자료형의 크기는 4 바이트이므로, 원소의 주소 값이 4씩 증가한다. 여러 번 수행시켜보면, 주소 값은 바뀔 수 있지만, 주소 값이 4씩 증가한다는 점은 변하기 않는다. 자료형을 바꿔도, 배열의 크기를 바꿔도, 항상 **배열의 각 원소는 연속된 공간에 순서대로 할당**된다.

```
int ar[5] = {2, 3, 5, 7, -1};
for( i = 0 ; i < 5; ++i)
    printf("%p\n", &ar[i]);   ⇨ i번 원소의 시작 주소
```

[실행결과] (4씩 증가)

```
001E40B4
001E40B8
001E40BC
001E40C0
001E40C4
```

```
       0xB4  0xB8  0xBC  0xC0  0xC4
    ar │ 2  │ 3  │ 5  │ 7  │ -1 │
        [0]   [1]   [2]   [3]   [4]
```

| 배열 이름의 비밀

대입문의 오른쪽에서 일반 변수나 배열 원소의 이름은 저장된 값을 의미하고, 값이 저장된 공간의 주소를 알기위해서는 주소 연산자(&)를 사용해야 한다는 것을 배웠다.

```
int x = 9;
printf("%d %p\n", x, &x);   ⇨ x에 저장된 값과 주소
```

[실행결과]

```
9 001E3FA4
```

그러면, 배열 이름을 출력하면 어떻게 될까? 배열 이름에 주소 연산자를 붙이면 어떤 값이 나올까? 다음과 같이 두 값은 모두 배열의 0번 원소의 시작 주소와 동일하다.

```
int ar[5] = {2, 3, 5, 7, -1};

printf("%p\n", ar);        ⇨ 배열 이름
printf("%p\n", &ar);       ⇨ 배열 전체의 시작 주소
printf("%p\n", &ar[0]);    ⇨ 0번 원소의 시작 주소
```

[실행결과]

```
001E40B4
001E40B4
001E40B4
```

　배열 이름 '**ar**'은 배열의 **0**번 원소의 시작 주소 '**&a[0]**'을 의미하는 특별한 포인터이다. 배열 이름에 주소 연산자를 붙인 '&ar'은 의미 그대로 (전체) 배열의 시작 주소를 나타낸다. 이 둘의 주소 값은 같으나 자료형은 다른데, 이에 대해서는 13장에서 설명한다.

　다음은 배열이 아닌 변수(포인터 포함)와 배열을 비교한 표이다. 다른 자료형은 모두 '**저장된 값**'을 나타내는데, 배열만 특별하게 '**저장 공간의 주소**'를 나타낸다.

일반 변수	배열
`int i=9, *ip = &i;`	`int ar[5] = {2, 3, 5, 7, -1};`
`i`　: 변수 i에 저장된 값 (9) `&i`　: 변수 i의 주소 (0x52)	`ar[2]`　: 원소 ar[2]에 저장된 값 (5) `&ar[2]`: 원소 ar[2]의 주소 (0xBC)
`ip`　: 변수 ip에 저장된 값 (0x52) `&ip` : 변수 ip의 주소 (0x40)	**ar**　: 0번 원소의 주소 (0xB4) `&ar`　: (전체) 배열의 주소 (0xB4)

※ 배열 원소는 일반 변수와 동일하게 취급

| 주소를 이용한 배열 참조

　배열의 이름은 주소를 의미하기 때문에 참조 연산자와 함께 사용 가능하다. 주소를 이용한 배열의 참조는 다음과 같이 할 수 있다. 배열의 이름 ar이 배열의 0번 원소의 주소를 의미하므로, *ar은 배열의 0번 원소의 주소에 저장된 값, 즉 0번 원소의 값을 의미한다.

```
int ar[5] = {2, 3, 5, 7, -1};
printf("%p %d %d\n", ar, ar[0], *ar);
```

[실행결과]

```
001E40B4 2 2
```

배열의 이름은 주소를 의미하기 때문에 배열의 이름을 이용하여 증감 연산을 할 수 있다. 다음은 배열 이름에 대한 증감 연산의 예제이다. ar이 나타내는 주소 값이 0xB4일 때, ar+1은 ar[1]의 주소인 0xB8이고, 따라서 *(ar+1)은 ar[1]에 저장된 값을 의미하게 된다. 즉, **배열 이름에 대한 증감 연산은 배열 '원소 하나의 크기'만큼 증가 또는 감소를 의미한다.** (주소에 1을 더한 결과가 단순히 1이 증가되는 것이 아님에 주의하자.) 예를 들어 int형 배열의 경우 4 바이트씩 증가 또는 감소하게 되는 것이다.

```
int ar[5] = {2, 3, 5, 7, -1};
printf("%p, %d, %d\n", ar+1, ar[1], *(ar+1));
```

[실행결과]

```
001E40B8 3 3
```

정리하면, 배열의 이름을 이용하여 배열을 포인터 형태로 사용할 수 있다. 주소의 증감 단위가 배열 원소의 크기에 의해 결정되므로, **배열의 자료형에 관계없이 *(ar+i) = ar[i]가** 성립한다.

	ar+**0**	ar+**1**	ar+**2**	ar+**3**	ar+**4**
✔ 원소의 주소	‖	‖	‖	‖	‖
	0xB4	0xB8	0xBC	0xC0	0xC4
ar	2	3	5	7	-1
	ar[**0**]	ar[**1**]	ar[**2**]	ar[**3**]	ar[**4**]
✔ 원소의 값	‖	‖	‖	‖	‖
	*(ar+**0**)	*(ar+**1**)	*(ar+**2**)	*(ar+**3**)	*(ar+**4**)

위 내용이 다른 자료형에서도 동일하게 적용되는지 다음 예제를 통해 확인해보자.

[예제 9.4] char형 배열과 double형 배열을 선언하고 다음을 출력하라. (주소의 변화량을 주의해서 살펴보자)

```
char car[5] = {'H', 'e', 'l', 'l', 'o'};      ⇨ char형 배열
double dar[5] = {1.1, 2.2, 3.3, 4.4, 5.5};    ⇨ double형 배열

▽ car, car[0], *car            ▽ dar, dar[0], *dar
▽ car+1, car[1], *(car+1)      ▽ dar+1, dar[1], *(dar+1)
▽ car+2, car[2], *(car+2)      ▽ dar+2, dar[2], *(dar+2)
```

```
char car[5] = {'H', 'e', 'l', 'l', 'o'};

printf("%p %c %c\n", car, car[0], *car);
printf("%p %c %c\n", car+1, car[1], *(car+1));
printf("%p %c %c\n", car+2, car[2], *(car+2));
```

[실행결과]

```
004FF9C0 H H
004FF9C1 e e
004FF9C2 l l
```

⇨ 주소 1씩 증가

```
double dar[5] = {1.1, 2.2, 3.3, 4.4, 5.5};

printf("%p %.1f %.1f\n", dar, dar[0], *dar);
printf("%p %.1f %.1f\n", dar+1, dar[1], *(dar+1));
printf("%p %.1f %.1f\n", dar+2, dar[2], *(dar+2));
```

[실행결과]

```
004FF990 1.1 1.1
004FF998 2.2 2.2
004FF9A0 3.3 3.3
```

⇨ 주소 8씩 증가

| 배열을 포인터 변수에 연결하여 사용하기

배열 이름은 주소를 의미하므로 다음과 같이 포인터 변수에 대입하여 사용할 수 있다. ar이 0번 원소의 주소를 나타내므로, ar의 자료형은 int 포인터이다. 따라서 ar을 대입할 포인터 변수 p도 'int *'로 선언하였다. p에 ar을 대입하면, p에는 배열의 0번 원소의 주소가 저장되어 있고, 따라서 *p를 출력하면 0번 원소에 저장된 값이 출력된다.

```
int ar[5] = {2, 3, 5, 7, -1};
int *p = ar;          ⇨ 포인터 변수에 ar 대입

printf("%p %d\n", p, *p);
```

[실행결과]

```
001E40B4 2
```

포인터 변수도 증감 연산이 가능한데, **포인터에 대한 증감 연산은 포인터 변수가 나타내는 자료형의 크기 단위로 증가 또는 감소한다.** 다음 예를 통해 int 포인터의 경우 주소에 '+1'을 할 때마다 주소가 4 바이트씩 증가하는 것을 확인할 수 있다.

```
int ar[5] = {2, 3, 5, 7, -1};
int *p = ar;

printf("%p %d\n", p, *p);            ⇨ 0번 원소
printf("%p %d\n", p+1, *(p+1));      ⇨ 1번 원소
```

[실행결과]

```
001E40B4 2
001E40B8 3
```

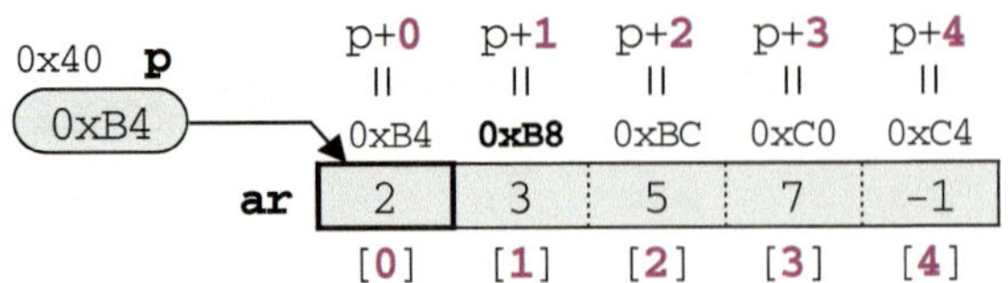

포인터의 참조 연산을 사용하여 배열 원소를 참조한 것처럼, 반대로 포인터를 배열의 첨자 형태로 사용할 수도 있다.

```
int ar[5] = {2, 3, 5, 7, -1};
int *p = ar;

printf("%p %d %d\n", p, p[0], *p);        ⇨ 0번 원소
printf("%p %d %d\n", p+1, p[1], *(p+1));  ⇨ 1번 원소
```

[실행결과]
```
001E40B4 2 2
001E40B8 3 3
```

다음 실습을 통해 char형과 double형 배열에 대해서도 포인터에 연결하여 사용해보자.

[예제 9.5] 다음과 같이 포인터 변수를 선언하고, 다음을 출력하라. (이전 실습과 마찬가지로 주소의 변화량을 주의해서 살펴보자.)

```
char car[5] = {'H', 'e', 'l', 'l', 'o'}, *cp = car ;
double dar[5] = {1.1, 2.2, 3.3, 4.4, 5.5}, *dp = dar ;

∀ cp, cp[0], *cp              ∀ dp, dp[0], *dp
∀ cp+1, cp[1], *(cp+1)        ∀ dp+1, dp[1], *(dp+1)
∀ cp+2, cp[2], *(cp+2)        ∀ dp+2, dp[2], *(dp+2)
```

```
char car[5] = {'H', 'e', 'l', 'l', 'o'};
char *cp = car ;

printf("%p %c %c\n", cp, cp[0], *cp);
printf("%p %c %c\n", cp+1, cp[1], *(cp+1));
printf("%p %c %c\n", cp+2, cp[2], *(cp+2));
```

[실행결과]
```
004FF9C0 H H
004FF9C1 e e
004FF9C2 l l
```
⇨ 주소 1씩 증가

```
double dar[5] = {1.1, 2.2, 3.3, 4.4, 5.5};
char *dp = dar ;

printf("%p %.1f %.1f\n", dp, dp[0], *dp);
printf("%p %.1f %.1f\n", dp+1, dp[1], *(dp+1));
printf("%p %.1f %.1f\n", dp+2, dp[2], *(dp+2));
```

[실행결과]

```
004FF990 1.1 1.1
004FF998 2.2 2.2
004FF9A0 3.3 3.3
```
⇨ 주소 8씩 증가

| 배열과 포인터의 관계 정리

  지금까지 학습한 배열과 포인터의 관계를 정리하면, 배열과 포인터는 둘 다 주소를 의미하므로 동일한 형태로 사용 가능하다.

```
int ar[5], * p = ar;
```

▼ i번 원소의 주소 : &ar[i] ⇔ ar + i ⇔ p + i ⇔ &p[i]
▼ i번 원소의 값 : ar[i] ⇔ *(ar + i) ⇔ *(p + i) ⇔ p[i]

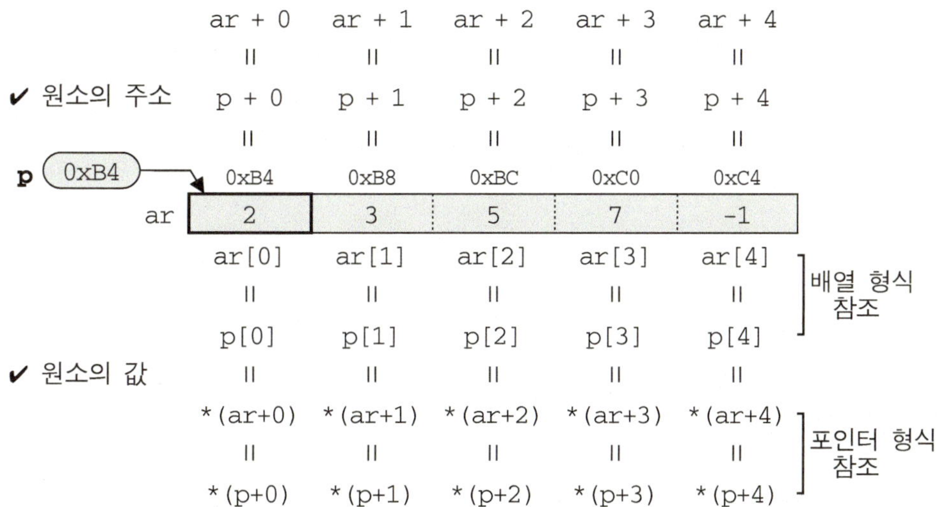

  처음 보면 복잡해 보이지만, 핵심은 다음 두 가지로, 배열이름이든 포인터 변수이든 주소를 의미하고 따라서 참조 방식도 동일하다.

❖ 배열 이름과 포인터 모두 주소이기 때문에 주소에 1을 더하면, 원소의 크기만큼 주소가 증가한다.

❖ 주소가 주어 졌을 때, 해당 주소에 저장된 원소(변수) 값은 다음 두 가지 형태로 참조할 수 있다.

　▸ ar[i]와 p[i] : 배열의 첨자 연산자 [ ] 사용
　▸ *(ar+i)와 *(p+i) : 포인터의 참조 연산자 * 사용

여러분이 C 언어를 처음 배운다면, '배열은 배열처럼 사용하고 포인터는 포인터처럼 사용하면 되지 왜 이런 관계를 공부하는 것일까?'하고 의문을 가질 수 있을 것이다. 일반적으로 배열의 형태가 더 직관적이고 쉽기 때문에, 포인터를 배열의 형식으로 사용하는 것은 자주 발생한다. 또, 배열을 포인터 형식으로 사용하는 경우는 흔하지 않지만, C 언어를 공부하다보면 배열을 포인터로 이해해야하는 경우가 많이 발생하는데, 이러한 내용은 앞으로 차차 학습하게 될 것이다.

| 배열 이름과 포인터 변수의 차이점

배열 이름은 주소이므로 포인터 변수처럼 사용할 수 있었다. 그러나 배열 이름과 포인터 변수에는 큰 차이점이 하나 존재하는데, **배열 이름의 주소 값은 변경할 수 없다**는 것이다. 각 변수에 저장된 값은 변경이 가능했지만, 할당된 공간의 주소(아래 그림에서 각 변수를 나타내는 도형의 좌측 상단에 있는 값)는 변경할 수 없다. 이는 int형 변수, 포인터 변수, 배열 변수 등 자료형과 관계없이 모두에 동일하게 적용된다.

```
int num;
    변수 num에 저장된 값(정수 9)은 변경 가능
    변수 num에 할당된 주소(0x72)는 변경 불가
int *p;
    변수 p에 저장된 값(주소 0x72)은 변경 가능
    변수 p에 할당된 주소(0x9A)는 변경 불가
int ar[5];
    배열 ar에 저장된 값(2,3,…)은 변경 가능
    배열 ar에 할당된 주소(0x72)는 변경 불가
```

배열 이름은 0번 원소에 할당된 공간의 주소를 나타내는데, 다른 변수와 마찬가지로 할당된 공간의 주소는 변경할 수 없다. (변경할 수 없는 주소라는 의미로 포인터 상수라고 한다.) 이는 대입문의 왼쪽에서 사용될 때(l-value), 포인터 변수와 차이점을 만들어낸다.

 다음은 변수 대입과 관련된 몇 개의 문장인데, 어떤 대입문은 정상 실행되지만, 어떤 대입문에서는 오류가 발생한다. 변수에 저장된 값을 변경하는 것은 가능하고, 변수에 할당된 공간의 주소를 바꾸는 것은 불가능하다는 점을 안다면 쉽게 이해할 수 있을 것이다. 기계적인 문법 적용보다 아래 그림을 참조하여 대입문의 의미를 파악하자.

```
int num, *p, ar[5];
```

num = 1;   ⇨ num에 저장된 값 변경 (가능)
++num;   ⇨ num에 저장된 값 변경 (가능)
&num = ar;   ⇨ num에 할당된 주소 변경 (불가능, 컴파일 오류)

p = #   ⇨ p에 저장된 값 변경 (가능)
++p;   ⇨ p에 저장된 값 변경 (가능)
&p = ar;   ⇨ p에 할당된 주소 변경 (불가능, 컴파일 오류)

ar = #   ⇨ 0번 원소에 할당된 주소 변경 (불가능, 컴파일 오류)
++ar;   ⇨ 0번 원소에 할당된 주소 변경 (불가능, 컴파일 오류)
&ar = #   ⇨ 배열에 할당된 주소 변경 (불가능, 컴파일 오류)

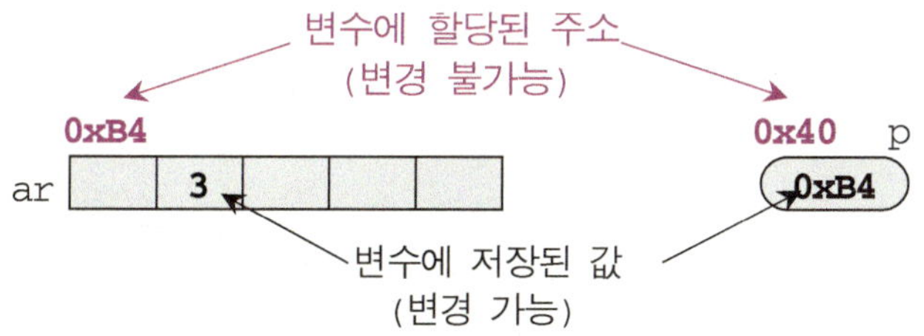

| 배열과 포인터 사용 시 주의 사항

 앞의 예에서는 포인터에 배열의 이름을 연결하여 사용했는데, 배열 이름만 연결 가능한 것은 아니다. 배열 이름, 즉 0번 원소를 연결하여 사용을 했듯이, **배열의 중간 원소를 연결시켜 사용하는 것도 가능**하다. (코드 작성을 편하게 하거나 가독성을 위해 일부러 중간 원소에 연결하여 사용하는 경우도 있다.) 다만, 이 경우 포인터는 자신이 가리키는 주소를 기준으로 배열의 첨자를 적용한다. 즉, 포인터를 이용한 배열의 첨자는 연결된 대상 배열의 첨자와 달라진다. 예를 들어, 다음과 같이 p를 ar의 2번 원소에 연결하는 경우, p[0]은 ar[2]에 해당하고, p[-2]가 ar[0]에 해당한다. 즉, ar[0]~a[4]는 p[-2]~p[2]에 해당한다.

```c
int ar[5] = {2, 3, 5, 7, -1};
int *p = &ar[2];      ⇨ 2번 원소에 연결

printf("%p %d\n", ar, ar[0]);
printf("%p %d\n", p-2, p[-2]);
printf("%p %d\n", p, p[0]);
```

[실행결과]

```
001E40B4 2      ⇨ ar의 0번 원소
001E40B4 2      ⇨ p의 -2번 원소
001E40BC 5      ⇨ p의 0번 원소
```

두 번째로 **포인터의 참조 연산자 사용 시 괄호에 유의해야 한다.** 괄호를 생략하면, 연산자 우선순위에 의해서 참조 연산자(*)가 산술 연산자(+)보다 먼저 적용이 된다. 따라서 아래 두 번째 문장은 ar[0]의 값에 2를 더하라는 의미가 된다.

▶ *(ar+2) ➡ ar[2] ➡ 5

▶ *ar + 2 ➡ *(ar) + 2 ➡ ar[0]+2 ➡ 4 (참조 연산자 * 이 산술 연산자 + 보다 우선순위 높음. 주의!! *는 곱셈 연산자가 아니고 참조 연산자.)

```c
int ar[5]= {2, 3, 5, 7, -1 };
int *p = ar;

printf("%d %d\n", *(ar+2), *ar+2);   ⇨ ar[2], ar[0]+2
printf("%d %d\n", *(p+4), *p+4);     ⇨ p[4], p[0]+4
```

[실행결과]

```
5 4
-1 6
```

마지막으로 **포인터 변수의 증·감량은 가리키는 배열의 원소 크기가 아니라, 포인터 자신의 자료형에 의해 결정**된다. 아래 코드와 같이 (자료형이 맞지 않지만) int형 배열을 char형 포인터에 연결해보자. (컴파일러마다 다를 수 있지만, 두 번째 줄 선언 및 초기화 오른쪽의 (char*)를 생략하면 컴파일 오류가 발생할 수도 있다.) 출력 결과를 보면 p의 증·감량이 4가 아닌 1인 것을 볼 수 있다. 즉, p에 실제로 연결된 배열과는 아무 관계없이, 본인의 자료형이 char 형 포인터이기 때문에, char형 자료형의 크기인 1만큼 증가하게 되는 것이다.

```
int ar[5]= {2, 3, 5, 7, -1 }, i;
char *p = (char *) ar;

for( i=0; i < 5 ; ++i )
  printf("%p\n", p+i);
```
⇨ char 형 크기만큼 증가

[실행결과]

```
001E40B4
001E40B5
001E40B6
001E40B7
001E40B8
```

9.4 포인터 연산

포인터는 주소를 나타내는 특수 자료형이어서 허용되는 연산도 매우 제한적이다.

| 정수 더하기 또는 빼기

바로 앞 절에서 봤듯이, 주소에 '정수'를 더하거나 빼는 연산이 가능하다. 덧셈 연산자 '+', 뺄셈 연산자 '-'뿐만 아니라, '++', '--', '+=', '-=' 와 같이 덧셈, 뺄셈에 대한 연산자는 모두 사용할 수 있다.

```
int ar[5]= {2, 3, 5, 7, -1}, *p = ar;
int i = 4;

printf("%p %d\n", p+2, *(p+2));
printf("%p %d\n", p+i, *(p+i));
printf("%p %d\n", ++p, *p);
```
⇨ &ar[2], ar[2]
⇨ ar[4]
⇨ ar[1]

[실행결과]

```
001E40BC 5
001E40C4 -1
001E40B8 3
```

[예제 9.6] 다음에 해당하는 문장을 차례로 작성하고, p1과 p2의 값이 얼마나 증가하는지 확인해보자. (배열과 포인터의 세 번째 주의사항 참고)

① int 포인터 p1을 선언하고, NULL로 초기화　(NULL은 주소 0을 의미)
② char 포인터 p2를 선언하고, NULL로 초기화
③ p1과 p2를 출력 (즉, p1과 p2에 저장된 값 출력)
④ p1과 p2를 1만큼 증가 (++ 연산자 사용)
⑤ p1과 p2를 출력
⑥ p1과 p2를 2만큼 증가 (+= 연산자 사용)
⑦ p1과 p2를 출력

```
int *p1 = NULL;                 // ①
char *p2 = NULL;                // ②
printf("%p %p\n", p1, p2);      // ③

++p1, ++p2;                     // ④
printf("%p %p\n", p1, p2);      // ⑤

p1 += 2, p2 += 2;               // ⑥
printf("%p %p\n", p1, p2);      // ⑦
```

[실행결과]

```
[실행 결과]
00000000 00000000    ⇨ ③
00000004 00000001    ⇨ ⑤
0000000C 00000003    ⇨ ⑦
```

[예제 9.7] 다음과 같이 포인터 연산을 이용하여 배열 전체를 훑어보는 코드를 작성해보자.

① int 배열 ar[5]를 선언하고
  {2, 3, 5, 7, −1}로 초기화
② 정수 변수 i와 정수 포인터 p 선언하고,
  p에 배열 이름 ar 연결
③ for 문: ④, ⑤번을 5회 반복
  (i는 반복 제어 변수로 사용)
④ p가 가리키는 변수의 값 출력
⑤ p의 값 1만큼 증가

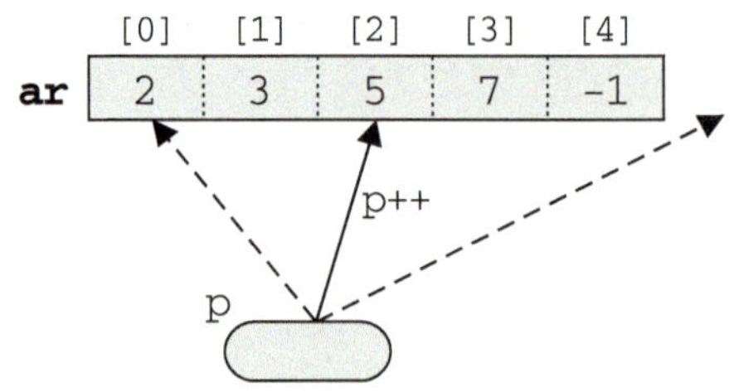


```
int ar[5] = { 2, 3, 5, 7, -1 };  // ①
int i, *p = ar;                  // ②

for (i = 0; i < 5; i++) {        // ③
   printf("%d\n", *p );          // ④
   p++;                          // ⑤
}        // ④ *p와 ⑤ p++를 합해서 *(p++) 로 쓸 수 있음
```

[실행결과]

```
2
3
5
7
-1
```

| 주소 비교

주소는 비교 연산자 (==, !=, <, >, >=, <=)를 이용하여 비교할 수 있다. 포인터가
배열에 연결되어 있으면, 주소 값을 이용하여 원소의 순서를 비교할 수 있다.

```
int ar[5] = {2, 3, 5, 7, -1}, *p1 = &ar[1], *p2 = &ar[4];

printf("%p %p\n", p1, p2);        ⇨ ar[1]과 ar[4]의 주소

printf("%d\n", p1 < p2);      ⇨ ar[1]과 ar[4]의 **주소 값** 비교
printf("%d\n", *p1 < *p2);    ⇨ ar[1]과 ar[4]의 **원소 값** 비교
```

[실행결과]

```
001E40B8 001E40C4
1                    ⇨ p1과 p2에 저장된 값 비교
0                    ⇨ p1과 p2가 가리키는 변수의 값 비교
```

다음과 같이 주소 비교를 이용하여 배열을 훑어보는 것도 가능하다. 즉, for 문에서 제어변수 i를 사용하지 않고, 주소를 비교하여 종료 조건을 검사한다. (혹시나 해서 첨언을 하자면, 이러한 예시는 포인터를 이해하기 위해 연습용 코드로, 보통 배열을 사용할 때는 반복 제어 변수를 사용하지 주소를 사용하지는 않는다.)

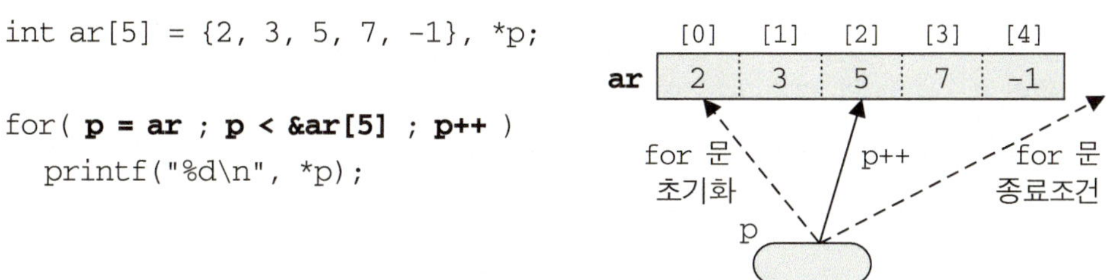


```
int ar[5] = {2, 3, 5, 7, -1}, *p;

for( p = ar ; p < &ar[5] ; p++ )
    printf("%d\n", *p);
```

| 허용되지 않는 포인터 연산

포인터의 경우 사칙 연산 중 더하기와 빼기 연산만 가능하며 곱하기, 나누기, 나머지 연산은 허용되지 않는다. 또한, 더하기와 빼기 연산에서도 정수만 사용 가능하고 실수는 물론 주소끼리 더하기 빼기도 허용 되지 않는다. 이러한 연산을 허용하지 않는 이유는 어떤 주소에 2배한 결과 주소 값이나, 두 주소를 더한 결과 주소 값이 의미가 없기 때문이다.

```
int num1, num2, *p;

p = &num1 * 2 ;            ⇨ 주소에 곱하기 연산 허용 안 됨 (컴파일 오류)
p = &num1 + &num2 ;       ⇨ 주소끼리 더하기 연산 허용 안 됨 (컴파일 오류)
```

9.5 포인터 인자와 주소 반환

이절에서는 주소를 인자로 전달받고 반환하는 방법과 동작 과정에 대해 학습한다. 대부분 기본 내용을 적용한 것이지만 응용이 되면 많이 헷갈리는 부분이니, 귀찮더라고 메모리 그림을 직접 그리면서 정확히 이해하고 숙지하도록 하자.

| 포인터 인자

우선 '정수 인자'를 가지는 함수의 호출 과정을 메모리 그림과 함께 잠시 복습해보자.

1) 함수가 호출(시작)되면, 형식인자(변수)에 공간이 할당되고 각 인자에 전달된 정수 값이 대입된다. 아래 코드에서는 변수 i에 메모리 공간이 할당되고, 전달된 정수 값 5가 대입된다(함수 시작 시 메모리 그림 참조).

2) 함수가 수행되면 change() 함수의 지역 변수 i가 10으로 변경되고, 함수가 종료되면 해당 함수의 지역 변수(인자 포함)에 할당된 메모리 공간이 해제되면서 변수 i는 유효하지 않게 된다. change() 함수에서 수행한 결과는 main() 함수에 전혀 영향을 미치지 못하고, main의 변수 a는 여전히 5이다(함수 종료 시 메모리 그림 참조).

[정수 인자 예제]

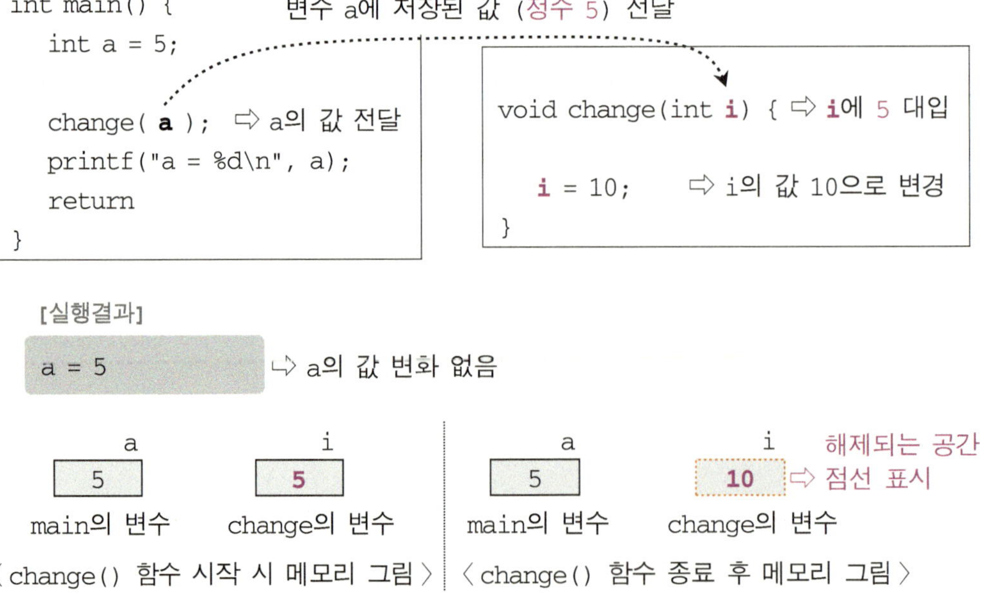

　이번에는 함수 인자로 정수 값이 아니라 주소 값을 전달해보자. 주소를 저장하기 위해서 함수의 형식 인수는 '포인터'로 선언한다. 함수 인자가 주소이어도 과정은 동일하다. 함수가 호출(시작)되면, 형식인자(변수)에 공간이 할당되고 각 인자에 전달된 값(주소)이 대입된다. 예제에서는 change() 함수의 인자 p에 a의 주소가 저장되어, change() 함수의 포인터 p는 main() 함수의 변수 a에 연결된다(함수 시작 시 메모리 그림 참조). 함수가 수행되면 간접참조를 통해 p가 가리키는 변수, 즉 main의 변수 a에 10이 대입된다. 함수가 종료 되면 함수의 지역 변수(인자 포함)가 없어지고, 이 예에서는 변수 p는 더 이상 유효하지 않다. 하지만, main의 변수 a는 change() 함수 종료 후에도 여전히 유효하고, 간접참조에 의해서 10으로 변경이 된 채로 유지된다(함수 종료 시 메모리 그림 참조).

[주소 인자 예제]

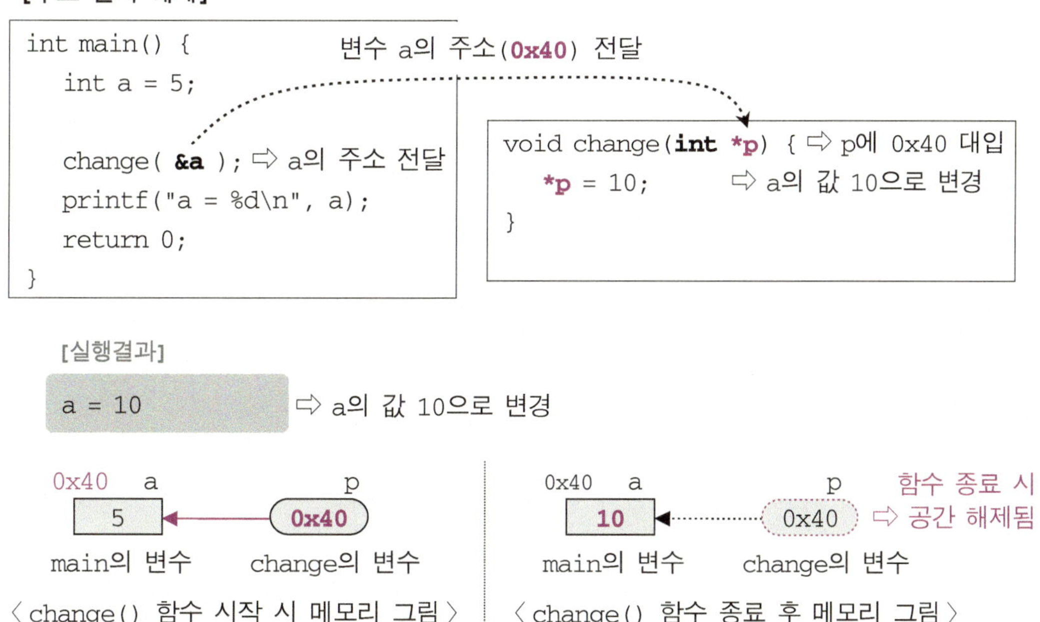

〈 change() 함수 시작 시 메모리 그림 〉　〈 change() 함수 종료 후 메모리 그림 〉

　두 가지 함수 인자의 호출과정을 살펴봤는데, 정수나 문자 등을 인자로 전달하여 함수를 호출하는 것을 **'값에 의한 호출(call-by-value)'**이라 하고, 주소를 인자로 전달하여 함수를 호출하는 것을 **'주소에 의한 호출(call-by-reference)'**이라 한다. 예제에서 봤듯이, 값에 의한 호출은 호출하는 함수의 변수에 영향을 주지 못하는데, 주소에 의해 호출은 간접 참조를 이용해 호출하는 함수의 변수 값을 변경시킬 수 있다. 하지만 **이 차이는 값이 전달되느냐, 주소가 전달되느냐에 따른 '부수적인 효과'일 뿐**, 두 함수의 호출 과정(인자 전달 및 제어 흐름)은 완전히 동일하다. 두 호출 방식이 코드 상에서 어떻게 다른 지 비교해보고 주소에 의한 호출 코드를 숙지하도록 하자.

값에 의한 호출	주소에 의한 호출
```c\nvoid change(int i) { ⇨ 정수 변수\n i = 10;\n}\nint main() {\n int a = 5;\n\n change(a); ⇨ 정수 값 전달\n\n printf("a = %d\n", a);\n return 0;\n}\n```	```c\nvoid change(int *p) { ⇨ 포인터 변수\n *p = 10;\n}\nint main() {\n{ int a = 5;\n\n change(&a); ⇨ 주소 전달\n\n printf("a = %d\n", a);\n return 0;\n}\n```
[실행결과] a = 5	[실행결과] a = 10

앞서 봤듯이, 인자의 종류에 관계없이 함수 호출 과정은 매우 단순하다. 하지만, 이를 정확히 이해하지 않고, 단순히 '값을 전달되면 호출한 함수의 변수의 값이 안 바뀌고, 주소를 전달하면 호출한 함수의 변수 값이 바뀐다'는 식으로 공부하면, 나중에 함수 호출 형태가 조금 복잡해지면 난관에 봉착하게 되니, 꼭 정확한 내용을 이해하고 숙지하도록 하자.

이해를 돕기 위해 코드를 약간 바꿔보자. 아래 코드에서는 주소를 전달했지만, change() 함수의 지역 변수 p의 값만 변경했다. '정수 인자' 예제와 수행 과정이 완전히 동일한데, 당연히 main의 변수 a는 아무 변화 없다.

```c
int main() {                    변수 a의 주소(0x40) 전달
   int a = 5;

   change( &a );  ⇨ a의 주소 전달
   printf("a = %d\n", a);
   return 0;
}

void change(int *p) {  ⇨ p에 0x40 대입
   p = NULL;   ⇨ 변수 p의 값을 수정
}
```

[실행결과]

a = 5   ⇨ a의 값 변화 없음

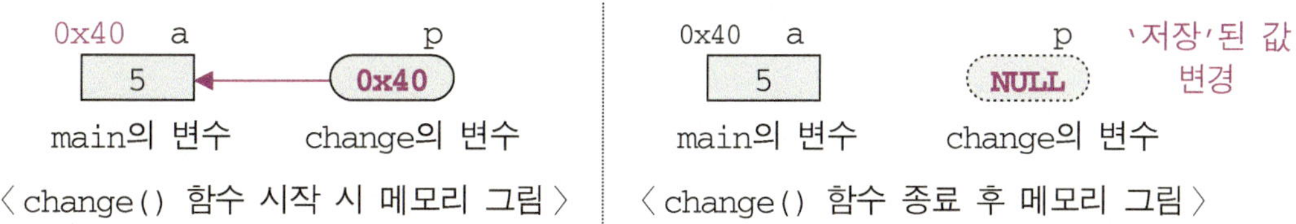

　다음은 '주소 인자' 예제와 비슷한데, a의 주소를 직접 전달하지 않고 포인터 변수 pa를 이용하여 전달하도록 수정한 코드이다. '정수 인자' 예제에서처럼 main() 함수에서 pa에 저장된 값(주소)이 change() 함수에 전달되었다. 변수 pa에 변수 a의 주소가 저장되어 있으므로 결과적으로 a의 주소가 전달된다. 나머지는 '주소 인자' 예제와 동일하게 수행된다. 즉, a의 주소를 이용한 간접 참조를 통해 a의 값이 10으로 변경되고, change() 함수가 종료되면 지역 변수 p가 사라진다.

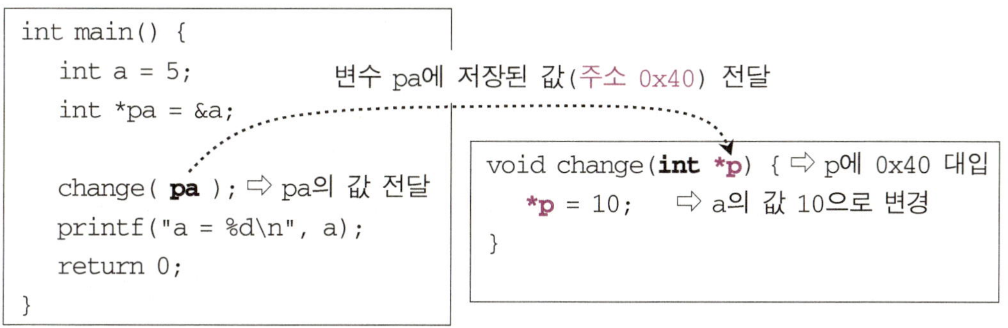

[실행결과]

```
a = 10
```
⇨ a의 값 10으로 변경

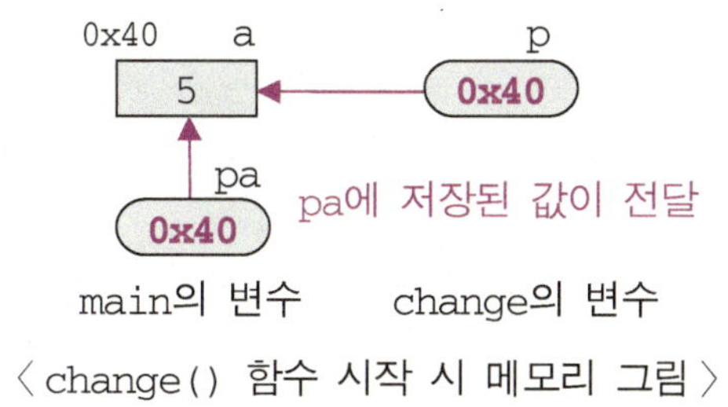

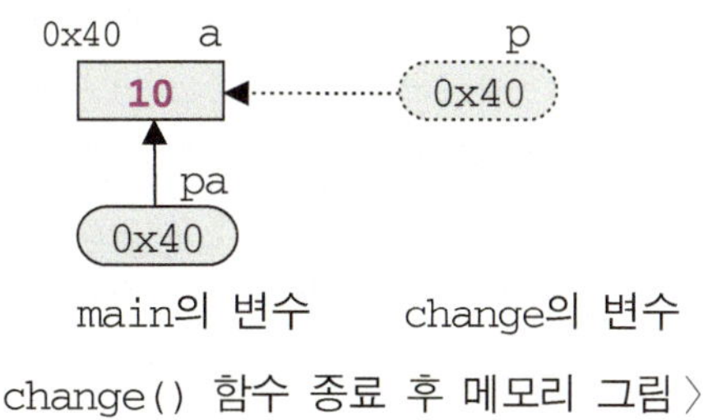

포인터 인자 활용 예제: 두 변수의 값을 교환하는 함수

여러분이 나중에 수준 높은 C 프로그래밍을 작성하다보면, 포인터 인자가 필요한 상황을 많이 만나게 된다. 여기서는 두 변수의 값을 교환하는 간단한 함수를 통해, 포인터 인자가 왜 필요한지 살펴본다.

프로그램을 작성하다보면, 두 변수의 값을 서로 교환해야 하는 경우가 자주 발생한다. C 언어에서는 두 값을 교환하는 연산자가 없기 때문에, 아래와 같이 임시 변수를 이용하여 두 값을 교환할 수 있다(변수 y의 값을 x에 대입하면 x에 저장된 값이 소실되므로, x의 값을 임시 변수 tmp에 저장).

```
int main() {
   int x = 10, y = 20, tmp;

   tmp = x;        ⇨ x의 값을 임시 변수 tmp에 저장
   x = y;          ⇨ y의 값을 x에 대입
   y = tmp;        ⇨ 임시 변수 tmp에 저장했던 값을 y에 대입

   printf("x = %d, y = %d\n", x, y);        ⇨ x와 y 값 출력
   return 0;
}
```

[실행결과]

```
x = 20, y = 10
```
⇨ 두 변수의 값 서로 바뀜

위 코드에서 두 변수를 교환하는 부분을 함수로 만들어 보자. 다음과 같이 교환하고자 하는 값을 정수 인자로 전달받도록 swap() 함수를 작성했을 때, main() 함수의 두 변수의 값이 바뀌는가? 코드를 작성해서 실행해보면, 값이 전혀 바뀌지 않음을 확인할 수 있다.

```c
void swap(int x, int y) {        ⇨ 정수 인자 사용
   int tmp = x;
   x = y;                         ⇨ 값 교환
   y = tmp;
   printf("swap 함수: x = %d, y = %d\n", x, y);     ⇨ 출력
}

int main() {
   int x = 10, y = 20;

   swap(x, y);     ⇨ 함수 호출: 정수 값 전달

   printf("main 함수: x = %d, y = %d\n", x, y);
   return 0;
}
```

[실행결과]

```
swap 함수: x = 20, y = 10        ⇨ swap의 x와 y의 값 바뀜
main 함수: x = 10, y = 20        ⇨ main의 x와 y는 바뀌지 않음
```

main() 함수의 변수가 왜 바뀌지 않는 지 메모리 그림을 그려 확인해보자. swap() 함수가 호출되면 swap() 함수의 형식인자 x와 y에 전달받은 값 10과 20이 대입되고, 이후 임시 변수를 이용하여 두 개의 값을 바꾼다. 하지만, 이 교환은 swap() 함수의 지역 변수에서만 발생하는 변화일 뿐, main() 함수의 지역 변수 x와 y에는 전혀 영향을 주지 않는다. (그림의 5개 변수 모두 서로 독립적이다.)

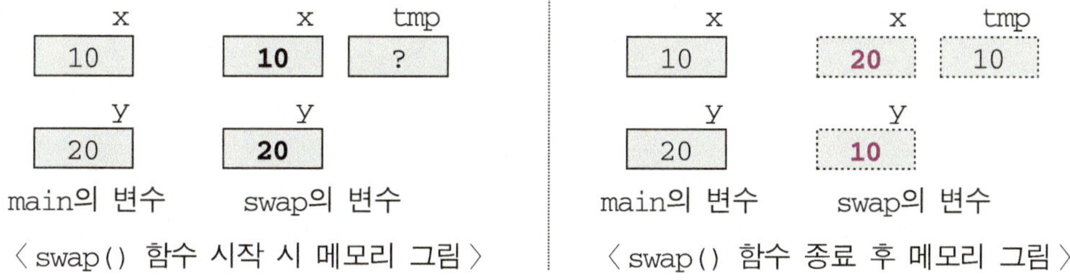

main() 함수의 변수의 값을 바꾸기 위해서는, 다음과 같이 main()의 지역 변수 x와 y의 **주소를 전달하여 간접 참조를 사용**해야 한다. (swap() 함수에서는 main()의 지역 변수 x와 y에 직접 접근할 수 없다.) main() 함수에서는 변수 x와 y의 주소를 swap() 함

수에 전달하는데, int형 변수의 주소이므로 swap() 함수의 형식인자의 자료형은 int 포인터가 된다. swap() 함수에서는 전달받은 주소를 이용하여 main()의 x와 y의 값을 변경한다. swap() 함수에서 사용하는 tmp는 정수 값을 저장해야 하므로, 포인터가 아닌 int형으로 선언해야 한다는 점에 주의하자. swap() 함수에서 출력하는 변수는 main() 함수에서 출력하는 변수와 동일하다. 값이 동일하다는 의미가 아니라, 출력 대상 자체가 둘 다 main() 함수의 x와 y로 동일하다.

프로그램 9-1   포인터를 이용한 변수 값 교환

```
 3: void swap(int *px, int *py) { // 포인터 인자 사용
 4:    int tmp = *px;
 5:    *px = *py;                          // 간접 참조를 통한 값 교환
 6:    *py = tmp;
 7:    printf("swap 함수: *px = %d, *py = %d\n", *px, *py);     // 출력
 8: }
 9: int main() {
10:    int x = 10, y = 20;
11:
12:    swap( &x, &y );  // 함수 호출: 주소 전달
13:
14:    printf("main 함수: x = %d, y = %d\n", x, y);
15:    return 0;
16: }
```

[실행결과]

```
swap 함수: *px = 20, *py = 10
main 함수: x = 20, y = 10
```
⇨ swap의 px와 py가 가리키는 변수 값
⇨ main의 값도 바뀌어 있음

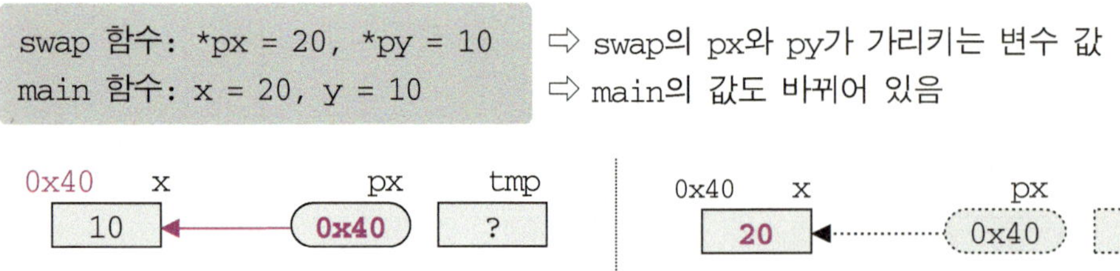

〈 swap() 함수 시작 시 메모리 그림 〉

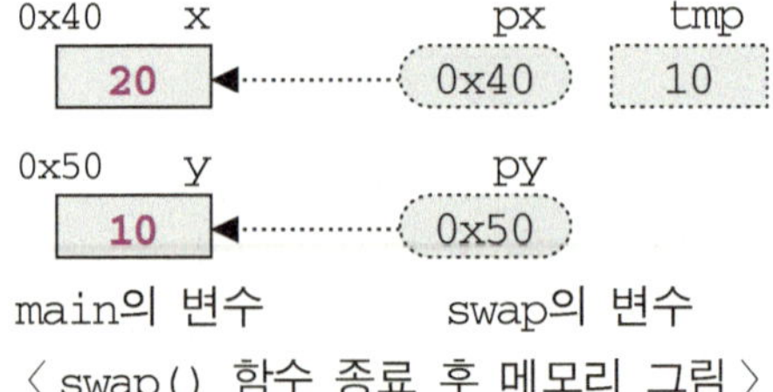

〈 swap() 함수 종료 후 메모리 그림 〉

| 배열 인자 다시 보기

함수 단원(8장)에서 배열 인자(전체 배열을 인자로 전달하는 경우)는 정수 인자와 다르다고 배웠다. 하지만 엄밀히 말해 배열 인자라고 해서 특별한 건 없다. 여기서는 배열 인자의 동작 과정에 대해 자세히 설명한다.

```
void init( int x[] ) {      ⇨ 전달된 주소를 형식인자에 대입
   x[0] = x[1] = x[2] = 0;
}

int main() {
   int ar[3] = {-2, 4, 9};

   printf("init 함수 호출 전: %d %d %d\n", ar[0], ar[1], ar[2]);

   init( ar );   ⇨ 배열 이름(0번 원소의 주소)을 인자로 전달

   printf("init 함수 호출 후: %d %d %d\n", ar[0], ar[1], ar[2]);
   return 0;
}
```

[실행결과]

```
init 함수 호출 전: -2 4 9      ⇨ 초기화에 사용된 값
init 함수 호출 후: 0 0 0       ⇨ init 함수에 의해 0으로 변경
```

배열 인자가 정수 인자와 다른 점은 두 가지였다. 첫 번째는 형식인자의 형태였고, 두 번째는 호출된 함수에서 배열값 변경 여부가 호출한 함수에 영향을 미친다는 것이다.

1) **형식인자의 자료형:** init() 함수의 형식인자 int x[]는 배열일까? 포인터일까? main() 함수에서 init() 함수 호출 시 실인자로 사용된 배열 이름 ar은 0번 원소의 주소이므로 init() 함수에 전달되는 주소의 자료형은 정수형 포인터이다. 따라서 init() 함수의 형식인자 int x[]의 자료형은 정수 포인터이어야 한다. 다만, 정수 포인터인 'int *' 대신, 전달받은 주소의 공간이 정수 배열이라는 걸 강조하기 위해 'int []'로 표현한 것이고, 의미는 완전히 동일하다. 다시 말하면, **형식인자의 int x[]는 배열이 아니라 포인터**이다. 함수의 형식인자 선언에서 1차원 배열의 크기를 지정하는 것이 의미가 없다고 배웠었는데, 바로 배열의 모습을 가장한 포인터이기 때문이다. 즉, 다음 두 표현은 의미적으로나 문법적으로나 완전히 동일하다.

```
void init( int x[] ) {      ⇨ int 포인터
   ...
}

                  ‖

void init( int *x ) {       ⇨ int 포인터
   ...
}
```

〈 init() 함수 시작 시 메모리 그림 〉

2) **배열 값 변경:** init() 함수에서 x[0]과 x[1]의 값을 변경하면, main의 배열 ar[0]과 ar[1]의 값도 같이 변경된다. 그 이유는 위의 메모리 그림을 보면 이해가 될 것이다. init() 함수에서 x를 배열처럼 표기했지만, init() 함수에는 배열은 없고 포인터만 있을 뿐이고, main() 함수의 배열 ar에 간접 참조로 접근하고 있는 것이다. 단지, 코드 작성의 편의를 위해 포인터를 배열처럼 표현한 것뿐이다.

다차원 배열의 경우도 동일하다. 다만 조금 복잡해서 13장에서 학습한다.

| scanf와 printf의 인자

지금까지 scanf() 함수를 호출할 때 변수 앞에 '&'를 붙였는데, '&'는 바로 주소 연산자이다. scanf에서 주소 연산자가 사용된 이유는 간접 참조를 통해 변수 값을 변경하기 위해서이다. 사용자로부터 입력 받은 값을 변수에 저장한다는 것은 해당 변수의 값을 바꾼다는 의미이다. 함수 호출을 통해 변수의 값을 바꾸려면 '주소'를 전달하여 간접 참조를 사용해야 한다. 반면, printf() 함수에서 화면에 출력하기 위해서는 x의 값만 넘겨주면 충분한다.

```
int x;
scanf("%d", &x);       ⇨ x의 값을 변경하기 위해 주소 전달
printf("%d", x);       ⇨ x의 값을 출력하는 것이니, 값만 전달
```

다만, scanf() 함수에서는 &를 붙이고, printf() 함수에서는 &는 붙이지 않는다는 식으로 단순히 생각하면 안 된다. scanf에서는 값을 저장할 공간의 주소를 전달해주기만 하면 되고, 다음 예제처럼 반드시 주소 연산자(&)가 필요한 건 아니다. 마찬가지로 printf에서도 주소 값을 출력하려면 주소를 전달해 주어야 한다.

```
int x[5], *p = &x[1];        ⇨ p를 x의 1번 원소에 연결

scanf("%d", &x[0]);          ⇨ 0번 원소의 주소 전달
scanf("%d", p);              ⇨ p에 저장된 값, 즉 x의 1번 원소의 주소 전달
scanf("%d", p+1);            ⇨ p에 저장된 값 + 1, 즉 x의 2번 원소의 주소 전달

printf("%d %d %d\n", x[0], x[1], x[2]);        ⇨ 배열 x에 '저장된 값' 전달
printf("%p %p %p\n", &x[0], &x[1], &x[2]);     ⇨ 배열 원소의 '주소 값' 전달
```

[실행결과]

```
1 -4 9↵                              ⇨ 사용자 입력
1 -4 9                               ⇨ 배열 x의 원소 값
00B6FB60 00B6FB64 00B6FB68           ⇨ 배열 x의 원소의 주소
```

| 주소 반환

```
int main() {
   int ar[5] = {2,1,3,0,4 };
   int *p1;


   p1 = next_addr( &ar[1] );

   printf("%d",*p1);
   return 0;
}
```

```
int *next_addr(int *p){
     return p+1;        ⇨ 다음 주소 반환
}
```

p+1의 결과 값 반환
(ar[2]의 주소)

[실행결과]

```
3     ⇨ ar[2]의 값
```

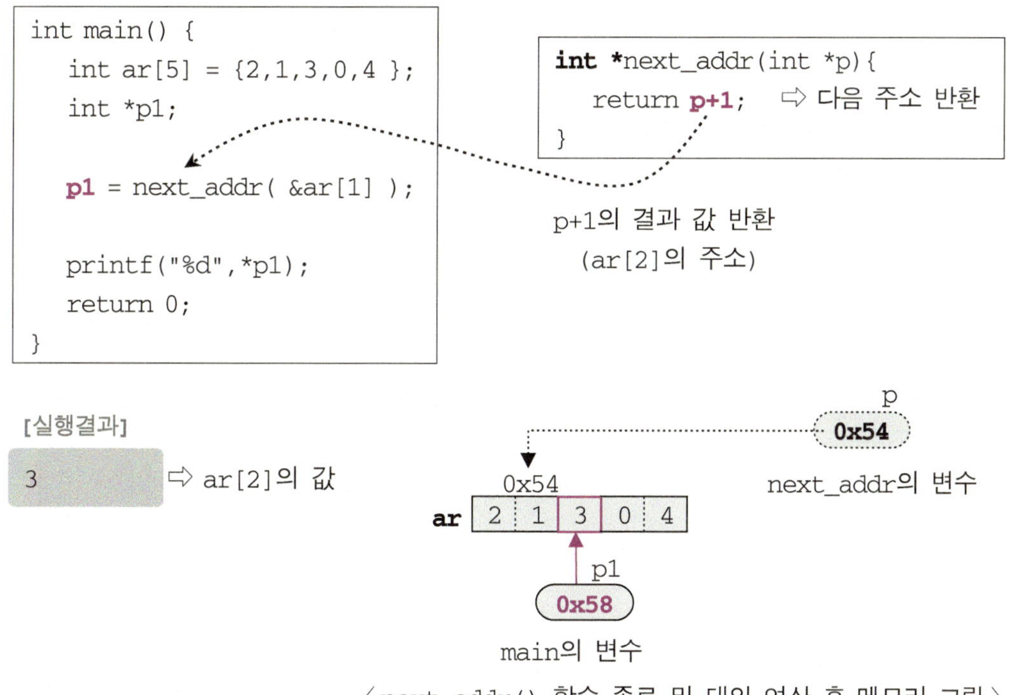

〈 next_addr() 함수 종료 및 대입 연산 후 메모리 그림 〉

마지막으로 주소 반환에 대해 살펴보자. 주소도 하나의 값이므로 함수의 반환 값으로 사용될 수 있다. 함수 인자와 마찬가지로, 반환형의 자료형이 포인터라는 것을 표현하기 위해 함수 이름 앞에 * (참조 연산자)를 붙인다. 형태가 다소 생소할 수 있는데, 포인터 변수 선언 'int *x' 에서 변수 이름 대신 함수 이름이 들어간다고 생각하면 된다.

[예제 9.8] 두 정수 변수의 주소를 인자로 받아, 값이 작은 변수의 주소를 반환하는 함수를 작성해보자. 변수에 저장된 값은 다르다고 가정하고, main() 함수는 아래 코드를 사용하라.

```
int main() {
    int ar[5]= {2,1,3,0,4 };
    int *p1;

    p1 = smaller(&ar[1], &ar[3]);

    printf("%d",*p1);
    return 0;
}
```

```
???  smaller ( ??? ) {
    ???
}
```

[실행결과]

```
0
```
⇨ ar[3]의 값

➲ 우선 함수의 모양(인자와 반환형)을 정하자. 배열 원소의 주소가 두 개 전달되므로, smaller() 함수의 형식인자로 정수 포인터(int *) 변수 두 개(p1, p2)가 필요하다. 반환 값 또한 정수 변수의 주소이므로 정수 포인터(int *)이다. 함수 본체에서는 인자로 전달된 주소에 저장된 값(*p1 과 *p2)을 비교하고, 값이 작은 공간의 주소(p1 또는 p2)를 반환하면 된다.

```
int *smaller(int *p1, int *p2) {     // 반환형: int *, 인자: int * 두 개
    if (*p1 < *p2)                // 가리키는 변수의 값 비교
        return p1;                // 작은 값을 저장하고 있는 변수의 주소 반환
    else return p2;
}
```

9.6 포인터 배열

일반 변수들을 묶어서 배열로 사용하였듯이, 포인터 변수들도 묶어서 배열로 사용할 수 있다. 이를 포인터 배열이라고 부른다. 포인터 배열 선언은 포인터 선언과 배열 선언을 결합하면 된다. 정수 배열의 원소를 하나의 정수 변수로 취급했듯이, 포인터 배열의 원소는 하나의 포인터 변수로 취급하면 된다. 다음 예제를 통해 포인터 배열의 선언 및 사용 형태를 살펴보자. (제시된 메모리 그림에서 배열 pi의 원소는 세로로 표시하였다.)

```
int a = 1, b = 2, c = 3, i;
int *pi[3];        ⇨ 포인터 배열 선언

pi[0] = &a;        ⇨ 포인터 연결
pi[1] = &b;        ⇨ pi[1]에 b의 주소 대입
pi[2] = &c;

*pi[0] = -1;       ⇨ 간접 참조

for( i=0; i < 3 ; ++i )
    printf("%p %p %d\n", &pi[i], pi[i], *pi[i]);
                   ⇨ 배열 원소의 주소, 저장 값, 가리키는 변수의 값 출력
```

〈 출력 직전 메모리 그림 〉

[실행결과]

```
006FFD10 006FFD24 -1    ⇨ pi[0]
006FFD14 006FFDB0 2     ⇨ pi[1]
006FFD18 006FFD5B 3     ⇨ pi[2]
```

➲ 선언: int *pi[3]; ⇨ 원소가 '정수 포인터(int *)' 인 크기가 3인 배열

➲ 연결: pi[0] = &a; ⇨ 0번 원소에 a의 주소 대입, 즉 pi[0]은 변수 a를 가리킴

➲ 간접 참조: *pi[0] = -1; ⇨ pi[0]이 가리키는 변수, 즉 a에 -1 대입

  ▶ 연산자 우선순위에 의해(첨자 연산자 [ ]가 참조 연산자 *보다 우선순위 높음)

  ▶ 따라서 pi[0] ⇔ *(pi[0]), 즉 'pi[0]이 가리키는(*) 변수'라는 의미

➲ 출력 내용:

  ▶ 각 줄의 첫 번째 값: 배열 원소의 주소이므로, 4씩 증가

  ▶ 각 줄의 두 번째 값: 배열 원소에 저장된 값

  ▶ 각 줄의 세 번째 값: 각 원소

[예제 9.9] 위 코드와 아래 제시된 메모리 그림을 참고하여 다음 과정을 수행하는 프로그램을 작성하시오.

① 3개의 int 배열을 선언(배열의 크기는 모두 5)하고 그림과 같이 초기화

② 1개의 int 포인터 배열 선언(배열의 크기는 3)

③ 그림과 같이 포인터 배열의 각 원소를 각 int 배열의 0번 원소에 연결

④ int 포인터 배열을 이용하여 각 int 배열의 0번 원소의 주소와 값을 출력 (단, int 배열의 이름은 사용 금지)

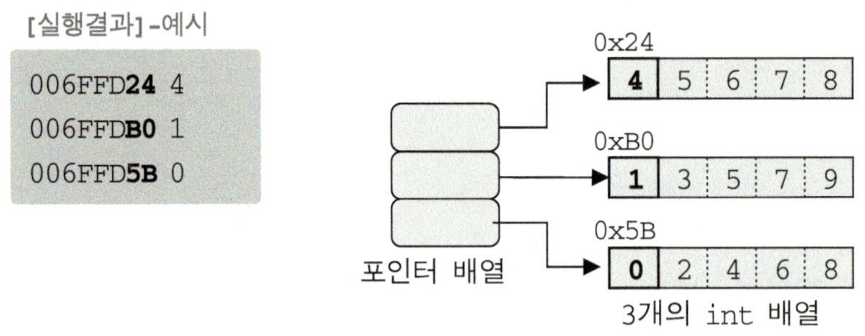


```
int i;
int a[5] = {4,5,6,7,8}, b[5] = {1,3,5,7,9}, c[5] = {0,2,4,6,8}; // ①
int *pi[3];   // ② 포인터 배열 선언

pi[0] = a;     // ③ 배열 a의 0번 원소의 주소를 pi[0]에 대입
pi[1] = b;     // ③
pi[2] = c;     // ③

// int *pi[3] = {a, b, c};  // ②와 ③을 하나의 문장으로 작성할 수도 있음

for( i=0; i < 3 ; ++i )     // ④ pi[i]를 이용하여 출력
   printf("%p %d\n", pi[i], *pi[i]);
```

[예제 9.10] 위 실습에서 int 포인터 배열(pi)을 이용하여 모든 int 배열(a, b, c)의 모든 원소 값을 출력하도록 수정해보자.

◆ 원소 값 출력에서 int 배열의 이름 a, b, c는 사용 금지

◆ (힌트) 2중 반복문, 9.3절 배열과 포인터의 관계

[실행결과]

```
4 5 6 7 8     ⇨ 배열 a의 원소들
1 3 5 7 9     ⇨ 배열 b의 원소들
0 2 4 6 8     ⇨ 배열 c의 원소들
```

참고 ▶ 이 실습의 내용은 12장에서 학습하게 될 2차원 배열 동적 할당과 관련이 있다.

● pi[0]에 배열 a의 0번 원소의 주소가 저장되어 있으므로, pi[0]을 배열처럼 사용하면
된다. 아직 코드 형태가 익숙하지 않으므로, 코드 작성의 중간 과정으로 임시 포인터
변수를 사용하는 버전을 먼저 살펴보자. pi[0]을 임시 포인터 변수 x에 대입하면, x
가 a[0]을 가리키므로 x를 배열 형태로 a의 원소에 접근할 수 있다. 배열 b와 c도
pi[1]과 pi[2]를 이용하여 접근한다.

```
/* 임시 포인터 변수 사용 버전 */

    … // 앞 부분 생략, 아래에서 사용하는 변수 j와 x에 대한 선언도 추가되어야 함

    // 출력 부분
    for( i=0; i < 3 ; ++i ) {
      x = pi[i];        // 임시 변수  x에 배열 pi의 원소 값 대입
      for( j=0; j < 5 ; ++j )
        printf(" %d", x[j] );     // 포인터를 배열 형식으로 사용
      printf("\n");
    }
```

● 다음은 임시 변수 x를 사용하지 않고, pi[i]를 직접 사용한 버전이다. 즉, x 대신
pi[i]를 사용한다. 이 경우, pi[i]를 기준으로 배열 형태로 표기하므로, 첨자가 두
개인 2차원 배열 형태가 된다. 일반적으로 이 형태가 주로 사용된다.

```
/* 2차원 배열 형태 사용 버전 */

    … // 앞 부분 생략, 아래에서 사용하는 변수 j에 대한 선언도 추가되어야 함

    // 출력 부분
    for( i=0; i < 3 ; ++i ) {
      x = pi[i];            // 임시 변수  x에 배열 pi의 원소 값 대입 (삭제)
      for( j=0; j < 5 ; ++j )
        printf(" %d", pi[i][j] );    // 2차원 배열처럼 사용
      printf("\n");
    }
```

9.7 다중 포인터

이 절에서는 포인터와 포인터가 결합된 형태에 대해 알아보자. 'int 포인터'는 'int 형' 변수의 주소를 저장한다. 그러면, 'int 포인터' 변수의 주소는 어떤 자료형일까? 'int형' 변수의 주소가 'int 포인터(int *)'이듯이, 'int 포인터(int *)'의 주소는 'int 포인터의 포인터(int **)'이다. 이를 **이중 포인터**라고 하는데, **다중 포인터**의 가장 간단한 형태이다.

간단한 코드와 메모리 그림을 이용하여 이중 포인터의 형태와 개념을 이해해보자. 이중 포인터는 포인터에 대한 문법을 단순히 두 번 적용하면 된다. 이중 포인터는 포인터(*)의 포인터(*)이므로 참조 연산자를 두 개 붙여서 선언한다.

```
int num = 3, *pnum, **ppnum;          ⇨ 이중 포인터 선언

pnum = &num;        ⇨ pnum이 num을 가리킴 (pnum에 num의 주소 저장)
ppnum = &pnum;      ⇨ ppnum이 pnum을 가리킴 (ppnum에 pnum의 주소 저장)

printf("%p %p %d\n",ppnum, pnum, num);
```

[실행결과] -예시

```
001EA09A 001EA072 3
```

참조 연산도 비슷하게 확장하면 된다. 참조 연산자를 한 개 사용하면 간접 참조를 한 번, 두 개 사용하면 간접 참조를 두 번 하면 된다. 이중 포인터는 참조 연산자가 두 번 붙어서 복잡해 보이는 것일 뿐, ppnum 역시 변수이고 이 변수에 주소에 저장된다는 점은 정수 포인터 변수인 pnum 과 다르지 않다. 다만, 저장되는 주소 값의 자료형이 (int **) 일 뿐이다.

```
int num = 3, *pnum = &num, **ppnum = &pnum;

printf("%p %p %d\n",ppnum, *ppnum, **ppnum);
```

[실행결과]

```
001EA09A 001EA072 3
```
⇨ 위 그림과 같이 변수가 할당되었을 때 결과

[예제 9.11] 다음 프로그램의 각 출력이 위 메모리 그림에서 어느 부분을 출력하는 건지 생각 해보고, 프로그램을 실행시켜 확인해보자.

```
int num = 3, *pnum = &num, **ppnum = &pnum;

printf("%p %d\n", &num, num);
printf("%p %p %d\n", &pnum, pnum, *pnum);
printf("%p %p %p %d\n", &ppnum, ppnum, *ppnum, **ppnum);
```

[실행결과]

```
001EA072 3                             ⇨ Ⓔ, Ⓕ
001EA09A 001EA072 3                    ⇨ Ⓒ, Ⓓ, Ⓕ
001EA048 001EA09A 001EA072 3          ⇨ Ⓐ, Ⓑ, Ⓓ, Ⓕ
```

Ⓐ 0x48 ppnum   Ⓒ 0x9A pnum   Ⓔ 0x72 num

Ⓑ 0x9A → Ⓓ 0x72 → Ⓕ 3

9.5절에서 학습했던 포인터 인자를 다중 포인터에도 적용시켜보자. 아래는 9.5절에서 설명한 내용과 거의 동일하다. 만약 다음 내용이 이해가 되지 않는다면, 9.5절의 내용을 제대로 이해하지 못했다는 의미이므로 9.5절을 다시 공부하길 권장한다. 우선 함수를 사용 하지 않고 main() 함수에서 직접 int 포인터 변수의 값을 서로 교환하는 프로그램과 메 모리 그림이다. 아래 코드에서 int 포인터 변수 p1과 p2의 값을 서로 교환하였다.

```
int main() {
    int x = 10, y = 20;
    int *p1 = &x, *p2 = &y, *ptmp;

    ptmp = p1;        ⇨ p1 ↔ p2 교환
    p1 = p2;
    p2 = ptmp;

    printf("%d %d", *p1, *p2);
    return 0;
}
```

[실행결과]

```
20 10        ⇨ *p1 = 20, *p2 = 10
```

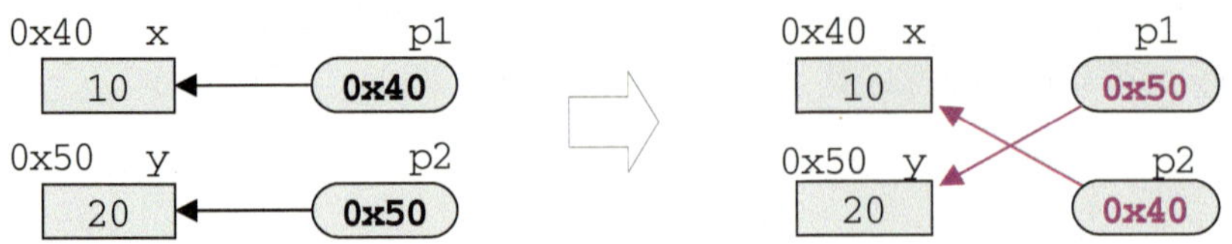

교환하는 부분을 아래와 같이 함수로 만들어 보자. 포인터 인자를 잘못 공부한 사람은 함수의 인자가 포인터 이므로 p1과 p2의 값 교환이 잘 수행될 거라고 생각하지만, 값이 전혀 바뀌지 않는다. 그 이유를 메모리 그림을 그려서 확인해 보기 바란다. (메모리 그림을 그릴 수 없다면, 9.5절을 다시 공부하기 바란다.)

```c
/* p1과 p2의 값이 교환되지 않는 코드 */
void swap(int *p1, int *p2) {
    int *ptmp = p1;
    p1 = p2;
    p2 = ptmp;
}


int main() {
    int x = 10, y = 20;
    int *p1 = &x, *p2 = &y;

    swap( p1, p2);      ⇨ p1과 p2의 저장 값 전달

    printf("%d %d", *p1, *p2);
    return 0;
}
```

[실행결과]

```
10 20
```
⇨ *p1 = 10, *p2 = 20

swap() 함수에서 p1과 p2에 저장된 값을 바꾸려면, p1과 p2의 주소를 swap() 함수에 전달해야 한다. p1과 p2가 (int *)형이므로 이 변수의 주소를 전달받는 swap() 함수의 형식인자는 (int **) 형이 되어야 한다. 참고 연산자가 여러 개 붙어서 복잡해 보일 뿐이지, 9.5절에서 배웠던 내용과 다르지 않다.

프로그램 9-2 이중 포인터를 이용한 변수 값 교환

```c
3: void swap(int **pp1, int **pp2) {
4:     int *ptmp = *pp1;
5:     *pp1 = *pp2;
6:     *pp2 = ptmp;
7: }
8:
9: int main() {
10:     int x = 10, y = 20;
11:     int *p1 = &x, *p2 = &y;
12:
13:     swap( &p1, &p2);          ⇨ p1과 p2의 주소 전달
14:
15:     printf("%d %d", *p1, *p2);
16:     return 0;
17: }
```

[실행결과]

```
20 10
```
⇨ *p1 = 20, *p2 = 10

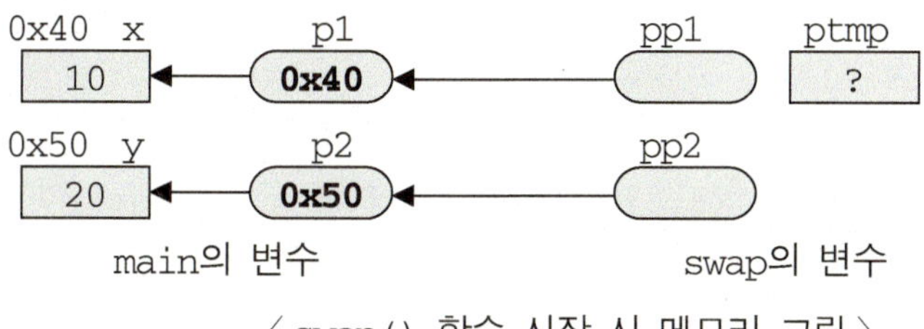

〈 swap() 함수 시작 시 메모리 그림 〉

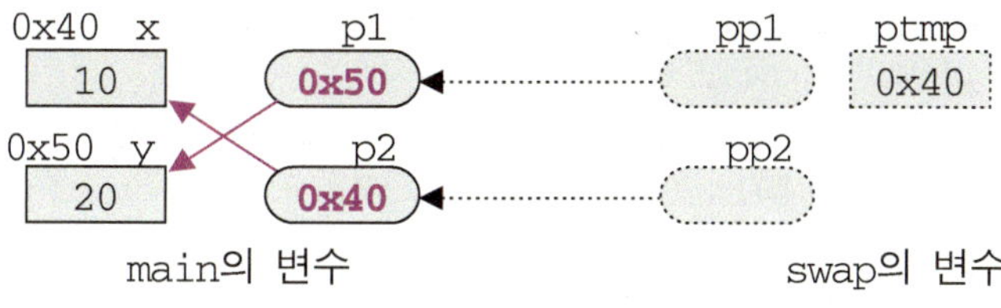

〈 swap() 함수 종료 후 메모리 그림 〉

여러분은 9.4절에서 int 포인터 배열에 대해 공부하였다. 그럼, int 포인터 배열의 이름은 어떤 값을 가지고 어떤 자료형일까? 배열의 이름은 0번 원소의 주소와 동일하다고 배웠다. 0번 원소의 자료형은 (int *)이므로, 이 원소의 주소의 자료형은 (int **)이다.

```
int main() {
    int a = 1, b = 2, c = 3;
    int *pi[3] = { &a, &b, &c};
    int **ppi;

    ppi = pi;        ⇨ ppi에 배열 pi 연결

    printf("%p %p %d\n", ppi, *ppi, **ppi);
    return 0;
}
```

[실행결과]

```
001EA010 001EA024 1
```

[예제 9.12] 위 프로그램에서 변수 a, b, c의 값을 포인터 변수 ppi만을 이용하여 출력해보자. (9.6절의 코드를 참고하라.)

➲ ppi에 배열 이름 pi를 연결한 이 후에는 ppi를 배열처럼 활용할 수 있다.

```
int main() {
    int a = 1, b = 2, c = 3;
    int *pi[3] = { &a, &b, &c};
    int **ppi;

    ppi = pi;        ⇨ ppi에 배열 pi 연결

    printf("%d %d %d\n", *ppi[0], *ppi[1], *ppi[2]);
    return 0;
}
```

삼중, 사중 포인터도 이중 포인터와 비슷하게 사용하면 된다. 참조 연산자가 여러 개 붙었을 뿐 기본 원리는 동일하다. 각 포인터의 자료형은 모두 다른 자료형으로 취급된다.

```
int i = 10, *pi, **ppi, ***pppi, ****ppppi;

pi = &i            ⇨ (int)형인 i의 주소는 (int *)형
ppi = &pi;         ⇨ (int *)형인 pi의 주소는 (int **)형
pppi = &ppi;       ⇨ (int **)형인 ppi의 주소는 (int ***)형
ppppi = &pppi;     ⇨ (int ***)형인 pppi의 주소는 (int ****)형

printf("%d %d %d %d %d\n", ****ppppi, ***pppi, **ppi, *pi, i);
```

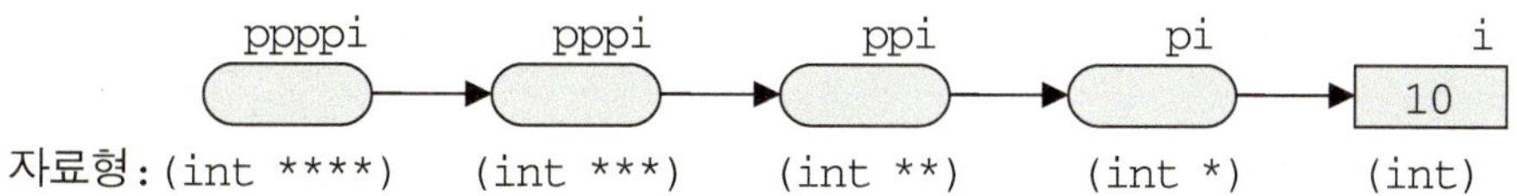

다중 포인터를 기본 포인터와 또 다른 형태의 문법이라고 생각하지 말고, 포인터에 대한 개념을 적용시켜서 확장할 수 있어야 한다. 위 설명이 잘 이해가 안 된다면, 아직 포인터의 기본 개념이 갖춰지지 않은 상태이므로, 앞 절의 내용을 반복 학습하여 숙지해야 한다. 지금까지 공부한 포인터 이외에 배열 포인터, void 포인터, 함수 포인터 등 포인터에 대한 심화 내용은 13장에서 다루도록 한다.

| 단원요약 |

1 포인터는 메모리 주소를 나타내는 개념으로, 저장 공간을 가리키는 것이라는 의미이다.

2 변수의 주소를 얻기 위해서는 주소 연산자(&)를 사용하고, 해당 주소의 변수에 접근하기 위해서는 간접 참조 연산자(*)를 사용한다.

3 포인터 변수는 다른 변수에 연결을 시킨 후 사용해야 한다.

4 NULL은 주소 값 0을 나타내는 특별 기호로, 아무것도 가리키지 않는다는 것을 의미한다.

5 포인터는 자료형을 가지며 자신의 자료형 이외의 자료형 변수를 가리키지 못한다.

6 배열 이름은 0번 원소의 주소를 의미하고, 배열 이름의 값은 변경 불가능하다.

7 배열을 포인터 형태로 사용할 수 있고, 반대로 포인터를 배열 형태로 사용할 수 있다.

8 포인터는 정수를 더하거나 빼는 연산과 비교 연산 정도만 가능하다.

9 포인터를 함수에 전달하면 호출된 함수에서 호출한 함수의 지역 변수에 접근할 수 있어 값을 변경할 수 있다. 이는 주소가 전달되어 발생하는 부수적인 효과이지, 함수 호출 과정은 일반 변수와 완전히 동일하다.

10 포인터 배열은 포인터 변수를 묶은 배열이다.

| 실습문제 |

※ 문제 설명에서 ▶ 로 표시된 문장은 포인터 사용 연습을 위해 "포인터 사용을 강제"하기 위한 제약 조건으로, 이에 주의하여 프로그램을 작성하시오.
포인터 사용 연습을 위해 포인터 표기를 이용해 배열을 표현하도록 하였지만, 배열은 배열 표기법을 사용하는 것이 일반적이다.

[문제 1] 다음과 같은 순서에 따라 프로그램을 작성하시오.

1) 포인터 변수 px를 이용하여 사용자로부터 값을 입력받아 x에 저장 (즉, scanf() 함수의 매개변수로 포인터 변수 px 이용, 변수 x 사용 금지). 변수 y, z도 동일한 방법으로 값을 입력 받아 저장한다.

2) px, py, pz에 저장된 값(주소)들을 각각 py, pz, px로 이동시킨다. (단, x, y, z에 저장된 값은 변경되면 안 된다.)

3) 순서가 바뀐 최종 값을 포인터를 이용하여 출력하시오.

4) 아래 코드를 사용하시오.

```c
int x, y, z;
int *px, *py, *pz, *tmp ; // tmp는 포인터이다
```

입력 예시 1	출력 예시 1
1 2 3　　　↦ *px, *py, *pz	3 1 2　　　↦ *px, *py, *pz

[문제 2] 문자 #을 포함한 임의 개수(1 이상 20 이하)의 문자를 입력 받은 후, 첫 번째 # 이전까지의 문자들을 포인터를 사용하여 역순으로 출력하시오. (#이 두 개 있는 경우도 있음)

▶ 배열 표기 [ ] 는 사용 금지 (포인터 표기 사용)
　즉, char ch[20];　배열 선언하고, 이 후에는 배열 표기 [ ] 사용 금지

입력 예시 1	출력 예시 1
duck#dduckk	kcud

입력 예시 2	출력 예시 2
duck#pond	kcud

[문제 3] N개의 정수를 입력 받은 후 (N ≤ 50), 0 이 나오기 전까지의 정수 개수를 출력하는 프로그램을 작성하시오.

- ▶ 배열 선언 이후, 배열 표기 [ ] 는 사용 금지 (포인터 표기 사용)
- ▶ 반복문으로 배열 훑어볼 시, 주소를 이용하여 반복문 구현 (9.4절 참조)
- 0 은 오직 한 번만 나타난다.

입력 예시 1

```
10        ↦ N
4 5 8 9 8 1 0 1 9 3
```

출력 예시 1

```
6
```

입력 예시 2

```
5
0 1 3 -2 -4
```

출력 예시 2

```
0
```

[문제 4] 5개의 정수를 입력 받아 배열 arr[ ]에 저장하고, 각 정수들의 내림차순 상의 순서를 배열 rank[ ]에 저장 한 후 출력하는 프로그램을 작성 하시오.

- ▶ 배열 선언 이후, 배열 표기 [ ] 는 사용 금지 (포인터 표기 사용)
- ▶ 입출력 시에도 포인터 사용
- ▶ 반복문으로 배열 훑어볼 시, 주소를 이용하여 반복문 구현 (9.4절 참조)
- 같은 등수가 여러 개 있는 경우: (예시 2) 에서 1 6 4 9 6의 역순은 9 6 6 4 1 이 되고 2등이 2개이며, 2등이 2개인 경우 3등은 없고 4등부터 계속 된다.

입력 예시 1   출력 예시 1

```
1 2 3 4 5    5 4 3 2 1    ↦ 1의 등수=5, 2의 등수=4, 3의 등수=3, …
```

입력 예시 2   출력 예시 2

```
1 6 4 9 6    5 2 4 1 2    ↦ 1의 등수=5, 6의 등수=2, 4의 등수=4, …
```

[문제 5] 10개의 영문자를 입력받은 후 가장 빈도수가 높은 문자와 그 문자의 빈도수를 출력하시오. 단, 빈도수가 같은 문자가 있는 경우 먼저 나오는 문자를 출력하시오.

▶ 배열 선언 이후, 배열 표기 [ ] 는 사용 금지 (포인터 표기 사용)

▶ 반복문으로 배열 훑어볼 시, 주소를 이용하여 반복문 구현 (9.4절 참조)

입력 예시 1

```
domination
```

출력 예시 1

```
o 2
```

[문제 6] 정수 3개를 사용자로부터 입력 받아서, 화면에 출력하시오.

- input() 함수를 정의하여 사용하시오.
  - 인자: 세 개의 int 포인터
  - 정수 3개를 사용자로부터 입력 받는다.
  - input() 함수에서는 함수 인자 이외에 어떤 변수도 사용하지 않는다.
  - 반환 값: 없음
- output() 함수를 정의하여 사용하시오.
  - 인자: 세 개의 int 포인터
  - 정수 3개를 화면에 출력 한다.
  - output() 함수에서는 함수 인자 이외에 어떤 변수도 사용하지 않는다.
  - 반환 값: 없음
- 아래 코드를 사용하시오.

```
int main(){
    int x, y, z;
    input( … );
    output( … );
}
```

입력 예시 1

```
1 2 3
```

출력 예시 1

```
1 2 3
```

[문제 7] N개의 정수를 입력 받아 배열에 저장한 후 (N ≤ 50), 다시 배열에서 값을 교환하고 싶은 서로 다른 두 첨자 a 와 b를 입력 받는다. 첨자 a 와 b 위치의 요소 값들이 교환된 배열을 출력하는 프로그램을 작성하시오.

※ 8번 문제는 함수를 연습하는 문제로 7번 문제와 달리 포인터 사용을 위한 제약 조건이 없다.

※ 포인터 사용을 연습하기 위하여 9장 모든 함수 실습문제에서 전역 변수 사용금지

- 첨자 a, b의 상대적 크기는 정해져 있지 않다. 즉, a < b 혹은 a > b .
- swap() 함수를 정의하여 사용하시오.
    - 인자: 두 개의 int 포인터
    - 반환 값: 없음
    - 인자가 가리키는 두 변수의 값 교환
- 입출력은 main() 함수에서 수행

입력 예시 1

```
6              ↦ N
3 2 0 1 4 6
2 4            ↦ a b
```

출력 예시 1

```
3 2 4 1 0 6
```

[문제 8] 크기 3의 int형 배열을 사용자 입력을 통해 초기화 한 후 중앙값을 출력하는 프로그램을 mid() 함수를 사용하여 작성하시오.

- mid() 함수를 다음과 같이 정의하여 사용하시오.
    - 인자: int 배열
    - 배열에 저장된 세 개의 정수 중 중앙값을 찾아내어 중앙값의 위치를 반환 (세 개의 정수를 정렬하는 등 배열 내 정수의 이동 없이 중앙값의 위치만 찾아 낼 것)
    - 반환 값: 중앙값이 저장된 배열 원소의 주소
- 입출력은 main() 함수에서 수행
- 중앙값(median)이란 오름차순으로 정렬했을 때 순서가 중앙에 해당하는 숫자이다.
    - (예시 1)에서 1 9 7을 오름차순으로 정렬하면 1 7 9이고, 중앙값은 7이다.
    - 입력이 1 1 2 인 경우 중앙값은 1이고, 입력이 1 2 2 인 경우 중앙값은 2이다.
- ▶ 배열 선언 이후, 배열 표기 [ ] 는 사용 금지 (포인터 표기 사용)

입력 예시 1

```
1 9 7
```

출력 예시 1

```
7      ↦ 1 7 9
```

입력 예시 2

```
-7 10 0
```

출력 예시 2

```
0      ↦ -7 0 10
```

[문제 9] 두 정수를 입력받아, 최대 공약수와 최소 공배수를 포인터를 사용하여 전달하는 프로그램을 작성하시오.

- gcdlcm() 함수
  - 인자: int형 변수 두 개(입력 정수 저장), int 포인터 변수 2개(최대 공약수와 최대 공배수 전달용)
  - 정수 값 2개를 넘겨받아 최대 공약수와 최소 공배수를 계산한 후, 포인터를 사용하여 전달
  - 1과 입력된 정수도 최대공약수가 될 수 있음
- main() 함수
  - 정수 두 개를 사용자로부터 입력 받는다.
  - gcdlcm() 함수를 호출한다.
  - 최대 공약수와 최소 공배수를 화면에 출력한다.

입력 예시 1	출력 예시 1
6 10	2 30

입력 예시 2	출력 예시 2
72 36	36 72

[문제 10] 포인터를 사용하여 문자 6개를 복사하는 함수를 만들고 출력하시오.

- ▶ 배열 선언 이후, 배열 표기 [ ] 는 사용 금지 (포인터 표기 사용)
- 문자 6개를 복사하는 strcopy() 함수를 정의하여 사용하시오.
  - 인자: 두 개의 문자 배열 a 와 b
  - 배열 b에 담긴 문자 6개를 배열 a에 복사
  - 반환 값: 없음
- 입출력은 main() 함수에서 수행
  - 입출력 시에 포인터 표기 사용

입력 예시 1	출력 예시 1
beyond ↦ 입력 문자	beyond ↦ 복사된 배열의 출력

[문제 11] N개의 정수를 두 번 입력받아 (N ≤ 20), 역방향으로 더하여 출력하는 프로그램을 작성하시오.

▶ 배열 선언 이후, 배열 표기 [ ] 는 사용 금지 (포인터 표기 사용)

▶ 반복문으로 배열 훑어볼 시, 주소를 이용하여 반복문 구현 (9.4절 참조)

• addArray() 함수를 정의하여 사용하시오.

 – 인자: 세 개의 배열을 나타내는 세 개의 int 포인터, 배열의 크기를 나타내는 정수

 – 첫 번째와 두 번째 포인터가 나타내는 배열의 수를 역방향으로 더해서, 세 번째 포인터가 나타내는 배열에 저장

 – 반환 값: 없음

• main() 함수

 – 입출력 수행

 – addArray() 함수를 한번만 호출한다.

입력 예시 1	출력 예시 1
3　　┝ 배열 크기 N=3 1 2 3 5 10 15	16 12 8 ┝ 16=1+15, 12=2+10, 　　　　　　8=3+5

입력 예시 2	출력 예시 2
4　　┝ 배열 크기 4 3 8 9 5 0 1 -5 6	9 3 10 5 ┝ 3+6=9, 8-5=3, …

[문제 12] N개의 정수를 입력 받아 (N ≤ 100) 배열에 저장한 후, 배열에 저장된 N개 중에서 첨자 S에서 시작해서 첨자 E까지 요소의 총 합을 출력하시오.

▶ 배열 선언 이후, 배열 표기 [ ] 는 사용 금지 (포인터 표기 사용)

▶ 반복문으로 배열 훑어볼 시, 주소를 이용하여 반복문 구현 (9.4절 참조)

• arrsum() 함수를 정의하여 사용하시오.

 – 인자: 배열에서 구간 시작 원소와 구간 마지막 원소를 가리키는, int 형 포인터 두 개

 – 반환 값: 구간에 해당되는 배열 요소의 총 합

• 입출력은 main() 함수에서 수행

입력 예시 1	출력 예시 1
5 0 2　　┝ N S E 3 -10 15 20 27	8　┝　3+(-10)+15=8

[문제 13] N개 정수를 입력 받아 (N≤100) int형 배열 d[100]에 저장하고, 다음 수식의 값을 출력하는 프로그램을 작성하시오.

```
d[0] + (d[0]+d[1]) + (d[0]+d[1]+d[2]) + … + (d[0]+d[1]+d[2]+ … +d[N-1])
```

- add_to_k() 함수를 정의하여 사용하시오.
  - 인자 : int 포인터 2개
  - 첫 번째 포인터가 가리키는 배열의 원소부터 두 번째 포인터가 가리키는 배열의 원소까지, 배열의 원소 값을 더한 합을 계산한다.
  - 반환 값 : 배열의 원소 값을 더한 합
- main() 함수를 다음과 같이 작성하시오.
  - 입출력은 main() 함수에서 수행한다.
  - add_to_k() 함수를 반복 호출하여 수식의 값을 구한다.

입력 예시 1

```
5          ↦ N = 5
1 2 3 4 5
```

출력 예시 1

```
35
```

입력 예시 2

```
6
6 5 0 7 2 1
```

출력 예시 2

```
87
```

[문제 14] 10개의 정수를 입력으로 받아, 가장 큰 수부터 내림차순으로 정렬하여 출력하는 프로그램을 다음과 같은 방법으로 작성 하시오.

▶ 배열 선언 이후, 배열 표기 [ ] 는 사용 금지 (포인터 표기 사용)

▶ 반복문으로 배열 훑어볼 시, 주소를 이용하여 반복문 구현 (9.4절 참조)

- main() 함수를 다음과 같이 작성한다.
  - 입력되는 정수를 int 형 배열에 저장한다.
  - 배열에서 조사 시작위치의 주소와 길이를 인수로 하여, ABC() 함수를 9번 반복하여 호출한다. 매 호출 시, 길이는 10, 9, 8, …, 2 로 변한다.
  - 배열에 저장된 정수를 순서대로 출력한다.
- ABC() 함수를 다음과 같이 정의하여 작성한다.
  - 인자: int 배열에서 조사 시작 원소의 주소, 조사할 원소 개수를 나타내는 정수 k
  - 배열에서 조사 대상의 첫 번째 정수부터 마지막 정수(즉, 9번째 정수)중 가장 큰 정수를 찾고, 이를 첫 번째 위치의 정수와 교환한다.
  - 반환 값: 없음

입력 예시 1

1 3 5 7 9 2 4 6 8 10

출력 예시 1

10 9 8 7 6 5 4 3 2 1

입력 예시 2

13 56 27 89 43 76 32 68 91 8

출력 예시 2

91 89 76 68 56 43 32 27 13 8

10

문자열

학 습 목 표

- 문자열이란 무엇인지 이해하고 사용법을 익힌다.
- 문자열과 포인터의 관계를 이해한다.
- 문자 입출력 함수를 이해하고 사용법을 익힌다.
- 문자열 입출력 함수를 이해하고 사용법을 익힌다.

지금까지 우리는 여러 문자로 구성된 문자열을 다룰 때, 문자 단위로 처리하였다. 프로그래밍을 하다보면 문자열을 다루는 경우가 많이 발생하는데, 그 때마다 문자 단위로 문자열을 처리하는 것은 매우 불편하다. C 언어에서는 문자열을 문자들의 묶음 단위로 처리할 수 있는 기능을 지원해준다. 이 단원에서는 문자열이 컴퓨터에서 어떻게 표현되고 처리되는지 학습하고, 문자열과 문자를 처리하고 입출력하기 위한 표준 함수를 학습한다.

10.1 문자열 개요

연속적으로 나열된 0개 이상의 문자(char)들의 묶음을 "문자열(string)"이라고 하는데, 이름 또는 주소를 입력해야 하는 경우처럼 다양한 응용분야에서 문자열 처리를 필요로 한다. 문자열은 기본적으로 문자(char) 배열을 사용하여 저장한다. 다음은 문자 배열에 문자들을 저장하고 처리하는 코드의 예제이다. 문자 단위로 초기화하고 출력을 수행하는 코드로, 이미 다 학습한 문법이다.

```
/* 문자 단위 처리 프로그램 */
char str[8] = {'H', 'e', 'l', 'l', 'o' };      ⇨ 문자 단위로 초기화
int i;

for (i=0 ; i<5 ; i++)
    printf("%c", str[i]);          ⇨ 문자 단위 출력
```

하지만, 이름이나 주소처럼 하나의 묶음으로 처리되는 정보를 매번 문자 단위로 처리하는 것은 매우 불편하다. C 언어에서는 문자들을 문자열 단위로 처리할 수 있는 기능을 제공한다. 본격적으로 학습하기 전에, 맛보기로 위 코드를 문자열로 처리하면 코드가 어떻게 바뀌는 지 살펴보자.

```
/* 문자열 단위 처리 프로그램 */
char str[8] = "Hello";        ⇨ 문자열로 초기화

printf("%s", str );           ⇨ 문자열 출력
```

❖ **문자열 표현:** 문자는 'a', '1'처럼 작은따옴표 ' ' 로 감싸서 표현했는데, **문자열은 "abc", "123"처럼 큰따옴표 " " 로 감싸서 표현**한다.
❖ **문자열 입출력:** scanf() 함수와 printf() 함수를 사용하여 문자열 단위로 입출력을 할 수 있다. **문자열 입출력을 위한 서식 문자는 '%s'**이고, 인자로는 보통 배열의 이름을 전달한다.

문자 단위 처리 프로그램과 비교해보면, 우선 초기화 부분이 간단해지고, 출력 부분에서도 반복문을 사용하지 않아도 되고 문자의 개수를 알 필요도 없다. 길지 않은 코드이지만, 문자와 문자열을 처리하는 가장 기본적인 내용은 모두 담겨있으니, 형태를 잘 비교해보기 바란다. (두 코드가 하는 일은 같지만 문법적으로 완전히 동일하지는 않은데, 이에 대해서는 다음 절에서 자세히 살펴본다.)

[예제 10.1] 다음 프로그램을 작성하시오.
① 크기가 10인 문자 배열 str을 선언하고, 동시에 문자열 "Hello"로 초기화
② 문자열 str을 화면에 출력
③ 사용자로부터 문자열 "World"를 입력 받아 str에 저장
④ 문자열 str을 화면에 출력

```
int main() {
   char str[10] = "Hello";     // ① 선언 및 초기화

   printf("%s\n", str);        // ② 문자열 출력
   scanf("%s", str);           // ③ 문자열 입력 (사용자)
   printf("%s\n", str);        // ④ 문자열 출력
   return 0;
}
```

10.2 문자열 저장 및 기본 입출력

이 절에서는 앞서 설명한 내용을 바탕으로 문자열에 대해 본격적으로 학습한다.

| 문자열의 표현 및 저장

앞서 본대로 문자열 상수는 큰따옴표 " " 로 감싸서 표현한다. 문자이든, 숫자이든, 공백 등 특수 문자이든 큰따옴표로 감싸면 모두 문자열로 처리된다.

- 문자열 예시: "Hello", "A", "123"
- 공백 하나로 구성된 문자열: " "   ⇨ 큰따옴표 사이에 공백
- 큰따옴표 하나로 구성된 문자열: "\""   ⇨ 큰따옴표 문자 상수 사용 (2.5절 참조)
- 길이가 0인 문자열: ""   ⇨ 큰따옴표 사이에 아무것도 없음

(비교) "A"와 'A' : "A"는 문자열, 'A'는 문자 (차이점은 잠시 뒤에 설명)

C 언어에서는 **문자 배열**을 사용하여 문자열을 저장한다. 아래는 문자 배열을 선언하고, 문자열 표현 방법(큰 따옴 표)을 사용하여 초기화하는 예이다. 배열 초기화와 동일하게 크기를 지정할 수도 있고, 크기가 지정되지 않으면 초기화에 의해 크기가 결정된다. 문자열에서 영문자 하나는 1 바이트를 차지하고, 한글은 한 글자가 2 바이트를 차지한다.

```
char str1[8] = "Hello" ;     ⇨ 배열 크기 지정
char str2[ ] = "Hello" ;     ⇨ 배열 크기 미 지정 (초기화 값에 의해 크기 결정)
char str3[10] = "언어" ;      ⇨ 한글은 한 글자가 2 바이트 차지
```

단, 문자 배열을 문자열 상수로 초기화하는 것은 선언 시에만 가능하고, 일반 대입문에서는 불가능하다. 중괄호를 사용한 배열 초기화가 선언 시에만 가능한 것과 마찬가지이다.

```
char str[20];

str[0] = 'a';      ⇨ 0번 원소에 문자 'a' 대입 (가능)
str = "Hello";     ⇨ 컴파일 오류 : 배열 초기화는 선언 시에만 가능
str = {'H','e','l','l','o' }; ⇨ 컴파일 오류 : 위와 동일
```

| 널(null) 문자

C 언어의 문자열 저장 및 처리 방식을 이해하기 위해 알아야 할 가장 기본적이면서 핵심적인 요소는 널 문자이다. **널(null) 문자는 문자열의 끝을 의미하는 특수문자이다.** 널 문자는 **'\0'으로 표기**하고, **아스키 코드 값은 0**이다. 즉, '\0'은 8비트 이진수로 00000000 값을 가진다. (역슬래시 \ 존재 여부에 따라 서로 다른 문자를 나타내니 주의하자. '0'은 숫자를 나타내는 문자로 아스키 코드 값은 48, '\0'은 널 문자로 아스키 코드 값은 0이다.) 널 문자는 문자열을 처리하는 기준이 되는 매우 중요한 요소로, 널 문자를 포함하지 않은 문자 배열은 문자열로서 기능을 하지 못한다. 널 문자가 문자열의 끝을 나타낸다는 것이 어떤 의미인지, 문자열에서 어떤 역할을 하는 지 구체적으로 살펴보자.

첫째, 널 문자는 (명시하지 않지만) 문자열 상수의 맨 마지막에 항상 포함된다. 예를 들어, "A"는 두 개의 문자 'A'와 '\0'로 구성된 문자열로 문자 'A'와 다르다. 따라서 선언문에서 문자열로 초기화 하는 경우 맨 마지막에 널 문자가 포함되어 있다.

문자 'A' ⇨ `A`   문자열 "A" ⇨ `A` `\0`


```
char str[ ] = "Hello";
                  ||
char str[ ] = {'H', 'e', 'l', 'l', 'o', '\0' };    ⇨ 널 문자 포함
```

위 내용은 sizeof 연산자를 이용하여 확인해볼 수 있다. 하나는 개별 문자를 나열하여 초기화하고 다른 하나는 문자열로 초기화해서 배열의 크기를 비교해보자. 아래에서 개별 문자로 초기화한 str1의 크기는 명시된 문자의 개수인 5 바이트인데 반해서, 문자열로 초기화한 str2는 명시된 문자의 개수에 널 문자가 추가되어 6 바이트를 차지한다.

```
char str1[] = {'H','e','l','l','o' };    ⇨ 5개 문자로 초기화
char str2[] = "Hello";                   ⇨ 5개 문자로 구성된 문자열로 초기화

printf("%d\n", sizeof(str1) );    ⇨ 배열 str1이 차지하는 바이트 수
printf("%d\n", sizeof(str2) );    ⇨ 배열 str2가 차지하는 바이트 수
```

[실행결과]

| 5 | ⇨ 명시된 문자 개수만큼 | str1 | H e l l o |
| 6 | ⇨ 명시된 문자 개수 + 1 (널 문자) | str2 | H e l l o \0 |

따라서 문자 배열에 문자열을 저장하기 위해서는 **배열의 크기를 저장할 문자열의 길이보다 하나 더 크게 지정**해야 한다. 이는 C 언어에서 문자열을 다룰 때, 자주 잊어버리는 사항이니 명심하도록 하자. 배열의 크기를 충분히 크게 지정하지 않으면, 배열에 할당된 영역을 벗어난 메모리 영역에 널 문자가 저장되어, 런타임 오류를 유발시킨다.

```
char str1[6] = "Hello";        ⇨ 정상
char str2[5] = "Hello";        ⇨ 런타임 오류 유발
```

str2 | H e l l o \0 |
     [0] [1] [2] [3] [4]   ↳ 배열 영역을 벗어남 (런타임 오류의 원인)

둘째, C 언어에서 문자열이라 함은 배열의 크기와 관계없이 널 문자까지의 문자들의 묶음을 지칭한다. 즉, 배열은 단순히 저장 공간으로서의 역할만 할 뿐, **문자열의 끝은 배열의 크기가 아니라 '널 문자에 의해 결정'**된다. 바로 다음에 배울 입출력을 비롯하여 모든 문자열 처리에서 이 기준이 적용된다.

| printf() 함수를 이용한 문자열 출력

printf() 함수에서는 문자열 단위 입출력을 위해 서식 문자 '%s'를 사용하고, 함수 인자로 문자열의 시작 주소(보통 문자 배열의 이름)를 전달한다. printf() 함수의 다른 서식 문자와 달리 값이 아닌 주소를 전달한다는 점에 주의하자.

```
char str[8] = "Hello";          ⇨ 문자 배열

printf("%c", str[2]);           ⇨ 문자 출력 (배열 원소 인자로 전달)
printf("%s", str);              ⇨ 문자열 출력 (배열 이름을 인자로 전달)
```

문자열을 출력할 때, 문자열의 끝은 널 문자의 위치에 의해 결정되고 배열의 크기와는 전혀 관계가 없다. 즉, printf() 함수에서는 '인자로 전달된 주소의 문자'부터 '널 문

자 전까지'의 문자들을 차례로 출력한다. 아래 두 코드를 비교해보자. 왼쪽은 배열의 내용을 '%c' 서식을 사용하여 문자로 반복해서 출력한 것이고, 오른쪽은 '%s' 서식을 사용하여 문자열로 출력한 것이다.

```c
char str[20] = "Hello World";
int i;

for( i=0 ; i < 20 ; ++i )
   printf("%c", str[i]);
printf("!!\n");
```

[실행결과]

```
Hello World         !!
```

```c
char str[20] = "Hello World";



printf("%s!!\n", str);
```

[실행결과]

```
Hello World!!
```

➲ 출력되는 문자를 확인하기 위해 끝에 추가한 두 개의 느낌표의 출력 위치가 다르다는 점에 주목하자. 배열의 크기가 20이고, 초기화에 사용된 문자의 개수가 12개(널 문자까지 포함)이므로, 초기화 값이 명시되지 않은 뒤의 8개의 원소는 0(즉, 널 문자)으로 초기화 된다 (7장 배열 초기화 단원 참조). 왼쪽에서는 널 문자를 포함하여 배열에 저장된 20개의 문자를 모두 출력했다. (널 문자는 화면에 출력 시 공백 문자처럼 보인다.) 반면, 오른쪽에서는 널 문자 전까지인 11개의 문자만이 출력된다.

printf에서 널 문자의 역할은 다음 예제에서도 확인할 수 있다. 중간에 7번 문자를 널 문자로 변경했는데, '%s' 서식을 사용한 오른쪽의 경우 0번~6번 문자까지만 출력됐다.

```c
char str[20] = "Hello World";
int i;

str[7] = '\0';   ⇨ 널 문자 삽입
for( i=0 ; i < 20 ; ++i )
   printf("%c", str[i]);
printf("!!\n");
```

[실행결과]

```
Hello W rld         !!
```

```c
char str[20] = "Hello World";


str[7] = '\0';   ⇨ 널 문자 삽입
printf("%s!!\n", str);
```

[실행결과]

```
Hello W!!
```

만약 '%s' 서식의 기능을 '%c' 서식을 이용하여 구현한다면 다음과 같이 할 수 있다. 널 문자의 값은 0 (즉, 거짓)이므로, for 문의 조건식은 간단히 str[i] (즉, str[i]의 값이 참이면)라고 써도 된다.

```
printf("%s", str[i]);
```

‖

```
for( i=0 ; str[i] != '\0' ; ++i )      ⇨ str[i] != '\0' 대신
    printf("%c", str[i]);                 단순히 str[i]라고 써도 됨
```

printf() 함수에서는 단순히 전달받은 주소에서부터 시작하여 문자들을 출력한다. 이를 이용하여 다음과 같이 문자열의 중간부터 출력할 수도 있다. 인자로 str을 넘겨주는 경우, 배열의 0번 원소의 주소가 전달되므로 0번 원소부터 출력되고, 인자로 str+5를 넘겨주는 경우 배열의 5번 원소부터 출력된다.

```
char str[20] = "Hello World";

printf("%s!!\n", str);
printf("%s!!\n", str+5);
```

[실행결과]

```
Hello World!!      ⇨ 0번 원소부터 출력
 World!!           ⇨ 5번 원소부터 출력
```

| scanf() 함수를 이용한 문자열 입력

scanf() 함수에서도 문자열 입력을 위해 '%s' 서식을 사용하고, 인자로 전달된 주소에 입력된 문자열을 저장한다. 실인자로 보통 배열의 이름이 사용되는데, 배열 이름은 주소이므로 &를 붙일 필요가 없다. (배열 이름 앞에 &를 붙여도 큰 문제없이 동작하나, 엄밀히 말하면 배열 이름만 적는 것이 올바른 형식이다.) scanf() 함수에서는 서식 문자와 관계없이, 인자는 주소로 동일하다. 차이는 '%c' 서식은 문자 하나만 입력받아 해당 주소에 저장하고, '%s' 서식은 여러 개의 문자를 입력받아 해당 주소부터 저장한다.

```
char str[8];

scanf("%c", &str[2]);      ⇨ 문자 하나를 str[2]에 저장
scanf("%s", str);          ⇨ 문자열을 배열 str에 저장
scanf("%s", str+2);        ⇨ 문자열을 배열 str+2에 저장
```

배열에 문자열을 입력 받는 경우, 배열 이름이 주소를 나타내므로, 위와 같이 **주소 연산자를 사용하지 않는 것이 올바른 형태**이다. 아래와 같이 주소 연산자를 붙여도 대부분 큰 문제는 없으나, 간혹 런타임 오류의 원인이 되기도 한다. 따라서 습관적으로 주소연산자 &를 붙이지 않도록 주의하자. (배열 이름에 주소 연산자를 붙이는 것의 의미는 13.6절에서 학습한다.)

```c
char str[8];
scanf("%s", &str);      // 잘못된 사용 (런타임 오류의 원인이 될 수 있음)
```

scanf의 '%s' 서식은 **개행 문자, 공백 문자, 탭 문자 직전까지 입력된 문자들을 문자열로 인식하여 저장하고, 마지막에 널 문자를 자동으로 추가해준다.** (공백 등을 포함하여 저장하도록 도록 서식을 확장할 수 있는데, 여기서는 다루지 않는다.)

```c
char str[10];

scanf("%s", str);        ⇨ 문자열 입력
printf("%s!!", str);     ⇨ 문자열 출력 (끝을 알아보기 쉽게 느낌표 출력)
```

아래 [실행결과 1]처럼 공백 없이 문자열을 입력하고 [Enter] 키를 누르면, 입력된 문자들이 모두 str에 저장된다.

[실행결과 1]

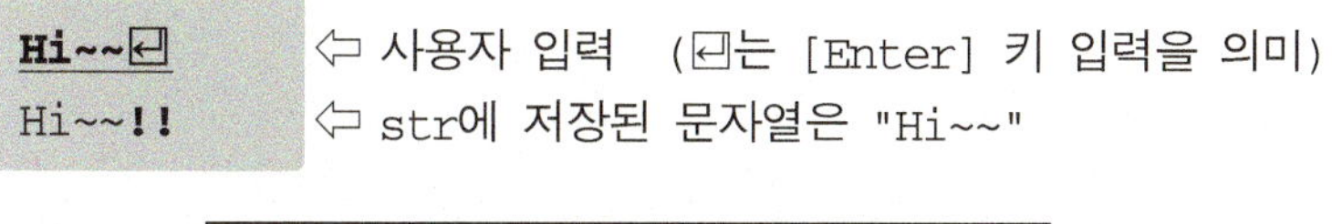

⇦ 사용자 입력 (↵는 [Enter] 키 입력을 의미)
⇦ str에 저장된 문자열은 "Hi~~"

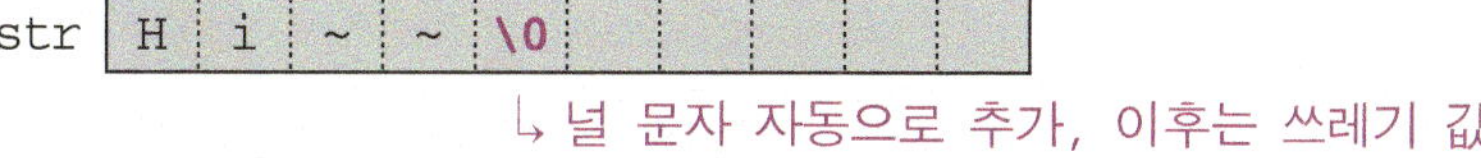

str

↳ 널 문자 자동으로 추가, 이후는 쓰레기 값

[실행결과 2]처럼 중간에 공백이 포함된 문자열을 입력하고 [Enter] 키를 누르면, 공백 이전까지 입력된 문자들만 str에 저장된다.

[실행결과 2]

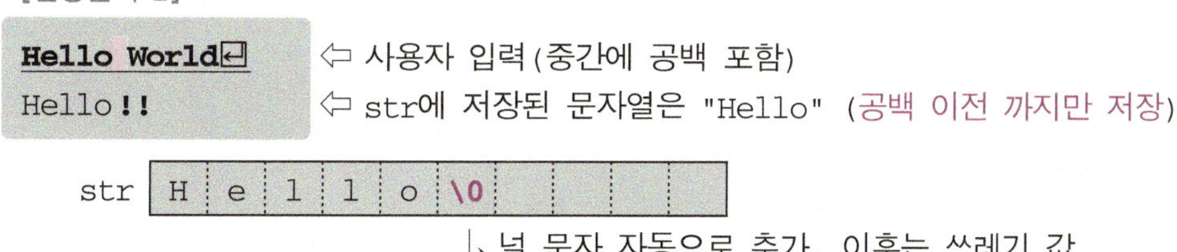

⇦ 사용자 입력 (중간에 공백 포함)
⇦ str에 저장된 문자열은 "Hello" (공백 이전 까지만 저장)

str

↳ 널 문자 자동으로 추가, 이후는 쓰레기 값

　문자열 입력 시 주의할 점은 **'문자열(널 문자 포함)을 저장할 충분한 공간이 미리 확보되어 있어야 한다'**는 것이다. scanf() 함수는 배열의 크기와 관계없이 입력된 문자들을 모두 저장하려고 한다. (scanf() 함수는 문자열을 저장할 주소만 전달받았을 뿐, 배열의 크기는 알지 못한다.)

　예를 들어, 크기가 5로 선언된 배열에 문자열을 입력받을 때, 사용자가 "HelloWorld"를 공백 없이 입력하면, 첫 다섯 개의 문자를 제외한 나머지 문자는 배열 범위를 벗어난 메모리 영역에 저장되고, 이는 런타임 오류를 유발하게 된다. 위 문자열을 저장하기 위해서는 배열의 크기가 11이상 이어야 한다. (입력된 문자는 10개이지만 널 문자까지, 총 11개의 문자가 저장된다.)

```
char str[5];          // 크기 5인 배열 선언
scanf("%s", str);
```

[실행예시]

HelloWorld↵　　⇦ 10개의 문자 입력 (널 문자까지 총 11개의 문자 저장)

str　| H | e | l | l | o | W | o | r | l | d | \0 |
　　　[0] [1] [2] [3] [4]　└ 배열 범위 초과 ┘ (런타임 오류 유발)

　이러한 문제는 비단 런타임 오류를 유발시킬 뿐만 아니라, 보안상 취약점이기도 하다. 그래서 이러한 문제점을 해결하기 위해서 새로 제정된 표준에서는 3장에서 소개한 scanf_s() 함수를 도입하였다. scanf_s() 함수의 기능은 scanf() 함수와 동일하다. 다만, 문자나 문자열의 경우 최대 저장 가능한 문자의 개수를 인자로 전달해주어야 한다. 만약 입력되는 문자열의 길이가 지정된 크기를 초과하는 경우에는 입력된 문자열은 무시되고 길이가 0인 빈 문자열이 배열에 저장된다. 따라서 배열의 범위를 벗어난 메모리 영역에 값이 저장되는 것을 방지할 수 있다.

```
char str[5];

scanf_s("%s", str, 5);          ⇨ 배열의 크기인 5 전달
```

[예제 10.2] 다음 프로그램을 작성하여 실행해보고, 왜 이런 출력 결과가 나오는지 생각해보자.

① 크기가 6인 문자 배열 str을 선언
② 사용자로부터 문자열 "Hello"를 입력 받아 str에 저장
③ 문자열 str을 화면에 출력
④ str[5]에 물음표 문자 '?' 대입
⑤ 문자열 str을 화면에 출력

```
int main() {
   char str[6];            // ① 선언

   scanf("%s", str);       // ② 문자열 입력 (사용자)
   printf("%s\n", str);  // ③ 문자열 출력

   str[5] ='?';            // ④ 문자 대입
   printf("%s\n", str);  // ⑤ 문자열 출력
   return 0;
}
```

[실행결과]

```
hello World!!↵      ⇨ 사용자 입력 (②)
hello               ⇨ 문자열 출력 (③)
hello?텽?.\晟?      ⇨ 문자열 출력 (⑤), 물음표 이후의 출력은 다를 수 있음
```

➲ 마지막 출력 결과는 위와 다를 수 있는데, 대부분 물음표 이후에 이상한 문자가 출력될 것이다. 그 이유는 ②에서 "hello"를 입력하면 str[5]에 '\0'이 저장되는데, ④에서 str[5]를 '?'로 바꾸면, 문자열의 끝을 나타내는 널 문자가 없어져, 문자열의 끝을 제대로 인식하지 못하고, ⑤에서 str[5] 이후의 메모리 공간에 있는 쓰레기 값을 출력하게 된다.

10.3 문자열과 포인터

| 문자형 포인터를 활용한 문자열 처리

문자열은 기본적으로 문자 배열에 저장되므로, 배열과 포인터의 관계를 이용하여 문자형 포인터를 활용할 수 있다. 아래 예제는 문자형 포인터를 사용하여 문자열을 초기화하고 출력하는 간단한 코드를 보여준다. 문자 배열 대신에 문자형 포인터를 사용하고, 문자열 (상수) "Hello"를 가리키도록 초기화 하였고(메모리 그림 참조), str에 문자열의 주소가 저장되어 있으므로, 문자 배열처럼 printf의 '%s' 서식을 이용하여 출력하였다.

```
char *str = "Hello";      ⇨ 초기화
printf("%s!!\n", str);    ⇨ 출력
```

[실행결과]

```
Hello!!
```

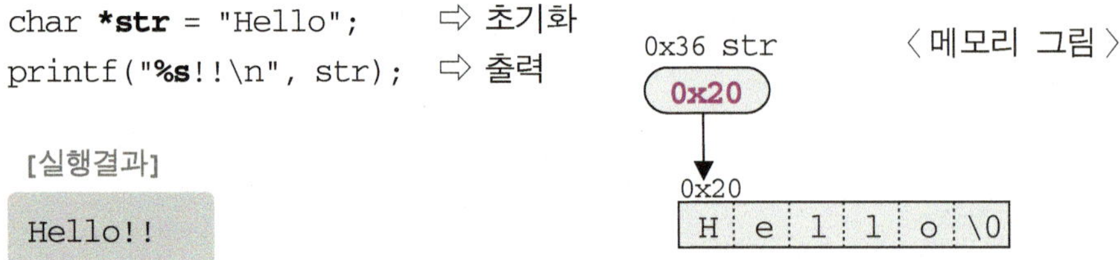

배열과 포인터의 관계를 이용하여, 문자형 포인터를 배열처럼 사용하는 것도 가능하다.

```
char *str = "Hello";

for (i=0 ; i<5 ; i++)
    printf("%c", str[i]);    ⇨ 문자 출력
```

[예제 10.3] 다음 프로그램을 작성하시오.

① 문자 포인터 변수 pc를 선언하고 다음 문자열로 초기화

  "To be, or not to be : that is the question"

② 반복문을 사용하여 영어 소문자 't'가 몇 번 나오는 지 계산

  (힌트: 널 문자 여부를 반복 종료 조건으로 사용)

③ 다음과 같이 출력 (힌트: 큰따옴표와 작은따옴표를 출력하기 위해 ₩" 과 ₩' 사용)

[실행결과]

```
문자열 "To be, or not to be : that is the question"에 문자 't'가 6번 나타남
```

```
int i, cnt = 0;
char *pc = "To be, or not to be : that is the question";  // ①

for (i = 0 ; pc[i] ; ++i)    // ② pc[i]가 참이면(즉, 널 문자가 아니면) 반복
if( pc[i] == 't' )
   ++cnt;              // 't'가 나타나는 횟수 세기

printf("문자열 \"%s\"에 문자 \'t\'가 %d번 나타남\n", pc, cnt);      // ③
```

| 문자 배열과 문자열 상수 비교

앞서 살펴본 코드만 보면, 문자 배열에 초기화해서 사용하든, 문자형 포인터에 연결해서 초기화하든 코드 형태에는 큰 차이가 없어 보인다. 하지만, 변경 가능 여부 측면에서 보면 두 방법은 근본적으로 다른데, 포인터에 문자열 상수를 연결한 후 해당 문자열을 변경하려고 하면 런타임 오류가 발생한다. 포인터에 연결된 문자열 상수는 말 그대로 상수라 사용자 프로그램이 변경할 수 없다. 반면, 포인터 str은 사용자 변수이므로, 변수 str에 저장된 값 자체를 바꾸는 것은 얼마든지 가능하다.

```
char *str = "Hello";

str[0] = 'h';   ⇨ 런타임 오류 발생
str = "World";  ⇨ 가능: str에
                    저장된 값 변경
```


두 방식의 초기화를 비교 정리해보자. 문자 배열로 선언하는 경우, 초기화에 사용되는 문자열은 선언된 문자 배열에 대입이 되고, 문자 배열은 사용자가 선언한 변수이므로 원소값 변경이 가능하다. 반면 문자형 포인터를 선언하고 문자열을 연결하는 경우, 초기화에 사용되는 문자열은 상수로 사용자가 수정할 수 없다. 다음은 두 방법 사이의 차이점을 보여주는 문장인데, 단순히 암기하지 말고 메모리 그림을 통해 이해하도록 하자.

```
/* 문자 배열로 선언 */          /* 문자열 포인터로 선언 */
char str1[6] = "Hello";        char *str2 = "Hello";

printf("%c", str1[0]);  ⇨ O    printf("%c", str2[0]);  ⇨ O
printf("%s", str1);     ⇨ O    printf("%s", str2);     ⇨ O

str1[0] = 'h';          ⇨ O    str2[0] = 'h';          ⇨ X
scanf("%s", str1);      ⇨ O    scanf("%s", str2);      ⇨ X

str1 = "World";         ⇨ X    str2 = "World";         ⇨ O
```

str1 │ H │ e │ l │ l │ o │ \0 │

str2
0x20 → 상수: 변경 불가능
0x20
H │ e │ l │ l │ o │ \0 │

- str1 = "World";   ⇨ 이 문장은 str1의 값(주소)을 "World"라는 문자열 상수의 주소로 변경하라는 의미인데, str1은 배열 이름으로 이 값 자체를 변경할 수 없다.

- str2[0] = 'h';   ⇨ 둘 다 str2가 가리키는 영역의 값을 변경하는 문장인데,
- scanf("%s", str2);   해당 영역은 상수로 값을 변경할 수 없다.

위 오른쪽 코드에서 문자열 변경이 안 되는 이유는 str2가 포인터이기 때문인 것과는 아무 관계없다는 점에 주의하자. 변경 가능 여부는 **포인터가 가리키는 영역의 성질에 따라 달라진다.** 아래 코드에서 포인터 str이 가리키는 문자열이 변수인지 상수인지에 따라, 똑같은 문장이 정상적으로 실행되기도 하고 오류를 발생시키기도 한다.

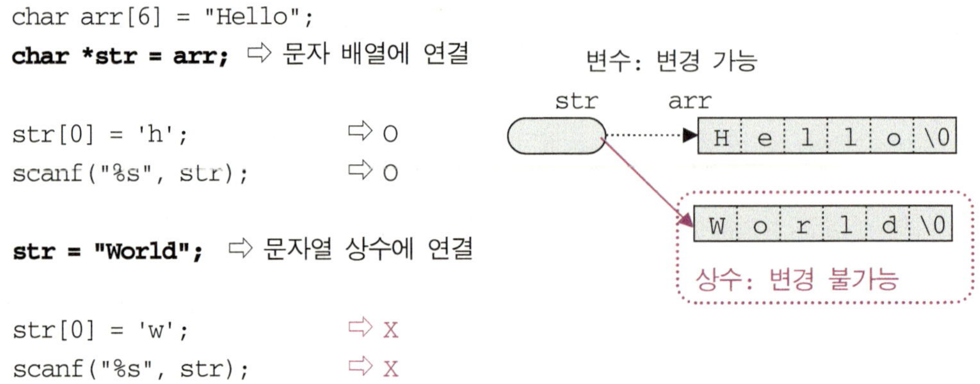

이절에서는 다수의 문자열을 처리하는 방법에 대해서 배우자. 새로 배우는 문법은 없고, 모두 기존에 배운 문법의 활용 및 조합이다. 여러 문자열을 처리하기 위한 가장 간단한 방법은 문자 배열을 여러 개 사용하는 것이다.

```c
/* 여러 개의 1차원 문자 배열 이용 */
char num0[5] = "zero";
char num1[5] = "one";
char num2[5] = "two";

printf("%s\n", num0);
printf("%s\n", num1);
printf("%s\n", num2);
```

문자열의 개수가 많아지면 문자열의 배열을 사용하면 효과적일 것이다. 문자열 하나가 문자 배열에 저장되므로, 문자열의 배열은 '문자 배열을 배열로 묶은 2차원 문자 배열'이 된다. 아래 예제에서 초기화를 위해 중괄호를 사용하여 문자열을 묶고, 문자열 단위로 출력하기 위해서 2차원 배열의 첫 번째 첨자만 사용하였다. (참고로, num[i]의 자료형은 'char *'이다.)

```c
/* 2차원 문자 배열 이용 */
int i;
char num[3][5] =
    { "zero", "one", "two" };

for( i = 0; i < 3; ++i )
    printf("%s\n", num[i] );
```

문자열을 입력 받아 저장하기 위해 scanf() 함수를 사용하는 경우에도, 2차원 배열의 첫 번째 첨자만 사용하면 된다.

```c
for( i = 0; i < 3; ++i )
    scanf("%s", num[i] );        ⇨ 2차원 배열에 문자열 입력 받아 저장하기
```

이번에는 문자형 포인터를 사용한 형태이다. 마찬가지로, 문자열이 많으면 문자 포인터 배열을 활용하면 효율적이다. 문법적으로 이미 다 학습한 내용이지만, 형태가 아직 생소할 것이다. 반복 학습하여 익숙해지도록 하자.

```c
/* 여러 개의 문자형 포인터 이용 */
char *pnum0 = "zero";
char *pnum1 = "one";
char *pnum2 = "two";

printf("%s\n", pnum0);
printf("%s\n", pnum1);
printf("%s\n", pnum2);
```

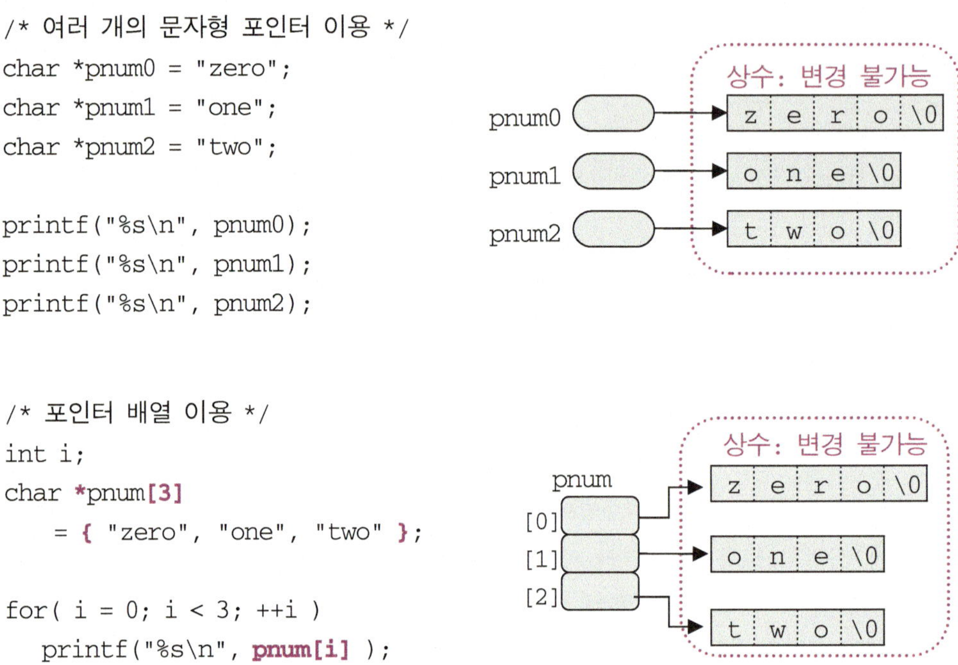


```c
/* 포인터 배열 이용 */
int i;
char *pnum[3]
    = { "zero", "one", "two" };

for( i = 0; i < 3; ++i )
   printf("%s\n", pnum[i] );
```

[예제 10.4] 다음 프로그램을 작성하시오.

① 3 × 20 크기의 2차원 문자배열을 선언하고, 다음 문자열로 초기화

   "Time is gold"

   "No pain no gain"

   "No sweat no sweet"

② 2중 반복문을 사용하여, 각 문자열에서 영어 소문자 'a'가 몇 번 나오는 지 출력

[실행결과]

```
문자열 "Time is gold"에 문자 'a'가 0번 나타남
문자열 "No pain no gain"에 문자 'a'가 2번 나타남
문자열 "No sweat no sweet"에 문자 'a'가 1번 나타남
```

프로그램 10-1   2차원 문자 배열

```
 3: /* 2차원 문자 배열 사용 */
 4: int main() {
 5:    int i, k, cnt;
 6:    char str[3][20] = { "Time is gold", "No pain no gain",
 7:                        "No sweat no sweet" };  // ①
 8:
 9:    for (k = 0; k < 3 ; ++k) {        // ② 각 문자열에 대해 반복
10:      cnt = 0;                        // 각 문자열에 대해 횟수 초기화
11:      for (i = 0 ; str[k][i] ; ++i)            // 널 문자가 아닌 동안
12:        if( str[k][i] == 'a' )   ++cnt;        // 'a'가 나타나는 횟수 세기
13:      printf("문자열 \"%s\"에 문자 \'a\'가 %d번 나타남\n", str[k], cnt);
14:    }
15:
16:    return 0;
17: }
```

[예제 10.5] 위 프로그램을 2차원 문자 배열대신 문자 포인터 배열로도 구현해보자.

```
/* 문자 포인터 배열 사용 */
char *str[3] = { "Time is gold", "No pain no gain",
                 "No sweat no sweet" };   // ① 선언 부분만 변경하면 됨
// 이후 코드 동일
```

10.5 문자열 및 문자 처리 함수

  문자열과 문자는 프로그래밍에서 매우 빈번히 사용된다. C 언어에서는 코드 작성의 편의를 위해 문자열과 문자 처리에 관련된 다양한 표준 함수를 제공한다. 문자열 처리와 관련된 함수들은 대부분 <string.h> 헤더 파일에 원형이 선언되어 있다. 따라서 **문자열 처리 표준 함수들을 사용하려면 <string.h> 헤더 파일을 include** 시켜야 한다. 대부분의 문자열과 문자 처리 함수를 직접 구현하여 사용하는 것은 그렇게 어렵지 않지만(이 함수들을 직접 구현해보는 것도 좋은 C 언어 공부가 된다), 이미 구현되어 있는 표준 함수를 사용하는 것이 더 편리하다. 다만, 구현된 함수의 사용법을 정확히 익혀야 한다.

| 문자열 길이 구하기: strlen() 함수

문자열을 다루다보면 문자열의 길이가 필요한 경우가 많이 발생한다. 지금까지 내용을 충실히 이해하고 연습했다면, 널 문자와 반복문을 이용하여 다음과 같이 문자열의 길이를 구하는 코드를 작성할 수 있을 것이다.

```c
char str[20] = "Hello World";
int i = 0;

while( str[i] )          ➡ 널 문자가 아닌 동안
    ++i;                 ➡ i 값 증가
printf("length: %d\n", i);
```

[실행결과]
```
length: 11
```

하지만, 길이가 필요할 때마다 위와 같이 코드를 작성하는 것은 조금 번거로운데, C 언어에서 제공하는 strlen() 함수를 이용하면 편리하다.

---

strlen() 함수 원형

size_t strlen(const char *s); [1]
 – s: 길이를 구할 문자열을 가리키는 포인터

기능 및 반환 값
 - 문자열 s의 길이 반환(양의 정수)

---

strlen() 함수를 이용하여 문자열을 구하는 코드 예시이다.

```c
#include <stdio.h>      ➡ printf() 함수가 선언된 헤더 파일
#include <string.h>     ➡ strlen() 함수가 선언된 헤더 파일

int main() {
    char str[20] = "Hello World";
    printf("length: %d\n", strlen(str) );
    return 0;
}
```

[실행결과]
```
length: 11
```

---

[1] 반환 값의 자료형으로 사용된 'size_t'는 객체의 크기를 표현하는 자료형으로, 대부분 부호 없는 정수형(unsigned int)이라고 간주해도 무방하다. 정확한 쓰임새 등 보다 자세한 설명은 이 책의 범위를 벗어나므로 생략한다.
인자의 자료형 앞에 쓰인 'const'는 변수를 상수화 할 때 사용하는 키워드로 13.5절에서 설명한다. 일단은 const 키워드를 무시하고 'char *s'라고 간주하자.

| 문자열 복사하기: strcpy(), strncpy() 함수

배열 a에 저장되어 있는 문자열을 배열 b에 복사하기 위해 다음과 같이 대입문을 작성했다고 하자. 얼핏 보면 맞는 것처럼 보이지만, 아래 대입문은 배열 b의 주소를 배열 a의 주소로 바꾸라는 의미로, 배열 b의 주소는 바꿀 수 없기 때문에 컴파일 오류가 발생한다.

```
/* 잘못된 문자열 복사 코드 */
char a[20] = "Hello", b[10];


b = a;        ⇨ 배열 b의 주소를 배열 a의 주소로 바꾸라는 의미 (컴파일 오류)
```

문자열을 복사하려면 배열 원소를 하나하나 복사하거나, strcpy() 함수를 이용하면 된다. strcpy() 함수는 문자열을 복사(string copy)하는 함수로, 두 번째 인자의 문자열을 첫 번째 인자의 공간에 복사한다. 복사 방향이 조금 어색할 텐데, 문자열 간의 대입문이라고 생각하면 혼동되지 않을 것이다. (대입문 a = b의 의미는 a ← b 이다.)

---

strcpy() 함수 원형

char *strcpy(**char *dest, const char *src**);
  - dest: 복사 문자열을 저장할 공간을 가리키는 포인터
  - src: 복사할 원본 문자열을 가리키는 포인터

기능 및 반환 값
  - dest의 공간에 문자열 src 복사(문자열 대입, 즉 dest ← src 의 의미)
  - src는 변화 없음
  - 복사 저장된 문자열의 주소(즉, dest) 반환

주의 사항
  - 주의: dest의 공간이 src의 문자열을 저장할 수 있을 만큼 충분히 커야 함

```
/* strcpy 사용 예제 */
char str[6] = "Hello";


strcpy( str, "hi");    ⇨ str ← "hi";


printf("str: %s!!\n", str );
```

[실행결과]

```
str: hi!!
```

str	H	e	l	l	o	\0
	[0]	[1]	[2]	[3]	[4]	[5]

⬇ strcpy 호출

str	h	i	\0	l	o	\0
	[0]	[1]	[2]	[3]	[4]	[5]

strcpy(dest, src) 함수 사용 시, dest의 공간이 src의 문자열을 저장하기에 충분한 공간이 할당되어 있어야 한다. 즉, dest의 공간이 src의 문자열 + 1(널 문자) 이상이어야 한다. 그렇지 않으면, dest의 공간을 벗어난 메모리 영역에 값을 쓰게 되어 런타임 오류를 유발시킨다.

```
char a[10], b[5] = "hi";
char *c = NULL;

strcpy( a, b);          ⇨ 정상 작동  (a의 공간 크기는 10)

strcpy( b, "Hello");    ⇨ 런타임 오류 유발 (b의 공간 크기는 5)
strcpy( c, "Hello");    ⇨ 런타임 오류 유발 (c의 공간 크기는 0)

c = a;                  ⇨ c가 배열 a의 공간을 가리킴
strcpy( c, "Hello");    ⇨ 정상 작동  (c의 공간 크기는 10)
```

▸ 두 번째 **strcpy(b, "Hello");**를 실행하면?

strncpy() 함수는 '복사할 문자열의 길이를 지정'하는 문자열 복사 함수이다. dest가 가리키는 공간에 문자열 src의 처음 count 개의 문자열을 복사한다.

---

strncpy() 함수 원형

```
char *strncpy( char *dest, const char *src, size_t count );
```
 - dest: 복사 문자열을 저장할 공간을 가리키는 포인터
 - src: 복사할 원본 문자열을 가리키는 포인터
 - count: 복사할 문자의 최대 개수

기능 및 반환 값
 - dest의 공간에 src 문자열의 처음 count 개의 문자 복사
 - src는 변화 없음
 - 복사하여 저장한 문자열의 주소(즉, dest) 반환

주의 사항
 - dest의 공간이 src의 문자열을 저장할 수 있을 만큼 충분히 커야 함
 - 문자 복사 후 dest에 널 문자를 자동으로 추가해주지 않음

---

strncpy() 함수는 dest의 공간 확보 이외에 주의할 점이 하나 더 있다. 이 함수는 말 그대로 src의 처음 n개의 문자만 복사하고, **맨 뒤에 자동으로 널 문자를 추가하지 않는다.** 아래에서 두 번째 줄에 이상한 문자가 출력되는 이유는 널 문자가 없기 때문이다.

```
char a[10], b[10];

strcpy( a, "Hello");          ⇨ 문자열 복사
strncpy( b, "Hello", 2);     ⇨ 2개 문자 복사

printf("%s\n", a);
printf("%s\n", b);
```

[실행결과]

Hello   ⇨ strcpy 결과
Hello   ⇨ strncpy 결과
                (2개 문자만 제대로)

| 문자열 접합하기: strcat(), strncat() 함수

strcat() 함수는 문자열을 접합(string concatenate)하는 함수이다. 두 번째 인자의 문자열을 첫 번째 문자열의 뒤에 접합시킨다. strcpy와 마찬가지로 문자열 대입이다. 다만, 대입 위치가 맨 처음이 아니고, 기존 문자열의 끝에부터 대입한다는 점이 다르다. strcpy() 함수처럼 두 번째 인자의 문자열에는 아무 변화 없다.

strcat() 함수 원형
`char *strcat( char *dest, const char *src );` - dest: 접합될 문자열을 저장할 공간을 가리키는 포인터 - src: 접합할 원본 문자열을 가리키는 포인터
기능 및 반환 값 ▪ 문자열 dest 뒤에 src의 문자열 접합(즉, dest ← dest + src의 의미) ▪ src는 변화 없음 ▪ 접합된 결과 문자열의 주소(즉, dest) 반환
주의 사항 ▪ dest의 공간이 접합 결과의 문자열을 저장할 수 있을 만큼 충분히 커야 함

```
/* strcat 사용 예제 */
char str1[10] = "Hello";      ⇨ 접합한 문자열을 저장할 수 있는 크기

strcat( str1, "hi");          ⇨ str1 뒤에 "hi" 접합

printf("str1: %s!!\n", str1 );
```

[실행결과]

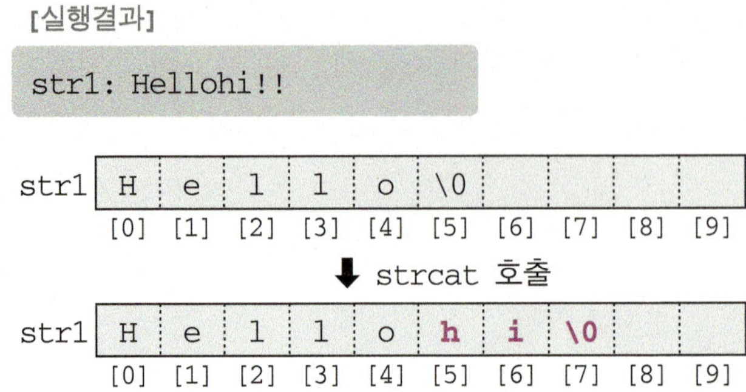

strcat() 함수도 **dest**에 접합 결과를 저장하기에 충분한 공간이 할당되어 있어야 한다. 아래 코드에서 위의 두 strcat() 함수는 s2와 s3에 충분한 공간이 충분히 않아서 런타임 오류를 유발한다. 마지막 strcat(s4, s1)는 약간 다른 경우이다. 배열 s4는 초기화 되지 않아 널 문자가 어디에 있을지 모르는 상태이기 때문에, s4의 배열 범위를 벗어난 위치에 s1을 대입할 가능성이 높다.

```
char s1[10] = "Hello", s2[5] = "hi", *s3 = NULL, s4[20];

strcat( s2, s1);      ⇨ 런타임 오류 유발
strcat( s3, s1);      ⇨ 런타임 오류 유발
strcat( s4, s1);      ⇨ 런타임 오류 유발 (s4의 문자열 끝은 어디?)
```

strncat() 함수는 접합할 문자의 개수를 지정하는 문자열 접합 함수로, 사용법은 문자 개수 지정 복사 함수인 strncpy() 함수와 유사하므로, 자세한 설명은 생략한다.

| 문자열 비교하기: strcmp(), strncmp() 함수

이번에는 문자열 비교에 대해 알아보자. 두 문자열이 같은 지를 비교하기 위해 다음과 같이 코드를 작성하면, 의도한 결과가 나올까? 실행시켜보면 두 문자열이 다르다고 출력이 될 것이다. 앞서 문자열 복사에서와 마찬가지로, if 문의 조건식은 문자열을 비교하는 것이 아니고, 문자열을 저장하고 있는 주소를 비교한 것이라서 우리가 원하는 결과를 얻을 수 없다.

```
/* 잘못된 문자열 비교 코드 */
char a[20] = "Hello", b = "Hello";

if( a == b )          ⇨ 문자열 비교가 아니라 문자열이 저장된 주소 비교
    printf("두 문자열은 같음\n");
else
    printf("두 문자열은 다름\n");
```

[실행결과]

```
두 문자열은 다름
```

문자열을 비교하기 위해서는 strcmp() 함수를 이용하면 편리하다. strcmp() 함수는 문자열을 비교(string compare)하는 함수로, 인자로 전달된 두 문자열을 사전 순으로 비교하여, 비교 결과를 정수로 반환한다. 아래 설명에서 '문자열 lhs < 문자열 rhs'는 문자열 lhs가 문자열 rhs보다 사전 순으로 앞에 있다는 것을 의미한다.

---

strcmp() 함수 원형

`int strcmp( const char *lhs, const char *rhs );`

 - lhs, rhs: 비교할 문자열에 대한 포인터

기능 및 반환 값

- 문자열 lhs < 문자열 rhs 이면, 음수 반환
- 문자열 lhs == 문자열 rhs 이면, 0 반환
- 문자열 lhs > 문자열 rhs 이면, 양수 반환

도움말 ▶ 반환 값의 부호는 다음과 같이 strcmp의 결과를 0과 비교한 부등식에 대응시키면 쉽게 기억할 수 있다.

```
strcmp( lhs, rhs ) < 0      ⇔    문자열 lsh < 문자열 rhs
strcmp( lhs, rhs ) == 0     ⇔    문자열 lsh == 문자열 rhs
strcmp( lhs, rhs ) > 0      ⇔    문자열 lsh > 문자열 rhs
```

```
/* strcmp 사용 예제 */
char s1[50], s2[50];        ⇨ 문자열을 저장할 배열
int cmp_result;             ⇨ 비교 결과를 저장할 변수

printf("첫 번째 문자열:");
scanf("%s", s1);            ⇨ 첫 번째 문자열 입력
printf("두 번째 문자열:");
scanf("%s", s2);            ⇨ 두 번째 문자열 입력

cmp_result = strcmp(s1, s2);        ⇨ 문자열 비교

if( cmp_result < 0 )                ⇨ 문자열 s1 < 문자열 s2
    printf("%s가 %s보다 앞에 있습니다.\n", s1, s2);
else if( cmp_result == 0 )          ⇨ 문자열 s1 == 문자열 s2
    printf("%s가 %s와 같습니다.\n", s1, s2);
else                                ⇨ 문자열 s1 > 문자열 s2
    printf("%s가 %s보다 뒤에 있습니다.\n", s1, s2);
```

[실행결과]

첫 번째 문자열:hi
두 번째 문자열:hello
hi가 hello보다 뒤에 있습니다.

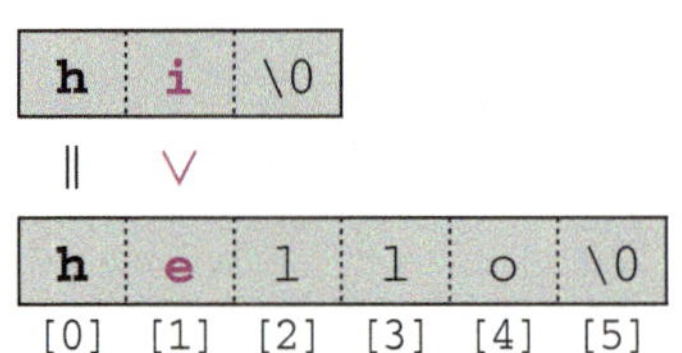

문자열은 0번 문자부터 문자 별로 비교하며, 비교하는 문자가 서로 다르거나 어느 한 쪽의 문자가 널 문자이면 비교를 종료한다. 문자 비교는 아스키 코드 값을 사용한다. 위 예에서 맨 앞의 0번 문자는 둘 다 'h'이므로 그 다음 문자를 비교하는데, 문자 'i'의 아스키 코드 값이 문자 'e'의 아스키 코드 값보다 크므로, "hi" > "hello" 이다. 따라서 결과 값으로 양수를 반환한다. 어떤 양수를 반환하는 지는 컴파일러마다 다를 수 있다. (참고로, Visual Studio에서는 1, 0, -1을 반환한다.)

비교 기준이 아스키 코드 값이므로, 대소문자도 구별되고, 숫자, 심지어 특수 문자도 비교된다. 특히, 대문자의 아스키 코드 값은 소문자 보다 작으므로, 대소문자가 섞여 있는 경우 우리가 일반적으로 알고 있는 사전에서의 순서와 다를 수 있음에 주의하자. (예를 들어, 'Z' < 'a'이므로, "Zoo" < "an"이다.) strcmp() 함수의 사용법과 문자열 비교

결과의 예를 조금 더 살펴보자. (각 문자열 비교에서 결과를 결정짓는 문자끼리의 비교 결과를 표시하였다.)

```
char *str = "hi";
```

```
strcmp(str, str);        ⇨ 문자형 포인터끼리 비교, 문자열 동일
                            따라서 결과는 0
strcmp(str, "hi");       ⇨ 문자형 포인터와 문자열 상수 비교, 문자열 동일
                            따라서 결과는 0
strcmp(str, "Hi");       ⇨ 소문자가 대문자보다 큼:  'h' > 'H'
                            따라서 결과는 양수
strcmp("hi", ".");       ⇨ 첫 문자끼리 비교: 'h' > '.'
                            따라서 결과는 양수
strcmp(str, "hi~");      ⇨ hi까지 동일하므로 그 다음 문자 비교: '\0' < '~'
                            결과는 음수
strcmp("hi", "high");    ⇨ hi까지 동일하므로 그 다음 문자 비교: '\0' < 'g'
                            결과는 음수
```

strncmp() 함수는 비교할 문자의 개수를 지정하는 문자열 비교 함수로, 비교 대상의 문자열에서 처음 n개까지만 비교한다는 점을 제외하고는 strcmp() 함수와 동일하다.

[예제 10.6] 사용자로부터 두 개의 문자열 A와 B를 입력 받아 다음 과정을 수행하는 프로그램을 작성하시오.

① 문자열 A와 B의 길이를 각각 출력하시오.
② A와 B 중 사전 순으로 빠른 문자열을 출력하시오.
③ ABA 형태의 새로운 문자열 C를 생성하고 출력하시오.
 - 입력되는 문자열 A와 B의 길이는 20 이내이고, 공백, 탭, 개행 문자는 없다고 가정
 - 두 문자열은 서로 다르다고 가정

[입력 예시]

```
welcome
helloworld!!
```

[출력 예시]

```
7 12
helloworld!!
welcomehelloworld!!welcome
```

프로그램 10-2 문자열 처리

```
3: #include <stdio.h>
4: #include <string.h>        ⇨ 문자열 표준 함수 사용을 위해
5:
6: int main() {
7:     char A[21], B[21], C[61];    ⇨ A와 B는 널 문자까지 포함해서 최대 21개 문자
8:                                     C는 ABA를 저장하므로 최대 61개 문자
9:     scanf("%s %s",A, B);
10:    printf("%d %d\n", strlen(A), strlen(B) );      ⇨ 문자열 출력
11:
12:    if( strcmp(A,B) < 0 )         ⇨ A < B 이면
13:        printf("%s\n", A);        ⇨ A 출력
14:    else printf("%s\n", B);       ⇨ 그렇지 않으면, B 출력
15:
16:    strcpy( C, A );       ⇨ C에 A 복사, C = A
17:    strcat( C, B );       ⇨ C에 B 접합,  C = AB
18:    strcat( C, A );       ⇨ C에 A 접합,  C = ABA
19:    printf("%s\n", C);    ⇨ C 출력
20:    return 0;
21: }
```

| 문자열 분리하기: strtok() 함수

strtok() 함수는 문자열을 여러 개의 토큰(**token**)으로 분리하는 함수로, 다른 문자열 처리 함수에 비해 기능과 사용법이 약간 복잡하다. 토큰이라 함은 더 이상 나눌 수 없는 기본적인 언어 요소인데, 여기서는 사용자가 지정한 구분 문자(delimiter)로 분리되는 문자열의 부분 요소를 의미한다.

---

strtok() 함수 원형

`char *strtok( char *str, const char *delim );`
  - str: 분리할 문자열을 가리키는 포인터
  - delim: 구분 문자로 이루어진 문자열을 가리키는 포인터

기능 및 반환 값
  - 문자열 str을 토큰으로 분리하고 다음 토큰의 시작 주소 반환
  - 토큰이 더 이상 없으면 NULL 반환

주의 사항
  - 문자열 str이 토큰으로 분리되어, 문자열 str이 내용이 변경 됨

예시를 통해 strtok() 함수의 기능 및 사용법을 알아보자. 아래 예에서는 구분 문자로 공백, 쉼표, 개행 문자를 사용하였다. 구분 문자로 사용할 문자들을 하나의 문자열로 묶어서 지정하면 된다. 이후 strtok() 함수를 호출하여 단어들을 구분한다. 맨 처음 호출 시에는 구분할 문자열을 첫 번째 인자로 전달하는데, 이 후에는 NULL을 첫 번째 인자로 전달한다. strtok() 함수는 호출될 때 마다 문자열 내에서 다음 토큰의 위치(주소)를 반환하고, 문자열의 끝에 도달하면 NULL을 반환한다. strtok() 함수는 인자로 전달된 원본 문자열의 내용을 변경한다는 점에 주의하자.

프로그램 10-3 strtok() 사용 예제

```
 3: int main() {
 4:    char str[] = "Hello World, Welcome ~" ;
 5:    char delim[] = " ,\n";          ⇨ 구분 문자는 공백, 쉼표, 개행 문자로 설정
 6:    char *token;
 7:    token = strtok(str, delim);   ⇨ 첫 토큰: 문자열 str을 인자로 전달
 8:
 9:    while (token != NULL) {        ⇨ 문자열의 끝이 아닌 동안 반복
10:       printf("token: %s\n", token);
11:       token = strtok(NULL, delim);  ⇨ 다음 토큰: NULL을 인자로 전달
12:    }
13:
14:    return 0;
15: }
```

[실행결과]

```
token: Hello      ⇨ 첫 번째 토큰 (공백으로 분리)
token: World      ⇨ 두 번째 토큰 (공백과 쉼표로 분리)
token: Welcome    ⇨ 세 번째 토큰 (공백으로 분리)
token: ~          ⇨ 네 번째 토큰 (마지막)
```

10진수로 표현된 문자열을 수로 변환하기: atoi(), atol(), atof() 함수

atoi(), atol(), atof() 함수는 10진수로 표현된 문자열을 정수 또는 부동 소수 자료형으로 변환해 준다. 예를 들어, atoi() 함수는 문자열 "123"을 정수(int)로 해석하여 계산된 값 123을 반환한다. 이 함수들은 strcpy 와 같은 함수들과는 달리, <stdlib.h>에 함수 원형이 선언되어 있다.

---

atoi(), atol(), atof() 함수 원형

```
int     atoi( const char *str );
long    atol( const char *str );
double  atof( const char *str );
```
 - str: 수로 해석될 문자열을 가리키는 포인터

기능 및 반환 값
- atoi: 문자열 str을 int형으로 해석한 결과 반환
- atol: 문자열 str을 long형으로 해석한 결과 반환
- atof: 문자열 str을 double형으로 해석한 결과 반환

```
/* 문자열을 수로 변환하기 */
printf("%d\n", atoi("123") );
printf("%d\n", atoi("-123") );
printf("%f\n", atof("-123") );
printf("%f\n", atof("123.45") );
```

[실행결과]
```
123
-123
-123.000000
123.450000
```

주요 문자열 처리 함수 정리

다음은 위에 소개한 문자열 처리 함수에 자주 사용되는 몇 개의 함수를 추가하여 간단히 정리한 표이다. 문자열 처리 함수는 이외에도 다양하다. 또한 C 언어에서 제공되는 함수들은 표준에 따라서 함수의 원형 및 기능이 약간씩 변경되기도 하고 새로운 함수가 추가되기도 한다. 예를 들어, 2011년에 개정된 C11 표준에서는 보안성이 강화된 strlen_s(), strcpy_s(), strcat_s(), strtok_s() 함수 들이 추가 되었다. 이에 대한 자세한 사항은 개발 도구의 도움말이나 C 언어 표준을 정리해 놓은 웹 사이트를 참고하기 바란다.

함 수	설 명
size_t **strlen**(s)	문자열 s의 길이 반환
char ***strcpy**(s1, s2)	s1에 문자열 s2 복사
char ***strncpy**(s1, s2, n)	s1에 문자열 s2의 처음 n개 문자 복사
char ***strcat**(s1, s2)	문자열 s1의 끝에 문자열 s2 붙이기
char ***strncat**(s1, s2, n)	문자열 s1의 끝에 문자열 s2의 처음 n개 문자 붙이기
int **strcmp**(s1, s2)	문자열 s1과 s2를 사전 순으로 비교
int **strncmp**(s1, s2, n)	문자열 s1과 s2의 처음 n개 문자를 사전 순으로 비교
char ***strchr**(s, c)	문자열 s에서 문자 c가 처음 나타난 주소(위치) 반환
char ***strstr**(s1, s2)	문자열 s1에서 문자열 s2가 처음 나타난 주소(위치) 반환
char ***strtok**(s, delim)	문자열 s를 구분 문자(delim)를 이용하여 토큰으로 분리 delim의 자료형은 문자형 포인터(char *)
int **atoi**(s)	문자열 s를 정수(int)로 변환
long **atol**(s)	문자열 s를 long int로 변환
double **atof**(s)	문자열 s를 double 부동소수점 수로 변환

| 문자 처리 함수

　문자 처리 함수는 <ctype.h>에 원형이 선언되어 있고, 문자열 처리 함수와 달리 사용
법이 간단하다. 문자를 처리하는 함수는 크게 문자의 종류를 검사하거나 문자를 변환하는
함수로 구분할 수 있다. 문자 종류 검사 함수는 숫자, 영문 알파벳, 소문자, 대문자인지
등을 검사하고, 함수 이름은 is로 시작한다. 이들 함수는 검사결과가 참이면 0이 아닌 값
을 반환하고, 거짓이면 0을 반환한다. 인자의 자료형이 문자형(char)이 아닌 정수형
(int)인 점을 의아하게 생각이 들 수 있는데, 자료형 단원(2장)에서 학습했듯이 문자형
은 1 바이트 정수형이고 문자는 내부적으로 아스키 코드 값(정수)으로 처리된다는 점에 유
념하자.

함 수	설 명
int **isalpha**(int c)	c가 영문자인가? (a-z, A-Z)
int **isupper**(int c)	c가 대문자인가? (A-Z)
int **islower**(int c)	c가 소문자인가? (a-z)
int **isdigit**(int c)	c가 숫자인가? (0-9)
int **isalnum**(int c)	c가 영문자이거나 숫자인가? (a-z, A-Z, 0-9)
int **isxdigit**(int c)	c가 16진수의 숫자인가? (0-9, a-f, A-F)
int **isspace**(int c)	c가 공백문자인가? (개행 문자 '\n' 탭 문자 '\t'도 포함)
int **ispunct**(int c)	c가 구두점 문자인가?
int **isprint**(int c)	c가 출력 가능한 문자인가?
int **iscntrl**(int c)	c가 제어문자인가?
int **isascii**(int c)	c가 아스키 코드인가?

문자에 대한 변환은 대문자를 소문자로 바꾸거나, 문자를 아스키 코드로 바꾸는 작업을 수행한다. 문자를 변환하는 함수 이름은 to로 시작하고 다음과 같다.

함 수	설 명
int **toupper**(int c)	c를 대문자로 변경
int **tolower**(int c)	c를 소문자로 변경
int **toascii**(int c)	c를 아스키 코드로 변경

10.6 문자열 및 문자 입출력

지금까지 입출력을 위해 scanf() 함수와 printf() 함수를 이용하였다. 이 두 함수는 정수, 문자, 문자열 등 다양한 형태의 자료를 다룰 수 있고, 포맷을 지정하는 등 다양한 기능을 가진 범용 입출력 함수이다. 대신 함수의 크기가 크고 속도가 느리다는 단점이 있다. C 언어에서는 문자열과 문자에 특화된 입출력 함수를 제공하는데, 이 함수들은 속도도 빠르고 문자 또는 문자열 입출력에 적합한 기능을 제공한다. 이 함수들은 모두 <stdio.h>에 선언되어 있다.

❖ 문자열 입출력 함수: puts(), gets(), gets_s(), fgets()
   (gets() 함수는 보안에 취약하여 C11 표준에서는 삭제되었고 대신 gets_s(),
   fgets() 함수가 사용됨)
❖ 문자 입출력 함수: putchar(), getchar()

위 함수 이외에도 다양한 표준 입출력 함수가 존재한다. 다만, 기능의 차이를 자세히 알기에는 너무 복잡하여 자주 사용되는 기본 함수들에 대해서만 알아본다.

| 문자열 출력 함수: puts()

puts() 함수는 문자열을 **출력**하는 함수로 사용법은 간단하다. 다만, printf() 함수와 달리 **문자열 다음에 개행 문자 '\n'을 출력**한다는 점에 주의하자. 출력에 실패하면 EOF (End of File) 이라는 상수를 반환하는데, EOF는 파일의 끝(End Of File)을 나타내는 상수로 정수 −1의 값을 가진다(EOF에 대한 상세 내용은 14.3절 참조).

puts() 함수 원형
`int puts( const char *str );` - str: 출력할 문자열을 가리키는 포인터
기능 및 반환 값
■ 문자열 str을 화면에 출력 ■ 출력에 성공하면 음수가 아닌 값 반환, 실패하면 EOF 반환 ※ EOF는 파일의 끝(End Of File)을 나타내는 상수로 정수 −1의 값을 가짐
주의 사항
■ 문자열 출력 후, **마지막에 '/n' 출력**

```
char str[10] = "Hi World";
int ret=1;

ret = puts(str);           ⇨ 출력
printf("return: %d\n", ret);      ⇨ 반환 값 확인
```

[실행결과]

```
Hi World        ⇨ 개행 문자 '\n'이 출력되어 줄이 바뀜
return: 0       ⇨ puts() 함수의 반환 값은 0
```

| 문자열 입력 함수: gets(), gets_s(), fgets()

gets() 함수와 **gets_s()** 함수는 문자열 전용 입력 함수이다. **gets_s()** 함수는 **gets()** 함수의 보안 버전으로, 두 함수는 인자로 전달된 주소 영역에 입력받은 문자열을 저장한다. 차이점은 gets_s()는 문자열을 저장할 배열의 시작 주소 이외에 배열 크기를 인자로 전달해 주어야 한다.

---

gets() 와 gets_s() 함수 원형

```
char *gets( char *str );
char *gets_s( char *str, rsize_t n ); 2)
```
 - str: 입력된 문자열을 저장할 주소
 - n: 저장할 문자의 최대 개수(보통 문자열을 저장할 배열의 크기)

기능 및 반환 값
- [Enter] 키를 입력하기 전까지 사용자가 입력한 문자열을 str이 가리키는 영역에 저장 (단, gets_s는 길이가 최대 n-1인 문자열만 저장 가능)
- 성공하면 str 반환, 실패하면 NULL 반환

주의 사항
- scanf와 달리 공백을 포함한 문자열을 입력 받는 것이 가능
- 문자열을 저장할 충분한 메모리 공간이 확보되어 있어야 함

공백으로 문자열을 구분하여 입력받는 scanf() 함수와 달리 gets()와 gets_s() 함수는 [Enter] 키를 입력하기 전까지 입력된 모든 문자들을 저장한다. 즉, **공백도 문자열로 저장**된다. 마지막에 입력된 '\n'은 버리고, 대신 널 문자 '\0'을 붙여 문자열을 완성한다. 다른 모든 입력 함수와 마찬가지로 문자열을 저장할 충분한 메모리 공간이 확보되어 있어야 한다. 아래 예시를 보면, 공백이 포함된 문자열이 str[]에 저장되고 개행 문자 없이 느낌표 두 개가 출력된 것을 볼 수 있다.

```
char str[10];

gets_s(str, 10);
        ⇨ 또는 gets(str);
printf("str: %s!!", str );
```

[실행결과]

```
Hi World⏎          ⇨ 사용자 입력
str: Hi World!!    ⇨ 출력 결과
```

---

2) 인자 n의 자료형으로 사용된 'rsize_t'는 'size_t'와 유사하게 객체의 크기를 표현하기 위한 자료형이다. 이 책에서는 부호 없는 정수형으로 간주해도 무방하다.

　　문자열의 마지막에 널 문자 '\0'를 저장해야 하므로, 위의 예의 경우 길이가 최대 9인 문자열을 저장할 수 있다는 점에 유의하자. 만약 길이가 9보다 긴 문자열이 입력되면 gets() 함수는 배열의 범위를 벗어난 영역에 값을 쓰게 되고(10.2절 scanf 설명 참조), gets_s() 함수는 프로그램을 비정상적으로 종료시켜버린다.

　　gets() 함수가 puts() 함수와 짝을 이루는 함수이어서 소개하였지만, gets() 함수는 보안상의 문제로 C11 표준에서 제외되었다. 아직까지는 많은 컴파일러에서 gets() 함수를 지원하고 있지만, 추후에는 거의 모든 컴파일러가 새로운 표준을 반영하여 gets()를 지원하지 않을 것이다. (Visual Studio의 경우 2015 버전부터 지원하지 않는다.) 따라서 gets() 함수 대신 gets_s() 함수를 사용하거나, 다음에 설명할 fgets() 함수를 사용하길 권장한다.

　　fgets() 함수는 파일 입출력 함수로 자세한 내용은 파일 입출력 단원(14.3절)에서 다루고, 여기서는 gets() 대신 사용하는 형태에 대해서만 소개한다. 배열 str에 문자열을 입력 받고자 하는 경우, 다음과 같이 사용하면 된다.

> **gets(str);** ⇨ **fgets(str, sizeof(str), stdin);**

　　fgets() 함수의 첫 번째 인자는 문자열을 저장할 주소이고, 두 번째 인자는 문자열을 저장할 배열의 크기(마지막에 자동으로 붙는 널 문자 포함)이다. 마지막 인자는 표준 입력을 의미하는데, 일단은 그대로 따라 쓰자. gets() 함수나 gets_s() 함수와 다르게 **fgets() 함수는 개행 문자도 문자열에 저장**한다. 아래 실행 결과를 보면, 앞서 본 gets(), gets_s()의 실행 결과와 다르게 문자열 뒤에 출력하는 느낌표 두 개가 다음 줄에 출력되는 것을 확인할 수 있다.

```
char str[10];

fgets(str, 10, stdin);
printf("str: %s!!", str );
```

[실행결과]

```
Hi World↵          ⇨ 사용자 입력
str: Hi World      ⇨ 출력 결과
!!                    (개행 문자 포함)
```

그리고 10.2절에서 봤던 scanf() 함수를 포함하여 문자열 입력 함수의 기능에 약간씩 차이가 있는데, 정리하면 아래와 같다.

	scanf	gets	gets_s	fgets
입력 단위	단어 단위	줄 단위		
끝에 개행 문자 추가	×	×		○
표준함수	○	제외됨	○	○

| 문자 입출력 함수: putchar(), getchar()

문자 입출력 함수는 간단하므로, 한꺼번에 설명한다. putchar() 함수와 getchar() 함수는 문자 하나를 출력하고 입력 받는 함수로 사용법은 매우 간단하다. 앞서 배운 문자 처리 함수와 마찬가지로 인자와 반환 값의 자료형은 문자형(char)이 아니라 정수형(int)인데, 이는 입력의 끝을 나타내는 EOF 문자를 체크하거나 반환하기 위해서이다.

---

putchar() 함수 원형

```c
int putchar( int ch );
```
   – ch: 출력할 문자

기능 및 반환 값
- 변수 ch에 저장된 문자를 출력
- 성공하면 출력된 문자 반환, 실패하면 EOF 반환

---

getchar() 함수 원형

```c
int getchar(void);
```

기능 및 반환 값
- 사용자로부터 하나의 문자를 입력 받기
- 성공하면 입력된 문자 반환, 실패하면 EOF 반환

　다음 예제를 살펴보자. 이 프로그램은 키보드에서 하나의 문자를 입력받아 변수 ch에 대입하고 ch가 EOF가 아니면 putchar()를 이용하여 화면에 출력하는 프로그램이다. 참고로 키보드 입력 시 EOF는 'Ctrl+Z'를 동시에 누르면 된다. Ctrl+Z는 화면에 '^Z'로 표시되는데, '^' 키와 'Z' 키를 차례로 입력한 것과는 다르다. (유닉스/리눅스 운영체제에서 EOF 입력은 'Ctrl+D'이다.)

```
int ch;

while ( ( ch = getchar() ) != EOF )      ⇨ 입력된 문자가 EOF 가 아닌 동안
    putchar(ch);
```

[실행결과]

Hi⏎	⇨ 3개의 문자 입력 'H', 'i', '\n'
Hi	⇨ 3개의 문자 출력, 마지막 개행 문자에 의해 커서는 다음 줄로 이동
^Z⏎	⇨ **Ctrl+Z**를 입력하고 [Enter] 키를 누르면 프로그램 종료됨

| 단원요약 |

1 문자열(string)은 연속적으로 나열된 0개 이상의 문자들의 묶음으로, 큰따옴표로 감싸서 표현한다.

2 문자 'A'와 문자열 "A"는 서로 다르다.

3 널 문자 '\0'은 문자열의 끝을 의미하는 특수문자로, 아스키 코드 값은 0이다.

4 문자열은 기본적으로 문자 배열에 저장된다. 배열의 크기는 널 문자로 인해 실제 저장할 문자의 개수보다 하나 더 크게 지정해야 한다.

5 printf() 함수와 scanf() 함수에서 문자열 입출력을 위한 서식지정자는 '%s'이다.

6 scanf를 이용하여 문자열을 입력받는 경우, 공백 문자, 개행 문자, 탭 문자 직전까지 입력된 문자들을 문자열로 인식하여 저장한다.

7 문자 포인터를 활용하여 문자열을 처리할 수 있다.

8 다수의 문자열을 저장하고 처리하기 위해서는 문자열의 배열을 사용하면 효율적이다. 문자열의 배열은 2차원 문자 배열 또는 문자 포인터 배열로 구현 가능하다.

9 C 언어는 문자열 처리를 위한 표준 함수를 지원한다. 문자열 길이 계산(strlen), 문자열 복사(strcpy), 문자열 접합(strcat), 문자열 비교(strcmp) 등이 자주 활용된다.

10 C 언어는 문자열 및 문자 전용 입출력 함수를 지원한다. puts(), gets(), gets_s(), fgets()는 문자열 입출력 함수이고, putchar(), getchar()는 문자 입출력 함수이다.

| 실습문제 |

[문제 1] 사용자로부터 공백을 포함하지 않는 문자열을 입력 받은 후 소문자만 출력하는 프로그램을 작성하시오.

- 입력 받는 문자열 길이는 최대 20 이다.

입력 예시 1

```
HelloWorld
```

출력 예시 1

```
elloorld
```

입력 예시 2

```
AbCdEEff
```

출력 예시 2

```
bdff
```

[문제 2] 임의의 정수를 입력으로 받아, 정수를 한 자리씩 문자로 변환시켜, 마지막 자릿수부터 차례로 문자 배열에 저장한 후 출력하는 프로그램을 작성 하시오.

- 출력 시 반복문을 사용하지 않고 문자열 출력을 사용한다. (%c 사용금지)
- 입력 받는 숫자는 최대 9 자리 수이다.

입력 예시 1

```
9756
```

출력 예시 1

```
6579
```

입력 예시 2

```
12345
```

출력 예시 2

```
54321
```

[문제 3] 사용자로부터 공백을 포함하지 않는 문자열을 하나 입력 받아 예제와 같이 한 칸씩 미루며 출력하는 프로그램을 작성 하시오.

- 입력 받는 문자열 길이는 최대 100 이다.
▶ 출력 시 반복문을 사용하지 않고 문자열 출력을 사용한다. (%c 사용금지)

입력 예시 1

```
abcde
```

출력 예시 1

```
abcde
bcdea
cdeab
deabc
eabcd
```

[문제 4] 사용자로부터 공백을 포함하지 않는 문자열 2개를 받아서, 이들 문자열이 일치하는
지를 검사하는 프로그램을 작성하시오.

- 단, 라이브러리 함수 strlen()과 strcmp()는 사용 않고 자체적으로 구현하여 사용
- 입력 받는 2개의 문자열 길이는 최대 100이다.
- 첫 번째 문자열의 길이를 출력하고, 일치하면 1 불일치하면 0을 출력하시오.

입력 예시 1	출력 예시 1
Hello world	5 0

입력 예시 2	출력 예시 2
programming programming	11 1

[문제 5] 사용자에게 공백을 포함하지 않는 영문 문자열 str1, str2와 삽입 위치를 입력 받은
후, str1의 해당 위치에 str2를 삽입하는 프로그램을 작성하시오.

- 입력 받는 각각의 문자열 길이는 최대 20 이다.
- 삽입 위치는 str1의 길이 보다 항상 작거나 같다.
- 삽입 위치 0은 첫 번째 위치에 삽입하라는 의미이다. (0, 1, 2, …)
- str1, str2 이외의 문자열을 선언하지 않고, str1에 결과를 저장 후 출력한다.
▶ 출력 시 반복문을 사용하지 않고 문자열 출력을 사용한다. (%c 사용금지)

입력 예시 1	출력 예시 1
abcde ↦ str1 123 ↦ str2 2 ↦ 삽입 위치	ab123cde

입력 예시 2	출력 예시 2
ABCD ↦ str1 abc ↦ str2 4 ↦ 삽입 위치	ABCDabc

[문제 6] 앞의 문제 5에서 str2의 반전 여부를 추가로 입력 받은 후 입력 값에 따라 정순 또는 역순으로 문자열을 삽입하는 프로그램을 작성하시오.

- 문제 5의 제한조건을 따른다.
- 0: 정순 삽입, 1: 역순 삽입
  ▶ 출력 시 반복문을 사용하지 않고 문자열 출력을 사용한다. (%c 사용금지)

입력 예시 1

```
abcde      ↦ str1
123        ↦ str2
2          ↦ 삽입 위치
0          ↦ 정순
```

출력 예시 1

```
ab123cde
```

입력 예시 2

```
abcde      ↦ str1
123        ↦ str2
2          ↦ 삽입 위치
1          ↦ 역순
```

출력 예시 2

```
ab321cde
```

[문제 7] 사용자로부터 정수 N을 입력받아 그 값을 표현하는 문자열을 출력하는 프로그램을 작성하시오.

- 단, 10000 보다 작은 정수를 입력하시오
- 표기는 다음과 같다.
  - 숫자 영어 표기: one two three four five six seven eight nine
  - 십진수 자릿수 표기: 천 THO 백 HUN 십 TEN (일자리에는 숫자만 출력)
  - 숫자 영에 해당하는 자릿수와 숫자 0은 출력하지 않는다.

입력 예시 1

```
3496           ↦ N
```

출력 예시 1

```
three THO four HUN nine TEN six
```

입력 예시 2

```
520
```

출력 예시 2

```
five HUN two TEN
```

[문제 8] 두 개의 공백을 포함하지 않는 문자열을 scanf() 함수를 이용하여 입력받고, 두 문자열의 크기(사전적 순서)를 비교 한 후, 크기가 큰 문자열 뒤에 크기가 작은 문자열이 오도록 연결된 문자열을 만들고 출력하는 프로그램을 작성 하시오.

- 입력 문자열의 길이는 각각 최대 50 이다.
- 입력 문자열은 소문자로만 구성된다.
- 문자열 처리 표준 함수 사용 가능
- ▶ 출력 시 반복문을 사용하지 않고 문자열 출력을 <u>한 번만</u> 사용한다. (%c 사용금지)

입력 예시 1

```
sejong
university
```

출력 예시 1

```
universitysejong
```

[문제 9] 사용자로부터 공백을 포함하지 않는 문자열 하나를 입력 받아, 입력 받은 문자열의 회문 여부를 판단하는 프로그램을 작성하시오.

- '회문'이란 앞에서 부터 읽어도 뒤에서부터 읽어도 동일한 영어 단어를 의미한다. eve, level, madam, radar, peep 등이 있다.
- check() 함수를 정의하여 사용하시오.
  - 인자: 문자열의 시작주소를 나타내는 포인터 변수
  - 대소문자를 구별하여 회문 여부를 판단 (즉 같은 문자이지만 대문자, 소문자인 경우 서로 다른 문자로 판단함)
  - 반환 값: 회문일 경우에는 정수 1, 회문이 아닐 경우에는 정수 0 을 반환한다.
- main() 함수의 내용은 다음과 같다.
  - 문자열 하나를 입력 받는다.
  - 입력 받는 문자열의 길이는 최대 30 이다.
  - 입력 받는 문자열의 길이를 출력한다.
  - check() 함수를 호출하여 입력 받은 문자열이 회문 여부를 판단하고 회문일 경우에는 1, 회문이 아닐 경우에는 0 을 출력한다.

입력 예시 1

```
Hello      ↦ 회문 아닌 경우
```

출력 예시 1

```
5 0        ↦ 크기 5, 회문 아니므로 0
```

입력 예시 2

```
aibohpphobia
```

출력 예시 2

```
12 1       ↦ 크기 12, 회문이므로 1
```

[문제 10] 사용자로부터 N 줄의 공백을 포함하는 문자열을 읽어서 이 중 가장 길이가 작은 공백을 포함하는 문자열을 출력하는 프로그램을 작성하시오. 문자열의 길이는 최대 100 이다.

- 문자열 처리 표준 함수를 사용해도 됨.

입력 예시 1

```
4            ↦ N=4 개 문자열 입력
Program
Good
This is string
language
```

출력 예시 1

```
Good
```

[문제 11] 공백을 포함하지 않는 문자열 str1과 str2 두 개를 입력 받아, 첫 번째 문자열의 길이를 출력하고, str2가 str1에 포함되어 있는 문자열이면 1을, 포함되어 있지 않는 경우라면 0을 출력하시오.

- 입력 받는 str1의 문자열 길이는 최대 80 이다.
- 입력 받는 str2의 문자열 길이는 최대 10 이다.
- 문자열 처리 표준 함수 중에서 strlen() 만 사용가능함.

입력 예시 1

```
Hello
world
```

출력 예시 1

```
5 0
```

입력 예시 2

```
Helloworld
low
```

출력 예시 2

```
10 1
```

[문제 12] 공백을 포함하는 문자열 str1과 공백을 포함하지 않는 문자열 str2를 입력 받아, str2가 str1에 몇 번 나타나는지, 그 횟수를 출력하는 프로그램을 작성하시오.

- 입력 받는 문자열의 크기는 최대 100 이다.
- AAA 에는 AA가 1 개 있는 것으로 한다. AAAA 에는 AA가 2개 있다. 즉 이미 횟수 계산에 사용된 문자는 다음 계산에 포함하지 않는다.
- 문자열 처리 표준 함수 중에서 strlen() 만 사용가능함.

입력 예시 1

```
Prrogram prrogram
rr
```

출력 예시 1

```
2
```

입력 예시 2

```
Helloworld
low
```

출력 예시 2

```
1
```

11

구조체

구조체

- 구조체의 개념을 이해하고, 정의, 선언, 사용 방법을 익힌다.
- 구조체와 배열, 포인터, 함수의 관계를 이해한다.
- 중첩 구조체와 자기참조 구조체를 이해한다.
- typedef을 이용한 사용자 자료형 정의 방법을 익힌다.

지금까지 C 언어의 여러 자료형에 대해 학습하였다. int, double, char와 같이 정수, 부동 소수, 문자를 나타내는 기본 자료형부터, 같은 자료형의 변수를 여러 개 묶은 배열, 변수의 주소를 나타내는 포인터까지 배웠다. 배열, 포인터를 파생 자료형이라고 하는데, 이 단원에서는 또 하나의 파생 자료형인 구조체에 대해 학습한다.

구조체(structure)는 서로 관련된 변수를 묶어서 사용하기 위한 자료형으로, 구조화된 데이터를 처리할 때 유용하다. 우선 구조체를 정의하고 선언하는 방법 및 기본적인 사용법 등을 학습하고, 배열, 포인터, 함수 등과 결합하여 어떻게 확장될 수 있는 지 소개한다.

11.1 구조체 개요

학생들의 성적을 처리하는 프로그램을 고려해보자. 이 프로그램에서 5가지의 항목(학번, 학생 이름, 학생 평점, 과목 번호, 과목명)을 사용한다고 가정하면, 각 항목을 개별적으로 취급해도 되지만, 다음과 같이 학생 정보와 과목 정보로 나누어 관련 항목끼리 묶어서 표현하면 관리와 처리가 편리해질 것이다.

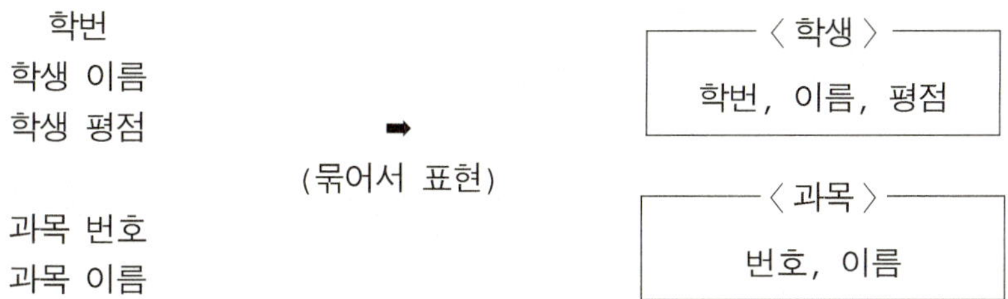

위와 같은 목적을 위해 C 언어에서는 구조체를 지원한다. **'구조체(structure)'란 의미상 연관 관계가 있는 항목을 그룹으로 묶어 표현한 자료형**이다. 즉, 구조체는 int 나 char와 같이 변수의 모양을 의미하는데, int 나 char는 기본적으로 정해져 있는 자료형이고, 구조체는 사용자가 용도에 맞게 만들어 사용할 수 있는 자료형이다. 구조체 자료형으로 선언된 변수는 구조체 변수라고 하는데, 의미상 혼동이 없으면 '변수'라는 용어는 생략하기도 한다. 구조체를 구성하는 변수들을 **멤버(member) 변수**(또는 간단히 **멤버**)라고 부른다. 위 예에서 학생을 구조체로 표현하면, 학번, 학생이름, 평점은 학생 구조체의 멤버가 된다. 위에서 설명한 학생과 과목을 C 언어의 구조체로 표현하면 다음과 같다.

```
/* 학생 정보 변수 */            struct student {    // 학생 구조체
                                   int id;          // 학번
int student_id;        ⇨         char name[8];    // 학생 이름
char student_name[8];            double grade;    // 학생 성적
double student_grade;          } st;
```

(묶어서 표현)

```
/* 과목 정보 변수 */            struct subject {    // 과목 구조체
                                   int id;          // 과목 번호
int subject_id;        ⇨         char name[15];   // 과목 이름
char subject_name[15];         } sub;
```

배열은 동일한 정보의 단순 모임(예: 학번 100개)이라면, 구조체는 어떤 대상을 표현하기 위한 연관 정보의 묶음(예: 2차원 평면에서 점의 위치를 나타내기 위한 x와 y의 좌표)이다. 정보를 모아 놓은 것이란 측면에서 구조체와 배열이 유사하다보니, 구조체를 처음 학습할 때 구조체의 개념과 문법적 성질이 배열과 유사할 것이라는 선입견을 가지는 경우가 있는데, 동일한 것이 거의 없을 정도로 이 둘은 서로 다르다.

11.2 구조체의 정의, 선언, 사용

모든 변수는 사용하기 전에 선언이 필요하였다. 구조체 변수도 예외는 아닌데, 다만 int와 같이 모양이 미리 정해져 있는 기본 자료형과 달리 구조체는 모양이 정해져 있지 않기 때문에, **변수 선언 전에 자료형(변수의 모양)을 정의해 주는 일이 추가로 필요**하다. 앞으로 구조체 '정의'와 '선언'이라는 용어가 자주 등장하니 혼동하지 않도록 하자.

❖ **구조체 정의**: 구조체 자료형(변수의 모양, 틀)을 명시하는 것
❖ **구조체 선언**: 구조체 변수를 사용하겠다고 선언하는 것

| 구조체 (자료형) 정의

일반적인 **구조체 정의 형태**는 다음과 같다.

[구조체 정의]

```
struct 구조체_자료형_이름 {
    멤버_자료형 멤버_변수;
    멤버_자료형 멤버_변수;
    ...
} ;        ⇨ 마지막에 세미콜론
```

```
/* 구조체 정의 예시 */
struct student {      // 학생 구조체
    int id;           // 학번
    char name[8];     // 학생 이름
    double grade;     // 학생 성적
} ;
```

➲ 구조체 자료형 이름: struct는 구조체를 정의하기 위해 사용하는 키워드이다. 이 후에 구조체 자료형의 이름을 명시한다. 명시된 이름은 변수 이름이 아니라 자료형 이름이라는 점을 혼동하지 않도록 하자. 위 예에서 'struct student'는 'int'나 'char'에 해당하는 자료형이다.

➲ 멤버 변수: 자료형 이름 명시 이 후에 중괄호 안에 멤버 변수들을 명시한다. 위 예에서 student 구조체는 3개의 멤버 변수 id, name[8], grade 로 구성된다. 멤버 변수 명시 방법은 변수 선언과 동일하고, 기본 자료형, 배열, 포인터, 심지어 구조체까지 어떤 자료형의 변수도 구조체의 멤버로 사용할 수 있다. 구조체 정의 안에서 명시된 멤버 변수는 구조체의 모양(틀)을 명세해 주는 역할만 할 뿐, 실제로 변수가 선언(메모리 공간 할당)된 것이 아니라는 점에 주의하자.

➲ 세미콜론: 구조체 정의도 하나의 문장으로 취급되어 마지막에 세미콜론을 붙인다.

| 구조체 (변수) 선언과 초기화

구조체 정의는 구조체 안에 어떠한 변수들이 사용되는지를 명시한 것뿐으로, 정의를 한다고 해서 멤버 변수에 데이터를 저장하기 위한 공간이 할당되는 것은 아니다. 메모리 공간을 할당하기 위해서는 변수 선언을 해야 한다. **구조체 변수 선언의 형식**은 일반적인 변수 선언과 동일하다. 다만, 앞서 언급했듯이 'struct 구조체_자료형_이름'이 통째로 자료형을 나타낸다. 아래는 'struct student 자료형'(앞으로 간단히 'student 구조체형'이라 칭함)으로 두 개의 변수 st1과 st2를 선언한 문장이다.

[구조체 선언]

struct 자료형_이름 변수명;　　예) **struct student**　**st1, st2**;
　　　　　　　　　　　　　　　　　　　자료형　　　　　　변수

구조체 변수의 메모리 공간을 자세히 살펴보자. 각 멤버 변수는 해당 자료형의 크기만큼의 공간을 할당받고, 구조체 변수 자체는 메모리 공간을 따로 가지지 않고 멤버들의 메모리로 구성된다. 다음은 위 선언에 의해 할당된 변수의 메모리 그림이다. st1과 st2의 메모리 그림은 동일한데, st1의 경우 더 자세히 표시하였다.

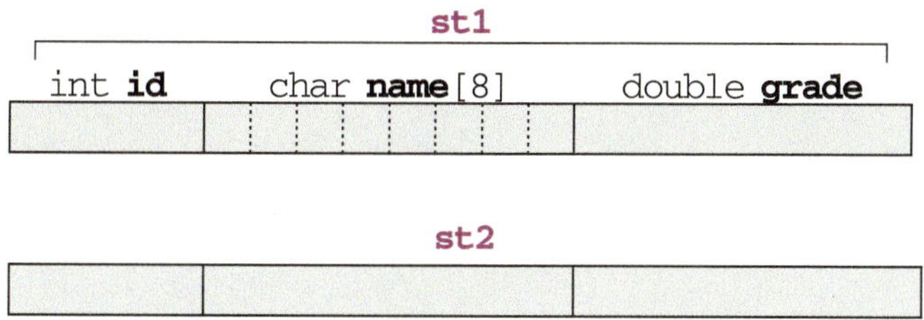

구조체 변수의 초기화도 다른 초기화와 유사하게, 중괄호 안에 멤버 변수 순서대로 초기화 값을 나열해주면 된다. 각 멤버의 초기화는 해당 멤버의 초기화 형식을 사용하면 된다. 이를 테면, 아래 예에서 두 번째 멤버인 문자 배열을 초기화하기 문자열 형태를 사용하였다.

```
/* 구조체 변수 초기화 예제 */
struct student st1 = { 10, "Tom", 3.2 } ;
```
　변수 선언　　　　　　　　초기 값 지정

st1		
10	"Tom"	3.2

구조체 멤버 변수 사용

구조체 변수는 구조체의 멤버 변수 전체를 나타내고, 구조체의 각 멤버에 접근하기 위해서는 구조체 멤버 연산자(.)를 사용한다. 각 멤버 변수는 해당 변수의 자료형에 의해 사용 방법이 결정된다. 즉, int형 멤버 변수 id는 일반적인 int형 변수 사용과 동일한 방법으로 사용한다.

[구조체 멤버 접근]

구조체변수 **.** 멤버변수　　　　　　　예) st1.id

```
struct student st1, st2;    ⇨ 구조체 변수 선언

st1.id = 10;                ⇨ int형 변수에 대입
st1.id = st1.id * 2;        ⇨ int형 변수에 대한 수식
printf("id: %d", st1.id );  ⇨ int형 변수 출력이므로 '%d' 서식 사용
```

프로그램 11-1　　**구조체 기본 예제**

```c
 1: #include <stdio.h>
 2:
 3: struct student {          // 구조체 student 정의
 4:    int id;                // 구조체는 일반적으로 함수 밖에서 정의함
 5:    char name[8];
 6:    double grade;
 7: };
 8:
 9: int main() {
10:    struct student st1 = {10, "Tom", 3.2 };  // 변수 선언 및 초기화
11:
12:    st1.id += 20;                 // 구조체 멤버 참조
13:    strcpy(st1.name, "alice");    // 주의: st1.name = "alice" (X)
14:    st1.name[0] = 'A';            // 문자 배열 원소에 문자 대입
15:
16:    printf("id: %d\n", st1.id);        // 정수 출력
17:    printf("name: %s\n", st1.name);    // 문자열 출력
18:    printf("grade: %.2f\n", st1.grade);  // 부동소수 출력
19:    return 0;
20: }
```

[실행결과]

```
id: 30          ⇨ 10 + 20 의 결과
name: Alice     ⇨ "Tom" ➜ "alice" ➜ "Alice"
grade: 3.20     ⇨ 초기 값 그대로
```

- **struct student {…};** (라인 3~7): 구조체 student를 정의하는 부분이다. 구조체는 일반적으로 함수 밖에서 정의한다.
- **struct student st1 = … ;** (라인 10): 구조체 변수를 선언하고 초기화 하는 문장이다. 중괄호를 사용하여 멤버 변수의 초기 값을 묶어 준다.
- **st1.id += 20;** (라인 12): 구조체 멤버를 참조하기 위해서는 멤버 연산자(.)를 사용한다. 멤버가 int 형이므로, 일반적인 int형 변수와 동일하게 사용하면 된다.
- **strcpy(st1.name, "alice");** (라인 13): 문자열을 구조체의 문자 배열 멤버에 복사하는 문장이다. 문자열 단원(10.5절)에서 배웠듯이, 문자열을 배열 이름에 대입하면 안 된다.
- **st1.name[0] = 'A';** (라인 14): 멤버 배열의 원소에 값을 대입하는 문장이다.
- **printf(…);** (라인 16~18): 변수 값 출력하는 문장으로, 멤버 변수의 자료형에 따라 적절한 서식 인자를 사용하면 된다.

다음은 기본 자료형, 배열, 구조체의 선언, 초기화, 참조 형식을 비교한 표이다.

	기본 자료형	배열	구조체
선언	int a;	int a[3];	struct student st;
선언 및 초기화	int a = 10;	int a[3] = {1,2,3};	struct student st = {10, "Tom", 3.2 };
참조(사용)	a = 10;	a[0] = 10;	st.id = 10;

[예제 11.1] (기본형 ➜ 구조체로 확장) 주 메뉴 1개, 부 메뉴 3개, 음료 1개의 값을 입력 받고, 각 항목의 값과 총합을 출력하는 프로그램을 작성하시오.

① 버전 1(기본형 – 구조체 사용하지 않음)

　- 변수 maindish, sidedish[3], beverage 선언, 입력 출력

② 버전 2(구조체로 확장)

　- 주 메뉴, 부 메뉴, 음료가 하나의 런치 박스 안에 있는 것으로 간주해 구조체를 정의하여 사용

　- maindish, sidedish[3], beverage를 묶은 구조체 변수 box 선언

[실행결과]

```
Main dish: 30⏎          ⇨ 30 입력
Side dish 1: 3⏎          ⇨ 3 입력
Side dish 2: 5⏎          ⇨ 5 입력
Side dish 3: 0⏎          ⇨ 0 입력
Beverage: 10⏎           ⇨ 10 입력
Total: 30 + 3 + 5 + 0 + 10 = 48  ⇨ 총합 결과 출력
```

프로그램 11-2 구조체를 이용한 런치박스 프로그램

```c
 3: struct lunchbox {            // 구조체 lunchbox 정의
 4:    int maindish, sidedish[3], beverage;      // 멤버
 5: };
 6:
 7: int main() {
 8:    struct lunchbox box;                  // 구조체 변수 선언
 9:    int i, total = 0;
10:
11:    printf("Main dish: ");                // 값 입력 받기
12:    scanf("%d", &box.maindish );
13:    for( i = 0; i < 3 ; ++i ) {
14:       printf("Side dish %d: ", i+1);
15:       scanf("%d", &box.sidedish[i] );    // 연산 순서: 보충 설명 참고
16:    }
17:    printf("Beverage: ");
18:    scanf("%d", &box.beverage );
19:
20:    total = box.maindish;                 // 총합 계산
21:    for( i = 0; i < 3 ; ++i )
22:       total += box.sidedish[i];
23:    total += box.beverage;
24:
25:    printf("Total: %d", box.maindish );   // 계산 결과 출력
26:    for( i = 0; i < 3 ; ++i )
27:       printf(" + %d", box.sidedish[i] );
28:    printf(" + %d = %d\n", box.beverage, total );
29:
30:    return 0;
31: }
```

➲ (참고) 음영으로 처리된 scanf() 함수의 인자에 여러 가지 연산자가 사용되는데, 연산자가 어떤 순서로 적용되는 지 알아보자. 우선 주소 연산자와 멤버 연산자의 경우, 멤버 연산자(.)가 주소 연산자(&)보다 우선순위가 높다. 또 구조체의 멤버 연산자와 배열의 첨자 연산자는 우선순위가 동일한데, 결합 수칙이 왼쪽 우선이므로 멤버 연산자가 먼저 적용이 된다. 따라서 구조체 멤버 연산자(.) → 배열 첨자 연산자([ ]) → 주소 연산자(&) 순으로 적용이 되고, 이를 괄호를 이용하여 표현하면 아래와 같다. 즉, 이 수식은 구조체 box의 멤버 변수 sidedish의 i번 원소의 주소를 의미한다.

      & box . sidedish [i] ⇨ **& ((box . sidedish) [i])**

| 구조체 정의와 선언의 다양한 형태

구조체를 정의하고 선언하는 방식은 매우 다양하다.

1) 가장 일반적인 형태는 앞에서 학습한 것처럼 **자료형 정의와 변수 선언을 따로** 하는 것이다. 여러 함수에서 구조체를 사용하기 위해 자료형은 보통 함수 밖에서 정의한다.

```
struct student {        ⇨ 구조체 자료형 정의 (함수 밖에서)
    int id;   char name[8];   double grade;
};


void func() {
    struct student st1;          ⇨ 지역 변수 st1 선언


}
```

2) 자료형 정의와 변수 선언을 동시에 하나의 문장에서 작성할 수도 있다(아래 코드의 첫 3개 라인). 변수 st는 함수 밖에서 선언하였으므로, 전역 변수가 된다.

```
struct student{        ⇨ 구조체 자료형 정의
    int id;   char name[8];   double grade;
} st ;           ⇨ 전역 변수 st 선언

void func() {
    struct student st1;          ⇨ 지역 변수 st1 선언
    ...

}
```

물론, 정의, 선언과 동시에 초기화를 할 수도 있다.

```
struct student{          ⇨ 구조체 자료형 정의
    int id;   char name[8];   double grade;
} st = { 10, "Tom", 3.2 } ;     ⇨ 전역 변수 st 선언 및 초기화
```

3) 구조체 자료형의 이름은 생략가능하다. 다만, 자료형의 이름이 없으므로 다른 곳에서 이 구조체는 사용할 수 없다.

```
struct student{          ⇨ 구조체 자료형 정의 (이름 없음)
    int id;   char name[8];   double grade;
} st ;                    ⇨ 구조체 변수 st 선언 - 가능

void func() {
    struct student st1;   ⇨ (X) 컴파일 오류 (student 정의 되어 있지 않음)
    struct   st2;         ⇨ (X) 컴파일 오류 (어떤 구조체인지 알 수 없음)
    ...
}
```

4) 구조체는 함수 밖 또는 함수 안 어디서나 정의할 수 있다. 다만, 함수 안에서 정의하면, 정의한 함수 안에서만 사용 가능하다. 함수 안에서 선언된 변수가 그 함수 안에서만 사용할 수 있는 것과 마찬가지이다.

```
void func1() {
    struct student {       ⇨ 구조체 자료형 정의 (함수 안)
        int id;   char name[8];   double grade;
    };
    struct student st1;    ⇨ 구조체 변수 선언
    ...
}
void func2() {
    struct student st2;    ⇨ (X) 컴파일 오류
    ...                        (student는 func1에서만 사용 가능)
}
```

| 구조체에 사용 가능한 연산자

　구조체는 사용자가 만든 자료형이기 때문에, 기본 자료형인 int, char, double 등에 비해 사용 가능한 연산자가 제한적이다. 예를 들어, 산술 연산, 비교 연산 등은 지원되지 않는데, 두 구조체의 덧셈, 두 구조체의 비교가 의미적으로 불명확하기 때문이다. 구조체 변수에 사용 가능한 연산자는, 대입 연산자(=), 주소 연산자(&), 간접참조 연산자(*), sizeof 연산자 정도이다. 이 중 구조체의 대입 연산자에 대해 알아보자. (다른 연산자는 필요할 때 소개한다.)

　구조체 변수의 대입 연산은 모든 멤버 변수에 대한 대입 연산을 의미한다. 아래 코드에서 st2에 st1을 대입하면, st2의 멤버가 st1의 멤버와 동일한 값을 가지게 된다.

```
struct student st1 = { 10, "Tom", 3.2 };
struct student st2;

st2 = st1;          ⇨ 구조체 대입

printf("id: %d\n", st2.id);
printf("name: %s\n", st2.name);
printf("grade: %.2f\n", st2.grade);
```

[실행결과]

```
id: 10
name: Tom
grade: 3.20
```

　구조체 대입은 멤버 변수끼리의 단순 대입이라는 점에 유의하자. 이를 테면, 문자 배열에 문자열이 저장되어 있는 경우, 문자열 복사를 위해 strcpy가 호출되는 것이 아니고, 단순히 배열 원소끼리 대입이 수행된다.

```
/* 구조체 변수 대입 */            /* 멤버 변수끼리의 단순 대입 */
                               st2.id = st1.id;
                               st2.name[0] = st1.name[0];
st2 = st1;          =          ...
                               st2.name[7] = st1.name[7];
                               st2.grade = st1. grade;
```

참고▶ 구조체와 배열에서 변수 이름이 가지는 의미는 서로 다르다. 배열 변수의 이름은 '배열의 0번 원소의 주소'를 의미하는 반면, 구조체 변수의 이름은 해당 변수에 할당된 전체 공간 또는 값을 의미한다. 즉, 구조체 변수의 이름은 기본 자료형의 변수 이름의 의미와 동일하다. (배열 이름의 의미가 특별한 것뿐이다.)

[예제 11.2] 예제 11.1의 런치 박스 구조체를 사용하여 다음 프로그램을 작성하시오.

① 두 개의 런치 박스 A와 B 선언

② 런치 박스 A의 각 항목의 가격을 사용자로부터 입력 받기

③ 런치 박스 A의 정보를 B에 복사

④ B의 주 메뉴 가격을 사용자로부터 입력 받아 바꾸기

⑤ A와 B의 가격 정보를 화면에 출력

```c
/* 예제 11.2: 생략 부분은 예제 11.1의 코드 참조 */
struct lunchbox { ... } ;          // 구조체 lunchbox 정의

int main() {
    struct lunchbox A, B;          // ① 구조체 변수 선언

    ...                            // ② A 정보 입력 받기  (생략)

    B = A;                         // ③ A의 정보 B에 복사

    scanf("%d", &B.maindish );     // ④ B의 주 메뉴 가격 입력

    ...                            // ⑤ 가격 정보 출력  (생략)
}
```

| 구조체에 할당되는 메모리 크기

구조체에 할당되는 메모리 크기는 얼마일까? 구조체는 멤버 변수로 구성되므로 구조체의 크기는 멤버 변수에 할당되는 메모리 크기의 합이 될 것이라고 예상할 수 있지만, 반드시 그렇지는 않다. 앞서 정의한 struct student의 크기를 sizeof 연산자를 이용하여 확인해보자. (시스템에 따라 출력 결과는 다를 수 있다.)

```c
/* 각 자료형의 메모리 크기 출력 */
printf("%d\n", sizeof( int ) );
printf("%d\n", sizeof( char[8]) );
printf("%d\n", sizeof( double ) );
printf("%d\n", sizeof( struct student ) );
```

[실행결과]

```
4
8
8
24
```

⇨ 20이 아님!!

int, char [8], double 의 크기는 우리가 예상하는 대로, 4, 8, 8 바이트이다. 그러나 이 자료형의 멤버들로 구성된 struct 구조체의 크기는 20 바이트가 아니고 24 바이트이다. 구조체의 멤버를 다음과 같이 변경하여 크기를 다시 확인해보다.

```
struct student1{
    int id;                        double grade;
};          // 4 + 8 = 12 바이트 ?                    ⇨ 16 바이트


struct student2{
    int id;   char name[3];   double grade;
};          // 4 + 3 + 8 = 15 바이트 ?                 ⇨ 16 바이트


struct student3{
              char name[3];   double grade;
};          // 3 + 8 = 11 바이트 ?                     ⇨ 16 바이트
```

위 3개의 구조체의 크기를 sizeof 연산자를 이용하여 출력해보면 모두 16 바이트를 차지하는 것을 확인할 수 있다. 그 이유는 메모리 관리의 효율성 때문인데, 구조체의 변수를 특정수의 배수의 크기로 할당하고 자투리 공간은 사용하지 않는다. 메모리 관리 방식은 시스템마다 다를 수 있어, 위 내용이 모든 시스템에 동일하게 적용되지는 않는다. 따라서 구조체의 크기가 필요한 경우, 멤버 변수 크기의 합으로 계산하지 말고 sizeof 연산자를 이용하도록 하자. (물론, int, double 등 기본 자료형의 크기도 시스템마다 다를 수 있으므로, 자료형의 크기가 필요한 경우에는 자료형의 종류와 관계없이 sizeof 연산자를 사용하는 것이 좋다.)

11.3 구조체 배열

1절과 2절에서 구조체의 개념과 기본적인 내용에 대해 학습하였다. 3절부터는 구조체가 배열, 포인터, 함수 등과 어떻게 결합되어 확장되는 지에 대해서 살펴본다. 새롭게 등장하는 문법도 있지만, 대부분은 기존에 배운 내용들을 그대로 적용한 것으로 이해에는 크게 어려움은 없을 것이다. 다만, 반복 학습을 통해 응용 내용에 익숙해지자. 이 절에서는 구조체와 배열의 조합에 대해 알아본다.

배열이 구조체의 멤버로 사용

이미 앞 절의 예시에서 본 형태로, 멤버인 배열을 사용하기 위해 구조체 변수 이름까지 명시해야 한다는 것을 제외하면 특별한 점은 없다.

```
struct student {
    int id; char name[8]; double grade;            char name[8];
} st ;

strcpy(st.name, "alice");        ← 배열 이름 →      strcpy(name, "alice");
st.name[0] = 'A';                ← 배열 원소 →      name[0] = 'A';
```

구조체가 배열의 원소로 사용(구조체 배열)

정수 변수를 묶어 배열을 만들듯이, 구조체 변수를 묶어 배열을 만들 수 있다. (단, 동일한 구조체 자료형의 변수끼리만 배열로 묶을 수 있다.) 이 경우도 배열과 구조체의 문법을 단순 적용하면 되지만, 처음 보는 형태이니 조금 더 자세히 알아보자.

구조체가 원소로 사용된 배열을 '구조체 배열'이라고 하는데, 선언, 참조, 초기화 등 구조체 배열에 대한 문법은 일반 배열과 동일하다. 구조체 배열을 선언하기 위해서는 구조체 자료형과 첨자 연산자 [ ] 안에 원소 개수를 명시하고, 구조체 배열 원소에 접근하기 위해서는 첨자 연산자를 사용한다. 원소 하나가 구조체 변수 하나에 해당하므로, 해당 원소의 멤버에 접근하려면 멤버 연산자 . 을 사용하면 된다.

```
/* 구조체 배열 사용 예제 */
struct student ast[3];    ⇨ 크기가 3인 student 구조체 배열 선언

ast[0].id = 10;            ⇨ 0번 원소의 값 변경
strcpy(ast[0].name , "Tom");
ast[0].grade = 3.2;

ast[1] = ast[0];           ⇨ 1번 원소의 값 변경 (구조체 대입)
ast[1].name[0] = 'M';

printf("ast[0]: %d, %s, %.2f\n", ast[0].id, ast[0].name, ast[0].grade);
printf("ast[1]: %d, %s, %.2f\n", ast[1].id, ast[1].name, ast[1].grade);
```

[실행결과]

```
ast[0]: 10, Tom, 3.20      ⇨ 0번 원소의 멤버들
ast[1]: 10, Mom, 3.20      ⇨ 1번 원소의 멤버들
```

	ast[0]			ast[1]			ast[2]		
	id	name	grade	id	name	grade	id	name	grade
ast	10	"Tom"	3.20	10	"Mom"	3.20			

구조체 배열을 선언과 동시에 초기화를 할 때에도 동일하게 중괄호 안에 초기화할 구조체의 값을 나열한다. 다만, 구조체 변수 하나의 멤버 값을 나열하기 위해서도 중괄호를 사용하므로, 중괄호가 이중으로 사용된다. 아래에서 바깥쪽의 중괄호는 배열 초기화에 사용된 중괄호이고, 두 개의 안쪽 중괄호 쌍은 구조체 초기화에 사용된 중괄호이다. 초기화에서 생략된 부분은 모두 0으로 초기화된다.

```
int i;
struct student ast[3] = { { 10, "Tom", 3.2 }, { 20, "Alice" } };
                              ⇨ 생략된 부분은 모두 0으로 초기화

for( i = 0 ; i < 3 ; ++i )
    printf("ast[%d]: %d, %s, %.2f\n",          ⇨ i번 원소의 멤버 값 출력
        i, ast[i].id, ast[i].name, ast[i].grade);
```

[실행결과]

```
ast[0]: 10, Tom, 3.20       ⇨ 모든 멤버가 명시된 값으로 초기화
ast[1]: 20, Alice, 0.00     ⇨ 초기 값 명시 안 된 grade는 0으로 초기화
ast[2]: 0, , 0.00           ⇨ 초기 값 명시 안 된 모든 멤버가 0으로 초기화
```

[예제 11.3] 복소수를 구조체로 표현하고, 크기가 3인 복소수 구조체 배열을 선언한 후, 0번 복소수와 1번 복소수의 덧셈 결과를 2번 복소수에 대입하는 프로그램을 작성하시오.

프로그램 11-3 복소수 구조체 배열

```
 3: struct complex {     // 구조체 자료형 정의
 4:    double real, imag;           // 복소수의 실수부와 허수부
 5: };
 6:
 7: int main() {
 8:    int i;
 9:    struct complex x[3] = { {1.2, 2.0} , {-2.2, -0.3} };   // 초기화
10:
11:    x[2].real = x[0].real + x[1].real; // 복소수 덧셈 (멤버끼리 연산 필요)
12:    x[2].imag = x[0].imag + x[1].imag; // x[2]=x[0]+x[1] ⇨ 컴파일 오류
13:                                       // 구조체 더하기 연산 정의 안 됨
14:    for( i=0; i < 3 ; ++i )
15:       printf("x[%d]: %.1f + %.1fi\n", i, x[i].real, x[i].imag);
16:
17:    return 0;
18: }
```

[실행결과]

```
x[0]: 1.2 + 2.0i      ⇨ 0번 복소수
x[1]: -2.2 + -0.3i    ⇨ 1번 복소수
x[2]: -1.0 + 1.7i     ⇨ 두 복소수의 덧셈 결과
```

[예제 11.4] 예제 11.1에서 정의한 구조체의 배열을 이용하여 2개의 런치 박스의 정보를 사용자로부터 입력 받고 출력하는 프로그램을 작성하시오.

프로그램 11-4 **구조체 배열을 이용한 런치박스 프로그램**

```
 3: struct lunchbox { … };              // 구조체 정의 (프로그램 11-2 참고)
 4:
 5: int main() {
 6:    struct lunchbox abox[2];          // 구조체 배열 선언
 7:    int i, k;
 8:
 9:    for( k = 0; k < 2 ; ++k ) {        // k번 런치 박스 정보 입력
10:       printf("---- Lunch Box %d ---\n", k+1 );
11:       printf("Main dish: ");          // 값 입력 받기
12:       scanf("%d", &abox[k].maindish );
13:       for( i = 0; i < 3 ; ++i ) {
14:          printf("Side dish %d: ", i+1);
15:          scanf("%d", &abox[k].sidedish[i] );
16:       }
17:       printf("Beverage: ");
18:       scanf("%d", &abox[k].beverage );
19:    }
20:
 …    …                // k번 런치 박스 정보 출력 (생략: 정보 입력 코드 참조)
    }
```

배열 첨자 연산자와 구조체 멤버 연산자가 여러 개 사용되었는데, 이러한 형태에 익숙해지도록 하자. 다음 수식은 아래 메모리 그림에서 색으로 칠해진 셀의 시작 주소를 의미한다. (주소 연산자가 가장 마지막에 적용된다.)

& abox [0] . sidedish [1]

11.4 구조체 포인터

이 절에서는 구조체와 포인터의 조합에 대해 학습한다. 처음 등장하는 -> 연산자를 제외하면, 기존의 포인터와 구조체에 대한 사용법을 그대로 적용하면 된다. 다만, 여러 연산자가 동시에 사용되는 만큼 연산자 우선순위에 약간 신경을 써야 한다. 다시 강조하지만, 처음 보는 형태라고 무작정 외워서도 안 되고 머리로만 이해하려 해서도 안 된다. 각 자료형의 기본 사용법이 어떻게 결합되어 응용되는 지를 파악하고, 익숙해질 때까지 연습하자.

구조체와 포인터가 결합되는 가장 간단한 형태는 아래 1)번과 2)번 형태이다. 포인터는 많은 C 언어 학습자가 어려워하는 주제이니, 두 가지 모두 자세히 살펴보도록 하겠다. 또한, 구조체, 포인터, 배열 3 가지가 결합되면 매우 다양한 형태가 나올 수 있는데, 단순 확장 형태는 생략하고, 3)번의 형태만 간단히 살펴본다.

1) 포인터가 구조체의 멤버로 사용
2) 구조체를 가리키는 포인터 (구조체 포인터)
3) 구조체 포인터가 배열의 원소로 사용 (구조체 포인터 배열)

| 포인터가 구조체 멤버로 사용

다음은 기존 student 구조체에서 문자 배열 대신 문자 포인터를 사용한 프로그램이다.

```
struct student4 {          ⇨ 구조체 정의
    int id;   char *pname;   double grade;
};

int main() {
    struct student4  st;   ⇨ 구조체 변수 st 선언

    st.pname = "Mary";     ⇨ 문자 포인터에 문자열 상수 연결

    printf("%s\n", st.pname );        ⇨ 문자열 출력
    printf("%c\n", st.pname[0] );     ⇨ 문자 출력 (배열 형태)
    printf("%c\n", *st.pname );       ⇨ 문자 출력 (포인터 간접 참조 형태)

    return 0;
}
```

음영 처리 된 부분의 의미 및 연산자 우선순위에 대해 간략히 설명하면,

- **st.pname[0]** ⇨ (st.pname)[0] : 연산자 . 과 [ ]는 우선순위가 동일하다. 따라서 '구조체 st 내의 배열 pname의 0번 원소'를 의미한다.
- ***st.pname** ⇨ *(st.pname) : 연산자 . 의 우선순위가 * 보다 높다. 따라서 '구조체 st 내의 포인터 pname이 가리키는 변수'를 의미한다. (st.(*pname)으로 잘못 사용하지 않도록 하자. pname 만으로는 어느 구조체 변수의 멤버인지 알 수가 없다.)

| 구조체를 가리키는 포인터 (구조체 포인터)

구조체를 가리키는 포인터를 '**구조체 포인터**'라고 한다. 즉, 구조체 포인터에는 구조체 변수의 시작 주소가 저장된다. 구조체 포인터의 사용법은 일반적인 포인터의 사용법과 동일하다. 다만, 구조체 포인터에서만 사용하는 전용 연산자가 새로이 등장한다.

일반 포인터와 마찬가지로, 구조체 포인터 변수를 선언하기 위해서는 참조 연산자(*)를 변수 앞에 붙이면 되고, 참조 연산자를 이용하여 포인터가 가리키는 구조체 변수에 접근할 수 있다. 구조체 변수의 시작 주소를 알기 위해서 주소 연산자(&)를 붙이면 된다.

```
/* 구조체 포인터 사용 예제 */
struct student st1 = { 10, "Tom", 3.2 }, st2;
struct student *pst;        ⇨ 구조체 포인터 변수 선언

pst = &st1;          ⇨ 구조체 포인터 연결
st2 = *pst;          ⇨ pst를 이용하여 st1 간접 참조, 즉 st2 = st1 과 동일

printf("st1: %d, %s, %.2f\n", st1.id, st1.name, st1.grade);
printf("st2: %d, %s, %.2f\n", st2.id, st2.name, st2.grade);
```

[실행결과]

```
st1: 10, Tom, 3.20    ⇨ 초기화에 의한 값
st2: 10, Tom, 3.20    ⇨ 대입 연산에 의한 값
```

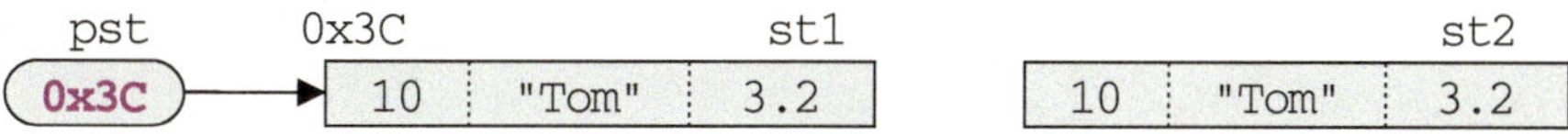

간접 참조를 이용하여 구조체 변수의 멤버에 접근하려면 어떻게 해야 할까? 우선 포인터가 가리키는 구조체에 접근하기 위해 참조 연산자(*)를 사용하고, 구조체의 멤버에 접근하기 위해 멤버 연산자(.)를 사용하면 된다. 이 때, 멤버 연산자의 우선순위가 참조 연산자보다 높기 때문에, 참조 연산자를 먼저 적용시켜주기 위해 괄호가 필요하다. 앞서 살펴본 '포인터가 구조체 멤버로 사용되는 경우'와 비교해보라.

```
struct student st1, *pst = &st1;

(*pst).id = 20;   ⇨ pst가 가리키는 구조체의 멤버 id에 20 대입 (괄호 필수)

printf("id: %d\n", (*pst).id + 15 );
```

[실행결과]

```
id: 35
```

그런데, 포인터 구조체를 통한 간접 참조는 매우 빈번히 발생하여, 매번 위와 같이 괄호를 사용하는 것은 불편하다. 그래서 C 언어에서는 구조체 포인터에서만 사용하는 전용 참조 연산자 **->** 를 지원한다. 연산자 -> 는 간접 참조 연산자(*)와 멤버 연산자(.)를 합쳐놓은 연산자로 아래와 같이 사용한다. 다음 두 문장은 모두 '구조체 포인터 pst'가 가리키는 구조체의 '멤버 id'에 20을 대입하라는 문장이다.

```
(*pst).id = 20;        =        pst->id = 20;
```

다음은 [프로그램 11-1]을 포인터를 이용한 간접 참조로만 구조체에 접근하도록 수정한 코드이다.

```
/* 구조체 포인터를 이용한 간접 참조 예제 */
struct student st1 = {10, "Tom", 3.2 };   ⇨ 변수 선언 및 초기화
struct student *pst = &st1;   ⇨ 포인터 선언 및 연결

pst->id += 20;                      ⇨ pst가 가리키는 구조체의 멤버 id에 접근
strcpy(pst->name, "alice");   ⇨ 멤버 name에 접근
pst->name[0] = 'A';                ⇨ 멤버 name[0]에 접근

printf("id: %d\n", pst->id);       ⇨ pst가 가리키는 구조체의 멤버 값 출력
printf("name: %s\n", pst->name);
printf("grade: %.2f\n", pst->grade);
```

[예제 11.5] 예제 11.1을 구조체 포인터를 사용하여 작성하시오. 즉, 구조체 변수에 직접 접근하지 말고, 포인터를 이용하여 간접 접근할 것.

프로그램 11-5 **구조체 포인터를 이용한 런치박스 프로그램**

```c
 3: struct lunchbox {              // 구조체 lunchbox 정의
 4:    int maindish, sidedish[3], beverage;      // 멤버
 5: };
 6:
 7: int main() {
 8:    struct lunchbox  box, *pb = &box;      // 변수 선언 및 포인터 연결
 9:    int i, total = 0;
10:
11:    printf("Main dish: ");                 // 값 입력 받기
12:    scanf("%d", &pb->maindish );           // 구조체 간접 참조 연산자
13:    for( i = 0; i < 3 ; ++i ) {
14:       printf("Side dish %d: ", i+1);
15:       scanf("%d", &pb->sidedish[i] );
16:    }
17:    printf("Beverage: ");
18:    scanf("%d", &pb->beverage );
19:
20:    total = pb->maindish;                  // 총합 계산
21:    for( i = 0; i < 3 ; ++i )
22:       total += pb->sidedish[i];
23:    total += pb->beverage;
24:
25:    printf("\nTotal: %d", pb->maindish );      // 계산 결과 출력
26:    for( i = 0; i < 3 ; ++i )
27:       printf(" + %d", pb->sidedish[i] );
28:    printf(" + %d = %d\n", pb->beverage, total );
29:
30:    return 0;
31: }
```

참고▶ 배열의 [ ] 연산자, 구조체의 . 연산자와 -〉 연산자는 모두 큰 집단(배열 또는 구조체)을 구성하는 요소를 지칭하는 연산자로, 함수의 ( ) 연산자와 함께 모든 연산자 중에서 우선순위가 가장 높다. (4.7절 연산자 우선순위 참조)

| 구조체 포인터가 배열의 원소로 사용 (구조체 포인터 배열)

마지막으로 원소가 구조체 포인터인 배열, 즉 '**구조체 포인터 배열**'에 대해 알아보자.
다음은 student 구조체에 대한 포인터 배열을 사용한 예제로, 선언, 초기화, 참조에 대
한 문장이 포함되어 있다.

```
/* 구조체 포인터 배열 예제 */
int i;
struct student st1 = { 10, "Tom", 3.2 }, st2;
struct student *past[3] = { &st1, &st2 };      ⇨ 구조체 포인터 배열 선언 및 초기화


past[2] = past[1];              ⇨ 주소 값 대입: past[2]도 st2를 가리킴
*past[2] = *past[0];            ⇨ past[2]가 가리키는 구조체에
                                   past[0]이 가리키는 구조체 대입

past[1]->id = 20;              ⇨ 포인터를 이용한 멤버 간접 접근
past[2]->name[0] = 'M';


for( i = 0 ; i < 3 ; ++i)
    printf("past[%d]: %d, %s, %.2f\n",   ⇨ past[i]가 가리키는 구조체 정보 출력
            i, past[i]->id, past[i]->name, past[i]->grade);
```

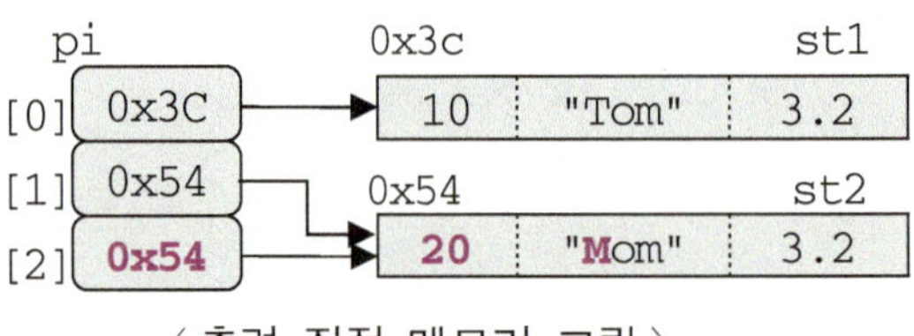

〈 출력 직전 메모리 그림 〉

➲ **struct student *past[3] = { &st1, &st2 };**

　　⇨ 구조체 포인터 배열을 선언하고, 초기화하는 문장으로 2번 원소의 초기 값이 명시되
　　지 않았으므로, 2번 원소는 NULL 로 초기화된다.

➲ **past[2] = past[1];**

　　⇨ 배열 원소의 대입이다. 1번 원소에 st2의 주소 값이 저장되어 있으므로, 2번 원소
　　에도 st2의 주소 값이 대입되고, 결과적으로 2번 원소로 st2를 가리킨다.

○ ***past[2] = *past[0];**

⇨ 간접 참조를 이용해 past[2]가 가리키는 구조체 변수에 past[0]이 가리키는 구조체 변수를 대입하는 문장이다. 결과적으로 st2에 st1의 값이 대입된다.

○ **past[1]->id = 20;**

⇨ past[1]이 가리키는 구조체, 즉 st2의 멤버 id에 20을 대입하는 문장이다.

○ **past[2]->name[0] = 'M';**

⇨ past[2]가 가리키는 구조체, 즉 st2의 멤버인 배열 name의 0번 원소에 문자 'M'을 대입한다.

구조체, 구조체 배열, 구조체 포인터의 형태를 표로 비교 정리하였다.

	구조체 배열	구조체 포인터	구조체 포인터 배열
선언	struct student **ast[3];**	struct student ***pst;**	struct student ***past[3];**
구조체 참조	**ast[0]** = st1 ;	**pst** = &st1; (연결) ***pst** = st2; (간접참조)	**past[0]** = &st1; (연결) ***past[1]** = st2; (간접참조)
멤버 참조	**ast[1]**.id = 10; **ast[2]**.name[0] = 'A';	**pst**->id = 10; **pst**->name[0] = 'A';	**past[2]**->id = 10; **past[2]**->name[0] = 'A';

※ 위 문장에서 st1과 st2는 구조체 변수

11.5　구조체와 함수

구조체 역시 함수의 인자로 전달할 수 있고 반환할 수도 있다. 구조체라고 해서 특별한 건 없고, 함수 호출과 반환 과정에 발생하는 모든 현상은 기본 자료형과 동일하다.

| 구조체 인자와 반환

먼저 구조체를 인자로 전달하거나 반환하는 경우를 살펴보자. 다음은 구조체를 전달하여 구조체의 멤버 값을 출력하는 간단한 프로그램이다. 각 함수에 하나의 지역 변수가 존재하고, 함수 호출 시 구조체 대입이 수행된다.

```c
/* 구조체 인자 사용 예제 */
void print(struct student  st  ) {      ⇨ st에 전달된 구조체 대입
    printf("id: %d\n", st.id);
    printf("name: %s\n", st.name);
    printf("grade: %.2f\n", st.grade);
}


int main() {
    struct student st1 = {10, "Tom", 3.2 };
    print(  st1  );              ⇨ 구조체 st1에 저장된 값 전달
    return 0;
}
```

[실행결과]

```
id: 10
name: Tom
grade: 3.20
```

| st1 |
| 10 | "Tom" | 3.2 |

main의 변수

| st |
| 10 | "Tom" | 3.2 |

print의 변수

다음은 구조체를 함수의 반환형으로 사용하는 경우로, 반환형에 구조체 자료형을 명시했다. 함수 종료 시 구조체 전체 값이 통째로 호출한 함수에 전달된다.

```c
/* 구조체 반환 사용 예제 */
struct student init() {          ⇨ 함수의 반환형은 struct student
    struct student st = { 0, "", 0 };
    return  st ;                  ⇨ 구조체 변수 st의 전체 값 반환
}
int main() {
    struct student st1 = {10, "Tom", 3.2 };

    printf("호출 전: %d, %s, %.2f\n", st1.id, st1.name, st1.grade);
    st1 = init();                ⇨ st1에 init() 함수가 반환한 값 대입
    printf("호출 후: %d, %s, %.2f\n", st1.id, st1.name, st1.grade);
    return 0;
}
```

[실행결과]

```
호출 전: 10, name, 3.20
호출 후: 0, , 0.00
```

[예제 11.6] 두 복소수를 입력 받아, 두 복소수의 합을 출력하는 프로그램을 작성하시오.

① 구조체 complex 사용 (예제 11.3 참고)

② add_complex() 함수를 정의하여 사용할 것

   – 구조체 complex형 변수 두 개를 인자로 받아, 두 복소수의 덧셈 결과를 반환

③ main() 함수

   – 사용자로부터 복소수의 정보를 입력 받아 구조체 변수에 저장

   – add_complex() 함수를 호출하여 덧셈 결과 얻기

   – 덧셈 결과 출력

```c
struct complex {            // 복소수 구조체 정의
   double real, imag;       // 복소수의 실수부와 허수부
};

struct complex add_complex( struct complex a, struct complex b ) {
   struct complex c;
   c.real = a.real + b.real;   // 실수부 덧셈
   c.imag = a.imag + b.imag;   // 허수부 덧셈

   return c;
}

int main() {
   struct complex c1, c2, c3 ; // 복소수 변수 선언

   scanf("%lf%lf", &c1. real, &c1.imag );   // 입력
   scanf("%lf%lf", &c2. real, &c2.imag );   // 입력

   c3 = add_complex( c1, c2 );        // 복소수 덧셈

   printf("덧셈 결과: %.1f + %.1fi\n", c3.real, c3.imag);
   return 0;
}
```

[실행결과]

```
1.2 2↵
-2.2 -0.3↵
덧셈 결과: -1.0 + 1.7i
```

⇨ 복소수 c1 입력 (1.2 + 2i)

⇨ 복소수 c2 입력 (-2.2 + -0.3i)

⇨ 두 복소수의 덧셈 결과

| 구조체 포인터 인자와 반환

구조체는 여러 데이터의 묶음이라, 크기가 큰 경우가 종종 있다. 크기가 큰 구조체 값을 전달하고 반환받으면, 구조체 대입에 시간이 많이 걸린다. 이런 경우, 구조체의 값 대신 주소를 전달하고 반환받아 프로그램의 효율성을 높일 수 있다. 구조체 포인터를 인자나 반환형으로 사용하는 방법 역시 일반적인 포인터와 다르지 않다.

다음은 구조체 포인터를 인자로 사용하는 예이다. 비교를 위해 값을 전달받는 함수와 주소를 전달받는 함수 둘 다 사용하였다.

프로그램 11-6 구조체 포인터 인자 사용 예

```
 3: void init_v(struct student st ) {      // 전달된 값이 형식인자에 대입됨
 4:     st.id = 0;                 // . 연산자 사용
 5:     st.name[0] = '\0';
 6:     st.grade = 0.0;
 7: }
 8: void init_p(struct student *pst ) {  // 전달된 주소가 형식인자에 대입됨
 9:     pst->id = 0;                 // -> 연산자 사용
10:     pst->name[0] = '\0';
11:     pst->grade = 0.0;
12: }
13: int main() {
14:     struct student st1 = {10, "Tom", 3.2 };
15:
16:     init_v( st1 );         // 구조체 st1의 값 전달
17:     printf("값 전달 후: %d, %s, %.2f\n", st1.id, st1.name, st1.grade);
18:
19:     init_p( &st1 );        // 구조체 st1의 주소 전달
20:     printf("주소 전달 후: %d, %s, %.2f\n", st1.id, st1.name, st1.grade);
21:     return 0;
22: }
```

[실행결과]

```
값 전달 후: 10, Tom, 3.20        ⇨ init_v() 함수 호출 결과 (값 안 바뀜)
주소 전달 후: 0, , 0.00          ⇨ init_p() 함수 호출 결과 (값 바뀜)
```

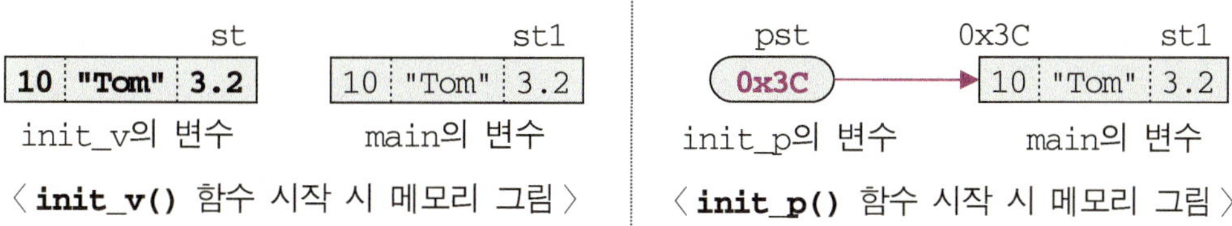

↪ init_v() 함수 호출: main() 함수로부터 전달된 구조체 st1의 값이 형식인자 st에 대입된다. st는 init_v() 함수의 지역 변수로 main()의 변수 st1에 아무 영향을 미치지 못한다.

↪ init_p() 함수 호출: main() 함수의 구조체 변수 st1의 주소가 실인자로 전달되면, init_p() 함수의 형식인자 pst에 대입된다. init_p() 함수에서는 주소를 이용한 간접 접근을 통해 main()의 변수 st1의 값을 변경할 수 있다.

위 내용이 이해가 안 된다면, 8장 함수와 9장 포인터의 함수 인자에 대한 설명을 다시 학습하기 바란다.

다음은 구조체 주소를 반환하는 함수의 예이다. next_addr() 함수에서 인자로 전달받은 구조체의 다음 원소의 주소를 반환한다.

```c
/* 구조체 포인터 반환 예제 */
struct student *next_addr(struct student *pst) {
    return pst+1 ;           // 다음 원소의 주소 반환
}
int main() {
    struct student ast[2] = { {10, "Tom", 3.2 }, {20, "Ann", 3.5 } };
    struct student *p;

    p = next_addr( ast );           // 배열의 이름(0번 원소의 주소) 전달

    printf("%d, %s, %.2f\n", p->id, p->name, p->grade);
    return 0;
}
```

[실행결과]

20, Ann, 3.50　⇨ 1번 원소의 값 출력

[예제 11.7] 두 복소수를 입력 받아, 절댓값이 큰 복소수를 출력하는 프로그램을 작성하시오.

◆ 구조체 complex 사용 (예제 11.3 참고)

◆ larger_complex() 함수를 정의하여 사용할 것
  - 구조체 complex형 포인터 변수 두 개를 인자로 받아, 절댓값의 제곱이 큰 복소수의 포인터를 반환 (복소수 a+bi의 절댓값의 제곱은 a^2+b^2)

◆ main() 함수
  - 사용자로부터 복소수의 정보를 입력 받아 구조체 변수에 저장
  - larger_complex() 함수를 호출하여 절댓값이 큰 복소수의 주소 얻기
  - 절댓값이 큰 복소수 출력

프로그램 11-7 구조체 포인터 인자를 사용한 복소수 프로그램

```c
 3: struct complex {            // 복소수 구조체 정의
 4:     double real, imag;      // 복소수의 실수부와 허수부
 5: };
 6:
 7: struct complex *larger_complex(     // larger() 함수 정의부
 8:         struct complex *a, struct complex *b ) {
 9:     double a_abs, b_abs;
10:
11:     a_abs = a->real * a->real + a->imag * a->imag;     // a의 절댓값의 제곱
12:     b_abs = b->real * b->real + b->imag * b->imag;     // b의 절댓값의 제곱
13:
14:     if( a_abs > b_abs) return a;    // a의 절댓값이 큰 경우, a 반환
15:     else return b;                  // 그렇지 않은 경우, b 반환
16: }
17:
18: int main() {
19:     struct complex c1, c2, *pc ;    // 두 개의 복소수와 복소수 포인터 변수 선언
20:
21:     scanf("%lf%lf", &c1. real, &c1.imag );   // 입력
22:     scanf("%lf%lf", &c2. real, &c2.imag );   // 입력
23:
24:     pc = larger_complex( &c1, &c2 );    // 함수 호출: 두 복소수의 주소 전달
25:
26:     printf("larger: %.1f + %.1fi\n", pc->real, pc->imag);
27:     return 0;
28: }
```

[실행결과]

```
1.2 2 ↵
-2.2 -0.3 ↵
larger: 1.2 + 2.0i
```
⇨ 복소수 c1 입력 (1.2 + 2i)
⇨ 복소수 c2 입력 (-2.2 + -0.3i)
⇨ 절댓값이 큰 복소수

다시 한 번 강조하지만, 함수 호출 과정은 자료형과 관계없이 동일하다. 차이가 나는 이유는 전달될 값이 정수, 문자냐, 주소이냐에 따른 부수적인 효과일 뿐이다. 따라서 자료형(기본 자료형, 배열, 포인터, 구조체 등)마다 따로 외우려고 하지 말고 원리를 이해하자!

11.6 중첩 구조체 및 자기참조 구조체

구조체 멤버에는 int, char, double 등 기본 자료형뿐만 아니라, 배열, 포인터 등 어떤 자료형도 사용 가능하다. 구조체, 구조체 배열, 구조체 포인터 등 구조체에 관련된 자료형 역시 멤버로 사용 가능하다. 이미 살펴봤듯이, 구조체 멤버라고 해서 활용법이 특별히 달라지지 않고, 각 멤버의 자료형에 따라 사용법이 결정된다. 배열, 포인터 등이 멤버로 사용되는 경우는 이미 살펴봤는데, 이절에서는 구조체에 관련된 자료형이 멤버로 사용되는 경우를 살펴본다.

| 중첩 구조체

구조체가 멤버로 사용된 구조체를 중첩 구조체(nested structure)라 부른다. 다음 예에서는 학생 구조체에 집 주소를 추가하였는데, 집 주소 역시 구조체로 정의되었다.

```c
struct address {    // 구조체 address 정의
   int zcode;        // 우편 번호
   char *city;        // 도시명
};
struct student5 {    // 구조체 student 정의
   int id;
   char name[8];
   double grade;
   struct address addr ;  // 멤버 addr의 자료형은 struct address
};
```

중첩된 구조체 addr에 대한 초기화, 멤버 참조 등 사용법은 단순히 구조체 사용법을 한 번 더 적용하면 된다.

```
/* 중첩 구조체 예제 */
struct student5 st = { 10, "Tom", 3.2, { 1425, "Seoul" } };

st.addr.zcode = 7189;          ⇨ 중첩 구조체 멤버 접근
st.addr.city = "Incheon";      ⇨ 포인터에 문자열 연결

printf("id: %d\n", st.id);             ⇨ 출력
printf("name: %s\n", st.name);
printf("grade: %.2f\n", st.grade);
printf("zipcode: %d\n", st.addr.zcode);
printf("city: %s\n", st.addr.city);
```

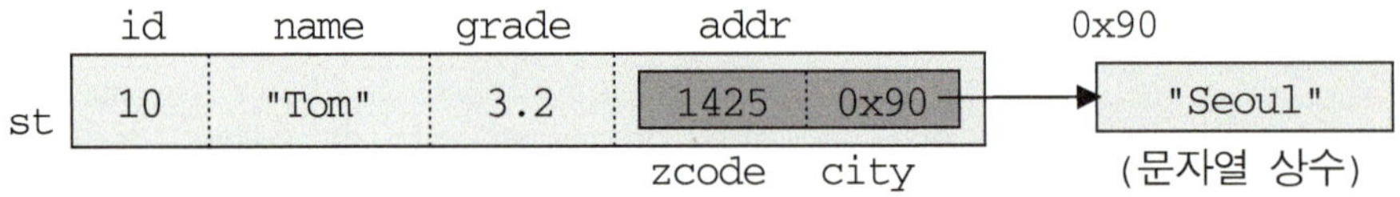

- 초기화: addr의 멤버를 초기화하기 위해서 중괄호를 중첩해서 사용하였다.

- 중첩 구조체 멤버 참조: st의 addr에 접근하기 위해서도 멤버 연산자를 사용하고, addr의 멤버에 접근하기 위해서도 멤버 연산자를 사용하여, 총 두 번의 멤버 연산자가 사용되었다.

- 예제는 이중으로 중첩된 구조체인데, 삼중, 사중으로 중첩되어도 사용법은 유사하다.

중첩 구조체를 정의할 때 한 가지 제약이 있다. 아래와 같이 자기 자신과 동일한 구조체 자료형은 멤버로 사용할 수 없는데, 자기 자신을 정의하기 위해서는 자신이 필요하여(순환 오류), 논리적으로 정의가 되지 않는다. 구조체 배열도 마찬가지이다.

```
struct student6 {        ⇨ 구조체 student 정의
    int id;
    char name[8];
    double grade;
    struct student6 roommate;      ⇨ 컴파일 오류
    struct student6 friends[3];    ⇨ 컴파일 오류
};
```

| 자기참조 구조체

자신과 동일한 구조체는 멤버로 사용할 수 없지만, 자신과 동일한 구조체의 '포인터'는 멤버로 사용 가능하다. 이를 자기참조 구조체라고 하는데, 얼핏 생각하면 문제가 있어 보이지만, 논리적으로 아무 문제가 없다. 앞서 정의하려고 했던 student6 구조체는 메모리 그림을 그릴 수 없지만, 포인터를 사용한 다음 student7 구조체의 메모리 그림은 그릴 수 있다.

```
struct student7 {          ⇨ 구조체 student 정의
   int id;
   char name[8];
   double grade;
   struct student7 *roommate;        ⇨ 정상 컴파일
   struct student7 *friends[3];      ⇨ 정상 컴파일
};
```

위 구조체를 사용한 코드와 메모리 그림이다.

```
/* 자기참조 구조체 예제 */
struct student7 st1 = {10, "Tom", 3.2 };  ⇨ roommate와 friends는
struct student7 st2 = {11, "Sam", 4.3 };     NULL로 초기화 됨

st1.roommate = &st2;          ⇨ st1의 룸메이트는 st2

printf("id: %d\n", st1.id);
printf("name: %s\n", st1.name);
printf("grade: %.2f\n", st1.grade);
printf("roommate's name: %s\n", st1.roommate->name);
```

[실행결과]

```
id: 10
name: Tom
grade: 3.20
roommate's name: Sam
```

[예제 11.8] struct student7을 사용하여 3명의 학생을 나타내는 변수 3개를 선언하고, 한 학생의 친구로 다른 두 명의 학생을 등록하라.
- 구조체 멤버는 적절히 초기화 or 값 대입
- friends 멤버를 이용하여 친구의 정보 출력

```
struct student7 { … };   ⇨ 구조체 student 정의 (생략)
int main() {
    struct student7 st1 = {10, "Tom", 3.2 };
    struct student7 st2 = {11, "Sam", 4.3 };
    struct student7 st3 = {5, "Mary", 4.0 };

    st1.friends[0] = &st2;        ⇨ st1의 친구로 st2 지정
    st1.friends[1] = &st3;        ⇨ st1의 친구로 st3 지정

    printf("%s과 %s는 %s의 친구입니다.\n",
            st1.friends[0]->name, st1.friends[1]->name, st1.name);
    return 0;
}
```

11.7   typedef 사용자 형정의

구조체나 unsigned int와 같이 자료형 이름이 긴 경우, 자료형 이름을 사용할 때 마다 불편할 것이다. 특히, 함수 헤더에는 인자의 자료형을 일일이 명시해 주어야 해서 불필요하게 길어지는 경우가 많다. 이런 경우 'typedef' 키워드를 이용한 사용자 형정의 기능을 사용하면 편리하다. 사용자 형정의는 기존의 자료형에 새로운 이름을 부여하는 기능으로, 긴 자료형의 이름을 짧게 사용할 수 있어 프로그램의 간결성을 확보할 수 있다. 또 자료형 이름에 의미를 부여하거나 프로그램의 가독성을 높이기 위해서도 사용한다.

사용자 형정의 구문은 typedef 키워드 다음에 정의할 대상 자료형 이름과 새로 부여할 이름을 차례로 적으면 된다. 예를 들어, 다음과 같이 int 자료형을 'INT'라는 새로운 이름으로 정의하고, 이를 이용하여 변수를 선언할 수 있다.

```
typedef int INT;          ⇨ INT 자료형 정의
```

```
INT num;          ⇨ INT형 변수 num 선언
INT arr[5];       ⇨ INT 배열 변수 arr 선언
INT *pi;          ⇨ INT 포인터 변수 pi 선언
```

다양한 사용자 형정의의 예를 더 살펴보자. 맨 마지막에 적힌 단어가 새로운 이름이고, typedef와 마지막 단어 사이의 단어들(바탕색으로 표시된 부분)은 형정의를 새로 할 기존 자료형을 나타낸다.

```
typedef int INT;
typedef int * INTPTR;              ⇨ int * 형을 INTPTR로 정의
typedef unsigned int AGE;          ⇨ 자료형에 의미 부여 ('AGE'라는 자료형)
typedef unsigned int ID;
typedef unsigned char UCHAR;
typedef unsigned char * UCHARPTR;  ⇨ 긴 자료형을 짧게
```

```
AGE age1, age2;     ⇨ 'AGE'라는 자료형으로 두 개의 변수 선언
ID id1, id2;
UCHARPTR p;         ⇨ unsigned char *p; 와 동일한 선언
```

구조체는 struct 키워드로 인해 선언이 길어져, 보통 typedef문을 이용하여 이름을 재 정의하여 사용한다. 아래는 struct student라는 자료형을 'STUDENT'라는 이름으로 정의하고 사용한 예이다.

```
struct student{
    int id;  char name[8];  double grade;
};
```

```
typedef struct student STUDENT;     ⇨ 자료형 재정의
```

```
int main() {
    STUDENT st1 = {10, "Tom", 3.2 };   ⇨ STUDENT 자료형으로 변수 선언

    printf("id: %d\n", st1.id);
    return 0;
}
```

구조체의 경우에는 다음과 같이 구조체 정의와 typedef를 하나의 문장으로 묶어서 사용하는 형태를 많이 사용한다.

```
typedef struct student {
    int id;  char name[8];  double grade;
} STUDENT;                    ⇨ 자료형 정의


STUDENT  st;                  ⇨ STUDENT 형으로 변수 st 선언


typedef struct student {
    int id;  char name[8];  double grade;
} student;                    ⇨ 구조체 이름과 사용자 자료형 이름이 같아도 됨


student  st;                  ⇨ student 형으로 변수 st 선언


typedef struct       {        ⇨ 구조체 이름 생략 가능
    int id;  char name[8];  double grade;
} student;


student st;                   ⇨ student 형으로 변수 st 선언
```

구조체와 typedef를 하나로 묶어서 정의하는 경우, 길어서 복잡해 보이지만 앞서 본 typedef 구문과 동일하다.

[사용자 자료형 정의]

```
typedef        struct { ... }        student;
(키워드)        (원본 자료형)          (새 자료형 이름)
```

typedef를 사용하여 구조체를 정의하는 경우, 구조체 변수 선언과 모양이 유사하여 혼동하기 쉬운데, typedef가 앞에 있느냐 없느냐에 따라 의미가 완전히 달라지니 주의하자.

[구조체 정의 및 사용자 형정의]
```
typedef struct student {
    ...
} STUDENT ;          ⇨ STUDENT는 자료형
```

[구조체 정의 및 변수 선언]
```
struct student {
    ...
} st;                ⇨ st는 변수
```

[예제 11.9] 예제 11.1에서 정의한 구조체의 '배열'을 이용하여 2개의 런치 박스의 정보를 사용자로부터 입력 받고 출력하는 프로그램을 작성하시오(예제 11.4와 동일한 문제).
- 단, '예제 11.1에서 정의한 구조체'를 typedef를 이용하여 사용자 자료형으로 정의할 것

프로그램 11-8　　사용자 형정의를 이용한 런치박스 프로그램

```
3: typedef struct lunchbox {
4:    int maindish, sidedish[3], beverage;
5: } lunchbox;                      // lunchbox 자료형 정의
6:
7: int main() {
8:    lunchbox abox[2];          // lunchbox 배열 선언
9:
...    ...                        // 이후 프로그램 11-4와 동일
   }
```

| 단원요약 |

1 구조체란 의미상 연관 관계가 있는 항목을 그룹으로 묶어 표현한 자료형으로, 구조체를 구성하는 변수를 멤버 변수 (또는 간단히 멤버)라고 부른다.

2 구조체는 변수 선언 전에 자료형을 정의해 주어야 한다. 구조체 정의는 자료형을 명시하는 것을 말하고, 구조체 선언은 변수를 선언하는 것을 말한다.

3 구조체 변수는 중괄호 안에 멤버 변수의 값을 나열하여 초기화 한다.

4 멤버 연산자(.)를 이용하여 구조체 변수의 멤버에 접근할 수 있다.

5 구조체 변수의 대입 연산은 각 멤버 변수에 대한 대입 연산을 의미한다.

6 구조체 배열은 동일한 구조체 자료형의 변수를 묶은 배열이다.

7 구조체 포인터는 구조체를 가리키는 포인터이다. 구조체 포인터를 사용하여 멤버에 간접 참고하기 위해서는 구조체 포인터 전용 참조 연산 -)를 사용한다.

8 구조체 또는 구조체 포인터를 함수에 인자로 전달하고 반환하는 과정은 일반 변수와 동일하다.

9 중첩 구조체는 구조체가 멤버로 사용된 구조체를 말하고, 자기참조 구조체는 자신과 동일한 구조체에 대한 포인터를 멤버로 사용한 구조체이다.

10 typedef 키워드를 이용하여 사용자 형정의를 할 수 있다.

| 실습문제 |

[문제 1] 두 개의 3차원 벡터(V1, V2)를 입력 받아, 두 벡터의 원소별로 곱한 값을 새로운 3차원 벡터 (V3)를 생성하여 출력한 후, V1과 V2의 내적을 출력하시오.

- 3차원 벡터를 저장하는 구조체를 정의하여 사용할 것
  - 3차원 벡터 V1={ x1, y1, z1 }, V2={ x2, y2, z2 }
- 원소별 곱을 3차원 벡터에 저장: V3 = { x1 × x2 , y1 × y2 , z1 × z2 }
- 3차원 벡터 V1 과 V2 의 내적: V1 • V2 = x1×x2 + y1×y2 + z1×z2

입력 예시 1

```
1 2 3       ↦ V1
-1 5 5      ↦ V2
```

출력 예시 1

```
-1 10 15      ↦ V3 = { 1×(-1)  2×5  3×5 }
24            ↦ 내적= V1 • V2 = -1+10+15
```

[문제 2] 두 개의 시각을 입력 받아서 두 시각 사이의 차이를 계산하여 출력하는 프로그램을 작성하시오.

- 시각을 나타내는 구조체를 정의하여 사용하시오.
- 두 번째 시각이 첫 번째 시각보다 항상 늦은 시각이라고 가정한다.
- 시간차가 없는 경우에 분과 초만 출력하는 것이 아니라 시 분 초, 0 10 20 으로 출력한다.

입력 예시 1

```
10 20 30  ↦   10시 20분 30초
12 05 10  ↦   12시 05분 10초
```

출력 예시 1

```
1 44 40
```

입력 예시 2

```
1 10 20  ↦   1시 10분 20초
3 20 30  ↦   3시 20분 30초
```

출력 예시 2

```
2 10 10
```

[문제 3] 다섯 명의 학생 이름과 점수를 입력 받아, 평균 이하의 점수를 받은 학생의 이름을 출력하는 프로그램을 작성 하시오.

- 학생의 정보(이름, 점수)를 나타내는 구조체를 정의하고, 5명의 학생 정보는 구조체 배열에 저장하시오.
- 학생의 이름은 공백 없이 최대 9개 영어 문자이다.

입력 예시 1

```
akim 75
bkim 85
ckim 65
dkim 95
ekim 100
```

출력 예시 1

```
akim
ckim
```

[문제 4] N 명의 학생에 대해 이름과 세 번의 시험 점수를 읽어 들여, 각 학생의 이름과 평균 점수(소수점이하 첫째자리 까지), 학점을 출력하는 프로그램을 작성하시오.

- 학생을 나타내는 구조체를 정의하여 사용하시오.
- N은 20을 넘지 않고, 학생의 이름은 공백 없이 19개 이하의 영어 문자이다.
- 성적 기준
  - 학점은 90점 이상이면 A
  - 학점은 80점 이상이면 B
  - 학점은 70점 이상이면 C
  - 학점은 70점 미만이면 F

입력 예시 1

```
1          ↦ N
Hongildong 95 80 75
```

출력 예시 1

```
Hongildong 83.3 B
```

[문제 5] N 명의 학생에 대한 정보(이름, 국어 성적, 영어 성적, 수학 성적)를 입력 받아, 각 학생의 평균 성적에 따라 학점을 산출한 후, 각 학생의 이름과 평균 성적(소수점 이하 첫째자리까지)과 학점을 출력하는 프로그램을 작성하시오.

- 입력 정보에 대한 가정
  - N은 1 이상 50 이하
  - 이름은 길이가 1 이상 8 이하인 공백을 포함하지 않는 문자열
  - 국어 성적, 영어 성적, 수학 성적은 0 이상 100 이하인 정수
- 학점은 평균 성적으로 다음 기준을 적용하여 산출:
  - 90 이상 100 이하: A
  - 80 이상 90 미만: B
  - 70 이상 80 미만: C
  - 70 미만: D
- 다음 멤버를 가지는 student 구조체를 정의하여 사용하시오.
  - 이름을 저장하는 문자배열, 국어 성적을 저장하는 정수형 변수, 영어 성적을 저장하는 정수형 변수, 수학 성적을 저장하는 정수형 변수, 평균 성적을 저장하는 실수형 변수, 학점을 저장하는 문자형 변수
- 구조체 포인터를 사용하여 배열 원소에 접근하시오.

입력 예시 1

```
2
Kim 82 72 58
Young 90 100 99
```

출력 예시 1

```
Kim 70.7 C
Young 96.3 A
```

[문제 6] N 명의 학생 성별, 체중, 키를 입력 받아, 아래 표에 따라 신체등급별 인원수를 출력하는 프로그램을 작성하시오.

남자(1)

체중(W) \ 키(H)	165 미만	165 이상 175 미만	175 이상
60 미만	1	2	3
60 이상 70 미만	3	1	2
70 이상	2	3	1

여자(2)

체중(W) \ 키(H)	165 미만	165 이상 175 미만	175 이상
50 미만	1	2	3
50 이상 60 미만	3	1	2
60 이상	2	3	1

- 성별에서 남자는 1, 여자는 2 로 표현한다.
- 학생 데이터를 저장하는 구조체를 정의하여 사용하시오.
- N은 최대 10이다.

입력 예시 1

```
2             ↦ 학생 수
1 66 170      ↦ 성별, 체중, 키
2 48 155      ↦ 성별, 체중, 키
```

출력 예시 1

```
2 0 0         ↦ 1등급, 2등급, 3등급
```

[문제 7] 10 개의 정수를 입력 받고, 그 정수의 내림차순 상 순위를 계산하여, 3번째 순위와 7번째 순위에 해당하는 정수를 출력하는 프로그램을 작성 하시오.

- 정수와 순위를 구조체 배열에 저장하되, 입력된 정수 순서대로 배열에 저장되어 있어야 함
  - 배열에 저장된 순서를 정렬된 순서로 바꾸면 안 됨
- 동일한 정수가 중복 입력되는 경우는 없다고 가정한다.

입력 예시 1

```
78 65 23 43 82 95 31 15 8 54
```

출력 예시 1

```
78 31
```

[문제 8] 두 개의 복소수를 입력 받고, 두 복소수를 더한 결과 값을 출력하는 프로그램을 작성하시오.

- 복소수를 표현하는 complex 구조체를 정의하여 사용하시오.
  - 실수부를 나타내는 실수형 변수, 허수부를 나타내는 실수형 변수
- add() 함수를 정의하여 사용하시오.
  - 인자: 두 개의 complex 구조체
  - 반환 값: complex 구조체
- main() 함수의 내용은 다음과 같다.
  - 복소수를 저장할 complex 구조체 선언
  - 복소수 2개를 사용자로부터 입력 받기
  - add() 함수를 호출하여, 입력 받은 두 복소수의 합 구하기
  - 결과 값으로, 입력 받은 두 복소수의 합, 소수점 이하 첫째자리까지 출력하기
- 전역 변수 사용 금지

입력 예시 1	출력 예시 1
2.3 4.5　↦ 2.3 + 4.5i 3.4 5.0　↦ 3.4 + 5.0i	5.7 + 9.5i　↦ 입력 받은 두 복소수의 합

[문제 9] 한 학생의 시험 결과 정보(가장 높은 점수, 가장 낮은 점수, 시험 통과 여부, 합격 기준 점수 차, 점수 차)를 입력 받아, 이 학생의 점수 차와 시험 통과 여부(P 혹은 F)를 출력하는 프로그램을 작성하시오.

- 입력 정보의 범위 및 시험 통과 여부 판단 방법
  - 가장 높은 점수와 가장 낮은 점수는 0 이상 100 이하인 정수
  - 가장 높은 점수와 가장 낮은 점수의 차이가 합격 기준 점수 차보다 작거나 같으면 시험 통과!
  - 합격 기준 점수 차는 0 이상 15 이하인 정수
  - 시험 통과 여부 항목은 통과일 경우 'P'를, 통과하지 못한 경우 'F'를 값으로 가짐
- 시험 결과 정보를 나타내는 result 구조체를 정의하여 사용하시오.
  - 가장 높은 점수를 저장하는 정수형 변수, 가장 낮은 점수를 저장하는 정수형 변수, 시험 통과 여부를 저장하는 문자형 변수, 합격 기준 점수 차를 저장하는 정수형 변수, 가장 높은 점수와 가장 낮은 점수의 차이를 저장하는 정수형 변수

- pass_or_fail() 함수를 정의하여 사용하시오.
  - 인자: 구조체 포인터
  - 시험 통과 여부를 계산하여 'P' 혹은 'F'를 저장
  - 반환 값: 없음
- main() 함수의 내용은 다음과 같다.
  - 시험 결과 정보를 저장할 result 구조체 선언
  - 사용자로부터 가장 높은 점수, 가장 낮은 점수, 합격 기준 점수 정보를 입력 받기
  - pass_or_fail() 함수를 호출하여, 이 학생의 시험 통과 여부 판단하기
  - 이 학생의 점수 차 시험 통과 여부를 출력하기
- 전역 변수 사용 금지

입력 예시 1

```
100 95 10    ↦ 높은 점수, 낮은 점수, 합격기준 점수 차
```

출력 예시 1

```
5 P
```

[문제 10] year/month/day 형식의 두 날짜를 입력 받아, 두 날짜 중 더 빠른 날짜를 같은 형식으로 출력하는 프로그램을 작성 하시오.

- 날짜를 나타내는 구조체를 정의하여 사용하시오.
- 함수 select_min()을 다음과 같이 작성하여 사용 하시오.
  - 인자: 두 개의 구조체 변수의 주소 (포인터)
  - 반환 값: 두 날짜 중 더 빠른 날짜를 나타내는 구조체 변수의 주소 (값이 아님)
- 입력과 출력은 main() 함수에서 실행된다.

입력 예시 1

```
2016/10/9
2016/8/6
```

출력 예시 1

```
2016/8/6
```

입력 예시 2

```
2014/10/9
2016/8/6
```

출력 예시 2

```
2014/10/9
```

[문제 11] 5 명의 학생 이름과 점수를 입력 받아, 점수가 최하위인 학생의 이름과 점수를 출력하는 프로그램을 작성 하시오.

- 학생 정보는 구조체 배열에 저장
    - 학생의 이름은 공백 없이 최대 길이가 9인 영어 문자열이다.
    - 기말고사점수는 0과 100사이의 정수이다.
    - 같은 점수의 학생은 없다고 가정한다.
- 함수 select_min()을 다음과 같이 작성하여 사용 하시오.
    - 인자: 구조체 배열의 주소 (포인터)
    - 반환 값: 기말고사 점수가 최하위인 구조체 배열 원소의 주소 (값이 아님)
- 출력은 main() 함수에서 실행된다.

입력 예시 1

```
akim 75
bkim 85
ckim 65
dkim 95
ekim 100
```

출력 예시 1

```
ckim 65
```

[문제 12] 10명의 학생 이름과 3회의 퀴즈 점수를 입력받아, 퀴즈 평균 점수가 각각 최고점과 최저점인 학생의 이름과 평균 점수를 출력한 후, 퀴즈 평균 점수가 하위 30%에 속하는 학생의 이름과 퀴즈 평균 점수를 출력하는 프로그램을 작성하시오.

- read_data() 함수
  - 인자: 구조체 배열
  - 10명의 학생 이름과 학생당 3회의 퀴즈 점수를 입력 받아, 구조체 배열에 저장
  - 학생의 이름은 공백 없이 최대 9개 영어 문자이다.
  - 반환 값: 없음
- cal_avg() 함수
  - 인자: 구조체 배열
  - 각 학생의 퀴즈 점수 평균값을 계산
  - 반환 값: 없음
- sort() 함수
  - 인자: 구조체 배열
  - 평균값에 따라 학생들의 이름과 퀴즈점수들을 내림차순으로 정렬하여 저장
  - 반환 값: 없음
- print_score() 함수
  - 인자: 구조체 배열
  - 최고평균점, 최저평균점, 하위 30%의 평균점을 받은 학생들의 이름과 평균 점수를 소수점 이하 둘째자리까지 출력
  - 평균이 동점인 경우는 없다고 가정
  - 반환 값: 없음

입력 예시 1

```
AKim 80 80 80
BKim 90 90 90
CKim 81 81 81
ALee 82 82 82
BLee 83 83 83
CLee 84 84 84
APark 85 85 85
BPark 86 86 86
CPark 87 87 87
DPark 88 88 88
```

출력 예시 1

```
BKim 90.00      ↦ 최고점 학생의 이름과 평균
AKim 80.00      ↦ 최저점 학생의 이름과 평균
ALee 82.00      ↦ 하위 30% 학생의 이름과 평균 (내림차순)
CKim 81.00      ↦ 하위 30% 학생의 이름과 평균 (내림차순)
AKim 80.00      ↦ 하위 30% 학생의 이름과 평균 (내림차순)
```

12

동적 할당

동적 할당

- 동적 메모리 할당이 무엇인지 이해한다.
- 동적 메모리 할당 함수 사용법을 익힌다.
- 동적 메모리 할당 예제를 익힌다.

지금까지 프로그램에서 값을 저장하기 위해 필요한 기억장소를 확보하는 방법은 변수를 선언하는 것이었다. 이를 정적 메모리 할당이라고 하는데, 이 단원에서는 기억장소를 확보하는 또 다른 방법인 동적 메모리 할당에 대해 학습한다.

12.1 동적 할당 개요

프로그램에서 값을 저장하기 위해 필요한 기억 장소를 확보하는 것을 메모리 할당이라고 하는데, 할당 방식에 따라 '정적(static) 메모리 할당'과 '동적(dynamic) 메모리 할당' 두 가지로 구분된다. (또는 간단히 정적 할당, 동적 할당이라고도 한다.)

우선 정적 할당에 대해 알아보자. 프로그램에 필요한 기억 장소를 확보하기 위해 지금까지 사용한 방식은 변수를 선언하는 것이었다. 변수를 선언하면 자료형에 따라 메모리 크기가 정해지고, 선언된 변수에 할당되는 메모리 크기는 프로그램을 실행할 때 마다 일정하다. 즉, 기억 장소 확보를 위한 변수는 모두 코드 작성 단계에서 정해지고, 할당되는 메모리 크기가 프로그램을 실행할 때 마다 달라지지 않아, 이러한 메모리 할당 방식을 정적 할당이라고 부른다. 다음 변수 선언들은 모두 정적 할당에 해당한다.

일반 변수 선언	`char ch;`	⇨ 1 바이트
	`int num;`	⇨ 4 바이트
배열 변수 선언	`int score[10];`	⇨ 40 바이트
	`char address[50];`	⇨ 50 바이트
구조체 변수 선언	`struct student {`	
	`    int id; float avg;`	
	`} st1;`	⇨ 8 바이트
포인터 변수 선언	`int *pi;`	⇨ 4 바이트
	`struct student *pst;`	⇨ 4 바이트

　정적 할당에서는 프로그램 작성 단계에서 필요한 메모리 크기가 얼마인지 미리 알아야 하고, 크기를 정확히 알 수 없는 경우에는 충분히 큰 크기를 가정해서 선언해야 한다. 예를 들어, 배열 선언의 경우를 생각해보자. 어떤 회사에서 새로운 웹 사이트를 개설하여 회원 가입을 받는 상황에서 회원 ID를 배열에 저장하는 경우, 배열의 크기를 얼마로 해야 할까? 회원의 수가 얼마일지 알 수 없으므로, 많은 사람이 회원 가입을 하는 것을 가정하여 배열 크기를 충분히 크게 정해야 한다.

　정적 할당 방식은 몇 가지 문제점이 있다. 위 웹사이트 예시에서 배열의 크기를 50,000으로 선언했다고 가정하자. 만약 회원 수가 1,000명밖에 안 되는 경우, 49,000개의 메모리 공간은 사용되지 않고 낭비가 된다. 더 큰 문제는 회원 수가 50,000명을 넘는 경우에 발생한다. 이 경우, 기존 프로그램은 50,000명을 넘는 회원의 ID를 저장할 수 없기 때문에 코드에서 배열의 크기를 바꾸고 다시 컴파일해야 한다. 이와 같이 정적 할당은 프로그램 실행 중에 필요에 따라 할당된 메모리 크기를 변경할 수 없어, 메모리를 효율적으로 사용하기 어렵고, 프로그램이 정상적으로 실행되지 못하는 경우도 발생할 수 있다.

　이러한 문제를 해결하기 위해 C 언어에서는 프로그램 작성 단계가 아니라 **프로그램 실행 단계에서 결정되는 크기에 따라 메모리를 할당하는 방식인 동적 할당**을 제공한다. 동적 할당을 활용하면 상황에 따라 필요한 만큼의 메모리를 할당받을 수 있어 유연한 프로그램을 작성하는 것이 가능하다. 위 웹사이트 예시에서 회원수가 50,000명인 경우, 크기가 50,000인 메모리를 할당 받아 사용하다 50,000명이 넘어 가는 경우, 100,000명의 회원을 저장할 수 있는 메모리 크기를 새로 할당 받아 회원 ID를 저장하면 된다. 또, 회원이 많이 탈퇴하여 회원수가 1,000명으로 줄어드는 경우, 기존의 50,000명의 ID를 저장할 수 있는 메모리는 해제하고 1,000명 정도의 회원 ID를 저장하는 메모리를 새로 할당 받아 사용하면 메모리 낭비를 줄일 수 있다.

12.2 동적 메모리 사용 절차

메모리를 사용하기 위해서는 메모리를 할당하고 해제하는 과정이 필요하다. 정적 할당에서는 프로그램 실행 시에 미리 정해 놓은 크기만큼 메모리를 할당하고 더 이상 필요 없는 메모리는 해제(반납)하는데, 이 과정이 프로그램과 함수의 실행 및 종료에 따라 자동으로 수행되어, 프로그래머가 메모리 할당 및 해제를 특별히 신경 쓰지 않아도 된다. 하지만, 동적 할당에서는 메모리를 할당하고 해제하는 과정을 프로그래머가 코드 작성 단계에서 직접 조작해야 하는데, 본 절에서 이에 대해 학습한다.

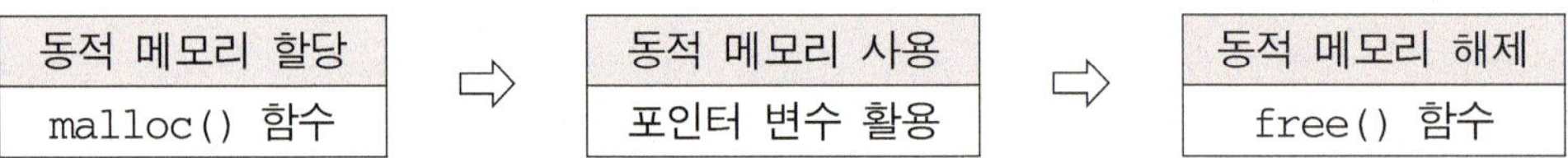

동적 메모리를 사용하는 절차는 위와 같이 세 단계로 구성된다. 아래는 크기가 5인 int 형 배열을 동적 할당 받아 사용하는 코드로, 동적 메모리를 사용하는 기본적인 형태를 보여준다. 우선, malloc() 함수를 이용하여 메모리를 할당 받고, 포인터 변수를 이용하여 할당받은 메모리에 접근한다. free() 함수는 동적 할당 받은 메모리를 해제(반납)한다. 동적 할당을 사용하기 위해서는 위 두 함수가 선언되어 있는 stdlib.h 헤더 파일을 포함해야 한다. 앞으로 위 세 가지 과정에 대해 자세히 학습하자.

프로그램 12-1 동적 할당 기본 예제

```
 1: #include <stdlib.h>          // 동적 메모리 관련 함수 사용을 위한 헤더
 2:
 3: int main() {
 4:    int *p = NULL;             // 동적 메모리 접근을 위한 포인터 변수
 5:    p = (int *) malloc( 5*sizeof(int) );   // 동적 메모리 할당
 6:
 7:    p[0] = 1;                  // 동적 메모리 사용: 배열 형태
 8:    *(p+2) = 3;                // 동적 메모리 사용: 포인터 형태
 9:
10:    free(p);                   // 동적 메모리 해제
11:    return 0;
12: }
```

| 동적 메모리 할당

　malloc() 함수는 메모리 할당(memory allocation)을 하는 함수이다. 인자로 할당할 메모리의 크기가 바이트 단위로 주어지는데, 보통 sizeof() 연산자가 사용된다. malloc()는 할당된 메모리의 시작 주소를 반환하는데, 할당된 메모리가 어떤 자료형으로 사용될지 모르므로 void * (void 포인터) 형으로 반환된다. void 포인터는 특정 자료형을 나타내지 않는 주소를 의미하는 것으로 13.7절에서 조금 더 살펴본다. 여기서는 이렇다더라하고 받아들이자. void 포인터를 아무런 반환 값도 가지지 않음을 의미하는 void와 혼동하지 않도록 하자.

---

malloc() 함수 원형

void *malloc(size_t size); [3)]
　- size: 할당 받을 메모리의 크기 (바이트 단위)

기능 및 반환 값
- size 바이트의 메모리를 할당
- 성공하면 할당 받은 메모리의 시작 주소(void *) 반환
- 실패하면 NULL 반환

```
/* 예시: 정수 2개를 저장할 공간 할당 */
malloc( 2*sizeof(int) );
        ↓ (실질적인 호출)
malloc( 8 ) ;    ⇨ 8 바이트 할당
```

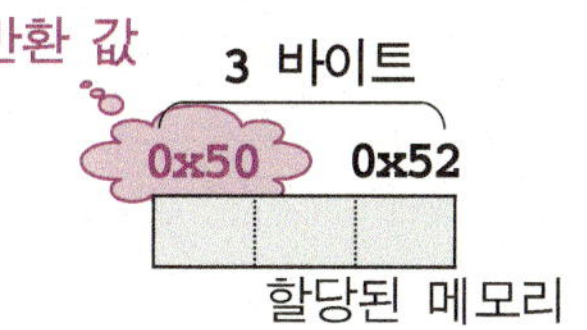


```
/* 예시: 문자 3개를 저장할 공간 할당 */
malloc( 3*sizeof(char) );
        ↓ (실질적인 호출)
malloc( 3 ) ;    ⇨ 3 바이트 할당
```


---

3) 자료형 'size_t'에 대해서는 10.5절 strlen 함수의 원형 설명을 참조하라.

| 동적 메모리 사용

동적 메모리는 몇 개가 필요할지 프로그램 작성 단계에서는 알 수 없기 때문에, 변수 이름을 붙이는 것이 불가능하다. 그래서 **포인터 변수를 이용하여 간접적으로 참조**하게 된다. malloc() 함수가 할당된 메모리의 시작 주소를 반환하므로 이를 포인터 변수에 대입하고, 이후에는 이 포인터 변수를 이용하여 동적으로 할당받은 메모리에 접근한다. malloc() 함수는 할당된 메모리를 어떤 자료형으로 사용할지 모르기 때문에 void * 형을 반환하므로, 이를 **사용하고자 하는 자료형의 포인터로 명시적으로 형변환**을 해 주어야 한다. 아래는 동적 할당 받은 메모리를 포인터 변수에 연결하는 가장 기본적인 형태이다. 우선 할당된 공간을 사용하고자 하는 자료형으로 포인터 변수를 선언한다. 다음 malloc() 함수를 호출하여 메모리를 할당 받고, 이를 사용하고자 하는 자료형으로 변환을 하여 앞서 선언한 포인터 변수에 대입한다. 물론 변수 선언과 동시에 malloc() 함수를 호출하여 주소를 대입할 수도 있다.

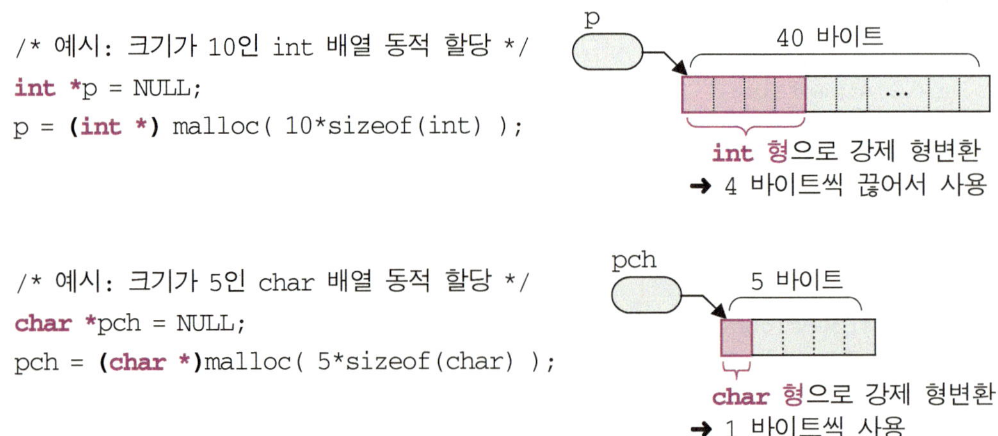

할당된 메모리를 포인터 변수에 연결한 후에는, 9장 포인터 단원에서 배운 것과 동일하게 포인터 형태 또는 배열 형태의 표현으로 사용하면 된다.

```
/* 동적 할당된 메모리 사용 예시 */
int *p = (int *) malloc( 10*sizeof(int) );   ⇨ 변수 선언과 동시에
                                                동적 할당된 주소 대입

p[0] = 1;            ⇨ *p = 1; 과 동일
*(p+2) = 3;          ⇨ p[2] = 3; 과 동일
```

| 동적 메모리 해제

정적 할당된 변수는 자동으로 메모리가 해제(시스템에 반납)되지만, 동적 할당된 메모리는 자동으로 해제되지 않기 때문에, 더 이상 동적 할당받은 메모리를 사용할 필요가 없는 경우, 프로그래머가 명시적으로 해제를 시켜줘야 한다. 예를 들어 어떤 함수에서 선언된 지역 변수는 함수가 종료되면 자동으로 해제되어 접근이 금지되지만, 동적 할당된 메모리는 함수가 종료된 후에도 여전히 접근이 허용된다. 동적 메모리 해제는 아래와 같이 free() 함수를 이용한다. free() 함수는 인자로 받은 메모리의 시작 주소로 할당받은 공간을 해제한다. 이 때 **할당 받은 메모리가 해제되는 것이지, 포인터 변수가 해제되는 것이 아니라는 점**에 유의하자.

---

free() 함수 원형

void free(void *ptr);

  – ptr: 해제할 메모리의 시작 주소

기능 및 반환 값

- 전달받은 주소에 할당된 메모리 해제
- 반환 값은 없음

```
/* free 사용 예시*/
int *p = NULL;
p = (int *) malloc( 10*sizeof(int) );
...
free( p );      ⇨ p가 가리키는 영역 해제
```



```
char *pch = NULL;
pch = (char *)malloc( 5*sizeof(char) );
...
free( pch );   ⇨ pch가 가리키는 영역 해제
```

메모리 해제를 하지 않아도 프로그램의 실행 결과에는 크게 문제가 없어 메모리 해제를 신경 쓰지 않는 경우가 많은데, **메모리 해제를 제대로 해주지 않으면 메모리 누수(memory leak)가 발생**한다. 메모리 누수란 프로그램이 실제로 사용하지 않는 메모리를 계속 점유하고 있는 현상을 의미하는데, 간단한 프로그램에서는 크게 문제가 되지 않지만, 서버 프로그램과 같이 오랫동안 실행되는 프로그램에서는 메모리 누수가 발생하면, 실제로 사용하지 않은 메모리가 많지만 할당 가능한 메모리는 부족하게 되어 문제가 발생할 수 있다. 또, 대부분의 시스템에서는 프로그램이 종료될 때 할당된 메모리가 자동으로 해제된다. 하지만 모든 시스템에서 이런 기능이 있는 것은 아니다. 그러므로 귀찮다고 소홀히 하지 말고, **프로그래밍을 처음 배울 때부터 불필요한 메모리는 해제하는 습관을 가지도록 하자.**

[예제 12.1] 다음 지시대로 동적 메모리 할당 및 해제하는 코드를 작성해보자.
1. 정수 한 개를 저장할 수 있는 메모리 공간 할당하고 해제하기
2. float형 실수 한 개를 저장할 수 있는 메모리 공간 할당하고 해제하기
3. double형 실수 15개를 저장할 수 있는 메모리 공간 할당하고 해제하기
4. 다음과 같은 구조체 한 개를 저장할 수 있는 메모리 공간 할당하고 해제하기

```
struct student {
    int id;   char name[8];   double grade;
};
```

| 동적 메모리를 안전하게 사용하기 위한 주의사항

동적 메모리를 사용하기 위해서는 위에서 학습한 내용으로 충분하다. 하지만 프로그램의 예기치 못한 오류를 방지하기 위해서 일반적으로 다음과 같은 방식으로 사용한다.

첫째, 동적 메모리를 할당 받기 전과 해제한 후, 포인터 변수에 NULL을 대입하여 메모리 접근 오류를 방지하자. 특히 free() 함수 호출 이후에 포인터 변수는 여전히 메모리가 해제된 영역을 가리키고 있는데, 이를 댕글링 포인터(dangling pointer)라 부른다. 댕글링 포인터는 메모리 접근 오류를 발생시키므로, 포인터 변수에 NULL을 대입하여 이를 방지하자.

```
int *p = NULL;           ⇨ 포인터 변수 선언 시 NULL로 초기화
p = (int *) malloc( 10*sizeof(int) );
...
free(p);                 ⇨ 함수 호출 후 포인터 변수 p 는 댕글링 포인터
p = NULL;                ⇨ 메모리 해제 후 NULL 대입 (댕글링 포인터 방지)
```

둘째, malloc() 함수를 호출한 후에는 그 반환 값을 검사하여 메모리 할당의 성공 여부를 확인하자. 규모가 큰 프로그램을 작성하다보면 메모리가 많이 필요할 때가 있는데, 시스템의 메모리가 부족하여 동적 할당을 실패하는 경우가 있다. 이 경우 malloc() 함수는 NULL을 반환하므로, 아래와 같이 malloc()의 반환 값이 NULL인 경우 적절한 조치를 취해야 한다. if 문 안의 내용은 하나의 예시이고, 꼭 이렇게 작성해야 하는 것은 아니다.

```
int *p = NULL;
p = (int *) malloc( 10*sizeof(int) );

if( p == NULL ) {                    ⇨ 메모리 할당 실패하면,
    printf("Not enough memory!");        오류 상황 알리고,
    return -1;                           함수 종료
}
```

셋째, 위와 비슷하게 메모리를 해제하기 전에, 해제하려는 메모리 주소가 NULL인지 점검하자. 일반적으로 다음과 같은 if 문을 통해 점검한다.

```
int *p = NULL;
p = (int *) malloc( 10*sizeof(int) );

if( p != NULL )          ⇨ p가 NULL이 아닌 경우에만
    free(p);                 free() 함수 호출
```

마지막으로, 포인터 변수와 동적 메모리의 관계를 정확히 이해하도록 하자. 동적 메모리를 접근하기 위해 포인터 변수를 연결해서 쓰다 보니, 포인터 변수의 이름을 동적 할당 받은 메모리 공간의 이름으로 착각하기 쉬운데, 포인터 변수는 동적 할당한 공간과는 별개의 메모리 공간을 가진다는 점을 주의하자. 다음 그림에서 정적 할당된 배열과 동적 할당된 배열을 참조하는 방법은 동일하지만, 두 개의 메모리 그림은 다르다.

```
int a[10];                ⇨ 정적 할당 배열
int *p = (int *) malloc( 10*sizeof(int) );  ⇨ 동적 할당 배역
a[0] = p[0] = 10;             ⇨ 배열 원소 참조
```

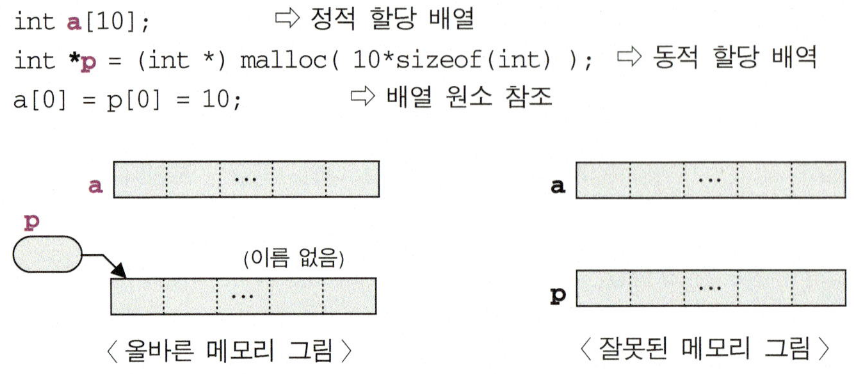

다음 표는 정적 메모리 할당과 동적 메모리 할당을 비교 정리한 표이다.

	정적 메모리 할당	동적 메모리 할당
필요한 메모리 크기 결정 시점	프로그램 작성 단계	프로그램 실행 중
메모리 할당 및 해제 시점	시스템이 자동으로 할당 및 해제	개발자가 명시적으로 할당 및 해제 함수 호출
프로그램 실행 중 메모리 크기 변경 여부	불가	가능
메모리 누수(leak) 가능성	없음	있음
메모리 사용의 효율성	비효율적	효율적

12.3 동적 메모리 사용 예제

지금까지 배운 동적 메모리 사용 절차를 이용하여 동적 메모리를 사용하는 다양한 예제를 살펴보자.

1) 메모리를 동적 할당 받아 사용하는 기본 프로그램

다음은 하나의 정수를 저장하는 메모리를 동적 할당 받아 사용하는 프로그램이다. (동적 할당의 코드를 연습하기 위한 예제로, 일반적으로 정수 하나를 동적 할당하여 사용하는 경우는 별로 없다.) 앞서 학습한 대로, malloc() 함수를 이용해 메모리를 동적 할당 받아 포인터 변수에 연결하여 사용하고, 사용이 끝나면 free() 함수를 이용해 메모리를 해제한다. 라인 2에서 동적 메모리 할당 함수를 위해 <stdlib.h>를 포함(include) 시켰다.

프로그램 12-2　　정수 변수 동적 할당 기본 예제

```c
 1: #include <stdio.h>
 2: #include <stdlib.h>          // 동적 할당 함수가 선언된 헤더 파일
 3:
 4: int main() {
 5:    int *p = NULL;                     // 포인터 변수 선언
 6:    p = (int *)malloc(sizeof(int));  // 동적 할당
 7:    if (p == NULL) {                   // 동적 할당 오류 검사
 8:       printf("Not enough memory!");
 9:       return -1;
10:    }
11:
12:    *p = 15;                // 동적 할당 메모리에 값 저장
13:    printf("동적 메모리 할당 (정수형) : %d", *p);
14:    free(p);
15:    return 0;
16: }
```

[실행결과]

동적 메모리 할당 (정수형) : 15

2) 일차원 배열을 동적 할당 받아 사용하는 프로그램

　다음은 여러 개의 정수를 저장하는 메모리를 동적 할당 받아 사용하는 예제로, 동적 메모리를 사용하기 위해 선언한 포인터 변수를 일반 배열명처럼 사용한다. 이 프로그램은 다음과 같이 한 학생의 과목별 점수를 입력 받아 평균 점수를 구한 후 출력한다.

① 프로그램 실행 중에 사용자로부터 과목 수 n을 직접 입력 받음
② n개의 정수형 값을 저장할 수 있는 메모리를 동적으로 할당 받아, 할당 받은 메모리의
　시작 주소를 score에 저장
③ 할당 받은 메모리를 score[0]~score[n-1]까지 일반 배열 원소처럼 참조하여 사용
④ 할당 받은 메모리 해제

프로그램 12-3 일차원 배열 동적 할당 예제

```
 // 앞으로 #include <stdlib.h> 는 생략
 4: int main() {
 5:    int n, i, sum = 0;
 6:    int *score = NULL;
 7:
 8:    scanf("%d", &n);                        // ① 과목 수 입력받기
 9:
10:    score = (int *) malloc( n*sizeof(int) ); // ② 배열 동적 할당
11:    if (score == NULL) {                     // 동적 할당 오류 검사
12:       printf("Not enough memory!");
13:       return -1;
14:    }
15:
16:    for (i=0; i<n; i++) {
17:       scanf("%d", &score[i]); // ③ 과목별 점수 입력받기
18:       sum += score[i];         // 누적 합 계산
19:    }
20:
21:    printf("%.1f", (double)sum/n);       // 평균 계산
22:
23:    free(score);               // ④ 동적 할당 메모리 해제
24:    return 0;
25: }
```

3) 동적 메모리 할당을 사용한 문자열 처리 프로그램

길이가 다른 여러 개의 문자열을 효율적으로 저장하기 위해서 다음과 같은 방식으로 동적 메모리 할당을 이용한다.

① 문자열을 입력 받기 위한 충분한 크기의 문자 배열을 선언 (정적 할당)

② ①의 문자 배열에 문자열을 입력 받음

③ ②에서 입력된 문자열의 길이를 계산하여 그 크기에 맞게 메모리를 동적으로 할당 받음 (널 문자 포함)

④ 할당 받은 메모리 공간에 ①의 문자 배열의 문자열을 복사함

다음은 사용자로부터 책의 개수 n을 입력받아 n개의 책 제목을 저장하는 프로그램으로, 위에서 설명한 절차대로 책 제목을 동적 할당 받은 배열에 저장한다.

프로그램 12-4　동적 할당을 이용한 다수의 문자열 처리

```c
 4: typedef struct book_title{
 5:         char *title;
 6: } BINFO;
 7:
 8: int main() {
 9:    BINFO *bp = NULL;
10:    int n, i, len;
11:    char temp[100];          // ① 문자열을 입력 받기 위한 문자 배열을 선언
12:
13:    scanf("%d", &n);         // 책 개수 입력
14:    getchar();               // 개행 문자 버리기
15:
16:    bp = (BINFO *)malloc( n*sizeof(BINFO) );    // 책 배열 동적 할당
17:    if (bp == NULL) { … }        // 동적 할당 오류 검사 (생략)
18:
19:    for (i=0; i<n; i++)  {
20:       gets(temp);               // ② 문자 배열 temp에 문자열을 입력 받음
21:
22:       // ③ temp에 입력된 문자열 길이를 계산하고,
23:       //   그 크기만큼 메모리를 동적으로 할당 받음 (널 문자 포함)
24:       len = strlen(temp);
25:       bp[i].title = (char*) malloc( (len+1)*sizeof(char) );
26:
27:       if (bp[i].title == NULL) { … } // 동적 할당 오류 검사 (생략)
28:       strcpy(bp[i].title, temp);     // ④ 할당 받은 메모리에 제목 복사
29:    }
30:
31:    for (i=0; i<n; i++)
32:       printf("%s\n", bp[i].title);     // 책 제목 출력
33:
34:    for (i=0; i<n; i++)
35:       free(bp[i].title); // 문자 배열에 대한 메모리 해제
36:
37:    free(bp);             // 책 배열에 대한 메모리 해제
38:    return 0;
39: }
```

4) 동적 메모리 할당을 사용하여 2차원 배열 할당하는 프로그램

2차원 배열을 동적으로 할당하려면 어떻게 해야 할까? 예를 들어 char pch[3][4]라는 배열을 동적으로 할당하기 위해서 다음과 같이 동적 할당을 하면, 우리가 원하는 2차원 배열이 될까?

```
/* 잘못된 2차원 배열 할당 */
char *pch = (char *) malloc( 3*4*sizeof(char) );
        ⇨ 위 문장은 2차원 배열 할당이 아니라, 크기가 12인 1차원 배열 할당
```

위의 코드는 사실상 malloc(12)를 호출하는 것으로, 2차원 배열이 아니라, 12개의 문자를 저장하는 문자형 1차원 배열이 할당되는 것으로, 우리가 원래 의도한 4개의 문자로 이루어진 문자 배열 3개와는 거리가 멀다. 2차원 배열을 동적 할당하기 위해서는 포인터 배열을 사용해 다음과 같은 형태로 할당을 해야 한다. (메모리 그림 참조)

프로그램 12-5 동적 할당을 이용한 2차원 배열

```c
 4: int main() {
 5:    int i;
 6:    char **pch;           // 이중 포인터 선언
 7:    pch = (char **)malloc( 3*sizeof(char *) );  // 포인터 배열 할당
 8:
 9:    for (i=0; i<3; i++)
10:       pch[i] = (char *)malloc( 4*sizeof(char) );  // 1차원 배열 할당
11:
12:    strcpy(pch[0], "aaa");
13:    strcpy(pch[1], "bbb");
14:    pch[2][0] = '\0';      // 2차원 배열처럼 사용
15:
16:    for (i=0; i<3; i++)
17:       puts(pch[i]);
18:
19:    for (i=0; i<3; i++)
20:       free(pch[i]);        // 1차원 배열에 대한 메모리 해제
21:
22:    free(pch);             // 포인터 배열에 대한 메모리 해제
23:
24:    return 0;
25: }
```

```
pch = (char **) malloc( 3*sizeof( char * ) );
```

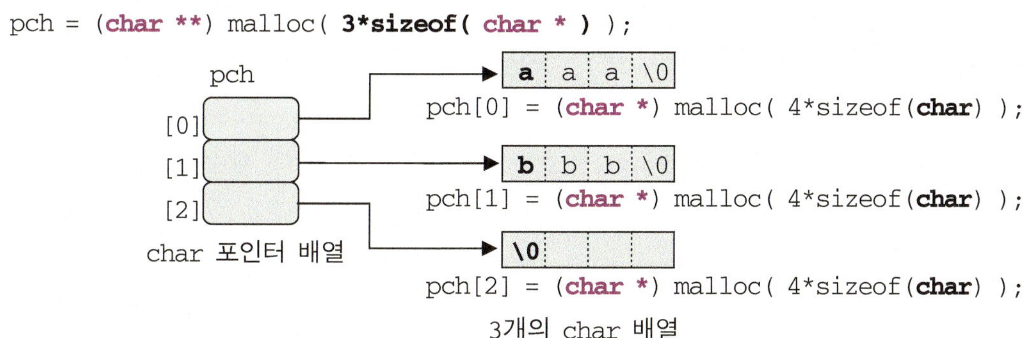

〈 2차원 배열 사용을 위한 동적 메모리 구조 〉

2차원 정수 배열도 동일한 방법으로 동적 할당받아 사용할 수 있다. 다음은 정수형 2차원 배열 pa[row][col]을 동적 할당하는 코드와 이를 해제하는 코드이다.

```
/* 2차원 int 배열 동적 할당 */
int **pa;
pa = (int **)malloc(row * sizeof(int *));      // 정수 포인터 배열 할당
for (i=0; i<row; i++)
    pa[i] = (int *)malloc(col * sizeof(int));   // 1차원 정수 배열 할당

pa[1][3] = 10;                 // 원소 접근

for(i=0; i<row; i++)
    free(pa[i]);               // 1차원 정수 배열 해제
free(pa);                      // 정수 포인터 배열 해제
```

주의 > int 포인터 배열 할당시 malloc() 함수의 인자에서 (int *)를 (int)로 잘못 쓰는 실수를 자주 한다. 두 자료형 크기가 4 바이트로 동일하여 문제없이 동작하기도 하지만, 이는 명백히 오류이다. 시스템이나 컴파일러에 따라서는 (int)로 쓰면 런타임 오류가 발생한다.

```
pa = (int **)malloc(5 * sizeof(int *));    ⇨ 올바른 자료형
pa = (int **)malloc(5 * sizeof(int));      ⇨ 잘못된 자료형 (자주 하는 실수)
```

12.4 기타 동적 메모리 할당 함수

malloc() 함수 외에도 동적 메모리 할당하는 함수로 calloc() 함수와 realloc() 함수가 있다.

| calloc() 함수

calloc() 함수는 malloc() 함수와 비슷하게 메모리를 할당해주는 함수인데, 인자가 조금 다르고 **할당 받은 메모리 공간을 0으로 초기화** 해주는 차이가 있다.

---

calloc() 함수 원형
void *calloc(size_t num, size_t size);
 - num: 동적으로 할당 받을 원소의 개수
 - size: 원소 한 개의 크기 (바이트 단위)

기능 및 반환 값
- (num*size) 바이트 만큼 할당하고, 할당된 메모리를 모두 0으로 초기화
- 성공하면 할당 받은 메모리의 시작 주소 반환
- 실패하면 NULL 반환

주의 사항
- malloc() 함수와 인자 형식이 다름

```
(사용 예)
int *p = NULL;
p = (int *) calloc( 5, sizeof(int) );  ⇨ 원소 개수가 5인 int형 배열 할당
                                        ⇨ malloc(5*sizeof(int))와 유사
```

| realloc() 함수

realloc() 함수는 **할당 받은 메모리 공간의 크기를 변경**하고자 할 때 사용한다.

---

realloc() 함수 원형

void *realloc(void *ptr, size_t new_size);
  - ptr: 할당 크기를 변경할 메모리의 시작 주소
  - new_size: 변경 후 메모리의 전체 크기 (바이트 단위)

기능 및 반환 값
  - ptr이 가리키는 메모리의 크기를 new_size 바이트 크기로 조정
  - 성공하면 크기가 조정된 메모리의 시작 주소 반환
  - 실패하면 NULL 반환

주의 사항
  - 기존 할당 영역을 새로운 크기로 조정할 수 없으면, 기존 할당 영역은 해제하고 새로운 위치에 메모리 할당 (즉, 반환된 주소가 기존 주소와 다를 수 있음)

(사용 예)
```
char *p = (char *) malloc( 5 );      ⇨ 5 바이트 만큼 공간 할당
p = (char *) realloc( p, 10 );       ⇨ 10 바이트로 공간 크기 변경
```

realloc() 함수는 메모리 공간을 줄일 때는 기존의 공간을 그대로 쓰지만, 메모리 크기를 늘릴 경우, 기존의 위치에서 공간을 늘릴 수 없으면 기존 위치의 공간을 해제하고 새로운 위치에 공간을 할당한다. 이 경우 시작 주소가 바뀌게 되므로 주의해야 한다.

| 단원요약 |

1 값을 저장하기 위해 필요한 기억 장소를 확보하는 것을 메모리 할당이라고 하는데, 정적 메모리 할당과 동적 메모리 할당, 두 가지로 구분된다.

2 정적 할당은 할당 메모리가 코드 작성 단계에서 정해지고, 프로그램을 실행할 때마다 달라지지 않는 할당 방식이다.

3 동적 할당은 프로그램 실행 단계에서 결정되는 크기에 따라 메모리를 할당하는 방식이다.

4 동적 메모리를 사용하는 절차는, 동적 메모리 할당, 동적 메모리 사용, 동적 메모리 해제의 세 단계로 구성된다.

5 malloc() 함수는 메모리를 동적으로 할당해준다. 인자로 할당할 메모리의 크기를 전달한다.

6 동적 할당된 메모리 영역은 이름이 없기 때문에, 포인터 변수에 연결하여 사용한다.

7 free() 함수는 할당된 메모리를 해제하여 시스템에 되돌려 준다.

8 calloc() 함수는 malloc() 함수와 유사하게 메모리를 할당해 주는데, 추가로 할당 받은 메모리 공간을 0으로 초기화 해준다.

9 realloc() 함수는 할당 받은 메모리 공간의 크기를 변경하고자 할 때 사용한다.

| 실습문제 |

[문제 1] N 개의 정수를 입력 받아 역순으로 출력하는 프로그램을 작성하시오.
- N 개의 정수를 저장할 배열을 동적 할당하여 사용
- 프로그램 종료 시 동적 할당 메모리 해제를 누락하지 않도록 주의(이후 문제 동일)

입력 예시 1

```
6       ↦ N
3 2 0 1 4 6
```

출력 예시 1

```
6 4 1 0 2 3
```

[문제 2] N 개의 실수(double형)를 입력 받고, 각 값과 최솟값과의 차이를 출력(소수점 둘째 자리까지)하는 프로그램을 작성하시오.
- N 개의 실수를 저장할 배열을 동적 할당하여 사용

입력 예시 1

```
5       ↦ N
2.5 7.8 3.4 1.1 6.1
```

출력 예시 1

```
1.40 6.70 2.30 0.00 5.00
```

[문제 3] 다음과 같은 기능을 하는 학번 관리 프로그램을 작성하시오.
- 등록할 학번 수 N을 입력받고, N 개의 학번(정수)을 동적 할당 배열에 저장
- 삭제할 학번 개수 D(D〈N)를 입력받고, D만큼 메모리 크기 조정 후 출력
  - 뒤에 입력한 D 개의 학번을 삭제

입력 예시 1

```
3       ↦   N
16011111
16011123
16011145
2       ↦   D
```

출력 예시 1

```
16011111
```

[문제 4] 사용자로부터 문자열 한 개와 문자 두 개를 입력받고, 각 문자가 문자열에 몇 번 포함되어있는지 출력하는 프로그램을 작성하시오.

- 문자열의 길이 N은 3 이상이고, 문자열을 저장하는 배열은 동적 할당하여 사용

입력 예시 1

```
5          ↦    문자열의 길이
apple
a x
```

출력 예시 1

```
1 0        ↦    a 1번, x 0번
```

입력 예시 2

```
6          ↦    문자열의 길이
people
e o
```

출력 예시 2

```
2 1        ↦    e 2번, o 1번
```

[문제 5] N명의 학생에 대한 정보(이름, 국어 성적, 영어 성적, 수학 성적)를 입력받아, 각 학생의 평균 성적과 "GREAT" 혹은 "BAD"를 출력하는 프로그램을 작성하시오.

- 평균은 소수 첫째 자리까지 출력
- "GREAT" 혹은 "BAD"는 다음 기준을 적용하여 출력
  - 국어, 영어, 수학 성적 중 어느 한 과목이라도 90 이상일 경우 "GREAT" 출력
  - 국어, 영어, 수학 성적 중 어느 한 과목이라도 70 미만일 경우 "BAD" 출력
  - "GREAT"과 "BAD" 모두 출력될 경우, "GREAT"를 "BAD"보다 먼저 출력하며 공백으로 구분
- 학생정보를 저장할 공간은 동적 할당받아 사용
- 다음 멤버를 가지는 student 구조체를 정의하여 사용하시오.
  - 이름: 길이가 1 이상 7 이하인 공백을 포함하지 않는 문자열
  - 국어 성적, 영어 성적, 수학 성적: 각각 정수형 변수. 성적은 0 이상 100 이하인 정수
  - 평균 성적: 실수형 변수

입력 예시 1

```
2
Kim 100 82 34
Young 90 100 99
```

출력 예시 1

```
Kim 72.0 GREAT BAD
Young 96.3 GREAT
```

[문제 6] 열과 행의 크기를 입력받아 2차원 문자 배열을 동적으로 할당하고, 예시와 같이 알파벳을 순서대로 배열에 채워 출력하는 프로그램을 작성하시오.

- 알파벳은 소문자부터 출력
- 소문자 z 다음문자는 대문자 A, 대문자 Z 다음문자는 소문자 a

입력 예시 1

```
9 6        ↦ 열, 행
```

출력 예시 1

```
□a b c d e f g h i
□j k l m n o p q r
□s t u v w x y z A
□B C D E F G H I J
□K L M N O P Q R S
□T U V W X Y Z a b
```

[문제 7] 공백을 포함하는 문자열 N 개를 입력 받아, 이 중 길이가 가장 짧은 문자열을 출력하는 프로그램을 작성하시오.

- 각 문자열의 길이는 최대 100
- 전체 문자열을 저장하기 위해 (N×101) bytes 크기 이내의 메모리만 사용해야 한다.
- 문자열 처리 표준 함수 사용 가능

입력 예시 1

```
4              ↦ N=4 개 문자열 입력
Program
Good
This is string
language
```

출력 예시 1

```
Good
```

[문제 8] N 개의 문자열(공백 포함)을 입력 받아, 길이를 기준으로 역순으로 정렬하는 프로그램을 작성하시오.
- 각 문자열의 길이는 최대 100 이고, 같은 길이의 문자열은 없다고 가정한다.
- 각 문자열 X를 저장하기 위해 (X의 길이+1) bytes 크기의 메모리만 사용해야 한다.
- 문자열 처리 표준 함수 사용 가능

입력 예시 1

```
4            ↦ N=4 개 문자열 입력
Program
Good
This is string
language
```

출력 예시 1

```
This is string
language
Program
Good
```

[문제 9] 영어 소문자로 구성된 N 개의 문자열을 입력받아 사전 순으로 출력하는 프로그램을 작성하시오.
- 각 문자열의 길이는 최대 100
- 각 문자열 X를 저장하기 위해 (X의 길이+1) bytes 크기의 메모리만 사용해야 한다.
- 문자열 처리 표준 함수 사용 가능

입력 예시 1

```
4          ↦ N=4
apricot
peach
willow
birch
```

출력 예시 1

```
apricot
birch
peach
willow
```

[문제 10] 사용자로부터 –1을 입력받기 전까지 계속 정수를 입력받은 후, 입력받은 정수를 역
순으로 출력하는 프로그램을 작성하시오.

- 정수는 다음과 같은 방식으로 동적 할당된 배열에 저장한다.
  - 초기 배열의 크기는 5로 설정하고, 공간이 부족할 때마다 크기가 3 증가한 배
    열을 새로 할당하고 기존의 데이터를 새 배열에 복사

입력 예시 1

```
3 4 5 6 7 8 9 -1
```

출력 예시 1

```
-1 9 8 7 6 5 4 3
```

13

연산자/함수/자료형 심화

연산자/함수/자료형 심화

학 습 목 표

- 비트 연산자를 익히고 활용할 수 있다.
- 재귀 함수의 개념을 이해하고 활용할 수 있다.
- 표준 라이브러리의 활용법을 익힌다.

우리는 그 동안 연산자, 함수, 자료형과 관련하여 많은 주제를 학습하였다. 이 단원에서는 이에 대한 심화 내용에 대해 학습한다. 이 단원은 내용이 조금 어려워 해당 단원에서 다루지 않은 내용들을 모아 놓은 단원으로, 다른 단원과 달리 각 절의 내용이 독립적이어서 순서대로 공부할 필요는 없다. 여기서 다루는 심화 내용은 C 언어를 처음 학습할 때는 건너뛰고 나중에 필요할 때 학습해도 무방하지만, 13.2절 재귀 함수는 반드시 학습하고 넘어 가길 권장한다.

13.1 비트 연산자

| 비트 연산이란?

비트 연산이란 비트 단위로 처리되는 연산으로, 비트 연산에서 **비트 1은 참**을, **비트 0은 거짓**을 의미한다. 예를 들어, 두 개의 8 비트 이진수가 주어 졌을 때, 비트 단위 논리곱(bitwise AND)은 해당 자리의 비트가 모두 1인 경우에만 참이 되는 연산이고, 비트 단위 논리합(bitwise OR)은 둘 중 하나만 1이어도 참이 되는 연산이다.

```
          0010 1010                    0010 1010
    AND   1010 1101              OR    1010 1101
          -----------                  -----------
    결과 : 0010 1000             결과 : 1010 1111
```

　C 언어는 위와 같이 비트 단위의 연산을 지원하는데, **비트 단위 논리 연산**과 **비트 단위 이동 연산** 두 가지가 있다. 아래는 논리 연산자 중 하나인 AND 연산자(&)의 예를 보여준다. 비트 연산에서는 값을 16진수 또는 2진수로 표현하는 것이 이해하기 쉽다.

```
/* 예시) 비트 AND 연산자 */

unsigned int x, y, z;

x = 0X2A;        ⇨ x = 0000 0000 … 0010 1010
y = 0XAD;        ⇨ y = 0000 0000 … 1010 1101
z = x & y;       ⇨ z = 0000 0000 … 0010 1000 (비트 단위 논리 곱 결과)

printf("%#X", z);        ⇨ # : 16진수 임을 의미하는 '0X'를 앞에 출력
```

[실행결과]

```
0X28    ⇨ 16진수 28을 의미
```

　비트 이동 연산은 비트 단위로 왼쪽 또는 오른쪽으로 이동시키는 연산이다. 다음은 왼쪽 이동 연산자의 사용 예이다. 비트 이동으로 생긴 빈자리는 기본적으로 0으로 채워진다.

```
/* 예시) 비트 왼쪽 이동 연산자 */

unsigned int x, z;

x = 0X2A01234C;  ⇨ x = 0010 1010 0000 0001 0010 0011 0100 1100
z = x << 4;      ⇨ z = 1010 0000 0001 0010 0011 0100 1100 0000
                        x를 비트 단위로 왼쪽으로 4 만큼 이동,
                        오른쪽 빈자리는 k개의 0으로 채움)

printf("%#X", z);
```

[실행결과]

```
0XA01234C0
```

| 비트 연산자

비트 연산자의 종류와 기능은 다음 표와 같다. 비트 연산의 피연산자는 정수형(char, int, long 등)만 가능한데, 특별한 이유가 없다면 **unsigned** 정수 사용을 권장한다.

연산자	연산자 기능	연산 예시 (8비트 수라고 가정)
x & y	x와 y의 비트 단위 **AND** 연산	0110 1100 & 0100 1010 ⟹ 0100 1000
x | y	x와 y의 비트 단위 **OR** 연산	0110 1100 | 0100 1010 ⟹ 0110 1110
x ^ y	x와 y의 비트 단위 **XOR** 연산	0110 1100 ^ 0100 1010 ⟹ 0010 0110
~ x	x에 대한 비트 단위 **NOT** 연산	~0110 1100 ⟹ 1001 0011
x << n	x를 n 비트 왼쪽 이동	0100 1010 << 2 ⟹ 0010 1000
x >> n	x를 n 비트 오른쪽 이동	0100 1010 >> 2 ⟹ 0001 0010

[예제 13.1] 다음의 결과가 무엇일지 예측해보고, 프로그램을 작성해 확인해보라.
① unsigned char 형 변수 3개 선언 (8비트 수 표현)
② 두 개의 변수에 0110 1100과 0100 1010을 16진수로 표현하여 대입
③ 각 논리 연산에 대해, 연산 결과를 나머지 하나의 변수에 대입하고 16진수로 출력

다른 비트 연산과 다르게, **오른쪽 이동 연산(>>)은 피연산자의 부호 존재 여부에 따라 결과가 달라진다.** 부호 없음을 의미하는 unsigned 의 경우, 오른쪽으로 이동 후 왼쪽의 빈 자리를 0으로 채우지만, singed의 경우에는 피연자의 가장 왼쪽 비트가 1이면 1로 채우고, 0이면 0으로 채운다. 부호 있는 정수에서 가장 왼쪽 비트는 부호를 나타내는데(0이면 양수, 1이면 음수), 이동 연산 후에도 부호가 그대로 유지된다.[4]

```
/* 오른쪽 이동 연산과 부호 존재 여부의 관계 1 */
signed int xs, zs;
unsigned int xu, zu;

xs = xu = 0XA1234567;      ⇨ xs = xu = 1010 0001 …
zs = xs >> 4;              ⇨ zs = 1111 1010 0001 …
zu = xu >> 4;              ⇨ zu = 0000 1010 0001 …
printf("signed = %#X, unsigned = %#X\n", zs, zu);
```

---

[4] 대부분의 컴파일러에서 동작하는 방식이어서 소개하였지만, 모든 컴파일러에서 이렇게 동작한다는 보장은 없다. 이외에도 signed 정수의 경우, 표준에 연산 결과가 명확히 정의되지 않는 경우가 많으므로, 특별한 이유가 없다면 비트 연산에서는 unsigned 정수를 사용하길 권장한다.

[실행결과]

```
signed = 0XFA123456, unsigned = 0XA123456
```

가장 왼쪽 비트가 0인 경우에는 부호 존재 여부와 관계없이 항상 0으로 채운다.

```
/* 오른쪽 이동 연산과 부호 존재 여부의 관계  2 */
signed int xs, zs;
unsigned int xu, zu;

xs = xu = 0X71234567;       ⇨ xs = su = 0111 0001 …
zs = xs >> 4;               ⇨ zs = 0000 0111 0001 …
zu = xu >> 4;               ⇨ zu = 0000 0111 0001 …
printf("signed = %#X, unsigned = %#X\n", zs, zu);
```

[실행결과]

```
signed = 0X7123456, unsigned = 0X7123456
```

[예제 13.2] 어떤 정수 N을 이진수로 표기했을 때, 오른쪽에서 10번째 자리의 비트 값을 출력하는 코드를 작성하시오. (가장 오른쪽 비트를 0번째 비트라고 가정)

```
unsigned int x = 0X71234567;      // x = … 0100 0101 0110 0111

x = x >> 10;      // 오른쪽에서 10번째 비트를 가장 오른쪽에 위치시킴
                  // x = …01 0001
x = x & 1;        // x와 … 0001 을 AND (맨 마지막 비트만 골라내기)
                  // 두 문장을 하나로 합쳐 (x >> 10) & 1 로 쓸 수도 있음
printf("%d\n", x);
```

[실행결과]

```
1           ⇨  0000 … 0001
```

산술 복합대입 연산자처럼(4.3절), 비트 연산에 대해서도 **복합대입 연산자**가 지원된다. 다만, ~ 연산자의 경우 피연산자가 하나이므로 복합대입 연산이 불가능하다.

복합대입(비트) 연산자	연산자 기능
&=　　|=　　^=　　<<=　　>>=	x &= y ➜ x = x & (y) (나머지도 유사)

13.2 재귀 함수

| 재귀 함수란?

```c
void dec(int x) {
    printf("x: %d\n", x);
    if( x > 1)
        dec(x-1);    ⇨ 자기 자신 호출(?)
}
int main() {
    dec(3);
    return 0;
}
```

[실행결과]
```
x: 3
x: 2
x: 1
```

위 프로그램은 정상적인 프로그램일까? 함수 호출을 중심으로 살펴보자. dec() 함수를 보면, 함수 안에서 자신과 동일한 함수인 dec()를 호출한다. 이 프로그램은 놀랍게도 정상적으로 컴파일되고 실행도 된다. 자기 자신을 호출한다는 것은 무슨 의미일까? 자기 자신을 호출하면, 현재 수행 중이던 자기 자신은 어떻게 되는 걸까?

위 질문에 대한 답을 공부하기 전에, 다음 함수 호출 과정을 살펴보자. 아래 두 그림 중 어느 것이 print() 함수의 호출 과정을 더 정확하게 표현한 것일까? 정답은 오른쪽 그림이다. 비록 똑같은 print() 함수이지만, 3번의 print() 함수 호출은 별개의 서로 다른 객체가 호출되는 것으로 해석해야 한다.

〈 잘못된 해석 〉

1명의 일꾼(함수)이
3건의 요청을 처리

```c
void print(int x) {
    printf("x: %d\n", x);
}
int main() {
    print(3);
    print(2);
    print(1);

    return 0;
}
```

〈 올바른 해석 〉

동일한 기능을 가진
3명의 일꾼(함수)이
각각 1건의 요청을 처리

　이전 프로그램으로 돌아가서 dec() 함수의 호출과정을 그림으로 표현하면 아래 그림과 같다. 자기 자신에게 일을 요청하는 것이 아니고, 모양과 기능은 동일한 **독립적인** 일꾼에게 일을 요청하는 것이다.

```
void dec(int x) {
    printf("x: %d\n", x);
    if( x > 1)
        dec(x-1);  ⇨ 재귀 호출
}
int main() {
    dec(3);
    return 0;
}
```

〈 잘못된 해석 〉
자기 자신에게 일을 요청하는 것이 아님

〈 올바른 해석 〉
일꾼(함수) dec가
자신과 동일한 기능을 가진
다른 일꾼 dec에게 요청

　이와 같이 **함수 내부에서 자신과 동일한 (이름의) 함수를 호출하는 함수를 재귀 함수라**고 하는데, 프로그래밍에서 매우 중요한 개념인 재귀(recursion)를 구현하는 효율적인 수단 중 하나이다. 수열의 점화식도 재귀에 의해 표현된 수열 표현이다. 아래는 등차수열의 점화식으로 A는 함수 이름에 해당하고, 첨자 n은 함수 인자에 해당한다.

$$A_n = A_{n-1} + 2 \ \text{(등차수열의 점화식)} \qquad A: 함수 이름에 해당$$
$$n: 함수 인자에 해당$$

| 재귀 함수 동작 과정

　다음과 같이 함수의 시작과 끝에 출력문을 삽입하면 재귀 함수의 동작 과정을 정확히 파악할 수 있다. 우선 main() 함수에서 dec(3)을 호출(그림 ①)하면, dec(3)에서 "start"를 출력하고, if 문이 참이므로 dec(2)를 호출(그림 ②)한다. dec(2)를 호출하면 비슷하게 "start"를 출력하고 dec(1)을 호출(그림 ③)한다. dec(1)에서는 if 문이 거짓이므로, "end"를 출력하고 함수를 종료하고 호출한 함수 dec(2)로 복귀(그림 ④)한다. 비슷하게 dec(2)에서도 "end"를 출력하고 dec(1)로 복귀(그림 ⑤)하고, dec(1)은 main() 함수로 복귀(그림 ⑥)한다.

```
void dec(int x) {
    printf("+start: x=%d\n",x);
    if( x > 1)
        dec(x-1);
    printf("-end: x=%d\n",x);
}
int main() {
    dec(3);
    return 0;
}
```

[실행결과]
```
+start: x=3
+start: x=2
+start: x=1
-end: x=1
-end: x=2
-end: x=3
```


| 주의사항: 종료 조건

수열의 점화식에서 초기 항이 없으면 수열이 제대로 정의되지 않는 것처럼, 재귀 호출에서 종료 조건이 없거나 잘못 지정되면 제대로 동작하지 않는다.

$$A_n = A_{n-1} + 2 \ , \ A_1 = 1 \qquad A_1이 \ 정의되지 \ 않으면 \ A_2의 \ 값을 \ 알 \ 수 \ 없다.$$

앞서 본 예제의 dec() 함수에서 종료 조건은 if 문에 의해 표현이 되는데, if 문이 거짓이 되는 조건(x의 값이 1보다 작거나 같은 경우)이 종료 조건이다. 아래와 같이 if 문이 없으면, 문법 오류는 없기 때문에 컴파일은 잘 되나, dec() 함수가 무한히 호출되어 런타임 오류가 발생한다. (어떤 오류가 발생하는 지 직접 코딩하여 실행시켜 보자.)

```
void dec(int x) {
    printf("x: %d\n", x);
    if( x > 1) dec(x-1);        ⇨ 종료 조건 (없으면 런타임 오류 발생)
}
int main() {
    dec(3);
    return 0;
}
```

[예제 13.3] 재귀 함수를 사용하여 1부터 n까지의 합을 계산하는 프로그램을 작성해보자.

- sum(n) = 1 + 2 + 3 + ⋯ + (n–1) + n 을 다음과 같이 점화식으로 표현할 수 있다.

$$sum(n) = sum(n-1) + n \quad (n > 1 \text{ 인 경우})$$
$$sum(1) = 1 \quad (n == 1 \text{ 인 경우})$$

➲ 위 점화식을 그대로 코드로 작성하면 된다. 왼쪽은 합을 저장하기 위해 변수 s를 사용하였고, 오른쪽은 합을 저장하지 않고 바로 반환하는 형태이다.

```c
int sum(int n) {
   int s;   // 합을 저장할 변수
   if( n == 1) s = 1;
   else s = sum(n-1) + n;
   return s;
}
int main() {
   printf("%d", sum(10) );
   return 0;
}
```

```c
/* 합 저장하지 않고 바로 반환하는 버전 */

int sum(int n) {
   if( n == 1)  return 1;
   return sum(n-1) + n;
}
int main() {
   printf("%d", sum(10) );
   return 0;
}
```

[예제 13.4] 재귀 함수를 이용하여 n!을 계산하는 프로그램을 작성하시오.

- n! = n * (n–1) * (n–2) * ⋯ * 2 * 1 을 다음과 같이 점화식으로 표현할 수 있다.

$$n! = n \times (n-1)! \quad (n > 1 \text{ 인 경우})$$
$$1! = 1 \quad (n == 1 \text{ 인 경우})$$

13.3 라이브러리 활용

C 언어에는 많은 표준 함수들이 구현되어 라이브러리로 제공된다. 라이브러리를 활용하여 다양한 기능을 구현할 수 있는데, 여기서는 대표적으로 많이 사용되는 난수 생성과 실행 시간 측정에 대해 알아본다.

| 난수 생성

난수란 정의된 범위 내에서 임의로 추출되는 수를 의미하는데, C 언어에서는 rand(), srand(), time() 함수를 이용하여 난수를 생성한다. rand() 함수는 난수를 생성하는 함수로 <stdlib.h>에 선언되어 있다. 이 함수는 0~RAND_MAX 사이의 임의의 수를 반환한다. (RAND_MAX 는 stdlib.h에 정의된 상수로 32767의 값을 가진다.)

```c
#include <stdio.h>
#include <stdlib.h>       ⇨ rand() 함수 사용을 위해

int main(){
  int i;

  for( i=0 ; i < 5 ; ++i)   ⇨ 5개의 난수 생성
    printf("%d\n", rand() );
  return 0;
}
```

[실행결과]
```
41
18467
6334
26500
19169
```

위 프로그램을 여러 번 수행해보면, 결과는 항상 동일하게 나온다. rand() 함수는 시드(seed)라 불리는 값에 의해 이 후 생성되는 값이 결정되는데, 결과가 항상 동일하게 나오는 이유는 시드 값이 동일하기 때문이다. 이 시드 값을 변경해 주기 위해서는 srand() 함수를 이용한다. 이 함수 역시 <stdlib.h>에 선언되어 있다. 아래와 같이 rand()를 호출하기 전에 srand() 함수를 호출하여 시드 값을 변경한다. 보통 시드 값은 한 번만 지정한다. 아래 코드에서 srand() 함수의 인자를 변경해가면서 실행시켜보자.

```c
#include <stdio.h>
#include <stdlib.h>       ⇨ rand() 함수 사용을 위해

int main() {
  int i;
  srand(10);              ⇨ 시드를 10으로 지정
  for( i=0 ; i < 5 ; ++i)   ⇨ 5개의 난수 생성
    printf("%d\n", rand() );
  return 0;
}
```

[실행결과]
```
71
16899
3272
13694
13697
```

시드 값이 같으면 생성되는 수들이 동일하다. 따라서 위와 같이 프로그램에서 시드 값을 특정한 수로 지정하면, 생성되는 수들이 동일하여 우리가 원하는 목적에 부합하지 않는다. 그래서 srand의 인자를 지정하기 위해 보통 아래 코드와 같이 time() 함수를 이용한다. <time.h>에 선언되어 있는 time() 함수는 현재 시스템의 시간에 의해 결정되는 정수를 반환한다. 따라서 실행할 때 마다 다른 시드 값이 지정되어, 실행할 때마다 다른 값들이 난수로 생성된다.

```c
/* 난수 생성 예제 */
#include <stdio.h>
#include <stdlib.h>          ⇨ rand() 함수 사용을 위해
#include <time.h>            ⇨ time() 함수 사용을 위해

int main() {
   int i;
   srand( time(NULL) );      ⇨ 시드를 현재 시간으로 지정
   for( i=0 ; i < 5 ; ++i)   ⇨ 5개의 난수 생성
      printf("%d\n", rand() );
   return 0;
}
```

[실행 결과] 실행할 때 마다 달라짐

[예제 13.5] 0부터 100 사이의 난수를 5개 출력하는 프로그램을 작성하시오.
 - 실행할 때 마다 다른 값이 나와야 한다.
 - (hint) 난수로 생성된 값을 0~100사이로 바꾸기 위해 나머지 연산자(%)를 활용하라.

다음은 위 실습에서 조금 더 일반화 시킨 것으로 [min, max) 사이(min 값은 포함, max 값은 불 포함)의 난수 하나를 생성하는 함수이다. 앞서 나머지 연산자를 사용하는 방식보다 이 방식을 권장한다. 다음 프로그램에서 rand_num에 대입되는 수식(라인 7)에서 각 연산의 대략적인 의미는 다음과 같다.

$$rand() / ((double)RAND\_MAX + 1) * (max-min) + min$$

① rand() : 0~RAND_MAX 사이의 임의의 정수 생성

② / ((double)RAND_MAX+1) : 생성된 정수를 0~1 사이의 소수로 변환

③ * (max-min) : 0~1 사이의 소수를 0~(max-min) 사이의 값으로 변환

④ + min : 수를 min 만큼 이동시켜, min~max 사이의 수로 변환

프로그램 13-1 **min ~ max 사이의 난수 생성**

```
1: #include <stdlib.h>   // rand() 함수 사용을 위해
2: #include <time.h>      // time() 함수 사용을 위해
3:
4: int random_num(int min, int max){
5:    int rand_num;
6:    srand( time(NULL) );
7:    rand_num = rand() / ((double)RAND_MAX + 1) * (max-min) + min;
8:    return rand_num;
9: }
```

| 실행 시간 측정

C 언어에서는 시간 관련 함수를 사용하여 프로그램이 실행되는데 필요한 시간을 측정할 수 있다. 다음은 <time.h>에 선언된 clock() 함수를 이용하여 시간을 측정하는 전형적인 프로그램이다. clock() 함수는 호출 당시의 시스템 시간을 CLOCKS_PER_SEC (time.h에 정의된 상수) 단위로 반환하는데, 초 단위의 시간을 얻기 위해서는 clock() 함수에 의해 측정된 시각을 CLOCKS_PER_SEC로 나누면 된다.

프로그램 13-2 **실행 시간 측정**

```
1: #include <stdio.h>
2: #include <time.h>             // clock() 함수 사용을 위해
3:
4: int main() {
5:    clock_t start, finish;
6:    double  duration;
7:
8:    start = clock();          // 시작 시각
9:    ...                        // 수행시간을 측정하고자 하는 코드
10:   finish = clock();         // 종료 시각
11:
12:   duration = (double)(finish-start) / CLOCKS_PER_SEC;
13:   printf("실행 시간: %lf 초\n", duration);
14:
15:   return 0;
16: }
```

13.4　main() 함수의 인자

　함수는 호출자와 정보 교환을 위해 인수와 반환 값을 가진다. 그러면 main() 함수는 어떨까? main() 함수의 인자와 반환 값은 누가 제공하고 사용할까? 이 절에서는 이에 대한 궁금증을 풀어보도록 하자.

　프로그램 내부에서 함수끼리 정보 교환을 하듯이, OS와 프로그램 사이에서도 정보 교환이 필요할 때가 있다. 프로그램이 실행될 때 가장 먼저 실행되는 함수는 main() 함수이다. 그래서 OS와 프로그램 사이의 정보 교환은 main() 함수, 구체적으로 main() 함수의 인자와 반환 값이 그 역할을 담당한다. OS와 프로그램 사이의 정보 교환 형식은 정해져 있다. 반환 값의 경우, 지금까지 본 것처럼 정수 반환이 기본 형식이다. 물론 main() 함수의 반환형을 void로 선언하여 값을 반환하지 않을 수도 있지만, 이는 표준이 아니다. (어떤 컴파일러는 main() 함수의 반환형이 'int'가 아니면 컴파일 오류로 처리한다.)

　main() 함수의 인자 형식 역시 표준으로 정해져 있다. main() 함수의 인자 형식에 대해 학습하기 전에, 우선 OS가 프로그램에 인자를 전달하는 방법과 전달되는 정보의 형태에 대해 알아보자. (여기서 다루는 내용은 OS에 대한 것으로 가장 기본적인 내용만 설명한다.) 명령 프롬프트 환경에서 프로그램을 실행시키기 위해서는 실행 파일의 이름을 입력해야 하는데(1.2절 참조), 인자는 프로그램 이름 뒤에 연달아 입력한다. 예를 들어 메모장의 실행 파일 이름은 "notepad"인데, 명령행에 "notepad 소스.c"라고 입력하고 [Enter]키를 치면, OS는 메모장 프로그램을 실행시키면서 입력된 문자열을 메모장 프로그램에 전달하고, 메모장 프로그램은 인자로 전달된 "소스.c"라는 이름의 파일을 연다.

<pre>
c:\> <u>notepad</u>　　<u>소스.c</u>
</pre>

　　　⇨ 2개의 문자열 "notepad"와 "소스.c"가 메모장 프로그램에 전달

　즉, OS에서는 사용자가 프로그램 실행 시 입력한 문자열을 프로그램에 인자로 전달한다. 위 예의 경우, OS는 사용자가 입력한 문자열 "notepad 소스.c"를 메모장 프로그램에 전달하는데, 좀 더 정확히 얘기하면 입력된 문자열을 공백으로 구분하여 "notepad"와 "소스.c" 두 개의 문자열을 전달한다. 다른 예로, "show"라는 프로그램을 다음과 같이 실행시켰다면, 3개의 문자열 "show", "aaa", "bbb"를 인자로 전달한다.

```
c:\> show  aaa  bbb
```
⇨ 프로그램 이름을 포함하여 3 개의 문자열 "show", "aaa", "bbb"가
　프로그램 show에 전달

OS에 의해 전달되는 다수의 문자열은 10.4절에서 학습했던 '문자열 포인터 배열' 형식으로 저장된다. 그래서 main() 함수의 인자는 포인터 배열과 이 배열의 크기를 나타내는 정수이다. 예제를 통해 구체적으로 알아보자. 다음은 OS가 인자로 전달한 문자열들을 화면에 그대로 출력하는 프로그램이다.

프로그램 13-3　main() 함수의 인자 출력

```c
 1: #include <stdio.h>
 2:
 3: int main( int argc, char *argv[] ) {
 4:    int i;
 5:
 6:    for( i = 0; i < argc; ++i )
 7:       printf("%d: %s\n", i, argv[i] );
 8:
 9:    return 0;
10: }
```

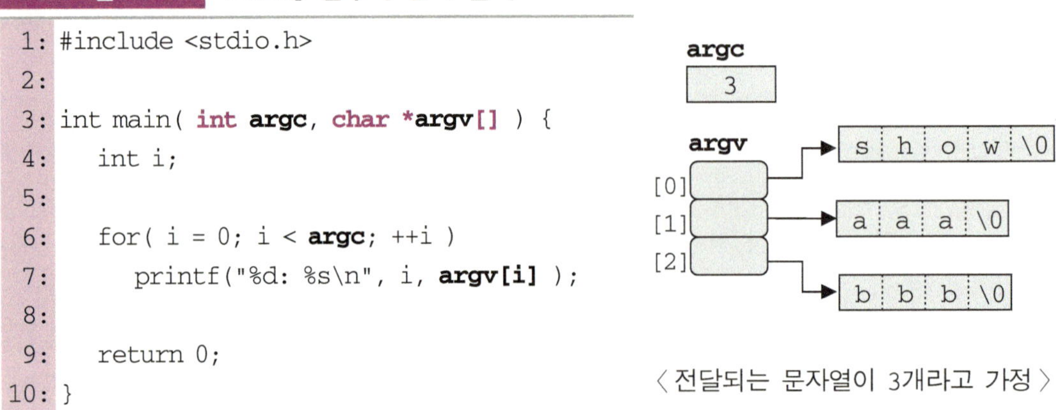

〈 전달되는 문자열이 3개라고 가정 〉

➲ main() 함수는 다음 두 개의 형식인자를 가진다. 전통적으로 argc와 argv를 형식인자 이름으로 많이 사용하나, 다른 이름을 사용해도 무방하다.

▸ **int argc** : 전달된 문자열의 개수
▸ **char *argv[]** : 전달된 문자열을 가리키는 포인터 배열 (10.4절에서 학습)

다음은 위 프로그램의 이름이 "show"이고, "C:\" 폴더에 있을 때, 명령 프롬프트에서 실행시킨 몇 가지 예시이다.

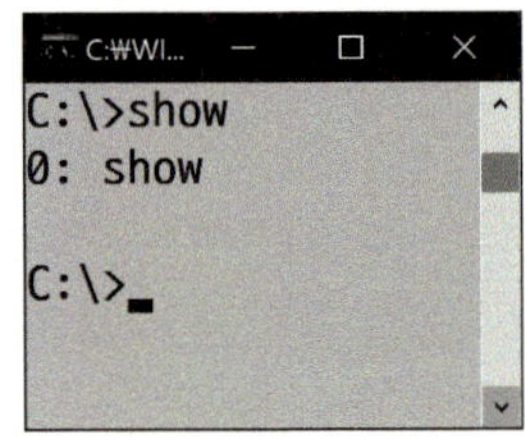

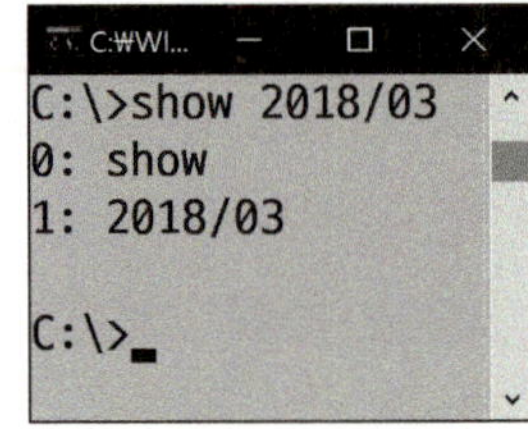

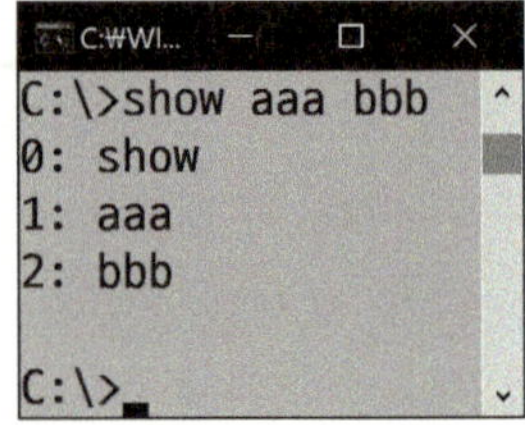

13.5　const 키워드

　변수는 기본적으로 프로그램 중간에 값을 마음대로 변경할 수 있다. 하지만 프로그래밍을 하다보면, 변수 값을 중간에 변경하지 못하게 하길 원하는 경우가 있다. 이런 경우 프로그래머가 변수 값을 변경하지 않도록 신경 써서 프로그램을 작성해도 되지만, 변수 변경을 강제로 방지하는 'const' 키워드를 이용하면 효율적이다. 아마 여러분은 이런 상황이 왜 필요한 지 잘 이해되지 않을 텐데, 일단 이런 문법적 장치가 있다는 것만 기억하고 가볍게 보자. 나중에 큰 프로그램을 작성하고 프로그래밍 수준이 높아지다 보면 필요성을 자연스럽게 깨닫게 될 것이다.

| 기본 사용법 및 효과

　'const'는 변수를 상수(constant)로 만드는데 사용하는 키워드이다. 예를 통해 이 키워드의 기본적인 사용법과 효과를 알아보자. 아래는 원의 둘레를 계산하는 코드로, 계산에 사용되는 원주율을 pi에 저장하였다. 원주율은 고정된 값이기 때문에, 변수 pi 선언 시 맨 앞에 const를 붙여 값을 변경할 수 없도록 하였다. 이렇게 const를 붙이면 프로그래머가 실수로 pi 값을 중간에 변경하는 것을 미연에 방지할 수 있다.

```
const double pi = 3.14;        ⇨ 변수의 상수화 (반드시 초기화해야 함)
double r = 2.5;

printf("반지름이 %.1f인 원의 둘레는 %.2f이다.\n", r, 2*pi*r );
```

　키워드 const는 보통 자료형 앞에 적어주는데, 자료형 다음에 적어도 무방하다. 다만, const 키워드가 붙은 변수는 도중에 값을 대입할 수 없기 때문에, 반드시 선언과 동시에 초기화를 해주어야 한다.

[const를 이용한 변수의 상수화]

const double **pi = 3.14**;

보통 자료형 앞에 붙임　　　　　　반드시 선언과 동시에 초기화

　키워드 const가 붙은 변수에 선언 후 값을 대입하려고 하면 컴파일 오류가 발생한다. (코드를 직접 컴파일하여 어떤 내용의 오류가 발생하는지 스스로 확인해보자.)

```
const double pi = 3.14;

pi = 3;
```
⇨ 컴파일 오류: 상수화 된 변수에는 값 대입 불가능

키워드 const는 위와 같이 특정 상수 값을 저장하고 있는 변수의 값이 변경되는 것을 막기 위해 사용되기도 하지만, 함수의 인자에도 자주 사용된다. 10장 문자열 단원에서 공부했던 strcpy() 함수 원형의 두 번째 형식인자에 const 키워드가 사용되었는데, 이는 형식인자 src를 전달받은 실인자로 초기화 하고 이 후에는 이 함수에서 두 번째 인자를 변경하지 않는다는 것을 의미한다. 반면, 첫 번째 인자에는 const 키워드가 사용되지 않았는데, 이는 이 함수가 첫 번째 인자를 변경할 수 있음을 의미한다.

```
char *strcpy( char *dest, const char *src );
```
변경 가능성 있음 ⟶   ↖ 변경되지 않음을 보장

이렇게 함수의 인자에 붙은 const 키워드는 일종의 의사소통 수단의 역할을 한다. strcpy() 함수를 사용하는 프로그래머는 이 함수가 전달 받은 두 번째 인자를 변경하지 않는다는 것을 const 키워드를 통해 확신할 수 있다. (정확히 어떤 것을 변경하지 않는지는 바로 다음에 설명한다.)

| 포인터 변수에 사용된 const 키워드

strcpy() 함수에서 const 키워드가 사용된 인자의 자료형은 포인터이다. 포인터는 다른 자료형과 달리 관여되는 변수가 두 개다. 하나는 포인터 변수 자체이고, 다른 하나는 포인터가 가리키는 변수이다. 그러면 const 키워드를 붙이면 어떤 변수를 상수로 만들라는 의미일까? 정답은 선언 형태에 있다. 아래 선언은 '*p'가 const int형이라는 의미이다. 즉, **p**가 가리키는 것**(*p)**이 정수형이고 상수화 된다는 뜻이다.

```
int a = 10, b;
const int *p = &a ;
```
⇨ ***p** 를 상수화

```
*p = 20;
a = 20;
p = &b;
```
⇨ 컴파일 오류: p가 가리키는 변수(즉, *p)에는 대입 불가능
⇨ 정상 (변수 a 자체를 상수화 하지는 않았음)
⇨ 정상 (변수 p 자체를 상수화 하지는 않았음)

따라서 위와 같이 선언된 후에, '*p'에 값을 대입하려고 하면 컴파일 오류가 발생한다. 하지만, p를 이용한 간접 참조로 값을 변경할 수 없다는 의미이지, p가 가리키는 변수 a 자체를 상수화 하라는 의미는 아니다. 따라서 'a = 20'과 같이, a의 값을 직접 변경하는 것은 가능하다. 또한, 변수 p 자체를 상수화 하라는 의미도 아니기 때문에, 변수 p의 값을 변경하는 것도 가능하다.

만약, 변수 p 자체를 상수로 만들려면 의미 그대로 p 앞에 const를 붙여주면 된다. 이 경우는 p를 상수화 하는 것이므로, *p 에는 자유롭게 값을 대입할 수 있다.

```
int a = 10, b;
int * const p = &a ;        ⇨ 변수 p를 상수화

*p = 20;          ⇨ 정상 (p를 이용한 간접 참조로 값 대입 가능)
p = &b;           ⇨ 컴파일 오류 (변수 p는 상수화 되어 대입 불가능)
```

물론, 둘 다 상수화 하는 것도 가능하다.

```
int a = 10, b;
const int * const p = &a ;   ⇨ *p 와 p 모두 상수화

*p = 20;          ⇨ 컴파일 오류
p = &b;           ⇨ 컴파일 오류
```

다시 strcpy() 함수로 돌아가서, 형식인자 src에 const 키워드가 붙어 있는데, 변수 src 자체를 상수화 하는 것이 아니라 src가 가리키는 문자열(즉, *src)을 상수화 하는 것임을 알 수 있다.

```
char *strcpy( char *dest, const char *src );
```

왜 이렇게 하는 것일까? 만약 main() 함수에서 strcpy를 호출했다고 가정하자. main() 함수는 복사할 원본 문자열을 strcpy()에 전달해주는데, strcpy() 함수가 이 문자열을 훼손하는 것을 원하지 않는다. 반면, 변수 src 자체는 strcpy() 함수의 지역 변수이므로, main() 함수에서는 src 변수가 변경되든 말든 아무 상관이 없다.

13.6 배열 포인터와 다차원 배열

여러분은 지금까지 다양한 자료형을 가리키는 포인터에 대해서 배웠다. int를 가리키는 int 포인터, 구조체를 가리키는 구조체 포인터, 심지어 포인터를 가리키는 다중 포인터에 대해서도 학습하였다. 이 절에서는 배열을 가리키는 '배열 포인터'에 대해 학습한다. 이미 9.3절에서 배웠다고 생각할 수도 있는데, 9.3절에서 배운 것은 배열을 가리키는 포인터가 아니라 0번 원소를 가리키는 포인터로, 이 절에서 배울 배열 포인터와는 전혀 다르다.

| 배열 포인터

일차원 int 배열 ar[5]에서 배열의 이름 ar은 0번 원소의 주소(즉, &ar[0])를 의미한다. 그러면 배열 변수의 이름에 주소 연산자를 붙인 &ar은 무엇을 의미할까? 일반 int 형 변수 이름에 주소 연산자를 붙이면 그 변수의 시작 주소를 의미하는 것과 동일하게, 배열 변수 이름에 주소 연산자를 붙이면 '배열'의 시작 주소를 나타낸다. (여기서 '배열'은 배열 전체를 의미한다.)

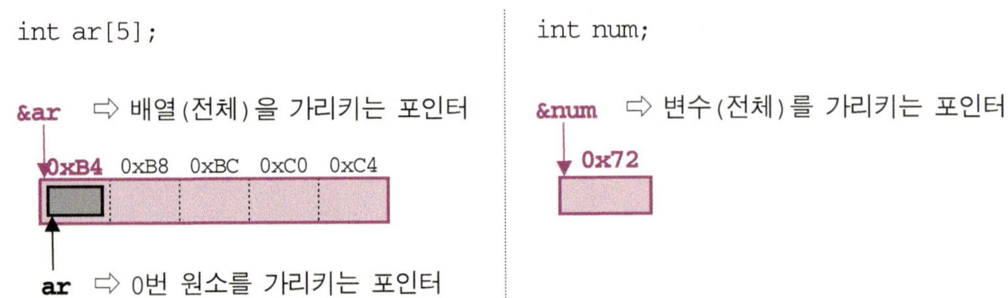

배열을 가리킨다는 것과 0번 원소를 가리킨다는 것의 차이를 좀 더 자세히 살펴보자. 배열의 시작 주소와 0번 원소의 주소 값은 동일(위 예에서는 0xB4)하지만, 두 주소가 나타내는 자료형은 전혀 다르다. 위에서 **&ar**은 '**크기가 5인 int 배열**'을 가리키는 포인터이고, **ar**은 하나의 '**int 변수**'를 가리키는 포인터(즉, ar의 자료형은 &num과 동일)이다. 이와 같이 **배열을 가리키는 포인터를 '배열 포인터'**라고 하는데, 이 자료형을 C 언어로 표시하면 다음과 같다. 참조 연산자 기호가 중간에 들어가 조금 복잡해 보이는데, int [5]가 하나의 묶음이기 때문에 참조 연산자 기호에 소괄호 ( )를 붙여야 한다.

하나의 정수(**int**)를 가리키는 포인터(*****)   ⇨ **int ***

크기가 5인 **int** 배열(**int [5]**)을 가리키는 포인터(*****)   ⇨ **int (*) [5]**

   배열 포인터 변수를 선언하여 지금까지 학습한 내용을 확인해보자. 다음은 배열 이름과 배열 변수의 주소를 저장하는 포인터 변수를 선언하여 각각 연결하는 코드와 연결 후의 메모리 그림이다.

```
int ar[5]= {2, 3, 5, 7, -1 }, *p;    ⇨ int 배열과 int 포인터 선언
int (*px)[5];                        ⇨ int [5]에 대한 포인터 선언(배열 포인터)
```

p = ar;   ⇨ 자료형 일치: int형에 대한 포인터 'int *'

px = &ar;   ⇨ 자료형 일치: int [5]형에 대한 포인터 'int (*)[5]'

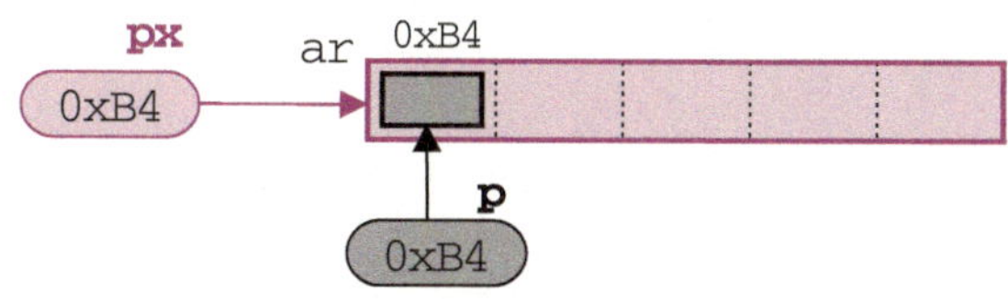

   다음과 같이 int 포인터 변수인 p에 배열 변수의 주소를 대입하려 하면, 자료형이 일치하지 않는다는 컴파일 경고 또는 오류가 발생한다.

p = &ar;   ⇨ 자료형 불일치: 컴파일 경고 or 오류

[VS 2017 컴파일 결과]
error C2440: '=': 'int (*)[5]'에서 'int *'(으)로 변환할 수 없습니다.

   자료형에서 소괄호를 빼면 연산자 우선순위에 의해 다른 자료형을 나타내므로 주의해야 한다. 다음은 소괄호를 붙였을 때와 안 붙였을 때, 자료형이 어떻게 다르게 해석되는 지를 보여준다. 배열의 첨자 연산자 [ ]는 간접 참조 연산자 * 보다 우선순위가 높아서, 두 번째 변수 par의 자료형은 크기가 5이고 각 원소의 자료형은 'int *'인 배열이다. 즉, par는 이미 9.6절에서 학습한 바 있는 포인터들의 배열(포인터 배열)이다. (무조건 암기보다는 연산자의 의미와 적용 순서 이해를 통해 두 자료형의 표기법을 숙지하자.)

```
int (*px)[5];    ➜  int ( *px ) [5] ;
                 ⇨ px는 포인터, 가리키는 대상은 'int [5]'형
                    배열을 가리키는 포인터 (배열 포인터)

int *par[5];     ➜  int * ( par[5] ) ;
                 ⇨ par는 크기가 5인 배열, 원소는 'int *'형
                    포인터들의 배열 (포인터 배열)
```

포인터 자료형이 다르다는 것은 실질적으로 어떤 차이가 있을까? 9장에서 학습했듯이, 포인터 자료형의 크기는 포인터 종류에 관계없이 모두 동일한데(보통 4 바이트), 포인터 자료형을 구분하는 이유는 포인터를 배열처럼 사용하기 위해서이다. 구체적으로 포인터의 값을 증가시켜보면, 'int *'는 4씩 증가하는데 반해, 'int (*)[5]'는 배열 전체 크기인 20바이트씩 증가한다.

```
int ar[5]= {2, 3, 5, 7, -1}, *p = ar;
int (*px)[5] = &ar;

printf("%p %p %p\n", p, p+1, p+2);      ⇨ 'int *'의 증가량
printf("%p %p %p\n", px, px+1, px+2);   ⇨ 'int (*)[5]'의 증가량
```

[실행결과]

```
001E40B4 001E40B8 001E40BC   ⇨ 4씩 증가
001E40B4 001E40C8 001E40DC   ⇨ 20씩 증가 (16진수임에 유의)
```

다차원 배열에 대한 이해

일차원 int 배열 a[5]에서 배열 이름 a의 자료형은 'int *'인데, 2차원 int 배열 b[3][5]에서 배열 이름 b의 자료형은 무엇일까? 2차원이니까 이중 포인터인 'int **'일까? 2차원 배열 동적 할당에서 이차원 배열 이름에 해당하는 자료형이 이중 포인터여서 (12.3절 참조) 이와 같이 생각하기 쉬운데, 답은 이중 포인터가 아니라 앞서 배운 배열 포인터인 'int (*)[5]'이다. 언뜻 잘 이해가 되지 않을 텐데, 이를 포함하여 다차원 배열에 대해 차근차근 알아보자.

```
int a[3];        ⇨ 일차원 배열 이름 a 의 자료형은 'int *'

int b[3][5];     ⇨ 이차원 배열 이름 b 의 자료형은 'int (*)[5]'
```

배열 단원(7장)에서 다차원 배열을 단순히 첨자가 여러 개인 배열로 소개했는데, 구조적으로 보면 **다차원 배열은 배열을 배열로 확장한 자료형**이다. 예를 들어, 이차원 배열 int b[3][5]는 '크기가 5인 일차원 int 배열'을 3개 붙여서 만든 배열이다. 자료형 선언에 두 개의 첨자 연산자 [ ][ ] 가 사용되었는데, 연산자 적용 순서에 따라 해석되는 방식에 주목하자. (그림에서 2차원 배열을 2차원으로 표현하지 않고 일렬로 표현했는데, 실제 메모리에서도 이와 같이 일렬로 연속적으로 할당된다.)

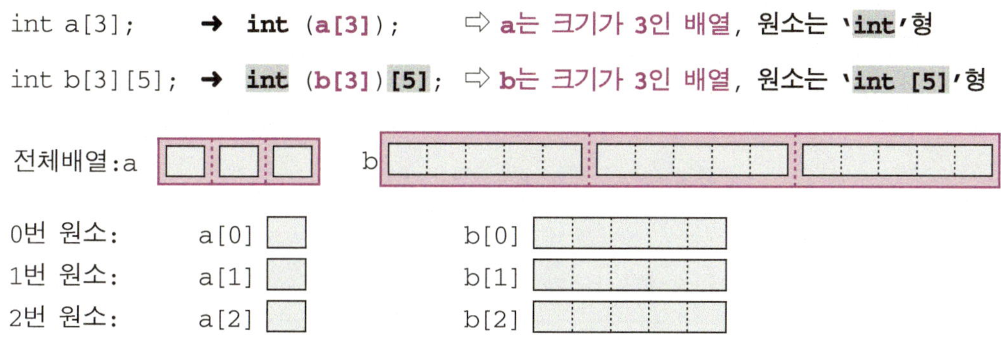

위 그림에서 볼 수 있듯이, b[0]은 크기가 5인 int 배열을 나타낸다. 그러면, 배열 이름 b[0]의 자료형은 무엇일까? b[0]은 배열이라는 점에 주목하자. 배열에서 배열 이름은 해당 배열의 0번 원소의 주소를 의미하므로, b[0]은 b[0][0]의 주소, 즉 &b[0][0]이다. 따라서 **b[0]의 자료형은 'int *'**이다(b[1]와 b[2]도 동일). 다음으로 배열 b의 자료형을 알아보자. 배열 이름 b는 배열 b의 0번 원소 b[0]의 주소, 즉 &b[0]이다. 따라서 **배열 이름 b의 자료형은 &b[0]의 자료형인 'int (*)[5]'**이다. (b[0]을 하나의 배열 변수 X로 바꿔서 생각하면 위 내용을 이해하기가 좀 더 쉬울 것이다.)

```
int b[3][5];
```

b[0] ⇨ **& b[0] [0]**   (배열 **b[0]**의 0번 원소의 주소)
　　　　따라서 자료형은 **'int *'**

b　　⇨ **& b [0]**   (배열 **b**의 0번 원소의 주소)
　　　　따라서 자료형은 **'int (*)[5]'**

마지막으로, 이차원 배열 변수 b의 주소의 자료형은 무엇일까? 일차원 배열에 적용했던 내용을 그대로 이차원 배열에 적용하면 된다.

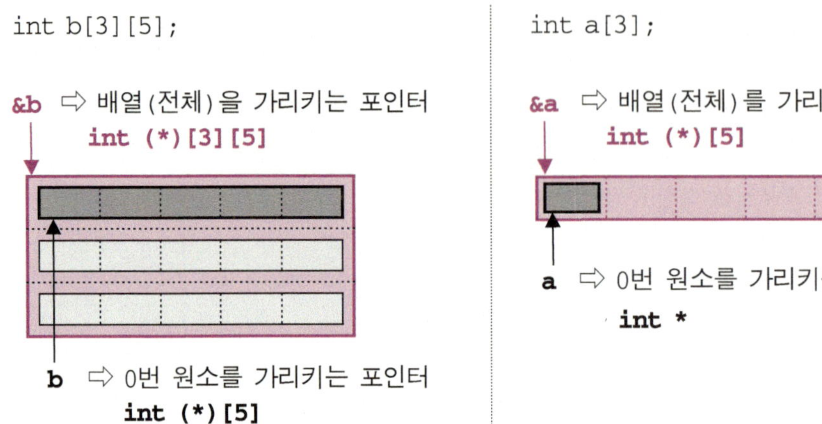

[예제 13.6] 이차원 배열 b[3][5]이 선언되었을 때, 적절한 포인터 변수를 선언하여 다음 값을 대입하는 코드를 작성해보자.

대입할 값: &b[1][3], b[2], &b[2], b, &b

```
/* 배열 포인터 자료형 이해 */
int b[3][5];

int *p, (*px)[5], (*py)[3][5];

p = &b[1][3];      ⇨ &b[1][3]은 'int'형에 대한 포인터: 'int *'형

p = b[2];      ⇨ b[2]는 &b[2][0]이므로, b[2]는 'int *'형
px = &b[2];    ⇨ &b[2]는 'int [5]'형에 대한 포인터: 'int (*)[5]'형

px = b;        ⇨ b는 &b[0]이므로, b는 'int (*)[5]'형
py = &b;       ⇨ &b는 'int [3][5]'형에 대한 포인터: 'int (*)[3][5]'형
```

| 다차원 배열과 함수

포인터 단원(9.5절)에서 일차원 int 배열을 함수의 인자로 전달하는 것은 결국 int 포인터를 전달하는 것이라는 것을 학습했었다. 여기서는 다차원 배열을 인자로 전달하는 것에 대해 상세히 알아보자. 함수 단원(8.5절)에서 학습했듯이, 2차원 배열을 함수 인자로 전달할 때 형식인자의 첫 번째 첨자는 다음 예처럼 생략하거나(int x[][5]), 첫 번째 첨자를 명시해도 의미를 가지지 않는다.

```
void init( int x[][5] ) {    ⇨ 전달된 주소 값을 저장하는 형식인자
  ...
}
int main() {
  int b[3][5];

  init( b );           ⇨ 이차원 배열 이름 전달
  ...
}
```

여러분은 이차원 배열 변수 b의 자료형은 'int (*)[5]'라고 배웠다. 그럼, 형식인자에서 사용된 'int [][5]'은 무엇일까? 이 둘은 모두 크기가 5인 일차원 배열에 대한 포인터를 나타내는 자료형으로, 표기법만 다를 뿐 문법적으로나 의미적으로 완전히 동일한 자료형이다. 'int [][5]'는 배열 형태를 강조한 표기법으로, 함수의 형식인자에서만 포인터를 의미하고, 함수 안의 선언문에서 사용되면 의미가 달라진다(7.4절의 이차원 배열 초기화 참조).

```
/* 이차원 배열 인자 : 배열 표기 */       /* 이차원 배열 인자: 포인터 표기 */
void init( int x[][5] ) {          =   void init( int (*x)[5] ) {
  ...                                     ...
}                                      }


/* 일차원 배열 인자 : 배열 표기 */        /* 이차원 배열 인자: 포인터 표기 */
void init( int a[] ) {             =   void init( int *a ) {
  ...                                     ...
}                                      }
```

결국, 배열의 차원이나 크기에 관계없이, 배열 이름을 전달한다는 것은 곧 4바이트 크기(시스템에 따라 다를 수 있음)의 주소를 전달한다는 의미이다. 그리고 배열 원소 접근에 필요한 배열 크기나 차원에 대한 정보는 모두 포인터의 자료형에 표현된다.

마지막으로 흔히 사용되지는 않지만, 위에서 배운 내용을 응용하는 의미에서 배열 포인터를 반환하는 형태에 대해 간단히 살펴보자. 예를 들어, 위에서 본 예시의 init 함수에서 x를 반환하려면 어떻게 해야 할까? 함수 내부에서는 간단히 return x; 를 하면 된다. 문제는 함수 헤더에 반환 값의 자료형을 표기하는 것인데, 처음 보면 굉장히 당황스러울

정도로 복잡해 보인다. 하지만, 변수 선언과 비교해서 보면 어렵지 않게 이해가 될 것이다. 변수 선언 형태에서 변수 이름 대신 함수의 이름과 인자를 적으면 된다.

```
int (*px)[5];                        ⇨ 배열 포인터 변수 선언 형식 예

int (*func1())[5]{ … }               ⇨ 인자는 없고 배열 포인터를 반환하는 함수 예

int (*init( int (*x)[5] ))[5]{ … }   ⇨ 하나의 배열 포인터를 인자로 가지고,
                                        배열 포인터를 반환하는 함수 예
```

13.7 void 포인터와 함수 포인터

지금까지 int 포인터, char 포인터, 구조체 포인터, 다중 포인터, 배열 포인터 등 다양한 포인터 자료형에 대해 학습하였다. 이 절에서는 void 포인터와 함수포인터에 대해 학습한다.

주소는 모두 4바이트(시스템에 따라 다를 수 있음)로 표현되는데, 왜 이렇게 다양한 포인터 자료형이 필요할까? 포인터는 자신의 크기보다 가리키는 대상 자료형이 무엇인지가 중요하고, 포인터 자료형의 종류는 모두 어떤 자료형을 가리키느냐에 따라 결정된다. 다양한 포인터가 필요한 이유는 크게 두 가지이다.

1. 간접 참조: 포인터로 간접 접근할 때, 포인터 자료형은 시작주소에서 몇 바이트까지가 해당 자료형을 나타내는지에 대한 정보를 제공한다. int 포인터라면 시작주소부터 4바이트, char 포인터라면 1바이트가 해당 자료형의 크기이다.
2. 포인터 연산: 포인터의 증감 연산은 포인터를 배열처럼 사용하기 위해 필요하다. 이때, 메모리에서 다음 원소의 위치를 알려면 증감 연산의 단위가 정해져야 한다. 예를 들어, int 포인터는 4바이트씩 증가하여, 배열의 다음 원소의 위치를 알 수 있다.

| void 포인터

'void *' (void 포인터)는 자료형이 지정되지 않았음을 의미하는 특별한 포인터로, 모든 자료형을 가리킬 수 있다. 하지만, 위에서 설명했듯이 간접 참조나 증감 연산을 위해서는 대상 자료형의 크기가 정해져 있어야 하므로, void 포인터에 대한 간접 참조나 증감 연산을 할 수 없고, 이를 수행하기 위해서는 형변환이 필요하다.

　간단한 코드를 통해 위 내용을 확인해보자. void 포인터에는 어떤 포인터를 대입해도 된다.

```
void *p;
int i, *ip;
char c, *cp;

p = &i;        ⇨ void 포인터에 int 포인터 대입: 정상적으로 컴파일됨
p = &c;        ⇨ void 포인터에 char 포인터 대입: 정상적으로 컴파일됨
```

　반면, 대상 자료형이 정해진 포인터(예를 들면, int 포인터, char 포인터 등)는 자료형이 일치하지 않으면 대입 시 컴파일 경고 또는 오류가 발생한다.

```
ip = &c;       ⇨ int 포인터에 char 포인터 대입: 컴파일 경고 또는 오류
cp = &i;       ⇨ char 포인터에 int 포인터 대입: 컴파일 경고 또는 오류
```

[VS 2017 컴파일 결과]
error C2440: '=': 'char *'에서 'int *'(으)로 변환할 수 없습니다.
error C2440: '=': 'int *'에서 'char *'(으)로 변환할 수 없습니다.

　다음은 void 포인터 연산에 대한 코드이다. void 포인터에 대한 연산은 정의가 되지 않아 컴파일 오류가 발생한다. **간접 참조나 증감 연산은 오로지 p의 자료형에 의해 결정되지, p가 실제로 가리키는 변수의 자료형이 무엇인지는 중요하지 않다.** 즉, 아래에서 p가 x[0]을 가리키는데, x[0]의 자료형은 p에 대한 포인터 연산에 아무런 영향을 미치지 못한다.

```
int x[2] = {4, 8};
void *p = x ;          ⇨ p에 x[0]의 주소를 대입

printf("%d ", *p );    ⇨ 간접 참조: 컴파일 오류
p = p+1 ;              ⇨ 증감 연산: 컴파일 오류
```

[VS 2017 컴파일 결과]
error C2100: 간접 참조가 잘못되었습니다.
error C2036: 'void *': 알 수 없는 크기입니다.

　형변환을 하면 void 포인터도 연산이 가능하다. 아래에서는 int 포인터로 형변환을 했다. 즉, p가 가리키는 변수를 int형으로 해석하여 연산을 한다.

```
printf("%d ", *(int *)p );        ⇨ 형변환: 대상 자료형을 int 형으로 해석
p = (int *)p + 1;
printf("%d ", *(int *)p);
```

[실행결과]

```
4 8
```
⇨ x[0]과 x[1]의 값

　void 포인터가 실질적으로 사용된 예는 12.2절에서 배운 동적 할당 함수 malloc()에서였다. malloc() 함수에서는 할당한 메모리를 어떤 자료형으로 사용할지 모르기 때문에 반환 값의 자료형을 'void *'로 하고, malloc을 호출한 함수에서 필요에 따라 형변환을 사용하도록 한 것이다.

```
int *p = NULL;

p = (int *) malloc( 5*sizeof(int) );    ⇨ 형변환하여 사용
```

| 함수 포인터

　변수가 메모리에 할당되어 주소를 가지듯이, 함수의 코드도 메모리를 차지하고 주소를 가진다. 따라서 **함수를 가리키는 포인터**도 가능한데, 이를 **'함수 포인터'**라고 한다. 함수를 가리킨다는 것이 무슨 의미이고 왜 필요한지 잘 와 닿지 않을 텐데, 이에 대한 내용은 이 책의 범위를 벗어나므로, 여기서는 간단히 함수 포인터의 기본적인 내용에 대해서만 소개한다.

　우선 함수 포인터를 선언하고 연결하는 예를 살펴보자. 함수에서 함수 이름은 함수의 주소를 나타내는 포인터이다.

```c
int add(int a, int b) {
    return a+b;
}


int main() {
    int (*fp)(int, int);        ⇨ 함수 포인터 선언(아래 보충 설명 참조)
    fp = add;                   ⇨ 연결 (아래 보충 설명 참조)

    printf("%d\n", add(2,3));
    printf("%d\n", fp(1,5));    ⇨ 간접 함수 호출(아래 설명 참조)
    return 0;
}
```

[실행결과]

```
5                    ⇨ add() 함수의 반환 값
6                    ⇨ fp() 함수의 반환 값
```

- **int (*fp)(int, int);**　⇨ 함수 포인터 변수 fp를 선언하는 문장이다. 포인터라는 것을 나타내기 위해 참조 연산자가 사용된 것을 제외하면 함수 원형 선언과 동일한 형태이다. 다만, 인자를 명시하는 괄호 연산자 ( )의 우선순위가 참조 연산자 * 보다 높기 때문에, 우선순위를 바꿔주기 위해 (*fp)와 같이 참조 연산자에 괄호를 붙였다.

- **fp = add;**　⇨ 변수 fp에 add 값을 대입하는 문장이다. add는 함수 이름인데, 함수 이름은 함수의 주소를 나타낸다. 즉, 이는 포인터 변수 fp에 add() 함수의 주소를 대입하라는 의미의 문장이다. add에 주소 연산자를 붙여도 의미는 동일하다.

      fp = add;　⇔　fp = &add;

- **fp(1,5)**　⇨ 파일 포인터를 이용한 간접 함수 호출이다. fp가 포인터이므로, 다음과 같이 참조 연산자를 사용하는 것이 더 의미적으로 맞는 형태이지만, 함수 호출의 경우에는 참조 연산자를 생략해도 동일한 의미를 가진다.

      fp(1,5)　⇔　(*fp)(1,5);

함수 포인터 변수 선언의 형태가 처음 보면 낯설 수 있는데, 배열 포인터 선언과 유사하므로 같이 비교해서 보면 좀 더 쉽게 이해가 될 것이다. 포인터는 가리키는 대상 변수의 자료형에 따라 모두 다른 자료형으로 취급하듯이, 가리키는 함수의 형태(인자와 반환 값의 자료형)가 다르면 다른 자료형으로 간주한다. 즉, 다음은 모두 서로 다른 자료형이다.

```
int i;                    →    int (*ip);
int a[10];                →    int (*ap)[10];
int a2[5][7];             →    int (*ap2)[5][7];

void f1();                →    void (*fp1)();
void f2(int, int);        →    void (*fp2)(int, int);
int f3(int, int *);       →    int (*fp3)(int, int *);
```

[예제 13.7] 함수 포인터를 사용하여 입력되는 연산자에 따라 적절한 함수를 호출하는 프로그램을 작성해보자. (물론, 함수 포인터를 연습하기 위한 예제로, 굳이 함수 포인터를 사용하지 않아도 프로그램을 작성할 수 있다.)

프로그램 13-4 함수 포인터 사용 예제

```
3: int add(int a, int b) {   return a+b;  }
4: int sub(int a, int b) {   return a-b;  }
5:
6: int main() {
7:    char op;
8:    int a, b;
9:    int (*fp)(int, int);        // 함수 포인터 선언
10:
11:    scanf("%c",&op);            // '+' or '-' 입력
12:    scanf("%d %d", &a, &b);     // 피 연산자 입력
13:
14:    if( op == '+' ) fp = add;   // 연산자에 따라 적절한 함수 연결
15:    else  fp = sub;
16:
17:    printf("=>%d", fp(a,b));    // 간접 함수 호출
18:    return 0;
19: }
```

[실행결과]

```
+↵          ⇨ 연산자 입력
2 6↵        ⇨ 피 연산자 입력
=>8         ⇨ 연산 결과 출력
```

void 포인터와 함수 포인터는 다른 포인터와 마찬가지로 다양한 형태로 확장 가능하다. 예를 들어 다음은 함수 포인터의 배열 선언이다.

void (***fp1[5]**)(); ⇨ '반환 값 없고 인자도 없는 함수'
에 대한 '**포인터 배열**'

void 포인터와 함수 포인터를 사용하는 이유는 확장성과 편리성 때문이다. 사실 이러한 특성은 포인터를 사용하는 일반적인 이유이기도 하다. 프로그래밍을 계속 공부하다보면 나중에 이런 특별한 형태의 포인터가 필요한 상황을 만나게 될 것이다. 그 때 다시 공부한다고 생각하고, 지금은 이런 것도 있구나 정도만 알고 넘어가자.

13.8　공용체와 열거형

| 공용체

C 언어에서는 **같은 메모리 영역을 여러 변수들이 공유하는 자료형**이 있는데, 이것을 '**공용체(union)**'라고 한다. 동일한 메모리 영역을 여러 변수들이 공유하도록 하는 이유에는 여러 가지가 있지만, 가장 큰 이유는 메모리를 절약하기 위해서이다. 공용체를 의미하는 키워드는 'union'이고, 구조체와 비슷하게 멤버들로 구성되며, 선언, 사용 방법도 구조체와 유사하다. 하지만 모든 멤버가 메모리를 공유하기 때문에 구조체와는 메모리 구조가 다르고, 이로 인해 몇 가지 차이가 발생한다.

다음은 동일한 멤버를 가지는 공용체와 구조체를 비교한 것이다. 공용체에서는 멤버 id와 name이 사용하는 영역이 겹치는 반면, 구조체에서는 각 멤버가 고유한 메모리 공간을 할당받는다. 공용체는 멤버들이 메모리를 공유하기 때문에, 공용체의 크기는 가장 큰 메모리를 사용하는 멤버에 의해 결정된다. 멤버 id는 4바이트, 멤버 name은 8바이트를 필요로 하므로, 이 공용체의 크기는 8 바이트이다. 반면 구조체는 두 멤버 크기의 합인 12바이트가 필요하다. (구조체 단원 11.2절에서 학습했듯이, 실제 할당되는 메모리 크기는 이보다 클 수 있다.)

```
/* 공용체 정의 */
union student {
    int id;
    char name[8];
};
```

```
/* 구조체 정의 */
struct student {
    int id;
    char name[8];
};
```

위에 제시된 코드는 공용체의 모양을 정의한 것으로, 아직 공용체 변수가 선언된 것은 아니다. 공용체 변수 선언은 구조체 변수 선언과 동일하다. 구조체에서 학습했던 구조체 정의와 변수 선언의 다양한 형태는 공용체에도 동일하게 적용된다. 또한 멤버 연산자 (.) 사용 및 초기화 형식도 구조체와 동일하다. 다만, 구조체와 달리 첫 번째 멤버만 초기화할 수 있다.

```
union student st = {20001015 };        ⇨ 공용체 변수 선언 및 초기화

printf("id: %d\n", st.id);             ⇨ 멤버 접근 ( . 연산자 사용)

strcpy(st.name, "tom");

printf("name: %s\n", st.name);
printf("id: %d\n", st.id);
```

[실행결과]

```
id: 20001015      ⇨ 초기화에 의해 설정된 값
name: tom         ⇨ strcpy에 의해 변경된 값
id: 7171956       ⇨ strcpy에 의해 멤버 id의 값도 변경됨
```

당연한 얘기지만, 공용체는 메모리 공간을 공유하기 때문에 어느 한 멤버의 값을 바꾸면 다른 멤버의 값에도 영향을 미치기 때문에 주의해야 한다. 위에서 name에 값을 복사했는데, 다른 멤버인 id의 값도 변경되었다. 그러므로 공용체를 사용할 때는 여러 멤버 중 하나의 멤버만 사용하거나, 여러 멤버를 동시에 사용할 때는 다른 멤버의 값에 어떤 영향을 미치는 지를 고려하면서 사용해야 한다.

| 열거형

요일을 저장하는 변수를 사용하는 프로그램을 생각해보자. 요일을 문자열로 표현해도 되지만, 각 요일을 정수 0~6으로 정해놓고 사용하면 여러 가지 편리한 점이 많다. 예를 들면, 다음과 같이 switch 문도 사용할 수 있고, 정수 연산을 활용할 수도 있다.

```c
int day = 1;

switch( day ) {
   case 0 : printf("Sunday\n"); break;
   case 1 : printf("Monday\n"); break;
   ...
}
```

하지만 위와 같이 코드를 작성하면, 각 정수가 어떤 요일을 의미하는지 프로그램 작성하는 내내 기억하고 있어야 하고, 규모가 큰 프로그램을 작성하다보면 나중에 혼동이 될 수 있다. 이런 경우에는 **이름이 부여된 정수 상수의 집합을 나타내는 자료형인 '열거형 (enumeration)'**을 사용하면 편리하다.

예를 통해, 열거형의 정의, 선언, 사용법을 알아보자. 다음은 day_type이라는 열거형을 정의하고, 이 열거형으로 day라는 변수를 선언하여 사용하는 예이다.

```c
enum day_type {sun, mon, tue, wed, thu, fri, sat };   ⇨ 열거형 정의

int main() {
   enum day_type day;          ⇨ day_type 열거형 변수 day 선언
   day = mon;                  ⇨ 변수에 값(상수) 대입
   if( day == mon)
      printf("Monday");
   return 0;
}
```

[실행결과]

```
Monday
```

열거형 정의 형식은 구조체와 유사하다. 열거형 정의는 키워드 enum과 열거형의 이름을 명시한 후, 중괄호 안에 열거형에 사용되는 정수 상수로 사용할 이름을 나열하면 된다. (중괄호 안에 나열되는 이름은 구조체의 멤버와 달리 변수가 아님에 주의하자.) 아래는 이름이 day_type이고 7개의 정수 상수를 가지는 열거형의 정의이다.

[열거형 정의]

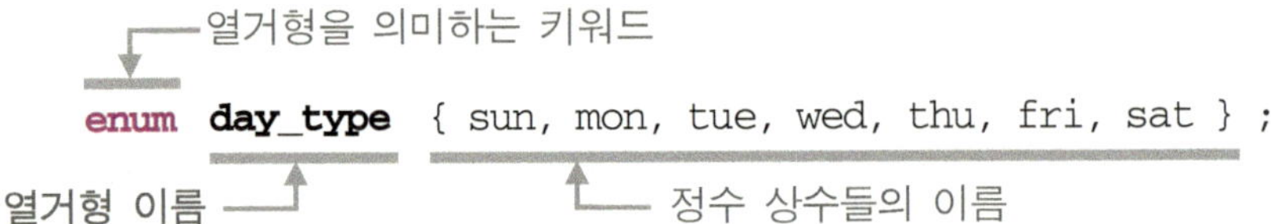

컴파일러는 기본적으로 맨 처음 상수부터 차례로 0부터 시작하는 정수 값을 부여한다. 즉, 위 정의에서 sun은 0, mon은 1, …, sat는 6이다. 하지만, 부여되는 상수를 값을 명시적으로 지정할 수도 있다. 값이 명시되지 않은 상수는 앞의 상수를 기준으로 값이 부여된다.

enum day_type {sun, mon, tue, wed, thu, fri, sat };
⇨ **sun = 0**, mon = 1, tue = 2, …

enum day_type {sun **= 3**, mon, tue, wed, thu, fri, sat };
⇨ sun = 3, mon = 4, tue = 5, …

enum day_type {sun , mon **= 4**, tue, wed **= 9**, thu, fri, sat };
⇨ sun **= 0**, mon **= 4**, tue **= 5**, wed **= 9**, thu **= 10**, …

열거형 변수 선언도 유사하다. 아래는 day_type이라는 이름의 열거형(자료형)으로 변수 day를 선언하는 문장이다. 구조체 선언 방법과 동일하다.

[열거형 선언]

enum day_type **day** ;

자료형 이름   변수 이름

열거형 변수의 값은 열거형 정의에서 나열한 정수 상수 중 하나가 된다.

day **= mon;**   ⇨ 변수에 상수 대입
if(day == mon) …   ⇨ 변수에 저장된 값과 상수 비교

| 단원요약 |

1 비트 연산이란 비트 단위로 처리하는 연산으로, 비트 단위 논리 연산과 비트 단위 이동 연산 두 가지가 있다.

2 오른쪽 비트 이동 연산(>>)은 피연산자의 부호 존재 여부에 따라 결과가 달라진다.

3 재귀 함수란 자신과 동일한 함수를 호출하는 함수이다.

4 rand(), srand() 함수를 이용하여 난수를 생성할 수 있다.

5 clock() 함수를 활용하여 프로그램의 실행시간을 측정할 수 있다.

6 main() 함수의 인자는 OS로부터 문자 포인터 배열 형식으로 전달된다.

7 키워드 const를 사용하여 변수를 상수로 만들 수 있다.

8 배열 포인터는 배열을 가리키는 포인터를 의미한다.

9 다차원 배열은 배열을 배열로 확장한 자료형이다.

10 void 포인터는 가리키는 대상의 자료형이 특정되지 않았음을 의미하는 포인터이다.

11 함수도 포인터로 가리킬 수 있고, 함수를 가리키는 포인터를 함수 포인터라 한다.

12 공용체는 멤버가 같은 메모리 영역을 공유하는 자료형이다.

13 열거형은 이름이 부여된 정수 상수의 집합을 나타내는 자료형이다.

| 실습문제 |

[문제 1] 두 개의 양의 정수를 입력받고, 유클리드 호제법을 사용하여 이 두 정수의 최대공약수를 구하는 프로그램을 작성하시오. (반드시 재귀함수 사용)

- 12와 8의 최대공약수를 유클리드 호제법으로 계산하기
  - 1단계: (8, 12%8=4) ⇒ 2단계 (4, 8%4=4) ⇒ 3단계 (4, 4%4=0) ⇒ 최대공약수는 4

입력 예시 1
366 60

출력 예시 1
6

[문제 2] 오일러의 수 e는 자연 로그의 밑수로 사용된다. 이 값은 다음과 같은 식에 의하여 근사치를 구할 수 있다. 오일러 수를 계산하는 프로그램을 작성하시오.

$$e = 1 + \frac{1}{1!} + \frac{1}{2!} + \frac{1}{3!} + \frac{1}{4!} + \cdots + \frac{1}{n!}$$

- n!을 계산하는 factorial() 함수를 재귀함수로 구현
- 소수점 이하 여섯째 자리까지 화면에 출력 하시오.

입력 예시 1	
30	↦ 계산할 수

출력 예시 1
2.718282

[문제 3] N 번째 피보나치 수열의 값을 구하는 프로그램을 작성하시오.

- 피보나치 수 는 0과 1로 시작되며, 다음 피보나치 수는 바로 앞의 두 피보나치 수의 합이 된다. (즉 n=0 와 n=1 일 때는 예외적이고 n=2부터는 앞 두 수의 합이다)

$$F_n := \begin{cases} 0 & \text{if } n = 0; \\ 1 & \text{if } n = 1; \\ F_{n-1} + F_{n-2} & \text{if } n > 1. \end{cases}$$

- 예를 들어 F_0부터 F_7의 값은 다음과 같다.

n	0	1	2	3	4	5	6	7	...
피보나치수	0	1	1	2	3	5	8	13	...

입력 예시 1	
6	↦ n

출력 예시 1
8

[문제 4] 0~255 범위(8 bits 표현 범위)의 정수(int 형) 4 개를 입력 받아, 1 개의 unsigned int 형으로 변환하여 출력하는 프로그램을 작성하시오.

- 정수를 입력 순서대로 순차적으로 결합하여 unsigned int형의 정수 한 개를 만든다.
    - 예시 2에서 15는 첫 번째 바이트를 차지하고, 4는 두 번째 바이트, 20은 세 번째 바이트, 3은 네 번째 바이트를 차지한다.

입력 예시 1

```
1 1 1 1      ↦ 정수 4개
```

출력 예시 1

```
16843009  ↦16진수: 0x01010101
```

입력 예시 1

```
15 4 20 3  ↦ 정수 4개
```

출력 예시 1

```
251925507 ↦16진수: 0x0F041403
```

[문제 5] N×N 크기(N≤20)의 2차원 배열의 각 원소 값을 해당 원소의 두 첨자 값의 합으로 하는 프로그램을 다음과 같이 작성 하시오.

- ABC() 함수
    - 반환 값: 없음
    - 인자: 1차원의 크기가 20인 2차원 배열의 이름 p, 1차원의 크기 k1, 2차원의 크기 k2

      즉, 함수 원형은 void ABC(int (*p)[20], int k1, int k2);
    - 각 원소의 값을 해당 원소의 두 첨차의 합으로 변경
- main() 함수
    - 20×20의 2차원 배열 arr을 선언하고, 배열의 원소 값을 0으로 초기화 한다.
    - 함수 ABC()를 호출하여 배열의 원소 값 변경
    - 배열 arr의 내용을 화면에 출력한다.

입력 예시 1

```
3        ↦ N=3
```

출력 예시 1

```
0 1 2
1 2 3
2 3 4
```

[문제 6] 다음과 같이 동작하는 프로그램을 작성하시오.

- 1단계: void 포인터를 이용하여 정수 값 출력하기
  - 정수를 입력 받아 int 형 변수 A에 저장한다. int 형 변수 A의 주소를 void 포인터에 저장한다. void 포인터를 사용하여 int형 변수에 담긴 값을 화면에 출력한다.
  - 즉 void 포인터를 int 포인터로 형변환 한 후, 참조연산자(*)를 사용하여 포인터가 가리키는 변수에 저장된 값을 화면에 출력한다.
- 2단계: 함수 포인터를 이용하여 두 정수의 합 출력하기
  - 함수 포인터 fp를 선언하고 함수 add와 연결하시오. (합을 구하는 함수 add()는 따로 정의)
  - 두 정수를 키보드로부터 입력 받으시오.
  - 함수 포인터 fp를 사용하여 두 변수의 합을 화면에 출력하시오.

입력 예시 1	출력 예시 1
6 ↦ A 12 15 ↦ x y	6 ↦ void 포인터가 가리키는 변수 A의 값 27 ↦ 12+15=27

[문제 7] 크기가 3인 함수 포인터의 배열을 만들어 더하기와 빼기, 그리고 곱하기를 수행하는 함수를 각각 저장하고, 이를 이용하여 더하기, 빼기, 곱하기를 수행하는 프로그램을 작성하시오.

- 더하기, 빼기, 곱하기 함수를 정의하시오. 함수원형은 다음과 같다.
    - int add(int, int);
    - int sub(int, int);
    - int multiply(int, int);
- main() 함수
    - 배열의 크기 3인 함수 포인터 배열 handle 을 선언하고, 함수 포인터 배열의 각 원소와 위에서 정의한 각 함수와 연결하시오. (여기서는 함수 포인터 배열을 함수 이름으로 초기화 한다.)

        int (*handle[3]) (int, int) = { add, sub, multiply };
    - 정수 두 개를 키보드로부터 읽어 들이기
    - 함수포인터를 이용하여 세 개의 함수를 호출한다.
    - 세 가지 연산 결과를 화면에 출력한다.

입력 예시 1	출력 예시 1
2 4 ↦ x y	6 -2 8 ↦ 차례로 2+4, 2-4, 2×8

입력 예시 1	출력 예시 1
10 7	17 3 70

14

파일 입출력

파일 입출력

- 파일의 개념과 파일 입출력 절차를 이해한다.
- 텍스트 파일 읽기와 쓰기를 활용할 수 있다.
- 이진 파일 읽기와 쓰기를 활용할 수 있다.

파일은 프로그램의 실행 및 종료와 관계없이 데이터를 저장할 수 있는 수단이다. 이 단원에서는 파일의 개념과 파일 입출력 절차에 대해 소개한 후, C 언어에서 제공하는 파일을 처리하기 위한 다양한 라이브러리 함수에 대해 학습한다.

14.1 파일 입출력 개요

지금까지 프로그램은 사용자가 직접 키보드에서 필요한 데이터를 입력하고, 프로그램의 실행결과는 모니터(콘솔)로 출력되었다. 그런데 키보드 입력은 프로그램을 실행할 때마다 데이터를 매번 사용자가 직접 입력해야 하는 불편함이 있고, 모니터 출력은 콘솔 창을 닫으면 출력내용이 모두 사라지기 때문에 프로그램 실행 결과 내용을 살펴봐야 하는 경우에는 콘솔 창을 연 채로 유지해야한다. 만약 실수로 콘솔 창을 닫게 되면 해당 프로그램을 다시 실행하고 동일한 입력 데이터를 다시 입력해야 하는 번거로움이 있다. 게다가 이와 같은 입출력 방식은 입력할 데이터와 출력할 결과내용이 많은 경우 사용자는 더 많은 고생을 해야 한다. 이런 이유로 필요한 데이터를 파일로부터 입력받고 프로그램 실행결과를 파일로 저장하는 파일 입출력 방식을 사용한다.

파일은 저장된 데이터 형식에 따라 '텍스트(text)파일'과 '이진(binary)파일'로 나눈다.

❖ **텍스트 파일**은 사람이 인식할 수 있는 문자를 담고 있는 파일로 특별한 응용 프로그램 없이 메모장과 같은 텍스트 편집 프로그램으로 파일 내용을 볼 수 있다. 따라서 텍스트 파일로 저장되는 모든 데이터는 문자 형식으로 변환되어 저장된다. 예를 들면, 105라는 정수는 그대로 정수 105로 저장되는 것이 아니라 '1', '0', '5'와 같이 문자로 변환되어 저장된다.

❖ **이진 파일**은 컴퓨터가 인식할 수 있는 데이터를 가진 파일로 특정 응용 프로그램을 이용해야만 사용자가 파일내용을 확인할 수 있다. 그러므로 이진 파일을 텍스트 편집 프로그램을 통해 열면, 사람이 인식할 수 없는 이상한 문자들이 표시되어 파일의 내용확인이 불가능하다. 이진 파일 예로 음악파일(mp3)을 생각해보자. 이 파일을 재생하기 위해서는 특정 응용 프로그램(예, Media player 등)이 있어야하고, 만약 없다면 음악파일의 내용을 확인할 수 없음을 직관적으로 알 수 있다. 이진 파일은 텍스트 파일과 달리 행으로 분리되지 않기 때문에 행의 끝을 표시할 필요가 없으며 널 문자나 개행 문자 같은 문자들도 일반 데이터로 취급된다. 또한 이진 파일로 저장되는 모든 데이터는 어떤 변환도 거치지 않고 그대로 파일에 저장되기 때문에 텍스트 파일에 비해 저장 공간을 적게 차지하며, 입출력 속도도 빠르다.

| 파일 입출력 따라 해보기

[프로그램 14-1]은 파일 입출력 예시 프로그램이다. 이를 실행하여 실제 파일 입출력을 직접 확인해보자. 이 프로그램은 input.dat 파일로부터 키, 몸무게, 나이 정보를 입력받은 후 이 내용들을 output.dat 파일로 그대로 출력한다. 먼저, 메모장을 사용해서 input.dat 파일을 다음 내용으로 생성하고 현재 작업 폴더(소스 파일이 있는 폴더를 의미)로 이 파일을 위치시킨 후 프로그램을 실행시킨다.

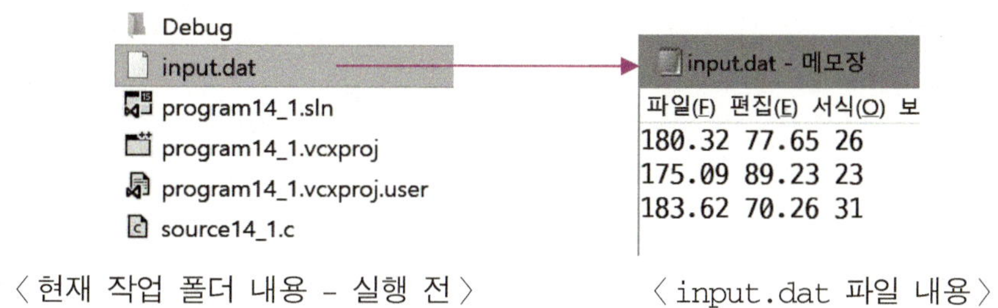

〈 현재 작업 폴더 내용 – 실행 전 〉　　〈 input.dat 파일 내용 〉

실행 후, 현재 작업 폴더를 살펴보면 실행결과가 저장된 output.dat 파일이 생성되었음을 확인할 수 있다. 또한 output.dat 파일 내용을 확인해보면, input.dat 파일에서 입력받은 내용이 그대로 저장되어 있음을 알 수 있다.

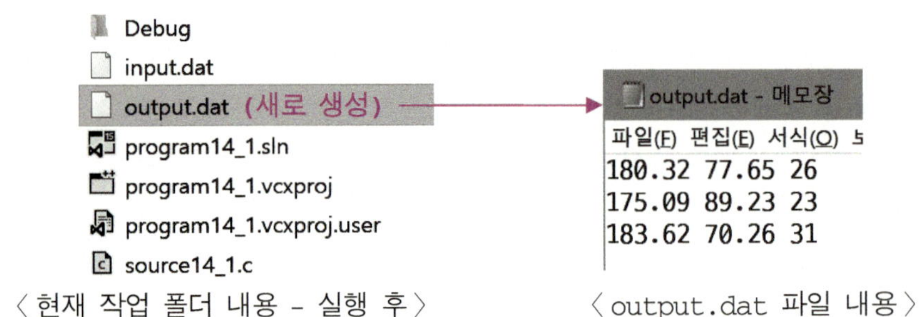

〈 현재 작업 폴더 내용 – 실행 후 〉　　　　〈 output.dat 파일 내용 〉

프로그램 14-1 **파일 입출력 기본 예제**

```c
 1: #include <stdio.h>
 2:
 3: int main() {
 4:    double height, weight;
 5:    int age, i;
 6:    FILE *fp1, *fp2;                      // FILE 구조체 포인터 선언
 7:
 8:    fp1 = fopen("input.dat", "r");     // input.dat 파일 열기
 9:    fp2 = fopen("output.dat", "w");    // output.dat 파일 열기
10:
11:    for (i = 0; i < 3; i++)   {
12:        fscanf(fp1, "%lf %lf %d", &height, &weight, &age);
13:        //파일로부터 데이터 입력 받기
14:        fprintf(fp2, "%.2f %.2f %d\n", height, weight, age);
15:        //파일로 데이터를 출력하기
16:    }
17:
18:    fclose(fp1);                         // input.dat 파일 닫기
19:    fclose(fp2);                         // output.dat 파일 닫기
20:
21:    return 0;
22: }
```

14.2　파일 입출력 절차

지금까지 프로그램의 입력은 항상 표준 입력 장치인 키보드로부터, 실행결과는 표준 출력 장치인 모니터를 통해 출력되었기 때문에 입출력을 위한 추가적인 절차를 수행해야 할 필요가 없었다. 그러나 파일 입출력을 할 때는 어떤 파일로부터 입력 데이터를 읽고, 어떤 파일로 실행결과를 저장해야 할지를 명시해야 하므로 다음과 같은 절차를 거친다.

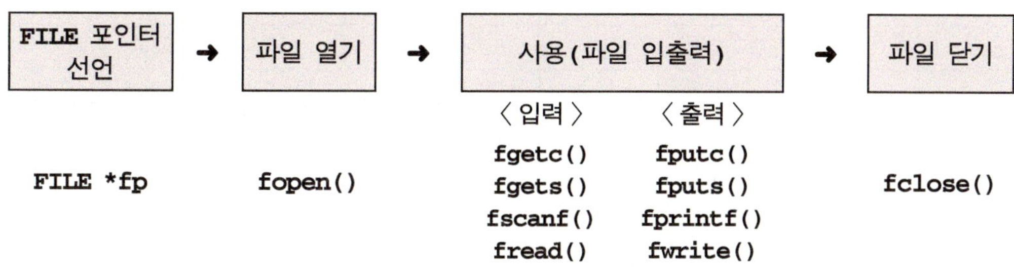

〈파일 입출력 절차〉

먼저, 파일 입출력 시 필요한 정보를 가리키는 FILE 포인터를 선언한다. 입출력할 파일을 사용할 수 있도록 fopen() 함수를 사용하여 열고 선언한 FILE 포인터와 연결한다. 이후, 다양한 파일 입출력 함수를 이용하여 데이터를 파일로부터 읽거나 파일에 저장하고, 열린 파일에 대한 모든 입출력이 끝나면 마지막으로 fclose() 함수를 사용하여 FILE 포인터와의 연결을 끊어 파일을 닫는다. 파일 입출력에 필요한 자료형 및 표준 라이브러리 함수는 **<stdio.h>**에 포함되어 있으므로 파일 입출력 시 반드시 이를 포함시켜야 한다.

| FILE 포인터 선언

파일을 사용하기 위해서는 FILE 포인터가 필요하다. FILE은 stdio.h에 정의된 구조체 자료형으로 파일 입출력 시 필요한 정보(예, 파일 위치 지시자, 버퍼 관련 정보, 파일 식별자, 작업 관련 플래그 등)를 가진 멤버들로 구성된다. 그러므로 FILE 포인터는 해당 파일과 관련된 정보가 들어있는 FILE 구조체를 가리키는 포인터 변수를 의미한다. 일반적으로 파일 입출력 시 각 파일마다 하나의 FILE 포인터를 연결하여 사용하며, 파일 입출력 함수를 호출할 때 해당 파일의 정보를 전달하는 인자로 FILE 포인터를 사용한다. FILE 포인터는 다음과 같이 선언한다.

```
FILE *fp;            ⇨ 주의 – FILE은 반드시 대문자!
```

한편 C 언어에서는 하드디스크에 저장된 파일은 물론 컴퓨터 본체에 연결되는 모든 외부 입출력 장치들(예, 모니터, 키보드, 프린터 등)을 논리적으로 파일로 간주하여 취급하기 때문에 키보드와 모니터를 이용한 입출력도 키보드와 모니터라는 파일에 대한 입출력으로 처리한다. 그러므로 표준 입출력인 키보드와 모니터를 이용한 파일 입출력은 표준 스트림으로 불리며, 아래와 같은 FILE 포인터 명을 가진다.

FILE 포인터 명	표준 스트림	장치	의미
stdin	표준 입력 스트림	키보드	키보드로부터 입력
stdout	표준 출력 스트림	모니터 화면	모니터로 결과 출력
stderr	표준 오류 출력 스트림	모니터 화면	모니터로 오류메시지 출력

| 파일 열기: fopen()

파일을 읽고 파일에 실행결과를 저장하려면 먼저 해당 파일을 열어야 하므로 파일 열기는 해당 파일에 대한 연결 요청을 의미한다. 이러한 파일 열기를 수행하는 함수가 fopen()이다. fopen() 함수는 연결 할 파일이름과 해당 연결을 제어하기 위해 필요한 모드 정보를 인자로 포함하며, FILE 포인터를 초기화한다. 그런데 fopen() 함수를 통해 단순히 파일을 열기만 해서는 파일 입출력을 수행할 수 없다. 반드시 열린 파일을 FILE 포인터와 연결해야만 파일 입출력이 가능하다. fopen() 함수의 원형과 반환 값 및 사용 예는 다음과 같다.

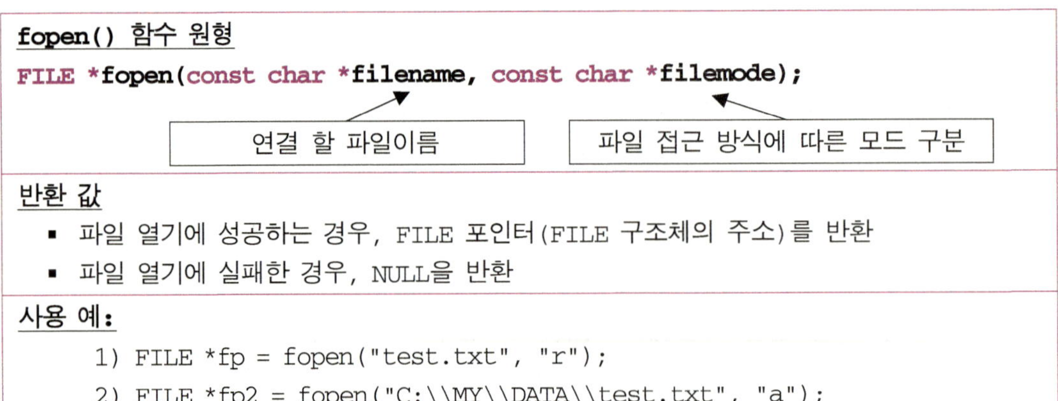

fopen() 함수 원형

```c
FILE *fopen(const char *filename, const char *filemode);
```

연결 할 파일이름   파일 접근 방식에 따른 모드 구분

반환 값
- 파일 열기에 성공하는 경우, FILE 포인터(FILE 구조체의 주소)를 반환
- 파일 열기에 실패한 경우, NULL을 반환

사용 예:
```c
1) FILE *fp = fopen("test.txt", "r");
2) FILE *fp2 = fopen("C:\\MY\\DATA\\test.txt", "a");
3) FILE *fp3 = fopen("..\\DATA\\test.txt", "w");
4) FILE *fp4 = fopen("DATA\\test.txt", "r");
```

　fopen() 함수는 첫 번째 함수 인자인 연결 할 파일을 먼저 찾는다. 그런데 실행 방법이나 실행 환경 및 설정에 따라 해당 파일이 있는 위치는 다를 수 있기 때문에 특정 위치를 지정하지 않는 한, 기본적으로 fopen() 함수는 현재 작업 폴더에서 해당 파일을 찾는다. 이 경우는 앞의 사용 예 1)에서 보는 것처럼, 함수 인자로는 파일이름만 표기하면 된다. 한편 해당 파일이 현재 작업 폴더에 존재하지 않는 경우에는 함수 인자 부분에 해당 파일의 위치를 절대경로 혹은 상대경로 형식으로 표기해야한다[5]. **'절대경로'** 형식은 앞의 **사용 예 2)**에서와 같이 드라이브 명부터 해당 파일이 있는 위치까지 전체 경로를 표시한다. 반면, **'상대경로'** 형식은 현재 작업 폴더를 기준으로 해당 파일이 있는 위치까지의 경로를 표시한다. 상대경로 형식에서 현재 작업 폴더 기준으로 상위 폴더로 이동해야 하는 경우에는 앞의 사용 예 3)에서 보는 것처럼 '..'를 사용하고, 하위 폴더로 이동해야 할 경우에는 앞의 사용 예 4)에서 보는 것처럼 하위 폴더명을 바로 사용한다.

　fopen() 함수의 두 번째 인자인 파일 접근 방식에 따른 모드 구분은 아래와 같다.

텍스트 모드	이진 모드	기능	설명
r	rb	읽기 전용	파일을 열기에 실패한 경우 NULL을 반환하므로 반드시 해당 파일이 존재해야 함
r+	rb+ (r+b)	읽기모드로 열고, 쓰기모드로 전환 가능	
w	wb	쓰기 전용	파일이 없는 경우에는 빈 파일을 새로 생성하며, 같은 이름의 파일이 존재하는 경우에는 해당 파일의 내용을 삭제한 후, 새로운 내용으로 파일을 생성함
w+	wb+ (w+b)	쓰기모드로 열고, 읽기모드로 전환 가능	
a	ab	추가쓰기	파일이 없는 경우에는 빈 파일을 새로 생성하며, 같은 이름의 파일이 존재하는 경우에는 기존 파일의 마지막 부분에 내용을 추가함
a+	ab+ (a+b)	추가모드로 열고, 읽기모드로 전환가능	

　참고로 텍스트모드와 이진모드에서 '+'가 있는 경우(수정모드)는 하나의 연결을 이용하여 파일 읽기와 쓰기가 동시에 수행되기 때문에 파일을 읽은 다음에 쓰기를 하거나 파일을 쓴 다음 읽기를 하려면 fseek(), rewind() 함수 등을 호출해야 등 '+'가 없는 경우보다 사용하는 절차가 복잡하다.

---

[5] 윈도우 운영체제에서는 폴더를 나타내는 기호로 \ (역슬래쉬)를 사용하는데, fopen() 함수의 첫 번째 인자로 경로를 표기할 때에는 경로가 문자열로 인식되기 때문에 \\처럼 역슬래쉬를 두 번 사용해야만 컴파일러가 \를 인식할 수 있다. 참고로 리눅스/유닉스 운영체제에서는 폴더를 나타내는 기호로 /를 사용한다.

fopen() 함수가 NULL을 반환하는 경우에는 파일과 관련된 어떠한 작업도 처리 할 수 없기 때문에 fopen() 함수를 사용할 때에는 반드시 반환 값을 검사하여 파일이 정상적으로 열렸는지를 확인해야 한다. 이를 위해 파일 열기에 실패하는 경우 다음과 같은 오류 처리 코드를 포함해야 한다.

```
FILE *fp = fopen("input.dat", "r");
if (fp == NULL) {                    ⇨ 파일 열기에 실패한 경우
    printf("Couldn't open file");  ⇨ 오류 처리 코드
    return -1;
}
```

ANSI C11 표준에서는 프로그래머에 의해 직접 FILE 구조체 멤버에 접근하는 것을 방지하여 안전성을 도모하고자 fopen_s() 함수를 제공하여 파일 입출력에서의 향상된 보안 기능을 제공한다. fopen_s() 함수는 세 개의 인자를 가지는데, 첫 번째 인자는 fopen() 함수의 반환 값인 FILE 포인터의 주소, 두 번째와 세 번째 인자는 fopen() 함수의 첫 번째 인자와 두 번째 인자와 각각 동일하다. fopen_s() 함수의 원형과 반환 값 및 사용 예는 다음과 같다.

---

fopen_s() 함수 원형

```
errno_t fopen_s(FILE **fp, const char *filename, const char *filemode);
```

반환 값 (errno_t = int)
- 파일 열기에 성공하는 경우, 0을 반환
- 파일 열기에 실패한 경우, 오류 값을 반환

사용 예:

```
FILE *sp;
fopen_s(&sp, "input.dat", "r");
if (sp == NULL) {
    printf("Couldn't open file");
    return -1;
}
```

| 파일 입출력 함수

파일 입출력을 위한 대표적인 표준 라이브러리 함수는 아래 표와 같다. 텍스트 파일 입출력 함수는 14.3절에서, 이진 파일 입출력 함수는 14.4절에서 자세히 설명한다.

처리대상	처리단위	파일입력	파일출력
텍스트 파일	문자	fgetc()	fputc()
	문자열	fgets()	fputs()
	지정형식	fscanf()	fprintf()
이진 파일	블록(block)	fread()	fwrite()

| 파일 닫기: fclose()

파일을 읽거나 파일에 실행결과를 저장하는 작업이 끝나면, **프로그램 종료 전에 열린 파일을 `fclose()` 함수를 사용하여 반드시 닫아주어야 한다.** 파일을 닫는다는 것은 현재 열린 파일과 FILE 포인터와의 연결을 해제한다는 의미이다. 그러므로 fclose() 함수는 닫을 파일을 가리키는 FILE 포인터를 인자로 가진다.

```
fclose() 함수 원형
int fclose(FILE *fp);
```

반환 값
- 파일 닫기에 성공하는 경우, 0을 반환
- 파일 닫기에 실패한 경우, EOF(End of File)을 반환 (즉, -1을 반환)

사용 예:
```
FILE *fp = fopen("test.txt", "r");
fclose(fp);
```

[프로그램 14-2]는 [프로그램 14-1]과 유사한데, 파일명을 사용자로부터 입력받도록 변경하고, 해당 파일들이 정상적으로 열렸는지를 확인하는 오류 처리 코드가 포함되었다. 라인 1에서 파일 입출력 관련 함수들을 사용하기 위한 헤더파일 stdio.h를 포함시켰다. fopen() 함수에서 첫 번째 인자인 파일명은 문자열로 처리되므로 라인 4에서 문자열을 입력받기 위한 배열을 선언하고, 라인 9~12에서 사용자로부터 파일명을 입력받는다. 라인 7에서 FILE 포인터를 입력 파일과 출력 파일에 대해 각각 선언한다. 라인 14~23은 파일을 열고 파일열기의 성공 여부를 판단한다. 라인 25~28은 입력파일로부터 데이터를 읽고, 출력파일에 읽은 데이터를 출력하는 내용으로 다음 절(14.3절)에서 자세히 설명한다. 마지막으로 라인 30~31은 현재 입출력을 수행한 파일들에 대해 각각 파일 닫기를 수행한다.

프로그램 4-2 파일 입출력 기본 예제(오류 처리 코드 포함)

```c
1:  #include <stdio.h>                      // 파일 입출력을 위한 헤더파일
2:
3:  int main() {
4:     char fn1[10] = {'\0'}, fn2[10] = {'\0'}; // 파일 이름 저장 배열
5:     double height, weight;
6:     int age, i;
7:     FILE *fp1, *fp2;                      // 파일 포인터
8:
9:     printf("Input filename: ");
10:    scanf("%s", fn1);                     // 사용자로부터 입력 파일명을 입력받음
11:    printf("Output filename: ");
12:    scanf("%s", fn2);                     // 사용자로부터 출력 파일명을 입력받음
13:
14:    fp1 = fopen(fn1, "r");                // 입력 파일 열기
15:    if (fp1 == NULL)  {                   // 입력 파일 열기의 성공 여부 판단
16:       printf("Couldn't open file");
17:       return -1;
18:    }
19:    fp2 = fopen(fn2, "w");                // 출력 파일 열기
20:    if (fp2 == NULL)  {                   // 출력 파일 열기의 성공 여부 판단
21:       printf("Couldn't open file");
22:       return -1;
23:    }
24:
25:    for (i = 0; i < 3; i++)  {            // 입출력 (14.3절에서 설명)
26:       fscanf(fp1, "%lf %lf %d", &height, &weight, &age);
27:       fprintf(fp2, "%.2f %.2f %d\n", height, weight, age);
28:    }
29:
30:    fclose(fp1);                          // 입력 파일 닫기
31:    fclose(fp2);                          // 출력 파일 닫기
32:
33:    return 0;
34: }
```

14.3 ## 14.3 텍스트 파일 입출력

텍스트 파일에 저장된 데이터를 읽거나 쓸 때에는 순차적으로 데이터에 접근하는 것이 일반적이다(순차적 접근 방식). 즉, 텍스트 파일에 저장된 데이터를 처음부터 순차적으로 읽거나 쓴다. 따라서 이미 읽은 데이터를 다시 읽기 위해서는 파일을 닫고 다시 열어, 파일의 처음부터 읽어 원하는 위치까지 이동한 후, 데이터를 읽어야 한다. 이 단원에서는 이와 같이 순차적 접근 방식으로 파일 입출력을 수행하는 텍스트 파일 입출력 함수에 대해서 설명한다.

| 지정형식 파일 입출력: fscanf()와 fprintf()

3장에서 표준 입출력 시 특정 형식에 맞게 입출력하는 scanf()와 printf() 함수에 대해 살펴보았다. scanf()와 printf() 함수와 유사하게 파일 입출력 시에도 원하는 형식에 맞게 파일 입출력을 할 수 있는 fscanf()와 fprintf() 함수가 있다. 이 함수들을 호출하는 경우 scanf()와 printf() 함수와 마찬가지로 반드시 데이터 형식과 순서를 정확하게 맞추어야 한다.

fscanf() 함수는 파일로부터 데이터를 지정한 형식(정수, 실수, 문자, 문자열 등)에 맞게 읽어온다. scanf() 함수는 키보드로부터 데이터를 입력받는 함수이기 때문에 FILE 포인터 명을 명시해 줄 필요가 없으나 fscanf() 함수는 데이터를 읽어 올 파일을 지정해야하기 때문에 첫 번째 함수 인자로 FILE 포인터명이 추가되었다. 이 점을 제외하고 다른 함수 인자들은 scanf() 함수의 인자들과 동일하다. fscanf() 함수에서는 지정형식을 표기할 때 일반문자는 사용하지 않아야 하고, 끝에 빈 칸이나 '\n'을 넣지 않도록 주의해야 한다. 그리고 fscanf() 함수의 첫 번째 인자를 stdin으로 지정하면 키보드로부터 데이터를 입력받는다는 의미이므로 scanf() 함수를 사용한 것과 동일한 기능을 수행한다. fscanf() 함수의 원형과 반환 값 및 사용 예는 다음과 같다.

---

fscanf() 함수 원형

```
int fscanf(FILE *fp, const char *format, … );
```

가변 인자 리스트

반환 값

- 읽기에 성공하는 경우, 입력된 변수의 개수를 반환
- 읽기에 실패하는 경우, EOF를 반환 (즉, -1을 반환)

사용 예:

```
char name[10] = {'\0'};
double weight;
int age;
FILE *fp = fopen("input.dat", "r");
fscanf(fp, "%s %d %lf", name, &age, &weight);
        ⇨ input.dat 파일로부터 데이터를 입력받음
fscanf(stdin, "%s %d %lf", name, &age, &weight);
        ⇨ 키보드로부터 데이터를 입력받음
```

ANSI C11 표준에서는 fscanf() 함수의 버퍼 오버플로우 문제를 개선한 fscanf_s() 함수를 제공한다. fscanf_s() 함수는 fscanf() 함수와 거의 유사하나, fscanf_s() 함수의 경우, 문자 혹은 문자열을 입력받을 때 추가적인 인자로 버퍼크기를 함께 전달한다는 점이 fscanf() 함수와의 차이점이다. fscanf_s() 함수를 사용하여 문자열을 입력받는 경우의 예는 다음과 같다.

```
FILE *fp = fopen("input.dat", "r");
char name[21] = {'\0'};
int age;
fscanf_s(fp, "%s %d", name, 20, &age);
            ⇨인자로서의 버퍼크기는 널 문자를 제외한 문자열 길이
```

fprintf() 함수는 프로그램의 실행결과를 정수, 실수, 문자, 문자열 단위의 지정한 형식에 맞추어 파일로 출력한다. 즉, fprintf() 함수는 printf() 함수를 사용하였을 때 모니터에 출력된 실행결과와 동일한 형태 그대로 파일에 저장한다. printf() 함수는 프로그램의 실행결과를 모니터로 출력하는 함수이기 때문에 FILE 포인터 명을 명시해 줄 필요가 없으나 fprintf() 함수는 실행결과를 출력해야 할 파일을 지정해야하기 때문에 첫 번째 함수 인자로 FILE 포인터명이 추가되었다. 이 점을 제외하고 다른 인자들은

printf() 함수의 인자들과 동일하다. 특히, fprintf() 함수 첫 번째 인자를 stdout으로 지정하면 모니터로 프로그램의 실행결과를 출력하므로 printf() 함수를 사용한 것과 동일한 기능을 수행한다. fprintf() 함수의 원형과 반환 값 및 사용 예는 다음과 같다.

---

fprintf() 함수 원형

```c
int fprintf(FILE *fp, const char *format, … );
```
가변 인자 리스트

반환 값
- 출력에 성공하는 경우, 출력된 바이트 수를 반환
- 출력에 실패하는 경우, 음수를 반환

사용 예:
```c
char name[10] = "Tommy";
double weight = 78.45;
int age = 25;
FILE *fp = fopen("output.dat", "w");
fprintf(fp, "%s %d %.21f", name, age, weight);
```
⇨ output.dat 파일로 데이터를 출력
```c
fprintf(stdout, "%s %d %.21f", name, age, weight);
```
⇨ 표준출력장치에 데이터를 출력

앞서 살펴 본 [프로그램 14-2]에서 지정형식 파일 입출력 함수를 사용한 부분에 대해서 살펴보자. 라인 25~28은 fscanf() 함수를 사용하여 입력파일로부터 데이터를 입력받고, fprintf() 함수를 사용하여 읽은 데이터를 출력파일로 출력하는 작업을 3번 반복한다. 라인 26에서 fscanf() 함수는 첫 번째 인자로 입력파일을 가리키는 FILE 포인터 fp1을 가짐을 알 수 있으며, 지정형식 끝에 공백 혹은 '\n'이 없는 것도 확인할 수 있다. 라인 27에서 fprintf() 함수는 첫 번째 인자로 출력파일을 가리키는 FILE 포인터 fp2를 가짐을 역시 알 수 있으며, fscanf() 함수와 달리 출력파일에 줄 바꿈을 하려면 '\n'이 필요함을 알 수 있다.

```c
    /* 프로그램 14-2의 일부 */
25:    for (i = 0; i < 3; i++) {
26:        fscanf(fp1, "%lf %lf %d", &height, &weight, &age);
27:        fprintf(fp2, "%.2f %.2f %d\n", height, weight, age);
28:    }
```

| 문자 단위의 파일 입출력: fgetc()와 fputc()

문자 단위의 파일 입출력은 파일의 내용을 한 바이트씩 읽고 쓰는 것을 의미한다. 먼저, fgetc() 함수는 파일로부터 문자 한 개를 읽어 그 문자의 아스키 코드 값을 반환하는 함수로, 함수 원형과 반환 값 및 사용 예는 다음과 같다.

---

fgetc() 함수 원형

```c
int fgetc(FILE *fp);
```

반환 값

- 읽기에 성공하는 경우, 읽은 문자를 반환
- 읽기에 실패하는 경우, EOF를 반환 (즉, -1을 반환)

주의 사항

- 파일의 끝까지 읽은 경우와 오류에 의한 읽기 실패가 발생하는 경우 모두 EOF를 반환하므로[6], 반환 값으로 파일의 끝을 판단하면 안 됨
- 파일의 끝을 판단하기 위해서는 뒤에 배울 feof() 함수 사용

사용 예

```c
int ch;
FILE *fp = fopen("input.dat", "r");
ch = fgetc(fp);
```

한편 fputc() 함수는 하나의 문자를 파일로 출력하는 함수로, fputc() 함수의 원형과 반환 값 및 사용 예는 다음과 같다.

---

fputc() 함수 원형

```c
int fputc(int char, FILE *fp);
```

반환 값

- 출력에 성공하는 경우, 출력한 문자를 반환
- 출력에 실패하는 경우, EOF를 반환하고 해당 파일의 error 지시자 변수를 설정

사용 예:

```c
int ch;
FILE *fp = fopen("output.dat", "w");
ch = getchar();
fputc(ch, fp);
```

---

[6] 이 경우 각 이유에 해당하는 변수를 설정함으로써 반환 이유를 구별한다. 파일 끝까지 읽은 경우에는 해당 파일의 eof 지시자 변수를, 파일의 끝이 아닌 다른 이유로 읽기 오류가 발생하는 경우에는 해당 파일의 error 지시자 변수를 설정한다.

프로그램 14-3　문자 단위 파일 입출력

```c
 1: #include <stdio.h>
 2: int main() {
 3:    int ch;
 4:
 5:    char fn[] = "example.txt";
 6:    FILE *fp = fopen(fn, "w");          // 출력 파일 열기
 7:    if (fp == NULL) {                   // 파일 열기의 정상 여부 판단
 8:      printf("Couldn't open file");
 9:      return -1;
10:    }
11:
12:    ch = getchar();                     // 문자 하나를 표준입력으로 입력
13:    while (ch != 'x')                   // 'x' 문자가 입력될 때까지 반복
14:    {
15:      fputc(ch, fp);                    // 출력 파일로 문자 한 개 출력
16:      ch = getchar();                   // 키보드로부터 문자 한 개를 입력
17:    }
18:    fclose(fp);                         // 출력 파일 닫기
19:
20:    printf("--------------\n");
21:
22:    fp = fopen(fn, "r");                // 입력 파일 열기
23:    if (fp == NULL) {                   // 파일 열기의 정상 여부 판단
24:      printf("Couldn't open file");
25:      return -1;
26:    }
27:
28:    ch = fgetc(fp);                     // 입력파일에서 문자 한 개 읽음
29:    while (!feof(fp)) {                 // 파일의 끝까지 반복
30:      putchar(ch);                      // 읽은 문자를 모니터로 출력
31:      ch = fgetc(fp);                   // 입력파일에서 문자 한 개 읽음
32:    }
33:    fclose(fp);                         // 입력 파일 닫기
34:
35:    return 0;
36: }
```

[프로그램 14-3]은 문자 단위의 파일 입출력 함수를 사용한 예제이다. 이 프로그램에서 입력되는 문자는 모두 소문자로 가정한다. 이 프로그램은 'x'가 입력될 때까지 표준입력으로 문자를 입력받아 example.txt 파일로 저장한 후, 이 파일로부터 저장된 내용을 모두 읽어 표준출력으로 출력한다. 라인 5~6에서 example.txt 파일을 쓰기모드로 열고, FILE 포인터 fp와 연결한다. 라인 7~10에서 해당 파일이 정상적으로 열렸는지를 검사한다. 라인 12~17에서 키보드로부터 문자 하나를 입력받으면 바로 해당 파일로 그 문자를 출력하는 작업을 'x'가 입력될 때까지 반복한다. 라인 18에서 fp에 대한 파일 닫기를 수행한다. 라인 22~26에서 다시 example.txt 파일을 읽기모드로 열어 FILE 포인터 fp와 다시 연결한 후, 정상적으로 파일 열기가 수행되었는지 검사한다. 라인 28~32에서 example.txt 파일로부터 문자 하나를 읽어와 모니터로 출력하는 작업을 반복하여 파일이 끝날 때까지 수행한다. feof() 함수에 대해서는 뒤에서 자세히 설명한다. 라인 33에서 fp에 대한 파일 닫기를 다시 수행한다.

| 문자열 단위의 파일 입출력: fgets()와 fputs()

텍스트 파일에 저장된 내용을 문자열 단위로 읽는 fgets() 함수와 문자열 단위로 텍스트 파일에 출력하는 fputs() 함수가 있다.

fgets() 함수는 파일에서 문자열을 읽는 함수로, 해당 파일로부터 한 번에 읽을 수 있는 문자열의 길이만큼 읽어 명시한 버퍼에 저장하는 기능을 수행한다. 여기서, 한 번에 읽을 수 있는 문자열 길이는 널 문자('\0')를 포함한 길이라는 것에 주의하자. fgets() 함수는 문자열 단위로 읽기 때문에 문자열 끝을 나타내는 널 문자가 항상 포함되어야하기 때문이다. 구체적으로 fgets() 함수는 한 행이 끝나거나(즉, 개행 문자를 만나거나) 인자로 명시된 문자열 길이만큼 읽었거나 파일의 끝에 도달하면, 그 때까지의 문자열을 반환한다. 특히, fgets() 함수는 개행 문자를 만나는 경우 gets() 함수와 달리 개행 문자도 문자열에 포함시킨다. 즉 개행 문자 뒤에 널 문자가 들어 간 형태의 문자열이 버퍼에 저장된다. 게다가 fgets() 함수는 보안상의 이유로 표준에서 제외된 gets() 함수의 기능을 대체한다. 즉, fgets() 함수의 마지막 함수 인자 값을 stdin으로 하여 호출함으로써 gets() 함수와 동일한 기능을 수행한다. fgets() 함수의 원형과 반환 값은 다음과 같다.

---

fgets() 함수 원형

char *fgets(char *string, int length, FILE *fp);

- string: 읽은 문자열을 기록할 버퍼
- length: 저장할 문자의 최대 개수 (널 문자 포함)
- fp: 입력 파일의 FILE 구조체를 가리키는 포인터

반환 값

- 읽기에 성공하는 경우, 문자열 string을 반환
- 읽기에 실패하는 경우, NULL를 반환

주의 사항

- 파일의 끝까지 읽은 경우와 오류에 의한 읽기 실패가 발생하는 경우 모두 NULL을 반환하므로, <u>반환 값으로 파일의 끝을 판단하면 안 됨</u>
- 파일의 끝을 판단하기 위해서는 뒤에 배울 feof() 함수 사용

사용 예:

```
char buf[50] = {'\0'};
FILE *fp = fopen("input.dat", "r");
fgets(buf, sizeof(buf), fp);
```

---

fgets() 함수는 한 번에 읽어올 수 있는 문자열 길이가 정해지기 때문에 여러 번에 걸쳐 데이터를 읽어야 하는 경우가 발생할 수 있다. 이러한 경우의 사용 예를 다음에서 살펴보자.

```
char str1[20], str2[20], str3[20];
FILE *fp = fopen("info.txt","r");
```

<info.txt>

```
Neungdong-ro,↵
Gwangjin-gu, Seoul, Korea.↵
```

1) fgets(str1, 20, fp);

str1 | N | e | u | n | g | d | o | n | g | - | r | o | , | \n | \0 | | | | |

⇨ 20개의 문자를 읽기 전에 개행 문자를 읽으므로, 뒤에 널 문자를 붙여 str1에 저장

2) fgets(str2, 20, fp);

str2 | G | w | a | n | g | j | i | n | - | g | u | , | | S | e | o | u | l | , | \0 |

⇨ 19개의 문자를 읽은 후 뒤에 널 문자를 붙여 str2 배열에 저장

3) fgets(str3, 20, fp);

str3 | | K | o | r | e | a | . | \n | \0 | | | | | | | | | | |

⇨ 이전에 읽은 곳 다음부터 읽다가 20개의 문자를 읽기 전에 개행 문자를 읽으므로, 그 뒤에 널 문자를 붙여 str3 배열에 저장

fputs() 함수는 파일에 문자열을 출력하는 함수로, 문자열 끝을 나타내는 널 문자를 파일에 쓰지 않으며, puts() 함수와 다르게 개행 문자도 자동으로 들어가지 않는다. fputs() 함수의 원형과 반환 값 및 사용 예는 다음과 같다.

---

fputs() 함수 원형

```
int fputs(char *string, FILE *fp);
```

반환 값

- 출력에 성공하는 경우, 출력한 바이트 수를 반환
- 출력에 실패한 경우, EOF를 반환하고 해당 파일의 error 지시자 변수를 설정

사용 예:

```
char temp[50] = "information";
FILE *fp = fopen("output.dat", "w");
fputs(temp, fp);
fputs("This is C string.", fp);
```

[프로그램 14-4]는 문자열 단위 파일 입출력 함수를 사용하는 예제이다. 이 프로그램은 표준입력으로부터 국가명을 입력받고, 이를 Cnty_list.txt 파일에 저장하는 한 후, 이 파일로부터 저장된 내용을 모두 읽어 표준출력으로 출력한다. 라인 7~11에서 Cnty_list.txt 파일을 쓰기모드로 열고 FILE 포인터 fp와 연결한 후, 정상적으로 파일 열기가 수행되었는지 검사한다. 라인 13~16에서 키보드로부터 국가명 하나를 입력받고 이를 Cnty_list.txt 파일에 출력하는 작업을 네 번 반복한다. 특히, 라인 14에서 fgets() 함수가 세 번째 인자로 stdin을 사용함으로써 gets() 함수를 대체하였음을 알 수 있다. 라인 17에서 출력파일에 대한 파일 닫기를 수행한다. 라인 21~25에서 다시 파일을 읽기모드로 열어 FILE 포인터와 연결한 후, 정상적으로 파일 열기가 수행되었는지 검사한다. 라인 27~30에서 Cnty_list.txt 파일로부터 문자열을 읽어와 모니터로 출력하는 작업을 네 번 반복한다. 라인 31에서 입력파일에 대한 파일 닫기를 수행한다.

　문자열 단위 파일 입출력

```c
 1: #include <stdio.h>
 2:
 3: int main(){
 4:    int i;
 5:    char fname[] = "Cnty_list.txt", temp[50] = { '\0' };
 6:
 7:    FILE *fp = fopen(fname, "w");     // 출력 파일 열기
 8:    if (fp == NULL) {                 // 파일 열기의 정상 여부 판단
 9:       printf("Couldn't open file");
10:       return -1;
11:    }
12:
13:    for (i = 0; i < 4; i++) {
14:       fgets(temp, 50, stdin); // 키보드로 문자열을 입력받아 temp에 저장
15:       fputs(temp, fp);         // temp에 저장된 문자열을 출력파일에 저장
16:    }
17:    fclose(fp);                 // 출력 파일 닫기
18:
19:    printf("-------------\n");
20:
21:    fp = fopen(fname, "r");           // 입력 파일 열기
22:    if (fp == NULL) {                 // 파일 열기의 정상 여부 판단
23:       printf("Couldn't open file");
24:       return -1;
25:    }
26:
27:    for (i = 0; i < 4; i++) {
28:       fgets(temp, 50, fp);  // 입력파일로부터 문자를 읽어 temp에 저장
29:       printf("%s", temp);   // temp에 저장된 문자열을 모니터로 출력
30:    }
31:    fclose(fp);                 // 입력 파일 닫기
32:
33:    return 0;
34: }
```

| 파일의 끝 확인하기

일반적으로 파일로부터 데이터를 읽는 경우, 각 파일의 데이터 개수를 알기 어렵기 때문에 파일에 저장된 데이터 개수와 관계없이 저장된 데이터를 모두 읽어 처리하는 방식을 사용한다. 앞서 살펴 본 fscanf(), fgetc(), fgets() 함수들의 반환 값으로는 파일의 끝 여부를 정확하게 판단할 수 없기 때문에 C 언어에서는 파일의 끝을 확인할 수 있는 feof() 함수를 제공한다.

feof() 함수는 파일의 끝까지 데이터를 모두 읽어 들인 상태인지를 확인하는 함수로, 파일의 끝이면 0이 아닌 값(참)을 반환하고, 파일의 끝이 아니면 0(거짓)을 반환한다. 이 때 EOF도 파일의 내용으로 간주되므로 주의해야 한다. 즉 파일 위치 지시자[7]가 해당 파일의 EOF를 가리킬 때 읽기를 시도하면, feof() 함수는 아직 파일의 끝이 아니라고 생각하고 0을 반환한다. EOF를 지나서 읽기를 시도했을 때, feof() 함수는 파일이 끝났다고 생각하고 0이 아닌 값을 반환한다. feof() 함수의 원형과 반환 값 및 사용 예는 다음과 같다.

---

feof() 함수 원형

```
int feof(FILE *fp);
```

반환 값
- 파일의 끝이면, 0이 아닌 값을 반환
- 파일의 끝이 아니면, 0을 반환

사용 예:
```
FILE *fp = fopen("test.txt", "r");
char str[50]= {'\0'};
fgets(str, sizeof(str), fp);
while( !feof(fp) ) {
    fgets(str, sizeof(str), fp);
    printf("%s", str);
}
```

---

[7] 파일 위치 지시자는 FILE 포인터가 가리키는 FILE 구조체의 멤버로, 다음에 읽기/쓰기를 할 위치를 가리키는 포인터를 의미한다.

feof() 함수를 사용할 경우, 반드시 파일로부터 데이터를 먼저 읽은 후에 feof() 함수를 통해 파일의 끝에 도달했는지 검사하는 방식을 취해야 한다. 만약 파일로부터 데이터를 읽기 전에 먼저 feof() 함수를 호출하게 되면, EOF때문에 문제가 발생할 수 있다. 예를 들어 빈 파일을 생성하고 이 빈 파일의 내용을 읽는 프로그램을 생각해보자. **빈 파일에도 EOF는 자동으로 생성되어 파일에 저장된다. 즉, 빈 파일은 EOF만 포함하고 있다. 따라서 빈 파일을 열자마자 feof() 함수를 호출하면, EOF를 만나므로 반환 값은 0(거짓)이 된다.** 이는 파일에 읽을 데이터가 있다는 의미이므로 데이터를 다시 읽게 되지만, 실제 파일에는 읽을 데이터가 없으므로 실행결과에 오류가 발생함을 알 수 있다. 그러므로 데이터를 먼저 읽은 후 feof() 함수를 호출하는 방식으로 위의 예를 처리한다면, feof() 함수 호출하는 시점에는 EOF를 지났기 때문에 0이 아닌 값을 반환하게 되어 오류 없이 결과가 실행됨을 알 수 있다.

[프로그램 14-3]에서 사용한 feof() 함수를 살펴보자. while 문의 조건식으로 feof() 함수를 사용하고 있는데, feof() 함수의 결과가 참이 될 때까지 반복하는 것으로, 파일을 끝까지 읽으라는 의미가 된다. 특히 데이터를 먼저 한번 읽은 후에, while 문의 조건식에서 feof() 함수를 호출하고, while 문 마지막에 다시 데이터를 읽는 방식으로 feof() 함수를 사용함을 확인할 수 있다.

```
        /* 프로그램 14-3의 일부 */
28:    ch = fgetc(fp);          // 입력파일에서 문자 한 개 읽음
29:    while(!feof(fp)) {       // 파일의 끝까지 반복
30:        putchar(ch);         // 읽은 문자를 모니터로 출력
31:        ch = fgetc(fp);      // 입력파일에서 문자 한 개 읽음
32:    }
```

14.4 이진 파일 입출력

이진 파일은 바이트 단위의 연속된 데이터 집합인 블록 단위로 데이터를 저장하고 읽는다. 이진 파일에 저장된 데이터를 읽거나 쓸 때, 순차적으로 파일 데이터에 접근(순차 접근 방식)할 수 있을 뿐만 아니라 일정한 크기의 데이터를 한 번에 읽거나 쓸 수 있기 때문에 파일의 어느 위치든지 곧바로 이동하여 읽고 쓸 수도 있다(임의 접근 방식). 순차 접근 방식으로 이진 파일의 데이터를 읽을 때에는 fread() 함수를, 데이터를 저장할 때에는 fwrite() 함수를 사용한다.

| 블록 단위의 파일 입출력: fread()와 fwrite()

fread() 함수는 이진 파일에서 (블록의 크기 * 블록의 개수) 크기의 데이터를 읽어 버퍼에 저장한 후 읽은 블록 개수를 반환하는 함수로, 함수 원형과 반환 값 및 사용 예는 다음과 같다. fread() 함수도 앞서 살펴본 텍스트 파일 입출력 함수들과 마찬가지로 EOF와 읽기 오류를 구별하지 않기 때문에 feof() 함수를 사용하여 파일의 끝을 판단해야 한다.

---

fread() 함수 원형

```
size_t fread(void *buffer, size_t size, size_t count, FILE *fp);
```
[8]
 - buffer: 읽은 데이터를 저장할 버퍼의 시작 주소
 - size: 읽어올 데이터 블록 하나의 크기 (바이트)
 - count: 읽어올 데이터 블록의 개수
 - fp: 입력 파일의 FILE 구조체를 가리키는 포인터

반환 값
- 읽기에 성공하는 경우, 파일로부터 읽은 블록의 개수를 반환
- 읽기에 실패한 경우, count보다 작은 값을 반환
- size나 count값이 0인 경우, 0을 반환

사용 예:
```
int age, ID[10];
FILE *fp = fopen("input.dat", "rb");
fread(&age, sizeof(int), 1, fp);
```
　　　⇨ fp에 연결된 이진 파일로부터 정수 1개를 읽어 age 변수에 저장
```
fread(ID, sizeo(int), 10, fp);
```
　　　⇨ fp에 연결된 이진 파일에로부터 정수 10개의 정수를 읽어 ID 배열에 저장

---

fwrite() 함수는 버퍼에 저장된 (블록의 크기 * 블록의 개수) 크기의 데이터를 이진 파일에 출력한 후 출력한 블록 개수를 반환하는 함수로, 함수 원형과 반환 값 및 사용 예는 다음과 같다.

---

8) 자료형 'size_t'에 대해서는 10.5절 strlen() 함수의 원형 설명을 참조하라.

---

fwrite() 함수 원형

`size_t fwrite(const void *buffer, size_t size, size_t count, FILE *fp);`

- buffer: 출력할 데이터를 저장하고 있는 버퍼의 시작 주소
- size: 출력할 데이터 블록 하나의 크기 (바이트)
- count: 출력할 데이터 블록의 개수
- fp: 출력 파일의 FILE 구조체를 가리키는 포인터

반환 값

- 출력에 성공하는 경우, 파일로 쓴 블록의 개수를 반환
- 출력에 실패한 경우, count보다 작은 값을 반환
- size나 count값이 0인 경우, 0을 반환

사용 예:

```
int age, ID[10];
FILE *fp = fopen("output.dat", "wb");
fwrite(&age, sizeof(int), 1, fp);
```
　　　⇨ age 변수에 저장된 정수 1개를 fp에 연결된 이진 파일에 저장
```
fwrite(ID, sizeof(int), 10, stdout);
```
　　　⇨ ID 배열에 저장된 정수 10개를 표준출력장치에 출력

　　[프로그램 14-5]는 블록 단위의 파일 입출력 함수를 사용한 예제이다. 이 프로그램은 표준입력으로부터 학생이름, 중간성적, 기말성적을 입력받아 이진 파일에 저장하고, 이 파일로부터 저장된 내용을 읽어 표준출력으로 출력한다. 라인 11~12에서 score.dat 이진 파일을 쓰기모드(wb)로 열고, FILE 포인터 fp와 연결한 후 정상적으로 파일 열기가 수행되었는지 검사한다. 라인 15~19에서 키보드로부터 학생이름, 중간성적, 기말성적을 입력받고, 이를 score.dat 이진 파일에 출력하는 작업을 **EOF**가 입력(윈도우 운영체제에서 ^Z(Ctrl+Z) 입력, 유닉스/리눅스 운영체제에서는 ^D(Ctrl+D) 입력)될 때까지 반복한다. 특히, 라인 15와 18에서는 fscanf() 함수의 첫 번째 인자를 stdin으로 함으로써 scanf()와 동일한 기능을 수행함을 확인할 수 있다. 라인 20에서 출력 파일에 대한 파일 닫기를 수행한다. 라인 24~25에서 다시 이진 파일을 읽기모드(rb)로 열어 FILE 포인터와 연결한 후, 정상적으로 파일 열기가 수행되었는지 검사한다. 라인 28~33에서 score.dat 이진 파일로부터 저장된 데이터를 읽어 모니터로 출력하는 작업을 파일의 끝까지 반복한다. 라인 30에서 fprintf() 함수의 첫 번째 인자를 stdout으로 함으로써 printf()와 동일한 기능을 수행함을 확인할 수 있다. 라인 34에서 입력 파일에 대한 파일 닫기를 수행한다.

프로그램 14-5 블록 단위 파일 입출력

```c
 1: #include <stdio.h>
 2:
 3: typedef struct person_score {
 4:    char name[10];   double mid;   double final;
 5: }person;              // 학생 정보
 6:
 7: int main() {
 8:    person ps;
 9:    char fname[] = "score.dat", tmp[80] = { '\0' };
10:
11:    FILE *fp = fopen(fname, "wb");    // 출력 파일 열기
12:    if (fp == NULL) { … }             // 파일 열기의 정상 여부 판단 (생략)
13:
14:    /* 사용자로부터 구조체 멤버 값을 입력받아, 파일에 저장하기 */
15:    fscanf(stdin, "%s %lf %lf", ps.name, &ps.mid, &ps.final);   // 입력
16:    while (!feof(stdin)) {        // EOF가 입력될 때까지 반복
17:       fwrite(&ps, sizeof(person), 1, fp);            // 파일에 저장
18:       fscanf(stdin, "%s %lf %lf", ps.name, &ps.mid, &ps.final); // 입력
19:    }
20:    fclose(fp);        // 출력 파일 닫기
21:
22:    printf("----------------\n");
23:
24:    fp = fopen(fname, "rb");       // 입력 파일 열기
25:    if (fp == NULL) { … }          // 파일 열기의 정상 여부 판단 (생략)
26:
27:    /* 파일로부터 구조체 각 멤버 값을 읽어, 화면에 출력하기 */
28:    fread(&ps, sizeof(person), 1, fp);     // 파일로부터 구조체 값 읽기
29:    while (!feof(fp)) {       // EOF가 입력될 때까지 반복
30:       fprintf(stdout, "%s %.2lf %.2lf\n", ps.name, ps.mid, ps.final);
31:                             // 화면에 출력
32:       fread(&ps, sizeof(person), 1, fp); // 파일로부터 구조체 값 읽기
33:    }
34:    fclose(fp);   // 입력 파일 닫기
35:
36:    return 0;
37: }
```

| 파일의 임의 접근을 위한 함수: fseek(), ftell(), rewind() 함수

　이진 파일은 블록 단위로 데이터를 읽고 쓸 수 있기 때문에 파일의 어느 위치든지 곧바로 이동하여 데이터를 읽고 쓸 수 있는 임의 접근 방식으로 파일 입출력이 가능하다. 이를 위해 C 언어에서는 fseek(), ftell(), rewind() 함수 등을 제공한다.

　fseek() 함수는 파일 위치 지시자를 지정한 위치로 이동시킬 수 있는 함수로, 기준점 (origin)으로부터 오프셋(offset)만큼 떨어진 곳을 파일 위치 지시자가 가리키도록 설정한다. 즉, 다음에 읽기 또는 쓰기를 시작할 위치를 (기준점 + 오프셋) 위치로 변경한다 (다음 페이지 그림 참조). fseek() 함수의 원형과 반환 값 및 사용 예는 다음과 같다.

---

fseek() 함수 원형

```c
int fseek(FILE *fp, long offset, int origin);
```

함수 인자 설명 (아래 그림 참조)

- fp: 파일포인터 변수명
- offset: 기준점(origin)으로부터 이동할 바이트 수
  - 양수(+): 순방향 (기준점 이후)
  - 음수(-): 역방향 (기준점 이전)
- origin: 오프셋(offset)을 적용할 기준점
  - SEEK_SET(0): 파일의 맨 처음 위치
  - SEEK_CUR(1): 파일에서의 현재 위치
  - SEEK_END(2): 파일의 맨 끝 위치

반환 값

- 이동에 성공하는 경우, 0을 반환
- 이동에 실패한 경우, 0이 아닌 값을 반환

사용 예:

```c
FILE *fp = fopen("input.dat", "rb");
fseek(fp, 10, SEEK_SET);
```
　　　　　　　⇨ ‘위치 지시자’를 파일의 시작 지점에서 10 바이트 뒤로 이동
```c
fseek(fp, 20, SEEK_CUR);
```
　　　　　　　⇨ ‘위치 지시자’를 현재 위치에서 20 바이트 뒤로 이동
```c
fseek(fp, -20, SEEK_END);
```
　　　　　　　⇨ ‘위치 지시자’를 파일의 끝 지점에서 20 바이트 앞으로 이동

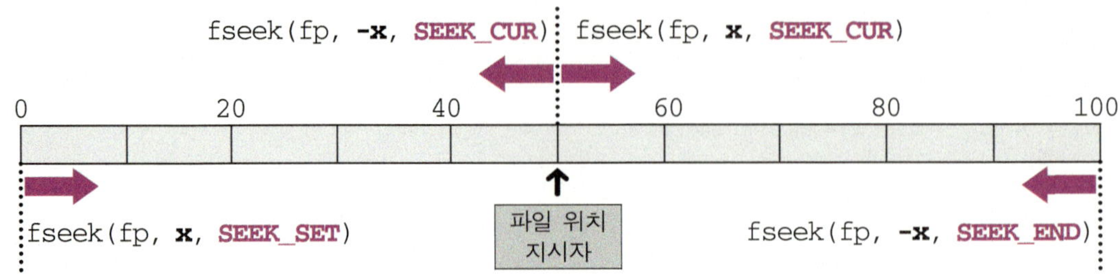

    ftell() 함수는 현재 파일 위치 지시자가 가리키는 곳의 위치를 반환하는 함수로, 현재 파일 위치 지시자가 가리키는 곳이 파일의 시작 위치로부터 몇 바이트 떨어져 있는지를 알려준다. ftell() 함수의 원형과 반환 값은 다음과 같다.

---

ftell() 함수 원형

```c
long ftell(FILE *fp);
```

반환 값

- 성공하는 경우, 파일 위치 지시자의 위치를 반환
- 실패한 경우, EOF를 반환

사용 예:

```c
FILE *fp = fopen("input.dat", "rb");
long pos = ftell(fp);
```

---

    rewind() 함수는 파일 위치 지시자를 파일의 시작 지점으로 이동시키는 함수로, SEEK_SET을 기준점으로 오프셋을 0으로 설정한 fseek() 함수를 호출하는 것과 동일한 기능을 수행한다. rewind() 함수의 원형 및 사용 예는 다음과 같다.

---

rewind() 함수 원형

```c
void rewind(FILE *fp);
```

사용 예:

```c
char str[50] = {'\0'};
FILE *fp = fopen("input.dat", "rb");
fread(str, sizeof(char), 10, fp);
puts(str);
rewind(fp);      ⇨ 처음 위치로 되돌림
```

| 단원요약 |

1　파일입출력이란 디스크에 저장된 파일의 자료를 읽거나 디스크에 자료를 기록하는 기능과 키보드로부터의 자료 입력이나 화면이나 프린터에 자료를 출력하는 처리 방법을 일컫는다.

2　텍스트 파일은 사람이 인식할 수 있는 문자를 담고 있은 파일이고, 이진 파일은 컴퓨터 프로그램이 인식할 수 있는 데이터를 가진 파일이다.

3　파일을 사용하기 위해서는 우선 fopen() 함수를 이용하여 파일을 열고, 사용 후에는 fclose() 함수를 이용하여 파일을 닫아야 한다.

4　FILE 포인터는 파일에 접근하기 위한 자료형이다.

5　fscanf()와 fprintf() 함수는 형식을 지정하여 사용하는 파일 입출력 함수이다.

6　fgetc()와 fputc()는 문자 단위 파일 입출력 함수이고, fgets()와 fputs()는 문자열 단위 파일 입출력 합수이다.

7　파일의 끝을 확인하기 위해서는 feof() 함수를 이용한다.

8　fread()와 fwrite()는 이진 파일 입출력 함수로 블록 단위로 데이터를 저장하고 읽는다.

9　fseek(), ftell(), rewind() 함수를 이용하여 파일의 임의의 위치에 접근할 수 있다.

| 실습문제 |

[문제 1] 사용자로부터 정수들을 입력받아 "data.txt" 텍스트 파일에 저장(라인별로 정수 한 개씩)한 후, 파일을 닫으시오. 이 파일을 연 후, 모든 정수를 읽어서 정수의 개수, 합계, 평균을 출력하는 프로그램을 작성하시오. (파일을 두 번 open해야 함)

- 입력의 끝을 나타내기 위해 "Ctrl+Z"를 입력하시오.
- 평균은 소수점 둘째짜리까지 출력하시오.

입력 예시 1

```
10
20
30        ↦ 라인별로 입력된 수
Ctrl+Z    ↦ 입력의 끝을 나타냄
```

출력 예시 1

```
3       ↦ 정수 개수
60      ↦ 합계
20.00   ↦ 평균
```

[문제 2] "test1.txt"로부터 9개의 영어 대소문자를 읽어 들여, 대소문자를 서로 변환한 후 "test2.txt"에 저장하는 프로그램을 작성하시오.

- "test1.txt" 파일은 프로그램 실행 전에 메모장을 이용하여 미리 만드시오.

test1.txt 파일 예시 1 (실행 전)

```
aBcdEfgZZ
```

test2.txt 파일 예시 1 (실행 후)

```
AbCDeFGzz
```

[문제 3] 사용자로부터 텍스트 파일의 이름을 두 개 입력받아, 첫 번째 파일의 내용을 두 번째 파일로 복사하는 프로그램을 작성하시오.

- 파일 이름의 최대 길이는 20
- 파일 입출력은 fgetc(), fputc()를 사용하고, 파일 끝을 검사하기 위해 feof() 함수를 사용할 것

첫 번째 파일 예시 1

```
No pain no gain.
Time is gold.
```

두 번째 파일 예시 1 (실행 후)

```
No pain no gain.
Time is gold.
```

[문제 4] 사용자로부터 텍스트 파일의 이름을 두 개 입력받아, 첫 번째 파일의 내용 뒤에 두 번째 파일의 내용을 추가하는 프로그램을 작성하시오.

첫 번째 파일 예시 1

```
No pain no gain.
Time is gold.
```

두 번째 파일 예시 1

```
The die is cast.
```

첫 번째 파일 예시 1 (실행 후)

```
No pain no gain.
Time is gold.The die is cast.
```

[문제 5-1] 사용자로부터 학생 3명의 이름과 점수를 입력받아 구조체 배열에 저장하고, 저장된 정보를 "student.dat"에 저장하는 프로그램을 작성하시오.

- 구조체는 이름을 나타내는 크기가 10인 문자배열과 점수를 저장하는 정수로 구성
- 크기가 3인 구조체 배열 선언
- 파일에는 이진 데이터 형태로 저장할 것 (텍스트로 변환하여 저장하면 안 됨)

```
Lee 90
Kim 80
Park 50
```

```
Lee %?v=;?   Kim ㅌ   뚦~ P   Park 짧v ㄲ? 2
     ↦ 이상한 문자는 다를 수 있음
```

[문제 5-2] 문제 5-1에서 만든 "student.dat"에 저장된 정보 읽어 구조체 배열에 저장하고, 저장된 정보를 화면에 출력하는 프로그램을 작성하시오.

student.dat 파일 예시 1 (메모장)

```
Lee %?v=;?   Kim ㅌ   뚦~ P   Park 짧v ㄲ? 2

     ↦ 이상한 문자는 다를 수 있음
```

출력 예시 1

```
Lee 90
Kim 80
Park 50
```

전처리기와 분할컴파일

전처리기와 분할컴파일

- 전처리 개념과 전처리 지시자를 활용할 수 있다.
- 분할컴파일을 이해하고 활용할 수 있다.
- 변수의 사용범위와 지속기간을 이해한다.

15.1 전처리기

지금까지의 예제 프로그램들을 살펴보면, 각 프로그램은 #include로 시작함을 볼 수 있는데, #include가 바로 전처리기에 의해 처리되는 전처리 지시자의 예이다. 전처리기는 컴파일러가 소스 파일(*.c)을 컴파일하기 이전 과정으로, 전처리 지시자를 사용하여 특정 파일 내용을 포함하거나 상수나 문자열을 치환하는 등과 같은 문법 외적인 작업을 수행함으로써 소스 파일이 컴파일될 수 있도록 수정한다. 전처리 지시자의 사용은 프로그램을 간단히 확장할 수 있고, 프로그램의 가독성을 높여 유지보수에 도움을 준다.

전처리 지시자는 프로그램의 선두에 위치하며, 항상 #으로 시작하고 문장 끝에 세미콜론(;)을 사용하지 않는다. 또한 한 라인에 하나의 전처리 지시자만 쓸 수 있다. 아래 표는 자주 사용되는 전처리 지시자들로, 이에 대하여 자세히 살펴보자.

전처리 지시자	기능
#include	프로그램 외부에 존재하는 파일을 불러옴
#define	매크로(macro) 상수 혹은 함수를 정의
#undef	정의된 매크로를 취소
#if ~ (#elif ~ #else ~) #endif	
#ifdef ~ (#elif ~ #else ~) #endif	조건부 컴파일
#ifndef ~ (#elif ~ #else ~) #endif	

| #include

　#include는 프로그램 외부에 존재하는 파일을 포함하는 전처리 지시자로, 우리는 앞의 프로그램들에서 헤더파일(.h)을 포함하기 위해 이미 사용한 바 있다. 전처리기는 전처리 시에 #include 지시자에 지정된 특정 파일의 내용을 소스 코드 내 이 지시자가 있는 위치에 삽입한다. 이는 마치 소스 코드에 지정된 파일 내용을 직접 작성한 것과 동일한 효과를 나타낸다.

　파일은 < > 를 사용하거나 " " 를 사용하여 포함시킬 수 있다. < > 는 C 컴파일러가 제공하는 라이브러리 파일을 포함시킬 때 주로 사용하는 방식으로, #include <stdio.h> 와 같이 프로그램을 작성할 때마다 이미 사용해 왔다. 이 방식은 각종 라이브러리 파일이 수록되어 있는 지정 폴더에서 해당 파일을 찾아 포함시킨다. 예를 들어 Visual studio의 경우, 지정 폴더는 C:\Program Files (x86)\Microsoft Visual Studio 12.0\VC\include 이다. 한편 " " 는 프로그래머가 직접 만든 파일을 포함시킬 때 주로 사용하며, 기본적으로 현재 작업 폴더에서 해당 파일을 찾아 포함시킨다. 만약 해당 파일이 다른 위치에 존재한다면, 절대경로 혹은 상대경로 형식을 사용하여[9] 파일을 포함시킨다. 다음은 < > 와 " " 를 사용하여 파일을 포함하는 예이다.

< > 사용 예
```
#include <stdio.h>
#include <string.h>
```

" " 사용 예
```
#include "myheader.h"
#include "C:\user\mylib\lib.h"
#include "..\mylib\lib.h"
#include "myprogram.c"
```

| #define

　#define은 특정 상수를 프로그래머가 정의한 치환 문자열로 대체하는 역할을 수행한다. 프로그램에서 상수를 직접 사용하면 이 상수가 의미하는 바를 이해하기 어려울 뿐 아니라

---

[9] fopen() 함수의 파일이름 인자를 작성할 때와는 달리 컴파일 수행 전 단계에서 이루어지는 작업이므로 \만으로 경로를 표현한다.

변경해야 하는 경우, 해당 상수를 일일이 찾아서 변경해야 하는 번거로움이 있다. 이에 #define 지시자를 사용하여 상수를 치환할 수 있는 문자열로 된 이름을 정의하고, 소스 코드 내 해당 상수 대신 정의된 이름을 사용하도록 한다. 이렇게 함으로써 프로그램의 가독성을 높여 유지보수를 용이하게 한다.

프로그램에서 반복적으로 사용되는 상수를 새로운 이름으로 정의하여 사용하는 **매크로 상수**와 반복적으로 사용되는 프로그램의 모듈을 함수로 정의하여 사용하는 **매크로 함수**를 #define 지시자를 사용하여 정의할 수 있다. 매크로 상수와 매크로 함수는 원칙적으로는 한 라인에 작성하며, **긴 경우에는 \ (역슬래쉬) 기호를 사용하여 다른 줄에 작성되어 있는 내용의 연결을 표시할 수 있다.**

1) 매크로 상수

매크로 상수를 정의하는 형식은 아래와 같다. 매크로이름은 일반적으로 대문자로 표시하며, 공백을 허용하지 않고 숫자로 시작하면 안 된다. 상수는 숫자, 문자, 문자열, 시스템 이름, 자료형 이름 등을 사용할 수 있다.

매크로 상수 정의 형식 　**#define** 매크로이름 상수
사용 예 　#define PI 3.14 　#define **MAX** 100 　#define SUM **MAX**+1　⇨ 중첩 매크로: 매크로 상수 SUM 정의 시 　　　　　　　　　　　　　　　　　앞서 정의된 매크로 상수 MAX를 사용

매크로 상수의 필요성 및 사용법을 예제를 통해 학습해보자.

```c
/* 원주율을 직접 작성하여 원 둘레와 면적 계산 */
#include <stdio.h>

int main() {
    int r = 3;              // 원의 반지름
    double cir, area;       // 원의 둘레, 원의 면적

    cir = 2 * 3.14 * r;
    area = 3.14 * r * r;
    printf("cir = %f, area = %f\n", cir, area);
    return 0;
}
```

위 코드는 원주율 값 3.14를 소스 코드 내에 직접 작성한 프로그램이다. 반면 아래의 [프로그램 15-1]은 원주율 값을 매크로 상수로 정의한 프로그램이다. 위 코드에서 원주율 값을 3.14에서 3.1415로 변경해야 한다면, 소스 코드 내 3.14가 작성된 부분을 일일이 찾아서 3.1415로 변경해야 하지만, [프로그램 15-1]에서는 매크로 상수 정의 부분만 #define PI 3.1415로 수정하면 프로그램 변경이 간단히 끝난다.

프로그램 15-1　　원주율을 매크로 상수로 정의하여 원 둘레와 면적 계산

```
 1: #include <stdio.h>
 2: #define PI 3.14          // 원주율을 매크로 상수로 정의
 3:
 4: int main() {
 5:     int r = 3;               // 원의 반지름
 6:     double cir, area;        // 원의 둘레, 원의 면적
 7:
 8:     cir = 2 * PI * r;        // 매크로 상수 사용
 9:     area = PI * r * r;
10:     printf("cir = %f, area = %f\n", cir, area);
11:     return 0;
12: }
```

13.5절에서 학습했던 const 상수도 매크로 상수와 동일한 기능을 수행한다. 다만, 매크로 상수는 소스코드 자체를 변경시키는 반면, const 상수는 컴파일러에 의해 처리가 된다. 특히, const 상수는 컴파일러에 의해 처리되므로 오류체크가 가능하고, 지역 변수를 상수로 만들면 상수의 사용범위가 함수내부로 제한되기 때문에 매크로 상수보다 더 안정적이고 세련된 프로그래밍 형태로 간주된다. 다음은 const 상수를 사용한 프로그램이다.

프로그램 15-2　　원주율을 const 상수로 정의하여 원 둘레와 면적 계산

```
 1: #include <stdio.h>
 2:
 3: int main() {
 4:     int r = 3;               // 원의 반지름
 5:     double cir, area;        // 원의 둘레, 원의 면적
 6:     const double PI = 3.14;  // const 상수(선언과 동시에 초기화)
 7:
 8:     cir = 2 * PI * r;
 9:     area = PI * r * r;
10:     printf("cir = %f, area = %f\n", cir, area);
11:     return 0;
12: }
```

2) 매크로 함수

매크로 함수를 정의하는 형식은 아래와 같다. 매크로 함수이름은 일반적으로 대문자로 표시하며, 매크로 함수이름과 (함수 인자) 사이에 공백이 없어야 한다.

매크로 함수 정의 형식

```
#define 매크로함수이름(함수 인자들) 함수정의
```

사용 예

```
#define ADD(x, y) ((x) + (y))
#define MAX(x, y) ((x) > (y) ? (x) : (y))
```

주의 사항

- 매크로함수이름과 (함수 인자) 사이에 공백이 없어야 함. 예: ADD(x, y)
- 정의 부분에서 각 함수 인자를 반드시 괄호 ( )로 묶어 주어야 함
- 정의 부분 전체를 반드시 괄호 ( )로 묶어 주어야 함

매크로 함수는 전처리 단계에서 해당 함수를 사용하는 곳마다 #define에 정의된 "함수 정의" 부분의 코드로 단순 치환된다. [프로그램 15-3]는 매크로 함수를 사용한 예로, 제곱수를 계산하는 모듈을 매크로 함수로 작성하였다.

프로그램 15-3 매크로 함수 사용 예제

```
 1: #include <stdio.h>
 2:
 3: #define PI 3.14                 // 매크로 상수
 4: #define SQUARE(x) ((x) * (x))   // 매크로 함수
 5:
 6: int main() {
 7:     double area;                // 원의 면적
 8:
 9:     area = PI * SQUARE(2 + 2);   // area = 3.14 * (4 * 4)
10:     printf("area = %f\n", area);
11:     return 0;
12: }
```

[실행결과]

```
area = 50.240000      ⇨ 3.14 * (4 * 4)
```

　　매크로 함수를 정의할 때에는 괄호 사용에 유의해야 한다. 매크로 함수 치환 후, 연산자 우선순위 문제로 잘못된 결과가 발생할 수 있기 때문인데, 예를 통해 자세히 알아보자. 아래에서 왼쪽은 의도한 결과이고, 오른쪽은 인자의 괄호를 생략했을 경우의 결과이다. 매크로 함수는 정의된 내용으로 단순히 치환된다. 따라서 아래 오른쪽 코드에서 SQUARE(2+2)는 일반 함수처럼 인자인 2+2가 먼저 계산되는 것이 아니고, 인자로 사용된 수식 2+2도 그대로 치환된다. 치환된 후 덧셈 연산자 보다 곱셈 연산자가 우선순위가 낮아, 아래와 같이 의도한 것과는 다른 수식이 되어 버린다.

```
/* 의도한 결과 */                        /* 인자의 괄호를 생략하면? */
#define SQUARE(x) ((x) * (x))          #define SQUARE(x) (x * x)


PI * SQUARE(2 + 2)                      PI * SQUARE(2 + 2)
➜ 3.14 * ((2 + 2) * (2 + 2))           ➜ 3.14 * (2 + 2 * 2 + 2)
➜ 3.14 * (4 * 4)                       ➜ 3.14 * (2 + 4 + 2)
➜ 50.24                                ➜ 25.12
```

　　정의 부분 전체를 감싸는 괄호도 동일하다. 아래 예에서 보듯이, 전체를 감싸는 괄호를 생략하면 ADD(2, 3)의 계산 결과가 사용되는 것이 아니라, ADD(2, 3)을 구성하는 수식이 쪼개져서 계산되는 의도되지 않은 결과를 초래할 수 있다.

```
/* 의도한 결과 */                        /* 정의부 전체를 감싸는 괄호를 생략하면? */
#define ADD(x, y) ((x) + (y))          #define ADD(x, y) (x) + (y)


5 * ADD(2, 3)                           5 * ADD(2, 3)
➜ 5 * ((2) + (3))                       ➜ 5 * (2) + (3)
➜ 5 * (5)                               ➜ 10 + 3
➜ 25                                    ➜ 13
```

　　매크로 함수는 전처리 단계에서 처리되기 때문에 컴파일 단계에서 일어나는 함수 인자 자료형 검사 및 문법 오류 검사가 수행되지 않으며, 실제 함수 호출이 일어나지 않으므로 일반 함수 호출 시 발생하는 오버헤드를 줄일 수 있어 프로그램 실행 속도가 빠르다. 하지만 매크로 함수를 사용하는 곳마다 코드 치환이 발생하는데, 매크로 함수 정의 시 괄호 ( )를 누락하지 않도록 주의해야 하며, 매크로 함수를 여러 번 사용하게 되는 경우에는 코드가 여러 번 치환되므로 프로그램 크기가 커지는 단점이 있다. 그러므로 일반적으로는 크기가 작은 함수에 대해 매크로 함수로 정의하여 사용한다.

| #undef

#undef는 정의된 매크로를 해제하는 전처리 지시자로, 해제된 매크로는 재정의 가능하다. #undef를 정의하는 형식 및 사용 예는 다음과 같다.

#undef 정의 형식

  #undef 매크로이름

사용 예

```
#define MAX 100
#undef MAX
#define MAX 5000
```

| 조건부 컴파일 전처리 지시자

조건부 컴파일을 위한 전처리 지시자는 전처리 문에서 주어진 조건의 만족 여부에 따라 코드를 선택적으로 컴파일하도록 하는 기능으로, 변수, 함수, 매크로 등이 중복되지 않도록 하거나 **이식성(호환성)이 높은 코드**를 개발하는데 유용하다. (이식성이 높다는 의미는 특정 컴파일러에서 작성한 프로그램을 다른 컴파일러에서도 수정 없이 컴파일하여 실행 파일을 만들 수 있음을 말한다.) 조건부 컴파일 전처리 지시자는 조건문의 if 문 사용법과 매우 유사하므로 사소한 문법의 차이만 이해하면 어렵지 않게 사용할 수 있다. 조건문의 if 문에서 else if를 사용하였다면, 조건부 컴파일 전처리 지시자에서는 같은 기능을 elif가 수행하며, 마지막에는 반드시 #endif를 사용해야 하는 점이 차이다.

| #if ~ (#elif) ~ (#else) ~ #endif

조건식에서는 실수 상수, 문자열 상수, 변수 등을 사용할 수 없으며, 관계연산자나 논리연산자 및 산술연산자는 사용 가능하다. #if ~ (#elif) ~ (#else) ~ #endif 사용 형식 및 사용 예는 다음과 같다.

```
#if ~ (#elif) ~ (#else) ~ #endif 형식
   #if 조건식1
       컴파일 할 문장1;
   #elif 조건식2
       컴파일 할 문장2;
    ...
   #else
       컴파일 할 문장5;
   #endif
```

사용 예
```
#if   OS == 1        // Linux
   컴파일 할 문장1;
#elif  OS == 2       // Windows
   컴파일 할 문장2;
#else                // Linux와 Windows를 제외한 다른 OS
   컴파일 할 문장3;
#endif
```

| #ifdef ~ (#elif) ~ (#else) ~ #endif

#ifdef는 "if defined"의 약어로 매크로 정의 여부로 컴파일할 코드가 결정된다.

```
#ifdef ~ (#elif) ~ (#else) ~ #endif 형식
   #ifdef 매크로이름1      ⇨ 매크로이름1이 정의되어 있으면
       컴파일 할 문장1;
   #elif 매크로이름2
       컴파일 할 문장2;
    ...
   #else
       컴파일 할 문장5;
   #endif
```

사용 예
```
#ifdef  UNIX
   #define DDIR "/usr/data"
#else
   #define DDIR "\usr\data"
#endif
```

| #ifndef ~ (#elif) ~ (#else) ~ #endif

#ifndef는 "if not defined"의 약어로 #ifdef와 정반대이다. 즉, 매크로가 정의되어 있지 않은 경우에 컴파일할 코드가 결정된다.

#ifndef ~ (#elif) ~ (#else) ~ #endif 형식

  #ifndef 매크로이름1   ⇨ 매크로이름1이 정의되어 있지 않으면
    컴파일 할 문장1;
  #elif 매크로이름2
    컴파일 할 문장2;
   ...
  #else
    컴파일 할 문장5;
  #endif

사용 예
  #ifndef __MYHEADER_H__
  #define __MYHEADER_H__
  #endif

15.2 분할컴파일

    지금까지 프로그램들은 하나의 소스 파일 내에 전체 프로그램 코드가 들어가 있었다. 즉 하나의 소스 파일 내에는 프로그램에서 사용되는 모든 변수 및 함수들에 대한 선언과 정의가 함께 포함되어 있다. 그러나 일반적으로 복잡한 프로그램을 작성하거나 여러 프로그래머가 공동으로 개발하는 큰 프로젝트인 경우에는 하나의 소스 파일로 프로그램을 작성하는 방식을 사용하지 않는다. 하나의 소스 파일 내의 코드 양이 많아질수록 그 프로그램을 수정하거나 변경하는 작업에는 많은 시간이 소모되며, 이러한 작업을 수행할 때마다 전체 코드를 다시 컴파일해야 하는 오버헤드가 있다. 또한 여러 프로그래머가 하나의 소스 파일을 함께 작업하면, 소스 코드 버전관리가 매우 복잡하고 어려워진다. 그러므로 복잡한 프로그램을 작성하거나 여러 프로그래머가 공동으로 프로젝트를 개발하는 경우에는 전체 하나의 프로젝트를 여러 개의 모듈들로 나누어 개발하며, 각 모듈 별로 소스 파일을 작성하여 컴파일한 후, 링크과정을 거쳐 하나의 통합된 프로그램을 개발하는 방식으로 진행한다. (이를 모듈 프로그래밍(modular programming)이라고 하는데, 모듈은 하나의 함수 혹은 논리적으로 특정 기능을 구현하기 위해 선택된 관련 함수들의 그룹을 의미한다.)

분할컴파일이란 하나의 프로젝트를 여러 모듈들로 나누어 각 모듈 별로 소스 파일을 작성하고 소스 파일별로 컴파일하는 것을 의미한다. 분할컴파일은 복잡한 대형 프로그램 작성 시, 작업 분담 목적 및 모듈의 재사용성을 높이기 위해 수행한다. 특히, 이 같은 프로그램에서 프로그램의 일부를 수정하거나 확장하기 위해 변경하는 경우, 프로그램 전체를 컴파일해야 하는 번거로움을 없애 프로그램의 관리 효율성을 향상시킨다.

| 분할컴파일 따라 해보기

[프로그램 15-4] ~ [프로그램 15-7]은 분할컴파일을 위한 예제 프로그램이다.

프로그램 15-4   분할 컴파일 예제(original.c)

```
 1: #include <stdio.h>
 2:
 3: int myfunc1(int x, int y);          // myfunc1() 함수 원형 선언
 4: void myfunc2(int n);                // myfunc2() 함수 원형 선언
 5:
 6: int main() {
 7:     int a, b, cnt = 0;
 8:     scanf("%d %d", &a, &b);          // 키보드로부터 정수 두 개를 입력받음
 9:     cnt = myfunc1(a, b);      // cnt 변수에 myfunc1() 함수의 반환 값을 저장
10:     myfunc2(cnt);                    // cnt를 인자로 하는 myfunc2() 함수를 호출
11:     return 0;
12: }
13:
14: int myfunc1(int x, int y) {     // myfunc1() 함수 정의 부분
15:     return (x * y - x);
16: }
17:
18: void myfunc2(int n) {     // myfunc2() 함수 정의 부분
19:     int i;
20:     for (i = 0; i < n; i++)                  // 인자로 받은 n번만큼 반복
21:         printf("count - %d\n", i+1);         // 반복횟수를 모니터로 출력
22: }
```

original.c([프로그램 15-4])를 3개의 파일 main.c([프로그램 15-5]), myfunc1.c([프로그램 15-6]), myfunc2.c([프로그램 15-7])로 분할하여 VS 환경에서 분할컴파일을 실행한다.

프로그램 15-5   분할 컴파일 예제(main.c)

```
 1: #include <stdio.h>
 2:
 3: int myfunc1(int x, int y);
 4: void myfunc2(int n);
 5:
 6: int main() {
 7:     int a, b, cnt = 0;
 8:     scanf("%d %d", &a, &b);
 9:     cnt = myfunc1(a, b);
10:     myfunc2(cnt);
11:     return 0;
12: }
```

프로그램 15-6   분할 컴파일 예제(myfunc1.c)

```
 1: int myfunc1(int x, int y) {
 2:     return (x * y - x);
 3: }
```

프로그램 15-7   분할 컴파일 예제(myfunc2.c)

```
 1: #include <stdio.h>
 2:
 3: void myfunc2(int n) {
 4:     int i;
 5:     for (i = 0; i < n; i++)
 6:         printf("%d\n", i+1);
 7: }
```

Visual Studio를 이용하여 프로그램을 개발하는 경우, 먼저 Program_15라는 이름으로 프로젝트 하나를 생성하고, 다음 그림에서 보는 것처럼 소스 파일 폴더 내에 3개의 파일을 생성한 후, 각 파일에 위 프로그램 코드를 작성하면 된다.

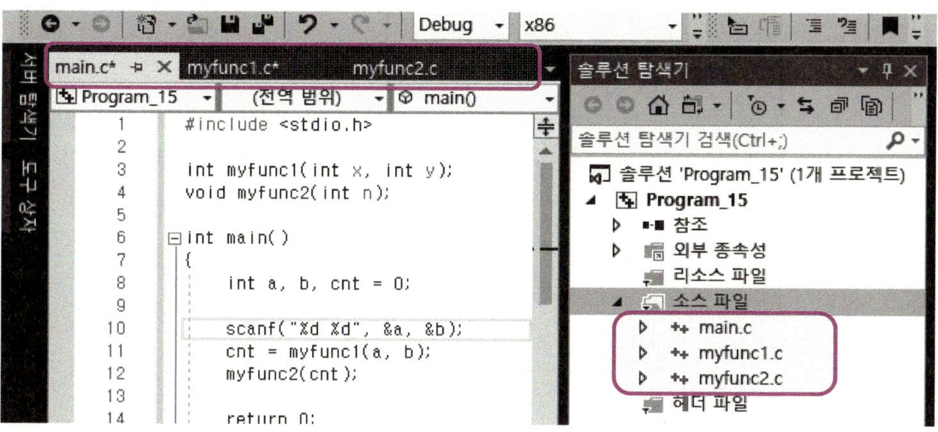

그 다음, Program_15를 빌드하게 되면 오류 없이 Program_15.exe 파일이 생성되는 것을 확인할 수 있다. 분할컴파일 시, 주의사항은 반드시 Program_15 빌드 (즉, 프로젝트 이름으로 된 빌드)를 실행시켜야 한다.

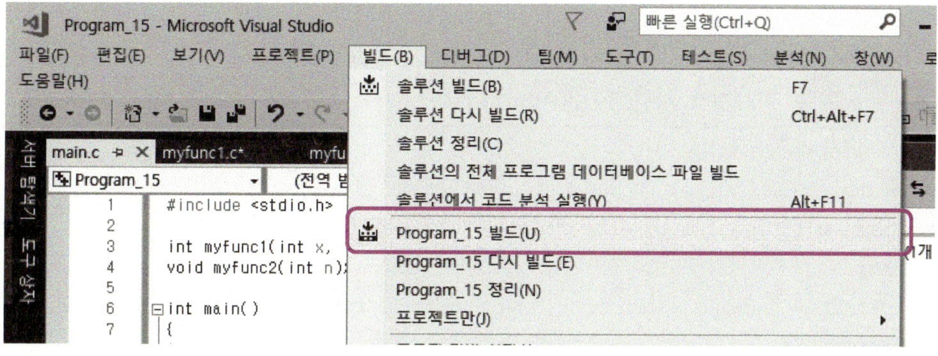

분할컴파일에서는 전처리기와 컴파일러가 파일 단위로 전처리와 컴파일을 진행하므로 각 소스 파일은 독립적으로 오류 없이 컴파일되어야 한다. 그러므로 각 소스 파일은 자신의 파일 내에서 사용하는 변수 및 함수에 대한 선언 혹은 정의 정보를 자신의 파일 내에 함께 가지고 있어야 한다. 그런데 분할컴파일은 모듈 프로그래밍이므로 여러 개의 소스 파일이 존재하고, 하나의 소스 파일에서 다른 소스 파일들에서 선언된 변수(외부 변수) 및 정의된 함수(외부 함수)를 사용해야 하는 경우가 빈번히 발생한다. 이에 외부 변수와 함수를 사용하는 소스 파일은 자신의 컴파일러에게 다른 소스 파일에 선언 및 정의된 변수와 함수를 알려주어 컴파일 오류가 발생하지 않도록 한다. C 언어에서는 extern 키워드를 이용하여 컴파일러에게 외부 변수와 함수를 알려줄 수 있다.

| extern

다른 외부 파일에 선언된 전역 변수 및 정의된 함수를 현재 작성 중인 소스 파일에서 사용하고자 할 때 extern 키워드를 사용한다. (extern을 사용하는 변수를 외부 변수라고 부르기도 한다.) 현재 소스 파일에 사용할 변수 혹은 함수가 외부 파일에 선언 및 정의되어 있다는 사실만 컴파일러에게 알려줌으로써 현재 소스 파일에서의 컴파일이 오류 없이 진행되도록 한다. 이 때 컴파일러가 구체적으로 어느 외부 파일에 변수 선언 및 함수 정의가 되어 있는지 알 필요는 없다.

extern 키워드를 사용하는 형식은 다음과 같다. 아래에서 변수에 대해서만 예시가 제시되어 있는데, 외부 함수도 사용 형식은 동일하다. 다만, 함수의 경우에는 extern 키워드를 생략하는 것이 일반적이다.

---

extern 사용 형식
```
extern int i;
extern double avg;
```

프로그램 15-8 extern 사용 예제(main.c)

```
1: #include <stdio.h>
2: void count();                                // 외부함수 선언 (extern 생략)
3: int num = 1;                                 // 전역 변수 선언
4: int main() {
5:     printf("before - main.c: num = %d\n", num);   // 전역 변수 사용
6:     count();                                 // 외부함수 호출
7:     printf("after - main.c: num = %d\n", num);  // 전역 변수 사용
8:     return 0;
9: }
```

프로그램 15-9 extern 사용 예제(count.c)

```
1: #include <stdio.h>
2: extern int num;                             // 외부 변수 선언
3: void count() {                              // count() 함수 정의 부분
4:     num++;                                  // 외부 변수 사용
5:     printf("count() - count.c: num = %d\n", num); // 외부 변수 사용
6: }
```

[프로그램 15-8]과 [프로그램 15-9]는 extern 키워드를 사용하는 예제 프로그램이다. main.c([프로그램 15-8])에서는 count() 함수를 정의하고 있지 않음에도 불구하고, 라인 2에서 count() 함수 원형을 선언한 후 라인 6에서 바로 이 함수를 사용하고 있다. 즉, count() 함수는 외부 함수임을 알 수 있다. 앞서 언급한 것처럼 함수 경우에는 extern을 생략할 수 있으며, 이 함수의 정의 부분은 count.c([프로그램 15-9])의 라인 3~6에 있다. 또한 main.c의 라인 3에서 num은 전역 변수로 선언되었으며, count.c의 라인 2에서 extern 키워드를 사용하여 num을 외부 변수로 선언하고 라인 4~5에서 사용하고 있다. 즉, main.c 파일에서 선언한 변수 num을 count.c 파일에서 외부 변수로 선언함으로써 이 변수를 count.c 파일 내에서도 사용하겠다는 의미이다.

외부 변수는 해당 변수가 외부에 선언되어 있다는 의미이므로, 외부 변수 선언만으로는 메모리 공간이 할당되지 않는다. 위 예제 프로그램에서 main.c와 count.c 모두에 변수 num이 선언되어 있지만, 프로그램 전체에서 메모리 공간을 가지는 실제 변수 num은 하나뿐이다. 따라서 main.c의 변수 num의 이름을 new_num으로 변경하면, count.c의 외부 변수 num의 실체가 없으므로, 빌드 시 오류가 발생한다.

| extern vs. static 변수와 함수

함수 밖에 정의된 전역 변수는 extern을 이용하여 다른 파일에서도 사용할 수 있다. 그런데 프로그램을 작성하다보면, 해당 소스 파일 내에 포함된 함수들을 제외하고 다른 외부 함수들은 특정 변수에 접근할 필요가 없는 경우가 많다. 이러한 변수는 해당 소스 파일 내에서는 전역적으로 사용되어야 하므로 전역 변수의 특성을 가져야 하지만, 외부함수들은 이 변수에 접근할 필요가 없으므로 외부 변수 특성을 가지면 안 된다. 이 경우 C 언어에서는 static 키워드를 전역 변수 혹은 함수 앞에 사용하여 사용범위가 해당 파일내로 제한되는 정적 변수(static 변수)를 정의할 수 있다.

[프로그램 15-10]과 [프로그램 15-11]은 extern와 static 변수와 함수를 사용하는 예제 프로그램이다. main.c([프로그램 15-10])의 라인 2에서는 자신이 정의하지 않은 외부함수 eval()을 사용하기 위해 extern 키워드를 사용하여 외부함수로 선언하고, 라인 4에서 이 외부함수를 사용한다. 이 함수의 정의부분은 func.c([프로그램 15-11])의 라인 4~6에 있다. 한편 func.c의 라인 1~3에서는 f() 함수를 static으로 선언하고 있는데, f() 함수는 func.c 파일 내에서만 접근을 허용한다는 의미이다. 즉 라인 5에서 보는 것처럼 func.c 파일에 함께 존재하는 eval() 함수는 f() 함수를 호출할 수 있으나, 다른 외부 파일인 main.c에서는 f() 함수를 호출할 수 없다는 뜻이다.

프로그램 15-10 extern과 static 사용 예제(main.c)

```
1: #include <stdio.h>
2: extern int eval(int num);              // 외부함수 선언
3: int main() {
4:     printf("%d\n", eval(10));          // 외부함수 호출
5:     return 0;
6: }
```

프로그램 15-11 extern과 static 사용 예제(func.c)

```
1: static int f(int x)  {                 // static 함수 선언
2:     return (x * 2 - 5);
3: }
4: int eval(int num)  {                   // eval() 함수 정의 부분
5:     return (3 * f(num));               // static 함수 f()를 호출
6: }
```

| 헤더파일 (.h)

지금까지 예제 프로그램들에서 stdio.h, string.h, stdlib.h 등의 표준라이브러리 함수와 관련된 헤더파일들을 사용했다. 즉, 프로그래머가 사용하고 싶은 함수를 포함하는 헤더파일을 자신의 소스 코드에 포함시키기만 하면, 프로그래머는 간편하게 원하는 함수를 사용할 수 있었다. 이는 헤더파일에 함수 원형 선언이 포함되어 있기 때문이다.

분할컴파일에서 헤더파일은 여러 소스 파일에서 사용하는 변수 및 함수에 대한 표준화 수단을 제공하기에 그 유용성이 매우 크다. 헤더파일은 자주 사용하거나 여러 소스 파일에서 공용으로 사용되는 상수, 자료형 정의 (구조체 등), 함수 원형 선언, 외부 변수 선언(extern), typedef 정의, 매크로 명령문 등을 포함한다. (전역 변수 선언, 함수 정의는 소스 파일에 작성한다.) 각 소스 파일은 자신이 필요한 헤더파일을 포함할 수 있으며, 이러한 헤더파일을 통해 여러 소스 파일들이 동일한 변수 및 함수를 사용할 수 있는 것이다. 만약 헤더파일을 사용하지 않는다면, 각 소스 파일에서 자신이 사용해야 할 변수 및 함수를 직접 정의해야하므로 시간이 낭비될 뿐만 아니라 다른 소스 파일에서 동일한 변수 및 함수를 사용하는 경우에는 그 값이 소스 파일별로 다를 수 있어 전체 프로그램에 심각한 영향을 초래할 수 있다.

Visual Studio에서 헤더파일을 추가하는 방법은 소스코드 추가와 유사하다. 현재 프로젝트(Program_15)의 솔루션 탐색기에서 헤더파일 항목에서 다음과 같이 선택한다.

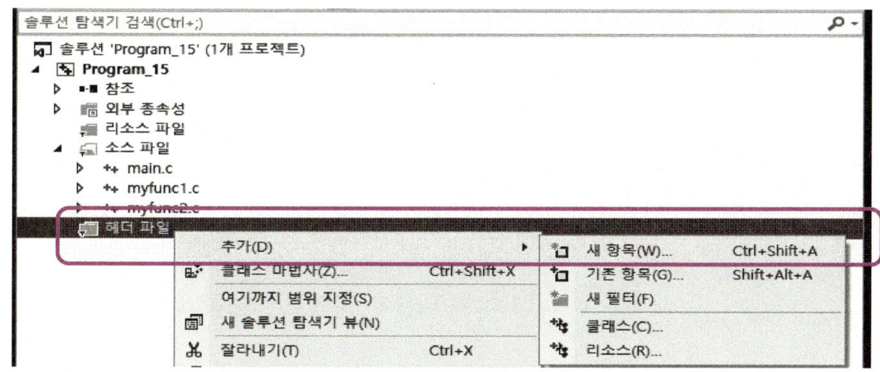

다음 창에서 "헤더파일(.h)" 선택 ➜ 이름 작성 ➜ "추가(A)" 버튼을 클릭하면, 헤더파일이 생성된다.

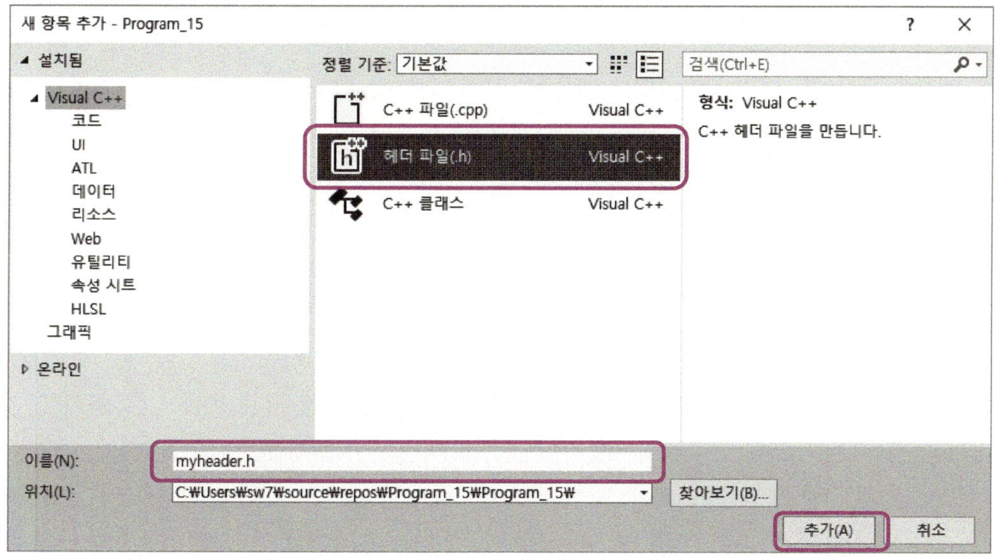

그런데 위와 같이 사용자 정의 헤더파일들을 만들고 각 소스 파일별로 필요한 헤더파일을 포함시키면, **헤더파일 중복삽입 문제**가 발생할 수 있다. 이 문제는 각 소스 파일이 동일한 헤더파일을 포함하는 경우에 발생하는데, 다음과 같이 조건부 전처리 지시자(#ifndef ~ #endif)를 사용하여 조건부 컴파일을 수행함으로써 해결할 수 있다. (표준 라이브러리의 헤더파일에서도 동일한 방식으로 헤더파일 중복삽입 문제를 해결한다.)

헤더파일 중복삽입 문제를 해결하기 위한 조건부 전처리 지시자 형식

#ifndef 헤더파일명
#define 헤더파일명
 (헤더파일 내용)
#endif

사용 예: myheader.h

#ifndef __MYHEADER_H__　　⇨ 상수 __MYHEADER_H__가 정의되어 있지 않으면
#define __MYHEADER_H__　　⇨ 상수 __MYHEADER_H__를 정의.
　　　　　　　　　　　　　　 ⇨ 추후에 이 헤더 파일이 다시 포함되더라도,
　　 (헤더 파일 내용)　　　　　 이미 상수 __MYHEADER_H__가 정의되어 있으므로,
　　　　　　　　　　　　　　　 헤더 파일 내용은 중복으로 포함되지 않음

#endif

　　[프로그램 15-12] ~ [프로그램 15-15]는 헤더파일 중복삽입 문제를 해결한 분할컴파일 예제 프로그램이다. 먼저, 조건부 전처리 지시자(컬러로 표시된 라인)를 사용하지 않고 분할컴파일을 실행해보자. 이 경우에는 main.c([프로그램 15-12])의 라인 1에서 myheader1.h를 포함시킬 때, myheader1.h([프로그램 15-14])에서 라인 1~2와 라인 10이 없기 때문에 라인 3~9의 내용이 일단 포함된다. main.c의 라인 2에서 myheader2.h를 포함시킬 때, myheader2.h([프로그램 15-15])의 라인 1~2와 라인 6이 없기 때문에 라인 3이 수행된다. 라인 3을 수행하면, 다시 myheader1.h([프로그램 15-14])의 라인 3~9의 내용이 포함된다. 그러므로 main.c에서는 myheader1.h의 라인 3~9가 두 번 중복으로 삽입되어, struct student가 재정의되는 오류가 발생한다.

　　이번에는 조건부 전처리 지시자를 사용하여 분할컴파일을 실행하는 경우를 살펴보자. main.c([프로그램 15-12])의 라인 1에서 myheader1.h를 포함시킬 때, myheader1.h([프로그램 15-14])의 라인 1~2에서 __MYHEADER1_H__ 매크로가 정의가 된 적이 없기 때문에 새로 정의하게 되고, 라인 3~9의 내용이 포함된다. main.c의 라인 2에서 myheader2.h를 포함시킬 때, myheader2.h([프로그램 15-15])의 라인 1~2에서 __MYHEADER2_H__ 매크로가 정의가 된 적이 없기 때문에 새로 정의하게 되고 라인 3~5가 포함된다. 계속해서 myheader2.h([프로그램 15-15])의 라인 3에서 myheader1.h를 포함시키려고 할 때, myheader1.h([프로그램 15-14])의 라인 1~2에서 __MYHEADER1_H__ 매크로가 이미 정의되어 있기 때문에 라인 3~9의 내용을 포함시키지 않는다. 따라서 헤더파일 중복 삽입 문제가 발생하지 않는다.

프로그램 15-12 **조건부 전처리 지시자 사용 예제(main.c)**

```c
 1: #include "myheader1.h"               // myheader1.h 파일내용 포함
 2: #include "myheader2.h"               // myheader2.h 파일내용 포함
 3: struct student st[SIZE];             // 구조체 배열 선언
 4: int main() {
 5:    int i;
 6:
 7:    for (i = 0; i < SIZE; i++) {      // SIZE번 만큼 반복
 8:       scanf("%d %lf", &st[i].id, &st[i].score); // 입력
 9:       grade(&st[i]);       // 외부함수 grade() 호출하여 학점을 출력
10:    }
11:    return 0;
12: }
```

프로그램 15-13 **조건부 전처리 지시자 사용 예제(grade.c)**

```c
 1: #include "myheader1.h"
 2:
 3: void grade(struct student *st1) {      // grade() 함수 정의 부분
 4:    if (st1->score >= 85.5)
 5:       printf("%d A\n", st1->id);
 6:    else if(st1->score >= 70.0)
 7:       printf("%d B\n", st1->id);
 8:    else
 9:       printf("%d F\n", st1->id);
10: }
```

프로그램 15-14 **조건부 전처리 지시자 사용 예제(myheader1.h)**

```c
 1: #ifndef __MYHEADER1_H__       // 헤더 파일 중복 삽입 문제 해결을 위한
 2: #define __MYHEADER1_H__       // 조건부 전처리 지시자
 3: #include <stdio.h>
 4: #define SIZE 3
 5: struct student {
 6:    int id;
 7:    double score;
 8: }; // 학생 정보 정의
 9: extern struct student st[SIZE];          // 외부 변수 선언
10: #endif
```

프로그램 15-15 조건부 전처리 지시자 사용 예제(myheader2.h)

```
1: #ifndef __MYHEADER2_H__      // 헤더 파일 중복 삽입 문제 해결을 위한
2: #define __MYHEADER2_H__      // 조건부 전처리 지시자
3: #include "myheader1.h"
4:
5: void grade(struct student *st1);
6: #endif
```

15.3 변수의 사용범위와 지속기간

8장 함수 단원에서 지역 변수, 전역 변수, 정적 변수에 대해 공부하였고, 앞 절에서 또 다른 형태의 정적 변수에 대해 다루었다. 이 절에서는 이 변수들의 특징을 종합적으로 비교 정리한다. 변수의 종류를 구분 짓는 가장 큰 특징은 변수의 사용범위와 지속기간이다. 사용범위는 프로그램에서 변수가 사용될 수 있는 장소의 범위를 의미하고, 지속기간은 변수에 할당된 기억장소가 존재하는 기간(해제되기 전까지의 기간)을 의미한다. 즉, 사용범위는 변수의 공간적 특성을 나타내고, 지속기간은 시간적 특성을 나타낸다고 볼 수 있다.

구분	전역 변수	지역 변수
선언위치	함수외부	함수 혹은 블록 내부
사용범위	프로그램 전체	함수 혹은 블록 내부
지속기간	프로그램 실행 기간 전체	변수가 선언된 함수/블록의 실행 기간
동일 파일 다른 함수에서의 사용 가능 여부	O	X
다른 파일 외부 함수에서의 사용 가능 여부	O (extern 사용)	X
초기 값 자동 설정 여부	자료형에 따라 적합한 초기 값으로 설정됨	X

먼저 가장 기본적인 전역 변수와 지역 변수를 살펴보자. 함수 외부에서 선언되는 전역 변수는 해당 변수가 선언된 파일 내에 존재하는 함수들뿐만 아니라, 전역 변수 앞에

extern 키워드를 붙여 외부파일에서도 사용할 수 있다. 즉, 사용범위가 프로그램 전체이다. 또한 프로그램 시작 시 할당된 메모리 공간은 프로그램 종료 시까지 유지된다. 이와 같이 **전역 변수는 사용범위(공간적)와 지속기간(시간적) 측면에서 모두 전역적인 특징을 가진다.** 반면, 함수 또는 { } 로 둘러싸인 블록 내부에서 선언되는 지역 변수는 선언된 함수/블록 내부에서만 사용할 수 있다. 지역 변수는 선언된 함수를 포함하는 파일 내 다른 함수는 물론 외부파일의 함수에서도 사용할 수 없다. 또한 지역 변수의 메모리 공간은 선언된 함수/블록이 시작되면 할당되고 해당 함수 또는 블록이 끝나면 해제되어, 프로그램의 전체 수행 중 일부 기간에서만 유효하다. 이와 같이 **지역 변수는 사용범위(공간적)와 지속기간(시간적) 측면에서 모두 지역적인 특징을 가진다.**

　정적 변수는 static 키워드를 사용하여 선언된 변수로 지역 변수 앞에 붙이면 **정적 지역 변수**, 전역 변수 앞에 붙이면 **정적 전역 변수**라 부른다. 두 정적 변수 모두 전역 변수처럼 한 번 할당된 기억장소는 프로그램 실행 기간 전체 동안 지속되기 때문에 변수의 **지속기간은 전역적**이지만, 변수의 사용범위에는 차이가 있다. **정적 지역 변수는 선언된 함수/블록 내부에서만 사용**할 수 있고, **정적 전역 변수는 선언된 파일 내부에서만 전역적**으로 쓰이고 다른 외부 파일에서는 사용할 수 없다.

　다음 그림을 통해 각 변수 별 사용범위를 종합적으로 이해해보자.

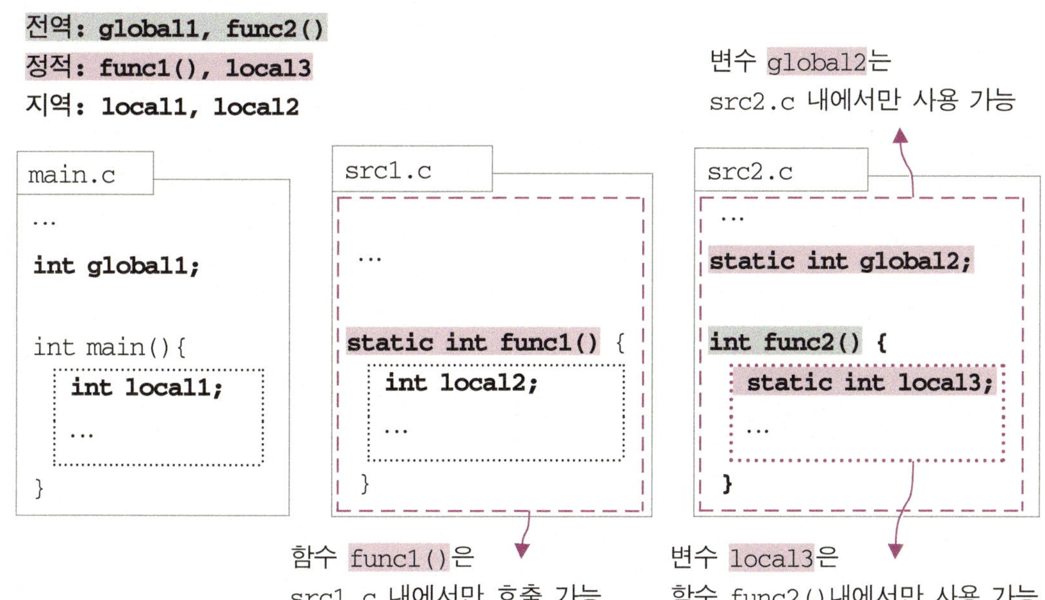

⊃ **main.c**의 **global1**은 전역 변수로 모든 소스 파일에서 사용 가능하다. (물론, 다른 파일에서 이 변수를 사용하려면 extern 키워드를 사용하여 외부 변수로 선언해야 한다.) **src2.c**에 정의된 **함수 func2()** 역시 모든 소스 파일에서 외부함수로 선언해 사용할 수 있다.

⊃ **main.c**의 **local1**과 **src1.c**의 **local2**는 지역 변수로 main() 함수와 func1() 함수 내에서만 각각 사용 가능하며, 외부 파일은 물론이고 동일 파일 내의 다른 함수에서도 사용할 수 없다.

⊃ **src1.c**의 **func1()**은 static 함수로 src1.c 파일 내에서만 접근 가능하며, 다른 소스 파일인 main.c나 src2.c에서는 접근이 불가한 함수이다.

src2.c의 **global2** 변수는 정적 전역 변수로 src2.c 파일 내에서만 사용 가능하며, 다른 소스 파일인 main.c나 src1.c에서는 사용할 수 없다.

src2.c의 **local3** 변수는 정적 지역 변수로 func2() 함수 내에서만 사용 가능하면, 동일 파일 내에서도 다른 함수에서는 접근이 불가하다.

다음은 전역 변수, 정적 변수, 지역 변수에 대해 사용범위와 지속기간에 대한 특징을 요약한 표이다.

분류		관련 키워드	지속기간	기본 초기 값	사용범위	동일 파일의 외부함수에서 사용	다른 파일의 외부함수에서 사용
전역 변수		extern	프로그램 실행기간 전체	0 `'\0'` NULL (자료형에 따라)	프로그램 전체	○	○
정적 변수	전역	static			파일 내부	○	×
	지역				함수/블록 내부	×	×
지역 변수		-	변수가 선언된 함수/블록 실행기간	쓰레기 값		×	×

| 단원요약 |

1 전처리기는 컴파일러가 소스 파일을 컴파일하기 이전에, 전처리 지시자를 이용하여 특정 파일의 내용을 포함하거나 상수, 문자열 치환 등과 같은 작업을 수행한다.

2 전처리기 지시자를 사용하여 프로그램을 간단히 확장할 수 있고, 프로그램의 가독성을 높여 유지보수에 도움을 준다.

3 #include는 외부 파일을 포함시킬 때 사용하고, #define을 이용하여 특정 상수를 치환 문자열로 대체하거나, #undef를 이용하여 정의된 매크로를 해제할 수 있다.

4 #if ~ (#elif) ~(#else) ~ #endif는 조건에 따라 코드를 선택적으로 컴파일하는 조건부 컴파일을 위한 전처리 지시자이다.

5 하나의 프로그램은 여러 개의 소스 파일과 헤더 파일로 구성할 수 있다. 소스 파일에는 변수 선언, 함수 정의 등이 포함되고, 헤더 파일에는 함수의 원형 선언, 자료형 정의 등이 포함된다.

6 extern 는 다른 소스 파일에 선언된 변수 또는 함수를 사용하고자 할 때 붙이는 키워드이다.

7 정적 변수는 변수 앞에 static 키워드를 붙인 변수이고, 선언 위치에 따라서 함수 내 또는 파일 내에서만 사용가능하다.

8 전역 변수와 정적 변수는 전체 프로그램 실행기간 동안 지속되고, 지역 변수는 변수가 선언된 함수 또는 블록의 실행기간 동안만 지속된다.

| 실습문제 |

[문제 1] 사용자로부터 6개의 중복되지 않는 정수 값을 입력받고, 입력받은 정수들 중 절댓값이 가장 큰 수와 그 수의 절댓값을 출력하는 프로그램을 다음과 같이 작성하시오.

- ABS 매크로 함수 작성
  - 삼항 연산자를 사용하여 정수의 절댓값을 계산한다.
  - #define ABS(a) …
- MAX 매크로 함수 작성
  - 삼항 연산자를 사용하여 두 수중 큰 값을 찾는다.
  - #define MAX(a,b) …
- main() 함수
  - 사용자로부터 6개의 서로 다른 정수를 입력받는다.
  - if 문을 사용하지 않고, 입력된 값들 중 절댓값이 가장 큰 수와 그 수의 절댓값을 출력한다.

입력 예시 1	출력 예시 1
-3 2 4 -5 1 7	7 7

입력 예시 2	출력 예시 2
-9 4 3 8 7 -1	-9 9

[프로젝트] 다음에 명세된 설계를 바탕으로 본인만의 연락처 관리 프로그램을 작성하시오.

- 연락처에 저장할 자료
  - 한 개인의 정보(이름, 전화번호, 생일) ⇨ 구조체로 표현하고 필요할 때마다 동적 할당
  - 이름, 전화번호, 생일을 저장할 공간도 동적으로 할당받아 사용
  - 전체 연락처 정보 ⇨ 구조체 포인터 배열 (이름으로 정렬된 순서로 저장되어야 함)

- 기본 기능
  - 각 개인의 정보 등록
  - 이름으로 검색하여 개인 정보 보여주기
  - 월을 입력받아 해당 월에 생일인 사람들의 정보 보여주기
  - 이름으로 검색하여 개인의 정보 삭제

- 파일입출력을 이용한 자료보존 기능과 일괄 등록 기능
  - 자료보존 기능: 프로그램 종료 시 현재 데이터를 파일에 저장
  - 일괄 등록 기능: 파일로부터 연락처 정보를 읽어 들여 프로그램에 저장

- 기능별로 분리된 여러 개의 헤더 파일 및 소스 파일로 프로그램 작성(분리 컴파일) 아래는 하나의 분리 예시
  - my_struct.h : 자료형 선언
  - my_func.h : 함수 원형 선언
  - main.c : main() 함수 정의
  - delete.c : 삭제 연산과 관련된 함수 정의
  - insert.c : 등록 연산과 관련된 함수 정의
  - print.c : 출력과 관련된 함수 정의
  - 등등

A

부록

A.1 VS 2017에서 디버깅 하기

VS 2017에서 디버깅 도구를 사용하는 방법과 기초적인 수준의 디버깅 요령에 대해 소개한다. 많은 개발 도구에서 이와 비슷한 기능을 제공하고, 여기서 설명하는 디버깅 요령은 Visual Studio에만 국한된 것은 아니니, 다른 개발 도구를 사용하더라도 한번 읽어보길 권장한다.

| 컴파일 오류 확인 및 수정

VS 2017에서 컴파일 또는 빌드를 했을 때, 작성된 코드에 문법 오류가 존재하면 다음과 같이 '출력' 창에 오류의 정보가 표시된다.

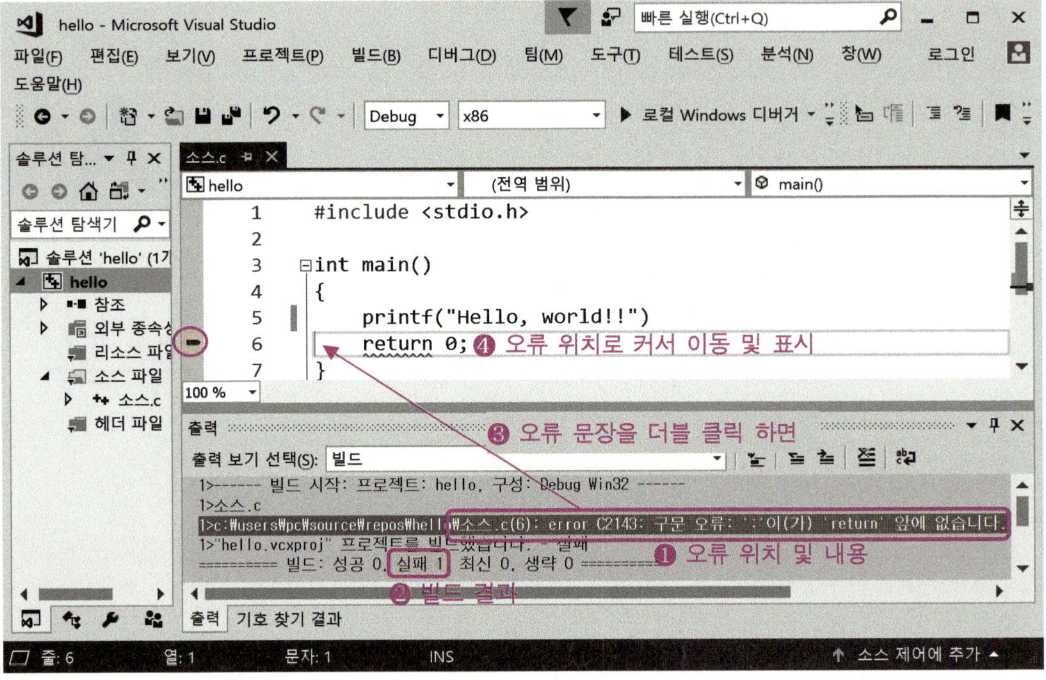

[그림 A.1] 컴파일 오류

❶ 출력 창에 표시된 '소스.c(6)'은 소스.c 파일의 라인 6 부근에서 오류가 있다는 의미이고, 바로 다음에 어떤 문법 오류가 있는 지 보여준다.

❷ 출력 창 맨 마지막 줄의 빌드 결과에는 '실패'라고 표시된다.

❸ 오류 정보가 표시된 문장을 '더블 클릭'하자.

❹ 소스 코드에서 오류가 발생한 위치로 자동으로 이동하고, 해당 라인을 표시(소스 코드 창 왼쪽의 ➡ 기호)해 준다. 실제 오류는 이 라인에 있지 않을 수도 있음에 주의하자. 이 예의 경우에도, 실제 오류는 라인 5의 끝에 세미콜론(;)이 누락되어 발생하는데, 마치 라인 6에서 오류가 난 것처럼 표시가 되었다.

컴파일 오류를 해결하는 요령 중 하나는 가장 먼저 표시되는 오류 내용부터 확인하는 것이다. 실제 오류는 하나이지만 이로 인해 여러 군데 오류가 발생하는 것처럼 보일 수 있고, 맨 처음 표시되는 오류 내용을 해결하면, 나머지는 저절로 해결되는 경우가 많다.

| 런타임 오류(실행 오류)와 디버깅의 개념

런타임 오류는 프로그램 실행 시 발생하는 오류이고, 보통 디버깅(debugging)이라 함은 이 런타임 오류를 해결하는 것을 의미한다. 본격적인 디버깅 요령을 소개하기 전에 먼저 디버깅에 대한 개념부터 정립하고 넘어가자.

프로그램이 실행 도중 비정상적으로 종료되거나 최종 결과가 틀리다는 것은 중간 어디엔가 오류가 있다는 의미이다. 그러면 이를 어떻게 찾을 것인가?

❖ 가장 기본적인 방법은 프로그램 소스 코드를 쭉 검토하면서 어디서 틀렸나 찾아보는 것이다. 이 방법은 검토하는 코드가 매우 짧은 경우에 가능하고, 코드가 길어지면 못 찾을 가능성이 훨씬 크다.

❖ 두 번째는 프로그램이 예상하고 원하는 과정대로 동작하는 지 검사하는 것이다. 그러면, 이 중간 과정을 어떻게 검사할까? 여러분은 프로그램이 올바르게 동작하는 지 어떻게 검사하는가? 예를 들어, 어떤 복잡한 계산을 하는 프로그램이라면 계산된 결과가 맞는 지 확인하면 된다. 즉, 결과를 확인하는 가장 간단한 방법은 화면에 값을 출력하는 것이다.

디버깅의 기본은 프로그램이 예상하는 <u>과정대로</u> 동작하는 지를 검사하는 것이고, 이 과정을 검사하는 방법은 **프로그램 실행 도중 변수에 저장된 값**(경우에 따라서는 주소까지)**과 제어흐름을 확인**하는 것이다. 이것이 디버깅의 기본 개념이다. 프로그램이라는 것이 무엇인지 이해하고 있다면 여기서 설명한 디버깅의 기본 개념도 쉽게 납득이 될 것이다.

물론, 디버깅의 개념을 이해했더라도 디버깅을 어떻게 효율적으로 할 것인가는 또 다른 문제이다. 디버깅을 잘 하기 위해서는 많은 연습과 경험이 필요하다. 간혹 프로그래밍 초보자의 경우, 디버깅을 제대로 못해, 코드를 처음부터 다시 작성하는 경우가 종종 있다. 물론 이 방법도 시도해볼 수 있는 한 가지 방법이다. 하지만 처음 작성했던 코드에서 오류를 찾고 해결하지 못하면 이와 유사한 오류는 계속 해결하지 못할 가능성이 크다. 또, 오류를 찾고 해결하는 과정에서 C 언어 문법과 프로그래밍에 대해 많은 것을 습득할 수 있으니, 프로그래밍을 공부하는 과정에서는 가능하면 디버깅을 통해 오류를 해결해 나가도록 하자.

| 출력문을 이용한 디버깅

디버깅을 하려면 프로그램의 진행 도중 변수의 값(또는 주소)을 확인해야 한다. 가장 기본적인 방법은 **출력 함수를 이용하여 화면에 출력**하는 것이다. (본문에서도 C 언어 문법을 설명하고 문법이 어떻게 동작하는 지를 값을 출력하여 확인하였다.) 디버깅을 위해 어떤 변수의 값을 어느 위치에서 확인하느냐는 경험이 필요하다. 우선 전형적인 몇 가지 예제를 살펴보도록 하자. 아래 코드는 1~10까지의 합을 계산하는 코드를 작성한 것이다. 하지만 실행시켜보면 엉뚱한 답을 출력하는데, 코드를 봐도 찾을 수 없다고 하자. (물론, 이정도 코드는 짧고 간단해서 금방 오류 부분을 찾을 수 있다.)

```c
int main() {
   int i, sum = 0;

   for( i = 1; i < 10 ; ++i ){
      sum = sum + i++;
                              printf("i = %d, sum = %d\n", i, sum);
   }
   printf("sum = %d\n", sum);
   return 0;
}
```

← 여기에 추가 `printf("i = %d, sum = %d\n", i, sum);`

(for 문의 각 반복의 실행 결과를
확인하기 위한 출력문)

위 예제의 경우 반복문으로 구성되어 있어, 반복문 어디선가 오류가 있을 거라 예상할 수 있고, 반복문의 중간 과정이 제대로 수행되는 지 검사하기 위해서 반복문의 시작 또는 끝 부분에 반복문에 의해 변경되는 값(위 예에서는 i와 sum)을 출력해보면 쉽게 오류를 찾을 수 있다.

다음은 함수를 호출하는 예제이다. 함수는 보통 하나의 독립적인 일을 수행하는 단위로 작성한다. 따라서 함수를 기준으로 수행 과정을 검사하면 효율적이다. 다음은 이름을 입력받는 함수인데, 프로그램은 의도와 다르게 실행된다. 무엇이 문제일까? 함수 인자를 제대로 학습했다면, 금방 오류가 난 이유를 찾을 수 있을 것이다. 이런 경우, 아래와 같이 함수 인자가 제대로 전달되었는지(함수 시작 위치의 출력문), 함수가 제대로 수행되었는지(함수 끝 위치의 출력문), 호출 후에 결과가 잘 전달되었는지(함수 종료 후의 출력문)를 점검하면 이유를 쉽게 파악할 수 있다.

```c
void InputName(char *pName) {
                              ← 여기에 추가   printf("begin: pName = %p, %s\n",
                                                     pName, pName);

   pName = "Cabin";
                              ← 여기에 추가   printf("end: pName = %p, %s\n",
                                                     pName, pName);
}

int main() {
   char *Name = NULL;

   InputName(Name);
                              ← 여기에 추가   printf("main: Name = %p\n", Name);
   printf("Name: %s\n", Name);
   return 0;
}
```

[실행결과]

```
begin: pName = 00000000, (null)
end: pName = 002C2110, Cabin
main: Name = 00000000
Name: (null)
```

⇨ pName에 저장된 주소 값(문자열 "Cabin"의 주소)이 Name에 전달되지 않음

위에서 반복문과 함수가 포함된 코드에서 출력문을 이용하여 디버깅하는 요령을 소개하였는데, 이러한 식으로 오류가 있는 범위를 계속 좁혀가면서 기대했던 것과 다른 중간 결과가 나오는 부분을 찾아서 수정하면 된다. 이와 같이 화면에 값을 출력하는 방식은 다음에 설명할 디버깅 기능을 사용할 수 없는 환경이거나, 반복문처럼 반복 횟수에 따라 값이 변화되는 것을 확인하는 경우 유용하다. 다시 한 번 강조하지만, 값을 출력하는 것은 변수의 값을 확인하기 위한 하나의 수단일 뿐이다.

| VS 2017의 디버깅 기능 사용하기

출력문을 이용한 디버깅은 간단하고 편리하나, 일일이 출력문을 입력해야하기 때문에 일반적으로 불편하다. 이런 경우 Visual Studio에서 제공하는 디버깅 기능을 사용하면 보다 편리하게 변수의 값을 확인하고, 제어 흐름을 따라갈 수 있다. 디버깅 기능은 [디버그] 메뉴에 있다.

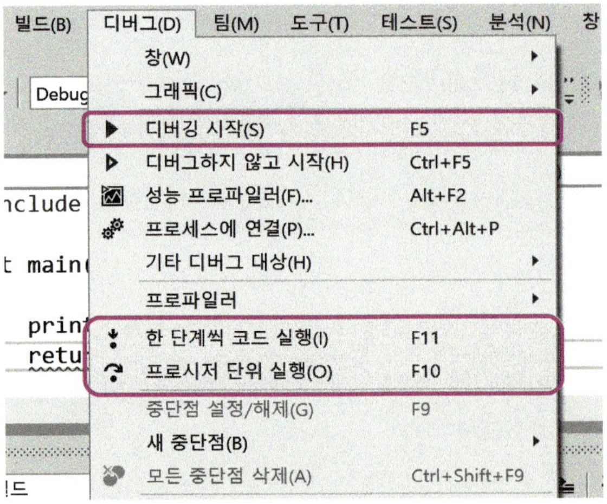

[그림 A.2] VS 2017의 디버그 메뉴

우선 [디버그] 메뉴의 [디버깅 시작](단축키 F5)을 클릭해보자. 무슨 일이 발생하는가? 디버깅을 시작하면 프로그램이 쭉 실행되고 종료돼 버리는데, 이래서는 디버깅을 할 수가 없다. 프로그램의 중간 과정을 살펴보기 위해서는 중단점(breakpoint)을 설정해주어야 한다. 중단점은 프로그램 실행을 잠시 멈추고 싶은 지점에 삽입하면 되는데, 소스 코드 왼쪽의 회색영역에서 해당 라인 위치를 클릭하면 '빨간 동그라미'로 표시되는 중단점이 삽입된다. 삽입된 중단점을 삭제하려면 해당 중단점을 클릭하면 된다. (중단점은 디버깅 중간에도 삽입/삭제할 수 있다.)

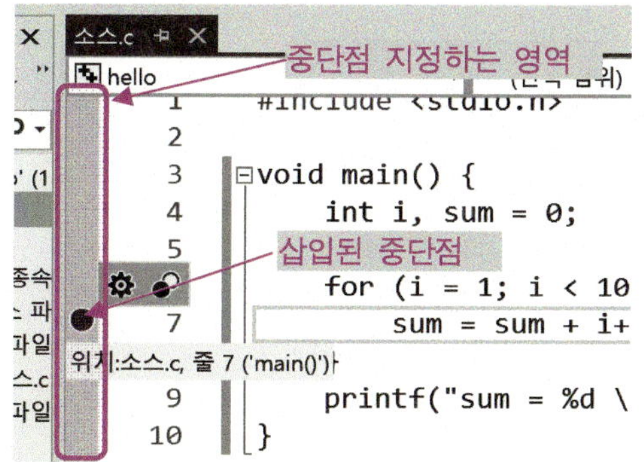
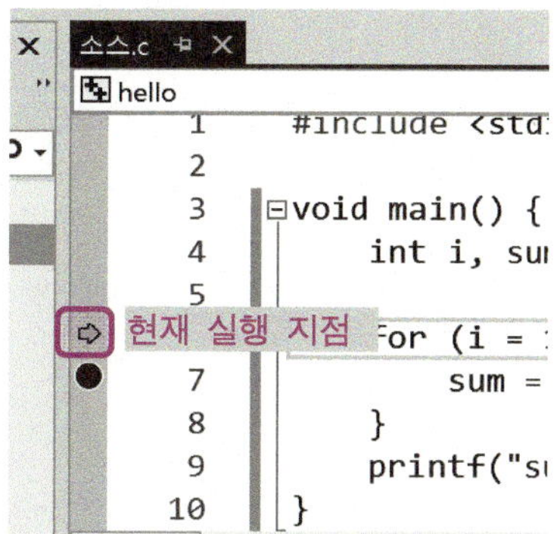

[그림 A.3] 중단점 삽입 및 디버깅 시작

적당한 위치에 중단점을 설정하고 다시 [디버깅 시작]을 클릭해보자. 이번에는 프로그램이 중단점이 표시된 지점까지만 실행되고 잠시 멈추게 된다. 중단점을 삽입하는 왼쪽 영역에 표시되는 노란 화살표는 현재 실행되는 라인을 의미한다. 다시 F5를 누르면, 다음 중단점을 만날 때까지 프로그램 실행이 진행된다.

디버깅 시 중단점을 이용하여 프로그램의 흐름을 제어하는 방법에 대해 알아 봤는데, 이 외에도 다음과 같은 방법들이 사용된다. 상황에 따라 적절한 방법을 선택하여 사용하면 된다. 단축키를 사용하면 편리하니 외워두고 사용하자. 이 방법들은 [디버그] 메뉴를 클릭하면 나타나는 서브 메뉴 중 하나이다. (어떤 메뉴는 디버깅을 시작해야 나타난다.)

1. [디버깅 시작/계속] (단축키 F5) : 중단점을 만날 때까지 프로그램을 실행시킨다.
2. [한 단계씩 코드 실행] (단축키 F11) : 프로그램을 한 라인씩 실행한다. 만약 함수를 만나면, 함수 안으로 진입한다.
3. [프로시저 단위 실행] (단축키 F10) : 프로그램을 단계적으로 실행하되, 함수를 하나의 단계로 처리한다.
4. [프로시저 나가기] (단축키 Shift+F11) : 현재 실행 중인 함수를 끝까지 실행하고 해당 함수를 호출한 위치로 복귀한다.
5. 커서 위치까지 실행 (단축키 Ctrl+F10) : 현재 커서의 위치까지 프로그램을 실행시킨다.
6. [디버깅 끝내기] (단축키 Shift+F5) : 프로그램의 디버깅을 종료한다.

앞서 본 예제 코드를 이용하여 몇 번 해보면 위 내용이 금방 이해가 될 것이다.

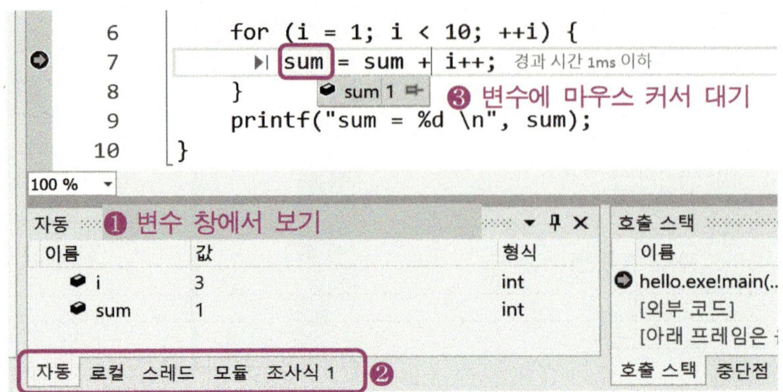

[그림 A.4] 변수 값 확인

VS 2017에서 디버깅 도중 변수나 수식의 결과 값을 확인하는 방법은 크게 두 가지이다. (위 그림 참조)

1. 디버깅을 시작하면 코드 아래(설정에 따라 위치는 다를 수 있음)에 나타나는 창(❶)에서 변수 값을 확인할 수 있다. 프로그램이 진행되면서 변경되는 변수 값은 붉은 색 글씨로 나타난다. 창에서 탭(❷)을 선택할 수 있는데, 조사식 탭에서는 사용자가 값을 확인하길 원하는 변수나 수식을 직접 입력할 수 있다. 이 방법은 값의 변화를 계속 추적할 때 사용하면 편리하다.

2. 코드에서 변수에 마우스 커서를 대도 값을 확인할 수 있다(❸). 복잡한 형태의 변수(구조체 등)나 수식 결과는 해당 변수나 수식을 블록으로 선택한 후 마우스 커서를 대면 값을 확인할 수 있다.

지금까지 VS 2017의 디버깅 툴에 대한 기본적인 사용법에 대해 설명했다. 이외에도 많은 기능이 있는데, 추가적인 사용법은 도움말이나 웹 사이트의 자료를 참고하기 바란다.

| Visual studio의 Debug 모드와 Release 모드

VS 2017에서는 기본적으로 'Debug' 모드와 'Release' 모드라 불리는 두 가지 환경 구성을 제공한다. 모드는 VS 2017의 메뉴 아래에 있는 도구 모음 창(툴 바)에서 선택할 수 있다.

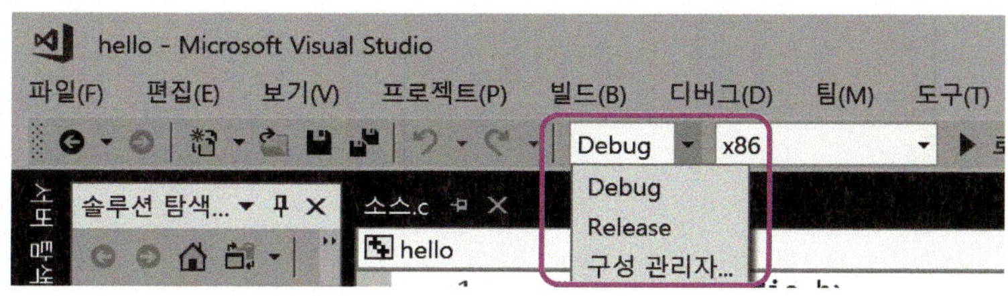

[그림 A.5] 모드 선택 방법

❖ **Debug 모드:** 이 모드에서는 프로그래머가 작성한 코드에 대한 실행 파일을 만들 때, 디버깅을 위한 정보도 같이 생성한다. VS 2017을 이용하여 디버깅을 하려면 이 모드를 사용해야 한다. 프로그램의 실행을 모니터링하기 위한 갖가지 부가 정보를 유지해야 하기 때문에, 실행 파일의 크기도 크고 프로그램의 속도도 느리다. 프로그램 개발 과정에서 사용하는 모드이다.

❖ **Release 모드:** 순순히 프로그래머가 작성한 코드에 대한 실행 파일만 만드는 모드로, 실행 파일의 크기도 작고 프로그램 속도도 빠르다. 이 모드에서는 VS 2017의 디버깅 기능을 사용할 수 없다. 개발을 완료하여 배포할 프로그램의 실행 파일은 이 모드에서 만들어야 한다.

보통 Debug 모드에서 디버깅 기능을 활용하여 버그를 다 해결한 후, Release 모드에서 잘 수행되는 지 테스트 한다. Debug 모드에서 오류 없이 잘 동작해도 Release 모드에서 런타임 오류가 발생하는 경우가 종종 있다. 특히, 메모리 관련 오류인 경우 이런 현상이 자주 발생하는데, 이는 두 모드의 메모리 할당 상황이 다르기 때문이다. (Debug 모드에서는 디버깅 정보 유지를 위해 부가적인 메모리 공간이 더 필요하다.) 이런 경우 VS 2017의 디버깅 기능을 사용할 수 없으므로, 출력문을 이용한 디버깅 등 다른 방법으로 디버깅해야 한다.

A.2 아스키 코드표

아스키 코드표

10진수	16진수	8진수	2진수	ASCII	10진수	16진수	8진수	2진수	ASCII
0	0×00	000	0000000	NULL	32	0×20	040	0100000	SP
1	0×01	001	0000001	SOH	33	0×21	041	0100001	!
2	0×02	002	0000010	STX	34	0×22	042	0100010	"
3	0×03	003	0000011	ETX	35	0×23	043	0100011	#
4	0×04	004	0000100	EOT	36	0×24	044	0100100	$
5	0×05	005	0000101	ENQ	37	0×25	045	0100101	%
6	0×06	006	0000110	ACK	38	0×26	046	0100110	&
7	0×07	007	0000111	BEL	39	0×27	047	0100111	'
8	0×08	010	0001000	BS	40	0×28	050	0101000	(
9	0×09	011	0001001	HT	41	0×29	051	0101001	)
10	0×0A	012	0001010	LF	42	0×2A	052	0101010	*
11	0×0B	013	0001011	VT	43	0×2B	053	0101011	+
12	0×0C	014	0001100	FF	44	0×2C	054	0101100	'
13	0×0D	015	0001101	CR	45	0×2D	055	0101101	-
14	0×0E	016	0001110	SO	46	0×2E	056	0101110	.
15	0×0F	017	0001111	SI	47	0×2F	057	0101111	/
16	0×10	020	0010000	DLE	48	0×30	060	0110000	0
17	0×11	021	0010001	DC1	49	0×31	061	0110001	1
18	0×12	022	0010010	SC2	50	0×32	062	0110010	2
19	0×13	023	0010011	SC3	51	0×33	063	0110011	3
20	0×14	024	0010100	SC4	52	0×34	064	0110100	4
21	0×15	025	0010101	NAK	53	0×35	065	0110101	5
22	0×16	026	0010110	SYN	54	0×36	066	0110110	6
23	0×17	027	0010111	ETB	55	0×37	067	0110111	7
24	0×18	030	0011000	CAN	56	0×38	070	0111000	8
25	0×19	031	0011001	EM	57	0×39	071	0111001	9
26	0×1A	032	0011010	SUB	58	0×3A	072	0111010	:
27	0×1B	033	0011011	ESC	59	0×3B	073	0111011	;
28	0×1C	034	0011100	FS	60	0×3C	074	0111100	<
29	0×1D	035	0011101	GS	61	0×3D	075	0111101	=
30	0×1E	036	0011110	RS	62	0×3E	076	0111110	>
31	0×1F	037	0011111	US	63	0×3F	077	0111111	?

아스키 코드표									
10진수	16진수	8진수	2진수	ASCII	10진수	16진수	8진수	2진수	ASCII
64	0×40	100	1000000	@	96	0×60	140	1100000	.
65	0×41	101	1000001	A	97	0×61	141	1100001	a
66	0×42	102	1000010	B	98	0×62	142	1100010	b
67	0×43	103	1000011	C	99	0×63	143	1100011	c
68	0×44	104	1000100	D	100	0×64	144	1100100	d
69	0×45	105	1000101	E	101	0×65	145	1100101	e
70	0×46	106	1000110	F	102	0×66	146	1100110	f
71	0×47	107	1000111	G	103	0×67	147	1100111	g
72	0×48	110	1001000	H	104	0×68	150	1101000	h
73	0×49	111	1001001	I	105	0×69	151	1101001	i
74	0×4A	112	1001010	J	106	0×6A	152	1101010	j
75	0×4B	113	1001011	K	107	0×6B	153	1101011	k
76	0×4C	114	1001100	L	108	0×6C	154	1101100	l
77	0×4D	115	1001101	M	109	0×6D	155	1101101	m
78	0×4E	116	1001110	N	110	0×6E	156	1101110	n
79	0×4F	117	1001111	O	111	0×6F	157	1101111	o
80	0×50	120	1010000	P	112	0×70	160	1110000	p
81	0×51	121	1010001	Q	113	0×71	161	1110001	q
82	0×52	122	1010010	R	114	0×72	162	1110010	r
83	0×53	123	1010011	S	115	0×73	163	1110011	s
84	0×54	124	1010100	T	116	0×74	164	1110100	t
85	0×55	125	1010101	U	117	0×75	165	1110101	u
86	0×56	126	1010110	V	118	0×76	166	1110110	v
87	0×57	127	1010111	W	119	0×77	167	1110111	w
88	0×58	130	1011000	X	120	0×78	170	1111000	x
89	0×59	131	1011001	Y	121	0×79	171	1111001	y
90	0×5A	132	1011010	Z	122	0×7A	172	1111010	z
91	0×5B	133	1011011	[	123	0×7B	173	1111011	{
92	0×5C	134	1011100	\	124	0×7C	174	1111100	|
93	0×5D	135	1011101	]	125	0×7D	175	1111101	}
94	0×5E	136	1011110	^	126	0×7E	176	1111110	~
95	0×5F	137	1011111	_	127	0×7F	177	1111111	DEL

나중채
- 세종대학교 컴퓨터공학과 교수

양효식
- 세종대학교 컴퓨터공학과 교수

김도년
- 세종대학교 컴퓨터공학과 교수

임필옥
- 세종대학교 컴퓨터공학과 교수

김영갑
- 세종대학교 정보보호학과 교수

장문정
- 세종대학교 컴퓨터공학과 교수

박천수
- 성균관대학교 컴퓨터교육과 교수

장 윤
- 세종대학교 컴퓨터공학과 교수

박태순
- 세종대학교 컴퓨터공학과 교수

한동일
- 세종대학교 컴퓨터공학과 교수

실전 C 프로그래밍

1판 1쇄 발행 2019년 02월 27일
1판 7쇄 발행 2025년 03월 05일
저   자 나중채 外 9인
발 행 인 이범만
발 행 처 **21세기사** (제406-2004-00015호)
　　　　　경기도 파주시 산남로 72-16 (10882)
　　　　　Tel. 031-942-7861　　　Fax. 031-942-7864
　　　　　E-mail : 21cbook@naver.com
　　　　　Home-page : www.21cbook.co.kr
　　　　　ISBN 978-89-8468-826-1

정가 32,000원